Die arbeitsgerichtliche Rechtsprechung
in den Westzonen

Europäische Hochschulschriften
Publications Universitaires Européennes
European University Studies

Reihe II
Rechtswissenschaft

Série II Series II
Droit
Law

Bd./Vol. 3224

PETER LANG
Frankfurt am Main · Berlin · Bern · Bruxelles · New York · Oxford · Wien

Philipp Gescher

Die arbeitsgerichtliche Rechtsprechung in den Westzonen

PETER LANG
Europäischer Verlag der Wissenschaften

Die Deutsche Bibliothek - CIP-Einheitsaufnahme

Gescher, Philipp:

Die arbeitsgerichtliche Rechtsprechung in den Westzonen / Philipp Gescher. - Frankfurt am Main ; Berlin ; Bern ; Bruxelles ; New York ; Oxford ; Wien : Lang, 2001
(Europäische Hochschulschriften : Reihe 2, Rechtswissenschaft ; Bd. 3224)
Zugl.: Regensburg, Univ., Diss., 2000
ISBN 3-631-37837-8

D 355
ISSN 0531-7312
ISBN 3-631-37837-8

www.peterlang.de

Für Margot

Vorwort

Die vorliegende Arbeit ist im Wintersemester 2000/2001 als Dissertation von der Rechtswissenschaftlichen Fakultät der Universität Regensburg angenommen worden.

Mein Dank gilt an dieser Stelle allen, die mich bei Erstellung der Arbeit unterstützt haben. Besonders erwähnt seien hierbei meine Eltern und insbesondere meine Frau Margot, die mir zu jeder Zeit zur Seite gestanden haben.

Abschließend möchte ich Herrn Prof. Dr. Reinhard Richardi für die stets freundliche und angenehme Betreuung der Dissertation danken.

Fulda, im März 2001

Philipp Gescher

Inhaltsverzeichnis

Abkürzungsverzeichnis

a.A.	anderer Ansicht
ABl.	Amtsblatt
Anm.	Anmerkung
AOG	Gesetz zur Ordnung der nationalen Arbeit
AP	Arbeitsrechtliche Praxis
ArbG	Arbeitsgericht
ArbBl.brit.Zone	Arbeitsblatt der britischen Zone
ArbPlWVO	Arbeitsplatzwechselverordnung
ArbR. Ent.	Arbeitsrechtliche Entscheidungen
ArbR.i.St.	Arbeitsrecht in Stichworten
ARS	Arbeitsrechtsammlung
BABl.	Bundesarbeitsblatt
BAG	Bundesarbeitsgericht
BAGE	Entscheidungssammlung des Bundesarbeitsgerichts
BB	Betriebsberater
BGBl	Bundesgesetzblatt
BGH	Bundesgerichtshof
BlStSozArbR	Blätter für Steuerrecht, Sozialversicherung und Arbeitsrecht
BRG	Betriebsrätegesetz
DB	Der Betrieb
DR	Deutsches Recht

GBl	Gesetzblatt
GG	Grundgesetz
GVBl	Gesetz- und Verordnungsblatt
h.M.	herrschende Meinung
Hrsg.	Herausgeber
JR	Juristische Rundschau
JW	Juristische Wochenschrift
JZ	Juristenzeitung
KJ	Kritische Justiz
KR	Kontrollrat
KR-Dir	Kontrollratsdirektive
KRG	Kontrollratgesetz
KSchG	Kündigungsschutzgesetz
LAG	Landesarbeitsgericht
MDR	Monatsschrift für deutsches Recht
MuSchG	Mutterschutzgesetz
NJW	Neue Juristische Wochenschrift
RAG	Reichsarbeitsgericht
RdA	Recht der Arbeit
RegBl	Regierungsblatt
RG	Reichsgericht
RGBl	Reichsgesetzblatt

RGZ	Entscheidungssammlung des Reichsgerichts in Zivilsachen
S.	Seite
SAE	Sammlung arbeitsrechtlicher Entscheidungen
SchwbG	Schwerbeschädigtengesetz
Sp.	Spalte
SJZ	Süddeutsche Juristenzeitung
TVG	Tarifvertragsgesetz
VfGH	Verfassungsgerichtshof
VOBl	Verordnungsblatt
WA	Westdeutsches Arbeitsrecht
WRV	Weimarer Reichsverfassung
Ziff.	Ziffer
ZPO	Zivilprozeßordnung

1. Einleitung

Am Anfang dieser Untersuchung und Beurteilung der arbeitsgerichtlichen Rechtsprechung in den Westzonen soll der Blick auf die Umstände und Schwierigkeiten gerichtet werden, die für die Rechtsprechung prägend waren und die von den Gerichten überwunden werden mußten .

Nach dem verlorenen Zweiten Weltkrieg und der Befreiung Deutschlands von der nationalsozialistischen Herrschaft war Deutschland von den Alliierten besetzt und in vier Besatzungszonen aufgeteilt worden. Zwischen den drei Westzonen auf der einen Seite und russisch besetzten Ostzone auf der anderen Seite zeichnete sich schnell eine grundlegend unterschiedliche Entwicklung ab. Eine Entwicklung, die letztlich zum sogenannten Kalten Krieg und zur Spaltung Deutschlands führen sollte. Diese unterschiedliche Entwicklung zeigte sich in nahezu allen Bereichen und führte auch zum Einschlagen von getrennten Wegen auf dem Gebiet des Arbeitsrechts. Diese unterschiedliche Entwicklung begründet, warum im Rahmen dieser Arbeit nur die Entwicklung in den Westzonen beleuchtet werden soll.

Die gesamte staatliche Gewalt in Deutschland lag bei den Besatzungsmächten, weshalb diesen auch die Gesetzgebung zufiel und auch die Entscheidung unabhängige Gerichte in den einzelnen Besatzungsmächten zuzulassen. Während der Alliierte Kontrollrat schon mit dem Kontrollratsgesetz (KRG) Nr. 4 vom 30.10.1945 die Ordentliche Gerichtsbarkeit wieder zuließ, wurde die Einrichtung der Arbeitsgerichte erst durch KRG Nr. 21 vom 30.3.1946 angeordnet. Damit fiel den Amts- und Landgerichten für eine gewisse Zeit auch die Entscheidungskompetenz in arbeitsrechtlichen Streitigkeiten zu, wobei im Mittelpunkt dieser Arbeit die Entscheidungen der später eingerichteten Arbeitsgerichte liegt, wobei veröffentlichte Entscheidungen ab Mitte 1946 vorliegen. Arbeitsgerichtliche Entscheidungen der Amts- und Landgerichte in der Zeit bis zur Einrichtung der Arbeitsgerichte sind nur äußerst vereinzelt veröffentlicht, weshalb ein echter Überblick über die Rechtsprechung insoweit nicht möglich erscheint.

Die Gesetzgebung der Besatzungsmächte war zunächst dadurch gekennzeichnet, daß Gesetze, die während der nationalsozialistischen Herrschaft erlassen worden waren, aufgehoben wurden. Aus arbeitsrechtlicher Sicht sei hier vor allem die Aufhebung des Gesetzes zur Ordnung der nationalen Arbeit (AOG) genannt, die insbesondere im Bereich des Kündigungsschutzes zu einer unklaren Rechtslage führte. Weiterhin erließ der Alliierte Kontrollrat in wichtigen Gebieten nur Rahmenregelungen, die durch die Arbeitsgerichte bzw. später durch die Gesetzgebung in den einzelnen Ländern ausgefüllt werden mußten. Als eher praktisches Problem zeigte es sich immer wieder, daß die Gesetzgebung des Kontrollrats in den Sprachen der Besatzungsmächte erfolgte und die "offizielle" deutsche Übersetzung nicht verbindlich war.

Neben diesen Schwierigkeiten, welche die Arbeitsgerichte zu bewältigen hatten, stellten die unmittelbaren Nachkriegsfolgen, wie Massenarbeitslosigkeit, Demontage und der Rückkehr der Heimkehrer besondere Anforderungen an die arbeitsrechtliche Gerichtsbarkeit.

Als weitere Schwierigkeiten ist das problematische "Erbe" von Rechtsprechung und Literatur aus der Zeit des Nationalsozialismus zu nennen, an das zumindest nicht unkritisch angeknüpft werden konnte.

Eine Beurteilung der Rechtsprechung muß weiterhin berücksichtigen, daß die Arbeitsgerichte zum Teil auch mit "Nicht-Volljuristen" besetzt waren und daß eine Anknüpfung an die Rechtsprechung eines gemeinsamen obersten Gerichts nicht möglich war, da ein zonenübergreifendes oberstes Arbeitsgericht in den Westzonen nicht geschaffen wurde. Lediglich in einzelnen Ländern der französischen Zone wurde ein dreigliedriger Aufbau der Arbeitsgerichtsbarkeit vorgenommen, wobei allerdings den geschaffenen obersten Arbeitsgerichten lediglich eine geringe Bedeutung zukam.

Im Mittelpunkt dieser Arbeit steht im Gegensatz zu den Arbeiten von Streich[1] und Schell[2] nicht die allgemeine Entwicklung des Arbeitsrechts sondern alleine die Rechtsprechung der Arbeitsgerichte. Hierbei wurde versucht, die Rechtsprechung in den historischen Zusammenhang einzugliedern, d.h. aufzuzeigen, inwieweit eine Kontinuität zur Rechtsprechung während des Nationalsozialismus bzw. der Weimarer Republik bestand und inwieweit an die Rechtsprechung der Arbeitsgerichte in den Westzonen in der jungen Bundesrepublik angeknüpft wurde. Im Kern der Arbeit liegt die Rechtsprechung seit der Wiedereinführung der Arbeitsgerichtsbarkeit bis zur Verkündung des Grundgesetzes am 23. Mai 1949. Den Begründungen der Einzelentscheidungen wird im Rahmen dieser Arbeit breiter Raum eingeräumt, um so die Gedankengänge der einzelne Gerichte nachvollziehbar, eine Wertung der Entscheidungen möglich und letztlich den historischen Hintergrund der Entscheidung deutlich zu machen.

Die Bereiche, welche die Arbeitsgerichte besonders stark beschäftigten, werden im Rahmen dieser Arbeit sehr eingehend behandelt, deshalb steht das Individualarbeitsrecht im Mittelpunkt der Arbeit. Die Kündigungsproblematik bildet entsprechend ihrer damaligen Bedeutung den Schwerpunkt der Betrachtungen in diesem Bereich. Aus historischer Sicht interessant sind insbesondere die

---

[1] Streich, Die Entwicklung des Arbeitsrechts in der amerikanischen Besatzungszone unter Berücksichtigung der Bizone (1973).

[2] Schell, Das Arbeitsrecht der Westzonen und der jungen Bundesrepublik (1994).

Heimkehrerproblematik, die Entnazifizierung sowie die arbeitsrechtliche Rechtsprechung zur Währungsreform und zur Betriebsrisikolehre. Eine Abhandlung aller arbeitsrechtlichen Probleme des Individualarbeitsrechts in den Westzonen war im Rahmen dieser Arbeit nicht möglich, so daß etwa auf die Rechtsprechung zu Gratifikationsfragen und dem Urlaubsrecht nicht eingegangen werden konnte.

Im Bereich des kollektiven Arbeitsrechts steht das Betriebsräterecht im Mittelpunkt der Arbeit. Aus heutiger Sicht ist zwar die damalige Entwicklung des Tarifvertragsrechts und des Arbeitskampfrechts von besonderem Interesse. Innerhalb dieser Arbeit wird das Tarifvertragsrecht aber nur kurz angesprochen, da in der damaligen Zeit die rechtspolitische Entwicklung in diesem Bereich im Vordergrund stand und sich nur vereinzelte Gerichtsentscheidungen finden. Das Arbeitskampfrecht wird entsprechend seiner Bedeutung in der Rechtsprechung lediglich im Rahmen der Darstellung zur fristlosen Kündigung kurz behandelt.

In jüngerer Zeit wurde das Arbeitsrecht in den Westzonen ausführlich von Schell[3] abgehandelt, wobei dieser in den Mittelpunkt seiner Arbeit die Frage gestellt hat, was an typisch Nationalsozialistischem in das heutige Arbeitsrecht Eingang gefunden hat. Eine Wertung der arbeitsgerichtlichen Rechtsprechung kann nur vor dem Hintergrund des Dritten Reiches erfolgen, weshalb sich auch der Verfasser dieser Arbeit mit dieser Frage beschäftigt hat. Dabei wurde besondere Beachtung der Frage gewidmet, ob sich die Gerichte selbst gefragt haben, ob sie eine Lehre fortführen, die im Nationalsozialismus aufgekommen ist, und, falls eine solche Fortführung vorliegt, ob sie die Fortführung einer eingehenden Prüfung und gegebenenfalls Rechtfertigung unterzogen haben. Vor dem Hintergrund einer möglichst weitgehenden Erfassung und Aufarbeitung der arbeitsgerichtlichen Rechtsprechung, die auch die speziellen juristischen Nachkriegsprobleme erfaßt, steht diese Frage aber nicht im Mittelpunkt der Ausführungen.

[3] Schell, Das Arbeitsrecht der Westzonen und der jungen Bundesrepublik (1994).

2. Rechtsnatur und Begründung des Arbeitsverhältnisses

2.1. Die Rechtsnatur des Arbeitsverhältnisses

Die Frage der Rechtsnatur des Arbeitsverhältnisses beschäftigte die arbeitsrechtliche Literatur immer wieder und die Einschätzung unterlag einem stetigen Wechsel, wobei sich der Einfluß der Lehren des Nationalsozialismus auf diesem Gebiet besonders deutlich zeigte.

2.1.1. Lehre und Rechtsprechung vor 1933

Anknüpfend an die Lehre vom BGB-Arbeitsvertrag von Lotmar[1] wurde der Arbeitsvertrag von der ganz herrschenden Auffassung in der Literatur vor und auch nach dem Ersten Weltkrieg als eine Unterart des Dienstvertrages gesehen und damit in die Gruppe der gegenseitigen Schuldverträge eingeordnet. So betont etwa Oertmann den Charakter als BGB-Dienstvertrag und sieht den Arbeitsvertrag als ein auf den Austausch von Arbeit gegen Entgelt gerichtetes Schuldverhältnis an[2]. Dersch bezeichnet den Arbeitsvertrag als einen schuldrechtlichen, regelmäßig entgeltlichen Vertrag des bürgerlichen Rechts mit personenrechtlichem Einschlag über die Leistung abhängiger Arbeit[3]. Auch für Hueck ist der Arbeitsvertrag der Dienstvertrag des unselbständigen Arbeitnehmers, in dem sich dieser zur Arbeitsleistung im Dienste eines anderen verpflichtet. Beide betonen, daß am Wesen des Arbeitsverhältnisse als gegenseitiger Vertrag weder durch den personenrechtlichen Einschlag, noch durch den schutzrechtlichen oder kollektivrechtlichen Einschlag des Arbeitsvertrages etwas geändert werde[4]. Auch in der Rechtsprechung wurde der Arbeitsvertrag durchgängig als ein Schuldverhältnis im Sinne des BGB angesehen. Für den Bereich der sogenannten Betriebsrisikolehre entwickelte allerdings die Rechtsprechung des Reichsgerichts einen von den Regelungen des BGB unabhängigen Lösungsweg, was unter anderem mit der individualistischen Fassung des BGB erklärt wurde[5]. Auch das Reichsarbeitsgericht suchte mit seiner Sphärentheorie die Lösung der Betriebsrisikoproblematik nicht mehr auf dem Boden des BGB. Weder vom Reichsgericht noch vom Reichsarbeitsgericht wurde aber vor der nationalsozialistischen Machtübernahme am schuldrechtlichen Charakter des Arbeitsverhältnisses gezweifelt. Nach der Einführung des Betriebsrätegesetzes von 1923 wurde allerdings vermehrt zwischen dem Arbeitsvertrag als

---

[1] Lotmar, Der Arbeitsvertrag (2. Bände, 1902/1908).

[2] Oertmann, Deutsches Arbeitsvertragsrecht (1923) S. 13 ff.

[3] Kaskel/Dersch, Arbeitsrecht (4. Auflage) S. 136 f.

[4] Hueck-Nipperdey, Lehrbuch des Arbeitsrecht (3. - 5. Auflage) Bd. I S.. 99 ff; Nipperdey in Staudinger (9. Auflage), Vorbem. zu §§ 611 - 630 BGB.

[5] RGZ 106, 272 (275 f); auf die berühmte Teilstreikentscheidung des Reichsgerichts wird im Kapitel Betriebsrisikolehre noch ausführlich eingegangen.

rein schuldrechtlichem Vertrag und der kollektivrechtlichen Seite des Arbeitsverhältnisses unterschieden[6].

2.1.2. Die Beurteilung der Rechtsnatur des Arbeitsverhältnisses im Dritten Reich

Mit der nationalsozialistischen Machtübernahme und mit dem Inkrafttreten des Gesetzes zur Ordnung der nationalen Arbeit (AOG) änderte sich diese schuldrechtliche Betrachtungsweise des Arbeitsverhältnisses grundlegend. Ausgehend insbesondere von Siebert[7] setzte sich mehr und mehr die Auffassung des Arbeitsverhältnisses als einem personenrechtlichen Gemeinschaftsverhältnis durch. Siebert knüpfte in seinen Betrachtungen unter anderem an die Trennung zwischen vertragsrechtliche und gemeinschaftsrechtlichen Beziehungen an und führte aus, daß der positivrechtliche Grund, aus dem die bisherigen Auffassungen zu einer solchen "Zerreißung" des Arbeitsverhältnisses gekommen seien, darin liege, daß Voraussetzungen und Wirkungen des Arbeitsvertrages ohne weiteres den Rechtssätzen des BGB über Verträge unterworfen wurde. Eine solche Notwendigkeit bestehe aber nicht, vielmehr seien die Voraussetzungen für ein gültiges Arbeitsverhältnis allein aus dem Wesen des Arbeitsverhältnisses zu bestimmen. Die Regelungen des BGB seien nicht maßgebend und es könne lediglich überprüft werden, ob einzelne Regelungen Rechtsgedanken enthalten, die auf das Arbeitsverhältnis passen und deshalb angewendet werden könnten[8]. Den totalen Bruch, den Siebert mit dem Schuldrecht des BGB durchführt, zeigen insbesondere seine Feststellungen zu den engen Beziehungen zwischen Familienrecht und Arbeitsrecht[9].

---

[6] Vgl. Huber, JW 1937, 1111, der aus nationalsozialistischer Betrachtungsweise heraus ausführt: "Das von der Weimarer Verfassung anerkannte und gewährleistete gewerkschaftliche System schuf ein dem bürgerlichen Vertragsrecht entfremdetes Arbeitsverhältnis, das in allen wesentlichen Beziehungen der ihm eigentümlichen kollektiven Bindung unterworfen war, während nur in einigen Nebenfragen von unbedeutender Bedeutung das BGB seine Geltung zu behaupten vermochte."

[7] Siebert, Das Arbeitsverhältnis in der Ordnung der nationalen Arbeit (1935)

[8] Siebert, Das Arbeitsverhältnis in der Ordnung der nationalen Arbeit, S. 66 f; a.A. hierzu Hueck, Deutsches Arbeitsrecht S. 67, der von einer grundsätzlichen Anwendbarkeit der Vorschriften des BGB ausgeht.

[9] Siebert, Das Arbeitsverhältnis in der Ordnung der nationalen Arbeit, S. 70 f. Siebert stützt seine Feststellungen auf die personenrechtliche Verbundenheit zwischen Ehegatten auf der einen und Arbeitgeber und Arbeitnehmer auf der anderen Seite sowie auf die jeweils bestehende Treuepflicht. Diese Gedankengänge greift Molitor, BlfStSozArbR 1949, 30 (31 f), unkritisch auf.

Die Gedankengänge und Ansichten von Siebert setzten sich in der Literatur rasch durch[10]. So führt etwa Nipperdey in der 10. Auflage des Staudinger aus, daß das Arbeitsverhältnis als ein personenrechtliches Verhältnis aufzufassen sei, eine Gemeinschaft zwischen dem Unternehmer und dem einzelnen Beschäftigten. Das Arbeitsverhältnis sei das auf Ehre, Treue und Fürsorge gegründete Gemeinschaftsverhältnis, in dem ein Beschäftigter aus freiem Entschluß seine Arbeitskraft im Betrieb eines Unternehmers einsetzt[11]. Diese neue Ansicht der Rechtsnatur des Arbeitsverhältnis wurde in der Literatur vor allem auf die §§ 1, 2 AOG gestützt, aus denen das Prinzip der Arbeits- und Betriebsgemeinschaft folge, das von Treue- und Fürsorgepflichten beherrscht werde[12].

Auch das RAG wollte sich der neuen Entwicklung im Arbeitsrecht nicht verschließen und lehnte in seinen Entscheidungen nach 1934 eine rein schuldrechtliche Sicht des Arbeitsverhältnisses ab. Nach Auffassung des RAG sei die rein schuldrechtliche Auffassung vom Arbeitsverhältnis durch § 2 II AOG einer "personenrechtlichen" gewichen[13]. Das RAG vermochte sich aber der insbesondere von Siebert und Nikisch propagierten völligen Loslösung vom des Arbeitsverhältnisses vom Schuldrecht nicht anschließen. In seiner Entscheidung vom 10.1.1938 führte das RAG etwa aus, es sei selbstverständlich, daß die Grundgedanken des neuen Arbeitsrechts, insbesondere derjenige der Betriebsgemeinschaft und der damit verknüpften Treue- und Fürsorgepflicht, nicht nur Wesen und Ziel des gesamten Arbeitslebens der Nation, sondern insoweit auch jedes Arbeitsverhältnis beherrschten[14]. Das Einzelarbeitsverhältnis stehe nicht außerhalb der den Betrieb umschließenden Gemeinschaft, sondern sei ein Stück dieser Gemeinschaft und empfange aus ihr Leben und Befruchtung. Diese grundsätzliche Beeinflussung des Arbeitsrechts durch die Grundgedanken des neuen Rechts könnten das Arbeitsverhältnis aber nicht ohne weiteres mit einem gegenständlich erfaßbaren Inhalt erfüllen. Das Arbeitsverhältnis bedürfe deshalb einer Ordnung, dessen Grundlage nur der Arbeitsvertrag sein könne[15]. Das Arbeitsverhältnis stelle nach alledem ein Rechtsverhältnis von schuldrechtlichem Entstehungsgrunde dar, welches aber nicht ausschließlich unter diesem

---

[10] Vgl. Nikisch, Arbeitsvertrag und Arbeitsverhältnis (1941), der in seiner ausführlichen Arbeit den Hauptaussagen von Siebert durchgehend zustimmt. Siehe auch Mansfeld, JW 1936, 481 f, der ausführt, daß der Vertrag seiner grundlegenden Bedeutung entkleidet sei, der schuldrechtliche Dienstvertrag passe nicht mehr in das System, das das AOG aufgestellt habe. Oppermann, JW 1937, 5 (7f) betont ebenfalls den Gemeinschaftsgedanken und die unmittelbare Anwendung der §§ 1, 2 AOG auf das einzelne Arbeitsverhältnis.

[11] Nipperdey in Staudinger (10. Auflage) Vorb. § 611 Nr.5

[12] Nipperdey in Staudinger (10. Auflage) Vorb. § 611 Nr.5. Vgl. auch Hueck, Deutsches Arbeitsrecht (1938), S. 66; wobei Hueck ausführt, daß die Ansicht des Arbeitsverhältnisse als einem Schuldverhältnis der früheren Rechtslage entsprochen habe.

[13] RAG vom 23.3.1935, ARS 23, 170 (173).

[14] RAG vom 19.1.1938, ARS 33, 172 (175).

[15] RAG vom 19.1.1938, ARS 33, 172 (175).

Gesichtspunkt gewertet werden könne, sondern überwiegend von der Gemeinschaftsseite aus zu bestimmen sei und somit unverkennbar personenrechtliche Züge aufweise. Die schuldrechtliche und personenrechtliche Seite des Arbeitsverhältnisses würden sich gegenseitig durchdringen und gäben so dem Arbeitsverhältnis sei besonderes Gepräge[16]. Die aus der Gemeinschaftsbindung entstehenden Rückwirkungen auf das Arbeitsverhältnis könnten aber nicht so verstanden werden, daß jede aus der Treue- und Fürsorgepflicht des Betriebsführers denkbare, der Verwirklichung der Betriebsgemeinschaft förderliche Einzelpflicht ohne weiteres einen vertraglichen Anspruch des Gefolgschaftsmitglieds erzeugen könne. Dieses habe die Rechtsprechung des RAG gerade abgelehnt und an dieser Rechtsprechung sei auch weiterhin festzuhalten. Anders sei dies nur dann, wenn im einzelnen Betrieb aus der Treue- und Fürsorgepflicht des Arbeitgebers bereits eine konkrete Ordnung erwachsen sei[17].

Mit dieser Rechtsprechung lehnte das RAG aber die von der Literatur geforderte direkte Anwendung der §§ 1, 2 AOG auf das einzelne Arbeitsverhältnis ab und beharrte auf der Stellung des Arbeitsvertrages als Grundlage der gegenseitigen Ansprüche. Allerdings ließ das RAG die Verdrängung schuldrechtlicher Vorschriften über den Gemeinschaftsgedanken (§ 2 AOG) zu und schuf mit der konkreten Ordnung des Betriebes eine relativ beliebig zu handhabende Rechtsgrundlage für außervertragliche Ansprüche. Rüthers stuft die Rechtsprechung des RAG treffend als relativ gesetzestreu ein[18]. Die Gefahren, die in der Herleitung oder dem Ausschluß von Ansprüchen aus dem Gemeinschaftsgedanken heraus liegen, verdeutlichen die Entscheidungen des RAG vom 13.9.1939 und vom 24.7.1940[19]. In der aus heutiger Sicht wohl als mutig einzustufenden Entscheidung vom 13.9.1939 wurden einem jüdischen "Gefolgschaftsmitglied" Lohnansprüche zugebilligt, obwohl die Arbeitsleistung aufgrund von Maßnahmen der Staatspolizei gegen diesen Arbeitnehmer nicht erbracht werden konnte. Der Anspruch wurde dabei aus der Treue- und Fürsorgepflicht des Arbeitgebers hergeleitet[20]. In der von Grund auf nationalsozialistisch geprägten Entscheidung vom 24.7.1940 wurde einem jüdischen Mitarbeiter der ihm zustehende Feiertagslohn verwehrt, da es sich aus der Anordnung über die Bezahlung von Feiertagen ergebe, daß nur "Gefolgschaftsmitglieder" Feiertagslohn erhalten sollten[21]. Ein jüdischer Mitarbeiter sei aber kein "Gefolgschaftsangehöriger", da es ihm aufgrund seiner Natur verwehrt sei, sich als Glied in die Betriebsgemeinschaft einzufügen[22].

---

[16] RAG vom 19.1.1938, ARS 33, 172 (176).
[17] RAG vom 19.1.1938, ARS 33, 172 (176).
[18] Rüthers, Die unbegrenzte Auslegung (1968), S. 392 ff.
[19] RAG vom 13.9.1939, ARS 37, 230 ff; RAG vom 24.7.1940, ARS 39, 383 ff.
[20] RAG vom 13.9.1939, ARS 37, 230 (238).
[21] RAG vom 24.7.1940, ARS 39, 383 (388).
[22] RAG vom 24.7.1940, ARS 39, 383 (386).

2.1.3. Die Beurteilung in der arbeitsgerichtlichen Rechtsprechung nach 1945

Nach dem Ende der nationalsozialistischen Gewaltherrschaft und der Wiedereinführung zunächst der ordentlichen und dann der Arbeitsgerichtsbarkeit stellte sich für die Arbeitsgerichte die Frage, ob man das Arbeitsverhältnis anknüpfend an herrschende Lehre und Rechtsprechung vor 1933 wieder als Schuldverhältnis auffaßt, oder aber im Arbeitsverhältnis entsprechend der herrschenden Lehre im Nationalsozialismus weiterhin ein personenrechtliches Gemeinschaftsverhältnis sieht. Auffallend ist hier zunächst, daß sich bei einer Auswertung der Rechtsprechung der Nachkriegsjahre kaum Entscheidungen finden, die zu dieser Frage ausführlich Stellung nehmen. Zumeist wird die Frage völlig offen gelassen oder aber nur eine Auffassung vertreten, ohne den gefundenen Rechtsstandpunkt zu begründen. Die Problematik der Rechtsnatur des Arbeitsverhältnisses stellte sich für die Gerichte vor allem bei der Herleitung eines Kündigungsschutzes und der Betriebsrisikolehre.

2.1.3.1. Das Arbeitsverhältnis als Gemeinschaftsverhältnis

Von einigen Arbeitsgerichten wurde auch nach 1945 der Charakter des Arbeitsverhältnisses als Gemeinschaftsverhältnis besonders betont und insoweit auf eine Nähe zum Gesellschaftsrecht hingewiesen.

Das LAG Düsseldorf führt etwa in einer Entscheidung zur Betriebsrisikoproblematik aus, daß das Arbeitsverhältnis einen starken personenrechtlichen Einschlag besitze, weil es sich beim Arbeitsverhältnis - ähnlich wie beim Gesellschaftsverhältnis - um ein arbeitsgemeinschaftliches Zusammenwirken zu einem gemeinsamen Zweck handele[23]. Auch das LAG Hannover betont in einem Kündigungsrechtsstreit die Nähe des Arbeitsrechts zum Gesellschaftsrecht, wenn es ausführt, daß das Verhältnis von Arbeitgeber und Arbeitnehmer immer mehr von dem Gesichtspunkt des gesellschaftsnahen, personenrechtlichen Gemeinschaftsverhältnis beherrscht werde[24].

Diese Linie wurde insbesondere auch vom ArbG Heide vertreten. In seiner Entscheidung vom 18.3.1947 führte das ArbG Heide etwa aus, daß das Arbeitsverhältnis nicht nur ein schuldrechtlicher Vertrag sei, sondern mit dem Eintritt des Arbeitnehmers in den Betrieb ein gesellschaftsähnliches Verhältnis begründet werde[25]. In seiner Entscheidung vom 17.6.1948 leitete dann das ArbG Heide über den gesellschaftsähnlichen Charakter des Arbeitsverhältnisses in entspre-

[23] LAG Düsseldorf vom 3.11.1947, WA 1948 Nr.79.
[24] LAG Hannover vom 27.2.1948, WA 1948 Nr.209.
[25] ArbG Heide vom 18.3.1947, ArbR.i.St I Ziff. 80.

chender Anwendung §§ 723 II, 249 BGB einen weitgehenden Kündigungsschutz her[26].

2.1.3.2. Die Betonung des personenrechtlichen Elements

Andere Arbeitsgerichte gingen nicht so weit, das Arbeitsverhältnis als ein gesellschaftsähnlichen Vertrag zu bezeichnen. In diesen Entscheidungen wurden aber das personenrechtliche Element des Arbeitsverhältnisses oder aber der Treue- und Fürsorgegedanke hervorgehoben.

Das LAG Stuttgart betonte etwa die Stellung der Treue- und Fürsorgepflichten und billigte ihnen einen beherrschenden Einfluß auf das Arbeitsverhältnis zu[27]. In einer weiteren Entscheidung wurde ausgeführt, daß der beherrschende Einfluß der Treue- und Fürsorgepflichten durch die Aufhebung des AOG nicht berührt worden sei, da § 2 II AOG lediglich die Bedeutung einer den Grundsatz des § 242 BGB bestätigenden Generalklausel habe[28]. Das LAG Hamburg stellte in seiner Betriebsrisikorechtsprechung auf den personenrechtlichen Charakter des Arbeitsverhältnis ab und begründete hierüber die Nichtanwendbarkeit der §§ 320 ff auf das Arbeitsverhältnis[29] und betonte die Arbeitsgemeinschaft zwischen Arbeitgeber und Arbeiterschaft.

Das LAG Schleswig-Holstein führte in einer Entscheidung vom 18.2.1948 aus, daß es nicht der geltenden Wirtschaftsverfassung entspreche, in einem Arbeitsverhältnis ein vermögensrechtliches Austauschgeschäft zwischen Leistung und Gegenleistung zu sehen. Vielmehr bilde das Arbeitsverhältnis ein auf persönlicher und betrieblicher Verbundenheit beruhendes personenrechtliches Gemeinschaftsverhältnis, das sein Gepräge durch ein persönliches Band zwischen Unternehmer und Gefolgschaftsmitglied erhalte und daher nicht ohne weiteres den Regeln des BGB über die vermögensrechtlichen Schuldverhältnisse unterstellt werden könne[30]. In einer anderen Entscheidung bezieht sich das LAG Schleswig-Holstein auf eine arbeitsrechtliche Entwicklung, in der sich die Auffassung

---

[26] ArbG Heide vom 17.6.1948, ArbR.i.St. I Ziff. 902.

[27] LAG Stuttgart vom 18.3.1947, RdA 1949, 112.

[28] LAG Stuttgart vom 3.6.1948 RdA 1949, 115 (116).

[29] LAG Hamburg vom 30.11.1946 WA 1948 Nr.41 und 43.

[30] LAG Schleswig-Holstein vom 19.2..1948, ARSt I, Ziff. 602; an dieser Entscheidung fällt neben der weitgehenden Ablehnung des schuldrechtlichen Charakters des Arbeitsverhältnisses insbesondere auf, daß das Gericht mit dem Begriff "Gefolgschaftsmitglied" eine Formulierung wählt, die den §§ 1 und 2 AOG entspricht, obwohl dieses Gesetz schon Anfang 1947 aufgehoben worden war.

immer mehr durchsetze, daß das Arbeitsverhältnis mehr ein personenrechtliches als ein schuldrechtliches Verhältnis sei[31].
Auch das LAG Frankfurt betonte in seiner Entscheidung vom 17.3.1948, daß der Gedanke der sozialen Arbeits- und Betriebsgemeinschaft Anerkennung und Ausbreitung gefunden habe[32]. Allerdings ging das LAG Frankfurt in seiner Rechtsprechung im Gegensatz zu den bisher genannten Gerichten stets von einem im wesentlichen schuldrechtlichen Charakter des Arbeitsverhältnisses aus[33].

2.1.3.3. Abkehr von der herrschenden Auffassung nach 1933

Während die Mehrzahl der Arbeitsgerichte damit den Gedanken des Arbeitsverhältnisses als einem personenrechtlichen Gemeinschaftsverhältnis relativ unkritisch fortführten und sich dabei mehrheitlich an der Linie des RAG orientierten und den schuldrechtlichen Charakter nicht gänzlich ablehnten, setzten sich einige Gerichte intensiv und kritisch mit der Fortgeltung des "Gemeinschaftsgedankens" auseinander.

Hervorzuheben ist hier insbesondere eine Entscheidung des LAG Bremen vom 4.8.1948, in der das Gericht betonte, daß die Aufhebung des AOG zu einer Änderung der Rechtslage geführt habe. Das Gericht führte aus, daß die Grundlage des Arbeitsverhältnisses kein gemeinschaftsbestimmtes Betriebszugehörigkeitsverhältnis sei, sondern ein kündbarer Arbeitsvertrag. Das Arbeitsverhältnis begründe zwar wesentliche persönliche Beziehungen zwischen Arbeitgeber und Arbeitnehmer, aus welchem Treue- und Fürsorgerpflichten resultierten, dem Arbeitsverhältnis komme aber nicht in erster Linie Fürsorgecharakter zu[34].

In diese Richtung argumentiert auch das LAG Hamm, indem es ausführt, zwar habe das Arbeitsverhältnis einen personenrechtliches Element, dieses könne aber nicht durch einen Vergleich mit einem Gesellschaftsverhältnis überbetont werden, weil sonst das Arbeitsverhältnis auch zu einer Fessel für den Arbeitnehmer werden könnte[35].

Auch das ArbG Bad Oldesloe stellte in einer Entscheidung vom November 1948 auf diesen Gesichtspunkt ab, wenn es ausführt, daß eine Überbetonung des Fürsorge- und Treuecharakters dazu führen müsse, daß auch der Arbeitge-

---

[31] LAG Schleswig-Holstein vom 15.4.1948, WA 1948 Nr.151; das LAG Schleswig-Holstein geht damit von einer einheitlichen arbeitsrechtlichen Entwicklung aus, die auch durch die Zeit von 1933 -1945 nicht unterbrochen wurde.
[32] LAG Frankfurt a.M. vom 17.3.1948, WA 1948 Nr.150.
[33] LAG Frankfurt a.M. vom 13.4.1948, WA 1948 Nr.197.
[34] LAG Bremen vom 4.8.1948, RdA 1948, 193; a.A ArbG Bremen vom 24.6.1948, ARSt II, Ziff. 240.
[35] LAG Hamm vom 2.10.1947, WA 1948 Nr.66.

ber eine Kündigung des Arbeitnehmers als Verstoß gegen Treu- und Glauben abwehren könne[36].

Genannt sei letztlich noch eine Entscheidung des LAG München vom 1.2.1949, in der Urlaubsansprüche eines Arbeitnehmers wegen fehlender Rechtsgrundlage abgelehnt wurden und eine Herleitung aus der allgemeinen Fürsorgepflicht des Arbeitgebers als schon unter Geltung des AOG zu weitgehend abgelehnt wird[37].

Auch in der Literatur gab es Stimmen, die den schuldrechtlichen Charakter des Arbeitsverhältnisses wieder betonten. Der Präsident des LAG Frankfurt Müller lehnte etwa die Annahme eines gesellschaftsähnlichen Charakters des Arbeitsverhältnisses ab, da der Arbeitnehmer zum Arbeitgeber bzw. zum Betrieb nicht in einem Verhältnis der inneren Verbundenheit stehe, wie es für ein Gesellschaftsverhältnis oder auch ein gesellschaftsähnliches Verhältnis erforderlich sei[38]. Auch Westhofen betont in einer Anmerkung zur Entscheidung des LAG München den schuldrechtlichen Charakter des Arbeitsverhältnisses, wobei er ausführt, daß dieser schuldrechtliche Charakter nicht im Gegensatz zum personenrechtlichen Zug des Arbeitsverhältnisses stehe[39].

2.1.4. Fazit

Diese kritischen Stimmen konnten sich aber nicht durchsetzen, so daß in Rechtsprechung und Literatur der jungen Bundesrepublik die Lehre vom personenrechtlichen Gemeinschaftsverhältnis zur herrschenden Auffassung wurde[40]. So schreibt etwa Hueck im Lehrbuch des Arbeitsrechts: "Das Arbeitsverhältnis ist also ein personenrechtliches Gemeinschaftsverhältnis, der Arbeitsvertrag somit ein gemeinschaftsbegründender Vertrag, der seine Parallele nicht im Kauf- sondern im Gesellschaftsrecht findet[41]." Trotz dieser Einstufung des Arbeitsverhältnisses als personenrechtliches Gemeinschaftsverhältnis sah die herrschende Auffassung den Arbeitsvertrag allerdings als schuldrechtlichen Vertrag an[42].

---

[36] ArbG Bad Oldesloe vom 4.11.1948, ARSt II Ziff. 721.

[37] LAG München vom 1.2.1949, SAE 1949 Nr. 64.

[38] Müller DRZ 1948, 122 (124).

[39] Westhofen Anm. zu LAG München SAE 1949 Nr. 64.

[40] Vgl. etwa BAG vom 12.10.1954, BAGE 1, 107; BAG vom 24.2.1955, BB 1955, 573; Hueck-Nipperdey, Grundriß des Arbeitsrechts (3. Auflage), S. 43; Nikisch, Arbeitsrecht (1951), S. 80; in diese Richtung auch Nipperdey in Staudinger (11. Auflage) Vorbem. § 611 Rdnr. 34, der allerdings den Charakter des Schuldverhältnisses stärker in den Vordergrund stellt.

[41] Hueck-Nipperdey, Lehrbuch des Arbeitsrechts (7. Auflage), Bd. I S. 129.

[42] Hueck-Nipperdey, Grundriß des Arbeitsrechts (3. Auflage); Nipperdey in Staudinger (11. Auflage) Vorbem. § 611 Rdnr. 34; Neumann RdA 1951, 1 (2); a.A. aber Nikisch, Arbeitsrecht (1951), S. 79, der betont, daß das Arbeitsverhältnis kein Schuldverhältnis sei.

Die Lehre vom personenrechtlichen Gemeinschaftsverhältnis wird von der herrschenden Auffassung heute nicht mehr aufrechterhalten. Nach geltendem Recht ist das Arbeitsverhältnis ein schuldrechtliches Austauschverhältnis, dessen Leistungsgegenstand eine zeitbestimmte Dienstleistung mit im Voraus nicht abgrenzbaren Einzelleistungen ist[43]. Ramm führt insoweit zutreffend aus, daß die Theorie vom personenrechtlichen Gemeinschaftsverhältnis deshalb falsch sei, da sie - von ihrem Wahrheitskern des gemeinsamen Interesses an der Betriebserhaltung abgesehen - nicht mit der rechtlichen Anerkennung der Interessengegensätze zwischen Arbeitgeber und Arbeitnehmer im Arbeitskampfrecht, Tarifrecht, Betriebsverfassungsrecht und Arbeitsvertragsrecht übereinstimme[44]. Vor diesem Hintergrund ist es überraschend, daß sich diese Lehre so lange halten konnte, obwohl direkt nach dem Zusammenbruch des Nationalsozialismus schon auf die wesentlichen Schwächen dieser Theorie hingewiesen wurde. So hat Müller schon frühzeitig auf die gravierenden Unterschiede zwischen Arbeitsverhältnis und Gesellschaftsverhältnis hingewiesen[45], die sich dadurch kennzeichnen, daß für das Verhältnis zwischen Arbeitgeber und Arbeitnehmer in vieler Hinsicht ein Interessengegensatz kennzeichnend sei[46]; während Westhofen darauf aufmerksam machte, daß die Betonung der persönlichen Beziehungen einem Schuldverhältnis keinesfalls fremd[47] und damit auch die Annahme eines Schuldverhältnisses weitgehende Treue- und Fürsorgepflichten nicht ausschließe[48]. Das LAG Bremen hat in seiner bereits genannten Entscheidung darüber hinaus klar zum Ausdruck gebracht, daß die Annahme eines Gemeinschaftsverhältnisses mit dem geltenden Recht nicht zu vereinbaren sei[49].

Weiterhin hätte eine gewisse Vorsicht bei der Übernahme der Lehre vom personenrechtlichen Gemeinschaftsverhältnis schon deshalb nahegelegen, da es sich um eine Lehre handelt, die sich im Nationalsozialismus und unter Geltung des AOG durchgesetzt hatte. In diesem Bereich kann man damit aber von einer unkritischen Übernahme von nationalsozialistischen Lehren in Rechtsprechung und Literatur sprechen[50], weshalb man der insoweit geübten Kritik zustimmen kann[51].

---

[43] Vgl. Richardi in MünchArbR § 8 Rdnr. 17.
[44] Ramm KJ 1968, 108 (119).
[45] Müller DRZ 1948, 122 (124).
[46] Vgl. Zöllner/Loritz, Arbeitsrecht (4. Auflage), § 11 7 c.
[47] Westhofen Anm. zu LAG München SAE 1949 Nr. 64.
[48] Vgl. Richardi in MünchArbR § 8 Rdnr. 9.
[49] LAG Bremen vom 4.8.1948, RdA 1948, 193.
[50] Diese unkritische Haltung wird durch folgende Ausführungen in Hueck-Nipperdey, Lehrbuch des Arbeitsrechts (7. Auflage), S. 21 bestätigt: "Wohl aber haben Wissenschaft und Rechtsprechung in stiller, konsequenter Arbeit, wenig gestört vom Nationalsozialismus, den weiteren Ausbau eines sozial fortschrittlichen Arbeitsvertragsrechts in erheblichen Umfang gefördert".
[51] Vgl. Ramm KJ 1968, 108 (119); Wahsner in Reifner, Das Recht des Unrechtsstaates (1981), S.114 (121); die wohl von Wahsner angenommene planmäßige Fortsetzung natio-

2.2. Vertrags- oder Eingliederungstheorie

In engem Zusammenhang zur Frage der Rechtsnatur des Arbeitsverhältnis stand die Frage, auf welchem Wege ein Arbeitsverhältnis begründet wird.

2.2.1. Die Entwicklung im Dritten Reich

Die ganz herrschende Lehre vor 1933 erblickte im Arbeitsverhältnis einen schuldrechtlichen Vertrag, weshalb diese herrschende Lehre konsequent für das Zustandekommen eines Arbeitsverhältnisses auf den schuldrechtlichen Entstehensgrund, eben den Arbeitsvertrag, abstellte. Die insbesondere von Nikisch und Siebert vertretene Ansicht, die im Arbeitsverhältnis ein personenrechtliches Gemeinschaftsverhältnis erblickte, maß dem Arbeitsvertrag hingegen - ebenfalls konsequent - eine völlig untergeordnete Bedeutung zu und stellte vielmehr auf die Eingliederung in den Betrieb als gemeinschaftsbegründende Handlung ab[52]. Die herrschende Lehre mochte sich aber insoweit nicht der Ansicht von Siebert und Nikisch anschließen, weshalb etwa Hueck weiterhin für das Zustandekommen des Arbeitsverhältnisses auf den Vertragsschluß abstellte und nicht auf die Eingliederung im Betrieb[53].

Auch das RAG neigte in seinen Entscheidungen während des Dritten Reichs eher der Vertragstheorie zu[54]. In einer Entscheidung aus dem Jahre 1942 nimmt es insoweit eindeutig Stellung, indem es ausführt, daß ein Beschäftigungsverhältnis durch einen Arbeitsvertrag rechtlich bereits fest begründet werde[55]. Diese Betonung des Arbeitsvertrages als Grundlage des Arbeitsverhältnisses änderte allerdings nichts daran, daß das RAG, wenn es von den BGB-Vorschriften abweichen wollte, dieses mit Verweis auf die personenrechtlichen Züge des Arbeitsverhältnisses tat[56]. Rüthers spricht insofern von einem Dualismus gesetzestreuer und gesetzesablehnender Argumentationsmöglichkeiten[57].

---

nalsozialistischer Lehren (vgl. Wahsner a.a.O. sowie KJ 1974, 372 ff) ist hingegen durch nichts belegt.

[52] Vgl. Siebert, Das Arbeitsverhältnis in der Ordnung der nationalen Arbeit (1935), insbesondere S. 60 ff sowie JW 1937, 1103 (1110); Nikisch, Arbeitsvertrag und Arbeitsverhältnis (1941), insbesondere S. 78 ff.

[53] Hueck, Dt. Arbeitsrecht (1938), S. 70 ff; vgl. auch Nipperdey in Staudinger (10. Auflage) § 611 Rdnr. 31 ff sowie Mansfeld JW 1936, 481 (482).

[54] Siehe etwa RAG ARS 36, 385; RAG vom 29.5.1942, DR 1943, 44 (45).

[55] RAG vom 29.5.1942, DR 1943, 44 (45).

[56] Vgl. hierzu Rüthers, Die unbegrenzte Auslegung (1968), S. 394.

[57] Rüthers, Die unbegrenzte Auslegung (1968), S.394 Fn. 91.

2.2.2. Die Rechtsprechung nach 1945

In den Entscheidungen der Arbeitsgerichte nach 1945 wurden beide Theorien vertreten, wobei die überwiegende Zahl der Entscheidungen an die Vertragstheorie anknüpfte. Die Arbeitsgerichte, die der Eingliederungstheorie folgten, erörterten hierbei allerdings durchgehend nicht, ob diese Theorie, die unter Geltung des AOG aufkam, nicht möglicherweise nationalsozialistisch geprägt sein könnte.

Das LAG Frankfurt näherte sich in einigen Entscheidungen der Eingliederungstheorie an, um einen Lohnanspruch bei nichtigem Arbeitsvertrag zu begründen[58]. So führt es etwa in seiner Entscheidung vom 5.10.1948 aus, daß es in Lehre und Rechtsprechung anerkannt sei, daß sich Mängel in der Begründung des Arbeitsverhältnisses nicht dahin auswirken, daß zwischen Arbeitgeber und Arbeitnehmer überhaupt keine Rechtsbeziehungen bestehen[59]. Der Mangel des fehlenden Arbeitsvertrages erstrecke sich nämlich nicht notwendigerweise zugleich auf das Arbeitsverhältnis. Man müsse vielmehr trennen zwischen Arbeitsvertrag und Beschäftigungsverhältnis. Letzteres bestehe in der tatsächlichen Einstellung und Eingliederung in den Betrieb, wobei die Einstellung als Vollzugsgeschäft nicht von der Nichtigkeit des Arbeitsvertrages miterfaßt werde[60]. Die Einstellung entfalte ihre arbeitsrechtlichen Wirkung voll und ganz und schaffe unter den Vertragsgenossen Rechtsbeziehungen, die als Beschäftigungsverhältnis bezeichnet zu werden pflegen und insbesondere in arbeitsrechtlicher Hinsicht sowohl öffentlich-rechtliche Folgen wie privatrechtliche Folgen (Lohnansprüche, Urlaubsansprüche) zeitige[61].

Auch das LAG Schleswig-Holstein schließt sich in seiner Entscheidung vom 15.4.1948 der Eingliederungstheorie an, indem es ausführt, daß die Grundlage der Ansprüche eines Arbeitnehmer letztlich seine tatsächliche Eingliederung in den Arbeitsbetrieb und nicht die schuldrechtliche Abmachung über den Arbeitsvertrag sei[62]. Es werde auch in der Rechtsprechung der Arbeitsgerichte die Auffassung vertreten, daß bei Nichtigkeit des Arbeitsvertrages der Arbeitnehmer nicht auf Ansprüche aus ungerechtfertigter Bereicherung beschränkt sei, sondern ihm Lohn- und Gehaltsansprüche für die Dauer seiner Arbeit im Be-

---

[58] Vgl. etwa LAG Frankfurt a.M. vom 5.10.1948, RdA 1949, 353 ff. Nikisch, Arbeitsrecht (1951) S. 82, sieht durch diese Entscheidungen des LAG Frankfurt seine Eingliederungstheorie bestätigt, während bei Hueck/Nipperdey, Lehrbuch des Arbeitsrechts (7. Auflage) Bd. 1 S. 116 betont wird, daß diese Entscheidungen die Eingliederungstheorie nicht stützen können, da ihre Ergebnisse auch von den Vertretern der Vertragstheorie anerkannt werden.

[59] LAG Frankfurt a.M. vom 5.10.1948, RdA 1949, 353 (354 f).

[60] LAG Frankfurt a.M. vom 5.10.1948, RdA 1949, 353 (355).

[61] LAG Frankfurt a.M. vom 5.10.1948, RdA 1949, 353 (355).

[62] LAG Schleswig-Holstein vom 15.4.1948, WA 1948 Nr.151.

trieb zustünden. Dasselbe müsse aber auch gelten, wenn ein Arbeitsvertrag überhaupt nicht abgeschlossen werde[63].
Im Gegensatz zur oben genannten Entscheidung schloß sich das LAG Frankfurt in der Mehrzahl seiner Entscheidungen klar der Vertragstheorie an. In seiner Entscheidung vom 28.9.1948 betonte das LAG Frankfurt, daß die Erbringung von abhängiger Arbeit nur eines der Merkmale für die Feststellung eines Arbeitsverhältnisses sei[64]. Als weiteres Merkmal sei es erforderlich, daß das Arbeitsverhältnis auf Grund eines schuldrechtlichen Vertrages begründet werde, durch den der eine Teil die Verpflichtung zur Leistung der Arbeit, der andere Teil die Verpflichtung zur Leistung einer entsprechenden Vergütung übernehme. Ein Arbeitsverhältnis liege noch nicht vor, wenn abhängige Arbeit im Rahmen eines anderes Rechtsverhältnisses erbracht werde, es bedürfe vielmehr dem Abschluß eines Dienstvertrages im Sinne des BGB[65].

Auch in seiner Entscheidung vom 19.1.1949 betonte das LAG Frankfurt, daß das Bestehen eines Arbeitsverhältnisses voraussetze, daß das Vertragsverhältnis einen Arbeitsvertrag zur Grundlage habe, wobei dieser Arbeitsvertrag die Grundlagen eines Dienstvertrages enthalten müsse[66].

Der Vertragstheorie folgte die überwiegende Mehrheit der Arbeitsgerichte, ohne sich allerdings mit der Eingliederungstheorie auseinanderzusetzen[67].

2.2.3. Fazit

In der Rechtsprechung der Arbeitsgerichte der Westzonen konnte somit die Eingliederungsthorie nicht entscheidend Fuß fassen und wurde auch vom BAG in seiner Rechtsprechung nicht aufgegriffen[68]. In der Literatur wurde der Theorienstreit allerdings noch jahrzehntelang weiterverfolgt, was allein die umfangreichen Ausführungen in der 7. Auflage des Lehrbuchs des Arbeitsrechts von

---

[63] LAG Schleswig-Holstein vom 15.4.1948, WA 1948 Nr.151; das LAG Schleswig dürfte insoweit über die Rechtsprechung des LAG Frankfurt a.M. hinausgehen, welches wohl nur bei Nichtigkeit des Arbeitsvertrages über einen Rückgriff auf die Eingliederungstheorie Lohnansprüche bejaht.

[64] LAG Frankfurt a.M. vom 28.9.1948, RdA 1949, 155.

[65] LAG Frankfurt a.M. vom 28.9.1948, RdA 1949, 155.

[66] LAG Frankfurt a.M. vom 12.1.1949, AP 50 Nr. 133, mit insoweit ablehnender Anmerkung von Nikisch.

[67] Vgl. LAG Hannover vom 25.6.1947, ArbR.i.St. II Ziff. 241; LAG Hannover vom 3.2.1948, ArbR.i.St. I Ziff. 499; ArbG Schleswig vom 3.1.1948, ArbR.i.St. I Ziff. 502; ArbG Flensburg vom 20.5.1948, ArbR.i.St. II Ziff. 29.

[68] Vgl. nur BAG AP Nr. 3 zu § 611 BGB Mittelbares Arbeitsverhältnis, wo ausdrücklich betont wird, daß zur Begründung eines Arbeitsverhältnisses stets ein Arbeitsvertrag erforderlich sei.

Hueck/Nipperdey belegen[69]. Die Eingliederungstheorie näherte sich freilich immer weiter der Vertrags-theorie an und gilt heute als überwunden.
Von einem Fortwirken von nationalsozialistischem Gedankengut kann in diesem Bereich folglich nicht gesprochen werden. Allerdings ist auch hier eine gewisse Kritiklosigkeit zu beklagen. So führt etwa Nikisch die Eingliederungstheorie in seinem Lehrbuch des Arbeitsrechts von 1951 fort, ohne sich eingehend mit der Frage auseinanderzusetzen, ob die Theorie nach Wegfall des AOG aufrechterhalten bleiben kann[70].

[69] Hueck/Nipperdey, Lehrbuch des Arbeitsrechts (7. Auflage), Bd. 1 § 21.
[70] Nikisch, Arbeitsrecht (1951), S. 81 ff.

3. Betriebsrisikolehre

3.1. Bedeutung

Mit der Kriegsniederlage und der Kapitulation sowie der großen Versorgungsmängeln, insbesondere des Winters 1946/47 ist der Fragenkreis der Verteilung des Betriebsrisikos in besonderer Dringlichkeit an die Arbeitsgerichte herangetragen worden. Immer wieder hatten die Gerichte über die Frage zu entscheiden, ob der Lohnanspruch bestehen bleibt, wenn der Arbeitnehmer seine Tätigkeit nicht ausüben kann, weil der Betrieb etwa wegen Kohlenmangel, Stromsperren, Demontagen oder aber auch wegen direkter Kriegszerstörungen nicht arbeiten konnte. Neben einer Vielzahl von Gerichtsentscheidungen, die sich mit dem Problem befaßten und zu durchaus verschiedenen Lösungsansätzen gelangten, wurde das Problem auch in der Literatur der Nachkriegsjahre in zahlreichen Aufsätzen und Anmerkungen behandelt[1].

3.2. Die Entwicklung der Betriebsrisikolehre

3.2.1. Die Zeit vor dem Zweiten Weltkrieg

Vor dem Zweiten Weltkrieg hatte die Rechtsprechung Grundsätze zur Behandlung des Betriebsrisikos entwickelt, die die Praxis beherrschten. In seiner berühmten Teilstreikentscheidung hatte das Reichsgericht festgestellt, daß man für die Frage des Betriebsrisikos nicht von den Vorschriften des BGB ausgehen dürfe, sondern von den sozialen Verhältnissen, wie sie sich seit Erlaß des BGB entwickelt und in der neueren Gesetzgebung auch ausdrücklich Anerkennung gefunden hätten[2]. In der Folge legte das Reichsgericht dar, daß das BGB auf einem rein individualistischen Standpunkt stehe, inzwischen habe aber der Gedanke der sozialen Arbeits- und Betriebsgemeinschaft Anerkennung und Ausbreitung gefunden[3]. Der Arbeiter sei nicht mehr ein bloßes Werkzeug des Unternehmers, sondern ein lebendiges Glied der Arbeiterschaft und damit der Arbeitsgemeinschaft[4]. Wenn zwischen der Arbeiterschaft und dem Unternehmer eine Arbeitsgemeinschaft bestehe, dann sei es selbstverständlich, daß es dem Unternehmer nicht zugemutet werden könne, für die Lohnzahlung zu sorgen, wenn infolge von Handlungen der Arbeiterschaft der Betrieb stillgelegt werde[5]. Das RG merkte in dieser Entscheidung, die es grundsätzlich getrennt von den Regelungen des BGB entwickelt hatte, jedoch zusätzlich an, daß sich das ge-

[1] Siehe etwa König RdA 1948, 54 ff; Galperin RdA 1949, 8 ff; Meissinger RdA 1949, 45 ff; Nikisch SJZ 1948, 14 ff; Weidmüller BB 1948, 206 ff; Erdmann BlfStSozArbR 1949, 97 ff.
[2] RG vom 6.2.1923, RGZ 106, 272 ff.
[3] RG vom 6.2.1923, RGZ 106, 272 (275).
[4] RG vom 6.2.1923, RGZ 106, 272 (275) .
[5] RG vom 6.3.1923, RGZ 106, 272 (276).

wonnene Ergebnis aber auch ohne Schwierigkeiten in die Vorschriften des BGB einfügen ließe[6]. Dieser Teil der Entscheidung spielte aber in der weiteren Entwicklung der Betriebsrisikolehre kaum mehr eine Rolle, vielmehr wurde nun fast durchgängig eine Lösung außerhalb der Regelungen der §§ 323, 615 BGB gesucht.

Von diesem Ausgangspunkt entwickelt das neu entstandene RAG in seiner Entscheidung vom 20.6.1928 eine Abgrenzung nach Gefahrenbereichen, nach der der Unternehmer in erster Linie das Lohnrisiko zu tragen habe, es sei denn eine abweichende vertragliche Grundlage sei vorhanden oder der Beschäftigte habe die Betriebsstockung zu vertreten[7]. Dieses sei dann der Fall, wenn die Beeinträchtigung des Betriebes auf dem Verhalten der Arbeiterschaft selbst beruhe, der Arbeitnehmer habe aber auch solche Ereignisse mitzuvertreten, die den Bestand des Betriebes beeinträchtigen oder stark gefährden[8]. Diese später als Sphärentheorie bezeichnete Abgrenzung setzte sich in der Folge in der Rechtsprechung durch[9].

3.2.2. Die Entwicklung im Dritten Reich

In der Zeit von 1933 bis 1945 wurden in die Frage des Betriebsrisikos in immer stärkeren Ausmaß auch die Wertungen des AOG einbezogen. So führte etwa Hueck aus, daß sich für die Frage des Betriebsrisikos aus dem AOG zwei Gesichtspunkte entnehmen ließen, nämlich zum einen das Führerprinzip und zum anderen der Gedanke der Betriebsgemeinschaft. Im Vordergrund müsse aber das Führerprinzip stehen. Wenn das AOG dem Führer des Betriebes die maßgebende Stellung im Betrieb einräume, dann müsse er grundsätzlich auch die Verantwortung und das Risiko übernehmen und könne die Folgen der den Betrieb treffenden Ereignisse nicht auf die Gefolgschaft abwälzen[10]. Auch Nipperdey führte aus, daß nach dem Ideengehalt des neuen Arbeitsrechts, insbesondere mit Rücksicht auf die dem Unternehmer durch das AOG eingeräumte Führerstellung, dieser grundsätzlich auch das Betriebsrisiko zu tragen habe[11]. Die Betriebsgefahr dürfe nur und ausschließlich dann den Arbeitnehmer treffen, wenn der Bestand des Betriebes gefährdet sei[12].
Das RAG bezog sich in den ersten Jahren der nationalsozialistischen Herrschaft allerdings weiterhin auf die von ihm entwickelte Sphärentheorie[13]. In einer Ent-

---

[6] RG vom 23.2.1923, RGZ 106, 272 (276).
[7] RAG vom 20.6.1928, JW 1929, 453 (454).
[8] RAG vom 20.6.1928, JW 1929, 453 (454).
[9] Vgl. RAG vom 9.1.1929, JW 1930, 430; vom 16.1.1929, JW 1930, 431; vom 11.5.1929, JW 1929, 431; vom 27.3.1935, JW 1935, 2221.
[10] Hueck, Deutsches Arbeitsrecht (1938), S.112.
[11] Nipperdey in Staudinger (10. Auflage) § 615 Rdnr. 66.
[12] Nipperdey in Staudinger (10. Auflage) § 615 Rdnr. 67 f.
[13] RAG vom 27.3.1935, JW 1935, 2221 f.

scheidung aus dem Jahre 1935 sprach das RAG die Problematik an, ob unter dem AOG überhaupt noch ein besonderer Gefahrenkreis der Arbeitnehmerschaft bestehen könne, ließ die Frage dann aber offen, da sich nach der neuen Auffassung die Position des Beklagten nicht verbessere[14]. In einer Entscheidung aus dem Jahre 1940 erklärte dann das RAG, daß die alte Rechtsprechung des RAG zum Betriebsrisiko unter Geltung des "neuen Arbeitsrechts" nicht mehr verwertet werden könne[15]. Der Gedanke verschiedener Gefahrenkreise vertrage sich nicht mit der Anschauung des Arbeitsverhältnisses als einem zwischen dem Unternehmer und dem Gefolgschaftsmitglied bestehenden, durch das Band der Treue und Fürsorge zusammengeschlossenen Gemeinschaftsverhältnisses, daß eine Aufspaltung in verschiedene Gefahrenkreise nicht zulasse. Der Unternehmer habe nach dem AOG die alleinige Entscheidungsbefugnis, weshalb er unter diesem Gesichtspunkt und unter Zugrundelegung der Fürsorgepflicht im Fall der Betriebsgefahr auch zur Weiterzahlung der Vergütung verpflichtet sei, wenn es nicht dadurch zu einer Gefährdung des Bestandes des Betriebes komme[16]. Diese neue Ansicht wurde in der Literatur mit breiter Zustimmung aufgenommen[17] und wurde vom RAG in der Folge in ständiger Rechtsprechung vertreten[18].

3.3. Entwicklung nach 1945

Die Arbeitsgerichte entwickelten nach 1945 unterschiedliche Ansatzpunkte zur Lösung der Betriebsrisikoproblematik. Im Ergebnis stellte sich dabei insbesondere die Frage, ob die Arbeitnehmer am Betriebsrisiko zu beteiligen sind, während es in der Herleitung insbesondere streitig war, ob eine Anknüpfung an die Rechtsprechung des RAG möglich ist.

3.3.1. Teilung des Betriebsrisikos zwischen Arbeitgeber und Arbeitnehmer

Zum Teil wurde von den Arbeitsgerichten, zumindest im Ergebnis abweichend von der Rechtsprechung des RAG, eine echte Verteilung des Betriebsrisikos zwischen Arbeitgeber und Arbeitnehmer vorgenommen.

Das LAG Hamburg nahm in seiner Entscheidung vom Februar 1947 zwar ausdrücklich Bezug auf die Rechtsprechung des RAG, gelangte aber im Ergebnis zu einer echten Verteilung des Betriebsrisikos auf Arbeitnehmer und Arbeitge-

---

[14] RAG vom 27.3.1935, JW 1935, 2221 (2222).
[15] RAG vom 26.11.1940, DR 1941, 1014 ff.
[16] RAG vom 26.11.1941, DR 1941, 1014 (1015).
[17] Hueck DR 1941, 1016; DR 1941, 2457; Oppermann DR 1942, 90; Herschel DR 1943, 103 (106).
[18] RAG vom 5.8.1941, DR 1941, 2456; vom 2.9.1941, DR 1942, 90; vom 29.10.1941, DR 1942, 675.

ber[19]. In dieser Entscheidung führt das LAG aus, daß es für die Beurteilung des Betriebsrisikos nach der Rechtsprechung auf die §§ 323, 324 BGB gar nicht ankäme, sondern daß sich die Risikoverteilung nach den in Anschluß an § 242 BGB, § 2 AOG entwickelten Grundsätzen über das Betriebsrisiko richte[20]. Im Ergebnis müßten die Parteien des Arbeitsvertrages das Betriebsrisiko gemeinsam tragen, wobei der Arbeitgeber in diesem Fall für eine gewisse Zeit den Lohn zu zahlen habe[21]. Hinsichtlich der konkreten Verteilung des Risikos wird in der Verordnung vom 27.8.1940 und dem Erlaß vom 25.1.1944, die für den Fall der Betriebsstörung durch Fliegerschäden bzw. behördlicher Stillegung, die Hälfte des vereinbarten Lohns zubilligen, ein Fingerzeig gesehen. In der Folge stellt dann das LAG eine Berechnung auf, die ganz offensichtlich nicht nur für den Einzelfall geeignet sein sollte. Zunächst wurde festgestellt, daß die Halbierung nicht schematisch gesehen werden dürfe, zumindest wenn die Kündigungsfrist länger als sechs Wochen sei, könne nur eine Quote von einem Drittel oder einem Viertel zugesprochen werden, wobei die Untergrenze bei zwei Monatsgehältern liege, wenn diese nicht mehr als 50 % des insgesamt zustehenden Lohns ausmachten. Im konkreten Fall betrugen 2 Monatsgehälter weniger als 50 % des Lohns für die Dauer der Kündigungsfrist und mehr als 1/3, weshalb dieser Betrag zugestanden wurde[22].

Auch das LAG Frankfurt gelangte in einer Entscheidung vom 4.11.1947 zu einer Teilung des Betriebsrisikos zwischen den Arbeitsvertragsparteien. Die Herleitung der Verteilung des Betriebsrisikos entspricht fast im Wortlaut der Entscheidung des LAG Hamburg, wobei allerdings auf den aufgehobenen § 2 AOG nicht mehr Bezug genommen wurde. Nach dem LAG Frankfurt könne aber die konkrete Teilung, die das LAG Hamburg in der genannten Entscheidung vorgenommen habe, nicht auf den zu entscheidenden Fall übertragen werden, weil die genaue Verteilung des Betriebsrisikos immer eine Ermessenssache sei. Für den von ihm entschiedenem Fall führte das LAG dann aus, daß ein unverheirateter Chemiker, der auch im freien Beruf seine Existenz bestreiten könne, Anspruch auf Lohnzahlung nur für eine kürzere Zeit haben könne, als ein anderer Arbeitnehmer[23].

Beide Entscheidungen berufen sich interessanter Weise ausdrücklich auf eine Rechtsprechungstradition des Reichsarbeitsgerichtes, kommen aber beide zu Ergebnissen, die grundlegend von den Ansichten des RAG abweichen. Bis zu diesem Urteil wurde nämlich in der Rechtsprechung nicht angenommen, daß

---

[19] LAG Hamburg vom 7.2.1947, RdA 1948, 36 f.

[20] LAG Hamburg vom 7.2.1947, RdA 1948, 36 (37).

[21] LAG Hamburg vom 7.2.1947, RdA 1948, 36 (37).

[22] LAG Hamburg vom 7.2.1947, RdA 1948, 36 (37); krit. hierzu Erdmann, BlfStSozArbR 1949, 97 (99), der zu Recht betont, daß diese Verteilung im Einzelfall angemessen sein kann, als generelle Formel aber abzulehnen ist.

[23] LAG Frankfurt a.M. vom 4.11.1947, WA 1948 Nr.45, RdA 1948, 79 (80).

Arbeitgeber und Arbeitnehmer das Betriebsrisiko in dem Sinne gemeinsam zu tragen hätten, daß der Arbeitgeber den Lohn nur für eine gewisse Zeit zu tragen habe[24] und das jeweils für den Einzelfall eine Billigkeitsentscheidung zu treffen sei[25]. Vielmehr war es gerade unter Geltung des AOG in der Rechtsprechung des RAG unbestritten, daß der Arbeitgeber das Betriebsrisiko grundsätzlich allein zu tragen habe. Interessant ist es hierbei, daß das LAG Hamburg ganz offensichtlich versuchte, einen rechnerischen Maßstab zu setzen, um die Verteilung des Betriebsrisikos nachvollziehbar zu gestalten und damit für die Zukunft Rechtssicherheit zu geben. Das LAG Frankfurt lehnte aber dann gerade den Teil der Entscheidung ab, der einen Rahmen für die Verteilung des Betriebsrisikos setzen wollte und setzte an dessen Stelle eine reine Ermessens- und Einzelfallentscheidung. Der Ansatzpunkt des LAG Frankfurt wurde in der Literatur abgelehnt und auch von anderen Gerichten nicht weiter verfolgt. In der Literatur wurde zu Recht hervorgehoben, daß das Abstellen auf die persönlichen Verhältnisse des Arbeitnehmers dazu führen würde, daß eine Reihe von Arbeitnehmern bei einer Bestandsgefährdung des Betriebes an dem Risiko teilnehmen müßten, andere dagegen, weil sie etwa eine größere Anzahl von unterhaltspflichtigen Kindern hätten oder keine Ersparnisse machen konnten, nicht am Betriebsrisiko teilzunehmen bräuchten. Die reine Billigkeitsrechtsprechung würde damit aber zu Lösungen führen, die im Verhältnis der Arbeitskollegen höchst unbillig seien[26]. Außerdem wurde in der Literatur durchgehend darauf hingewiesen, daß auch der Rechtssicherheit gedient werden müsse, weshalb eine klare, verständliche und in sich begründete Linie notwendig sei[27]. Allerdings setzte sich auch die eher auf Rechtssicherheit ausgerichtete Entscheidung des LAG Hamburg nicht durch, wobei es sicherlich eine Rolle gespielt haben dürfte, daß die vom LAG angesetzten Werte weder nachvollziehbar, noch im Gesetz verankert waren[28].

Trotz der geschilderten Kritik blieb das LAG Frankfurt bei seiner oben geschilderten Billigkeitsrechtsprechung. In einer Entscheidung vom März 1948 führt es aus, daß der Arbeitnehmer das Arbeitsverhältnis nur eingehe, um seine wirtschaftliche Existenz zu gewinnen, während das Interesse des Arbeitgebers darauf gerichtet sei, Gewinn zu erzielen, weshalb er auch in besonderem Maße die Betriebsgefahr zu tragen habe[29]. Diese Erwägungen führten dazu, daß zunächst der Arbeitgeber die Unmöglichkeit der Weiterbeschäftigung des Arbeitnehmers in Fällen der Betriebsstillegung zu tragen habe, jedoch habe der Arbeitnehmer eine gewisse Opfergrenze einzuhalten, die ihm durch das Interesse an der Erhaltung des Betriebes gesetzt sei. Ereignisse, die den Bestand des Betriebes be-

---

[24] Vgl. hierzu Nikisch RdA 1948, 37.
[25] Siehe auch Hueck RdA 1948, 80.
[26] König RdA 1948, 54 (57).
[27] Vgl. Galperin RdA 1949, 8 (9).
[28] Vgl. Erdmann BlfStSozArbR 1949, 97 (99).
[29] LAG Frankfurt vom 17.3.1948, RdA 1948, 146 f.

einträchtigen oder ihn lahmlegen, seien von den Arbeitnehmern in dem Maße mitzuvertreten, als es ihm zuzumuten sei und der Billigkeit entspräche[30]. In der Folge schildert dann das LAG die wirtschaftliche Lage des Unternehmens, die schwach sei, allerdings noch nicht Konkursreife erreicht habe. Nach einer allgemeinen Abwägung unter Einschluß der wirtschaftlichen Verhältnisse des Klägers wird diesem dann 2/3 seiner geltend gemachten Forderung zugesprochen[31].

Diese Entscheidung liegt in der Tendenz aber wieder eher in der Richtung des RAG, da das Betriebsrisiko vom Grundsatz her auf den Arbeitgeber übertragen und eine Mithaftung des Arbeitgebers nur vorgenommen wird, weil das Unternehmen in seinem Bestand gefährdet war[32]. Darüber hinaus handelt es sich aber bei dieser Entscheidung um eines der wenigen Urteile, in denen ein Gericht nicht nur die Einschränkung bei einer Bestandsgefährdung anknüpfend an das RAG im Grundsatz bejaht, sondern auch im Ergebnis durchführt. Es ist allerdings zweifelhaft, ob das RAG seine Verteilung des Betriebsrisikos im Falle einer wirtschaftlichen Schieflage des Unternehmens im Sinne einer solchen Gesamtabwägung verstanden hat. Die Frage, ob ein solche Einschränkung bei der Tragung des Betriebsrisikos bei einer Bestandsgefährdung des Unternehmens wirklich berechtigt ist, war aber durchaus nicht unumstritten. Insoweit wurden Bedenken erhoben, weil dadurch der Arbeitnehmer, der in einem finanziell schwächeren Unternehmen beschäftigt ist, ungünstiger gestellt wird, als der Arbeitnehmer in einem finanzkräftigen Unternehmen[33]. König weist insofern darauf hin, daß es sich dabei um ein Spiel des Zufalls handeln würde, wobei man eine Beteiligung des Arbeitnehmers an Bestandsgefahren dann wieder verneinen müsse, wenn das Unternehmen auch im übrigen konkurs- oder versteigerungsreif sei, ansonsten würde man sich in unlösbare Widersprüche zum Gedanken des Lohnvorrechts im Konkurs begeben[34]. Diesen Gedanken hat allerdings auch schon das LAG in seiner Entscheidung gesehen, da es ja gerade feststellt, daß das betroffene Unternehmen nicht konkursreif sei. Auch Galperin, der eine Mithaftung des Arbeitnehmers bei Bestandsgefährdungen grundsätzlich bejaht, möchte deshalb im Falle der Konkursreife diese Mithaftung nicht annehmen[35].

---

[30] LAG Frankfurt vom 17.3.1948, RdA 1948, 146 (147).
[31] LAG Frankfurt vom 17.3.1948, RdA 1948, 146 (147).
[32] Siehe Hueck RdA 1948, 147.
[33] Siehe Nikisch SJZ 1948 Sp. 14 (18); siehe auch LAG Hamburg vom 16.7.1948, MDR 1948, 11 (12).
[34] König RdA 1948, 54 (56).
[35] Galperin RdA 1949, 8 (12).

3.3.2. Abgrenzung von der Rechtsprechung des RAG

Im Ergebnis kommt auch das LAG Hamburg in seiner grundlegenden Entscheidung vom Juli 1947 zu einer Teilung des Betriebsrisikos[36]. In dieser Entscheidung hatte das Gericht darüber zu befinden, ob das beklagte Unternehmen den Kläger weiter zu bezahlen hat, obwohl es die Arbeitskraft des Klägers infolge von Stromsperren nicht verwenden konnte und ihn deshalb vorübergehend von der Arbeit freistellte. Die Entscheidung hält sich in dem Rahmen, den das LAG selbst in der oben genannten Entscheidung gesetzt hat, führt aber gleichzeitig aus, daß dieser Rahmen - wenn überhaupt - nur dann anwendbar sei, wenn der Arbeitnehmer seinen Arbeitsplatz endgültig verliere. In der Begründung weicht das Gericht aber insgesamt nicht nur von den oben genannten Entscheidungen ab, sondern darüber hinaus auch von der Rechtsprechung des RAG. Das LAG Hamburg lehnte nun nämlich ausdrücklich eine Anknüpfung an die Rechtsprechung des RAG ab[37]. Nach einer Ablehnung der Sphärentheorie des RAG wird ausgeführt, daß die Frage des Betriebsrisikos nicht mit der Führungsaufgabe des Unternehmers in Verbindung gebracht werden könne, weil die Übertragung der Führungsaufgabe auf den Unternehmer auf dem nationalsozialistischen Führerprinzip beruhe, als dessen Gegengewicht das RAG die grundsätzliche Aufbürdung des Betriebsrisikos auf den Arbeitgeber statuiert habe[38]. Zur Lösung des Problems beruft sich das LAG dann auf die Teilstreikentscheidung des RG und führt aus, daß die Entscheidung unter Berücksichtigung der Arbeitsgemeinschaft und Betriebsverbundenheit in einer angemessenen Verteilung des Betriebsrisikos gefunden werden müsse[39]. Entgegen der seit langem herrschenden Ansicht versuchte das LAG in der Folge seine Lösung in die gesetzliche Vorgaben der §§ 323 und 615 BGB einzupassen, indem es ausführte, daß diese Vorschriften zur Lösung zumindest herangezogen werden könnten. Im Ergebnis nahm das LAG unter Bezugnahme auf § 616 BGB an, daß eine Verteilung nach Zeit getroffen werden müsse, wobei die Länge der Zeit, in der der Arbeitgeber das Betriebsrisiko zu tragen habe, im wesentlichen nach der für den einzelnen Arbeitnehmer geltenden Kündigungsfrist richten müsse. Wenn diese 4 Monate betrage, sei es nicht unbillig, wenn das Betriebsrisiko nach 6 Wochen auf den Arbeitnehmer übergehe[40]. Das LAG läßt es in der Entscheidung weiter ausdrücklich offen, ob diese Grenze von 6 Wochen auf alle Fälle übertragbar sei.

An dieser Entscheidung ist interessant, daß das LAG Hamburg nun anerkennt, daß es in der Verteilung des Betriebsrisikos einen neuen Weg beschreitet und insoweit gerade von der Rechtsprechung des RAG abgewichen wird. Bemerkenswert ist ebenfalls, daß zwar versucht wird, die §§ 323, 615 BGB zur Lö-

---

[36] LAG Hamburg vom 16.7.1947, MDR 1948, 11 ff; WA 1948 Nr.44.
[37] LAG Hamburg vom 16.7.1947, MDR 1948, 11 (12).
[38] LAG Hamburg vom 16.7.1947, WA 1948 Nr.44.
[39] LAG Hamburg vom 16.7.1947 MDR 1948, 11 (13).
[40] LAG Hamburg vom 16.6.1948 MDR 1948, 11 (14).

sung des Problems heranzuziehen, die Lösung aber letztlich doch aus Treu und Glauben gewonnen wird. Aus den §§ 323, 615 BGB läßt sich nämlich nicht begründen, daß eine Arbeitsleistung etwa nach 6 Wochen Stromsperre unmöglich werden soll[41]. Im Ergebnis kann die Entscheidung damit aber keine Rechtssicherheit bieten, weil sie trotz des Versuches die Lösung für die Betriebsrisikofälle aus dem Bürgerlichen Gesetzbuch zu entnehmen und an der Kündigungsfrist zu orientieren, keine nachvollziehbare Lösung für die Entscheidung im Einzelfall bietet[42]. Nikisch merkte zu dieser Entscheidung an, daß es bei der Anwendung von derartig allgemeinen Grundsätzen nicht ohne Willkür abgehen könne. Jedermann werde zwar die Gründlichkeit und Gewissenhaftigkeit des Gerichts anerkennen, allerdings werde niemand davon überzeugt sein, daß gerade dies die richtige Lösung sei[43].

In diesem Zusammenhang ist eine Entscheidung des LAG Berlin bemerkenswert, die die Betriebsrisikofälle wieder gänzlich der gesetzlichen Regelung unterwerfen will und ebenso wie das LAG Hamburg die frühere Rechtsprechung des RAG ausdrücklich ablehnt[44]. Das LAG Berlin führte aus, daß die gesamte Lehre des früheren RAG abzulehnen sei und nach Aufhebung des AOG auch die formale Grundlage für diese Rechtsprechung weggefallen sei. Eine vermögensrechtliche Gemeinschaft zwischen Arbeitnehmer und Arbeitgeber bestehe nicht, weshalb auch über einen Gemeinschaftsgedanken eine Beteiligung der Belegschaft am Betriebsrisiko nicht zu begründen sei[45]. Die Lösung dieser Fälle sei vielmehr aus dem BGB zu entnehmen, wobei sich aus den gesetzlichen Vorschriften eine Tragung des Risikos durch den Arbeitgeber ergebe. Bei einer Betriebsstillegung sei grundsätzlich die Arbeitsleistung selbst möglich, lediglich die notwendige Mitwirkungshandlung des Arbeitgebers sei unmöglich. Im Ergebnis befinde sich der Arbeitgeber damit aber im Annahmeverzug, weshalb er auch das Arbeitsentgelt weiter zahlen müsse[46].

Diese Entscheidung des LAG Berlin entfaltete auf die Rechtsprechungsentwicklung in den Westzonen keine Auswirkungen und konnte ebenso, wie die Entscheidung des LAG Hamburg, keine "Rückbesinnung" auf die Vorschriften des BGB auslösen. Die Entscheidung knüpft in ihrer Begründung an die vor der Teilstreikentscheidung des Reichsgerichts unter anderem von Titze[47] vertretene Auffassung an, daß in diesen Fällen keine Unmöglichkeit vorliege, sondern Annahmeverzug des Arbeitgebers. Diese Auffassung wurde unabhängig von dieser

---

[41] Insoweit kritisch Bötticher MDR 1948, 14 f.
[42] Siehe hierzu auch Meissinger RdA 1949, 45.
[43] Nikisch SJZ 1948 Sp. 14 (17), siehe auch Bötticher MDR 1948, 14 f.
[44] LAG Berlin vom 25.2.1948, WA 1949 Nr.124.
[45] LAG Berlin vom 25.2.1948, WA 1949 Nr.124.
[46] LAG Berlin vom 25.2.1948, WA 1949 Nr.124.
[47] Titze JW 1922, 548 (549 f).

Entscheidung auch vom Direktor des LAG Hamburg König vertreten[48], ohne sich allerdings auf die Rechtsprechung des LAG Hamburg ausgewirkt zu haben. Es erscheint aber auch zweifelhaft, ob man hier davon ausgehen kann, daß nur die Mitwirkungshandlung des Arbeitgebers unmöglich geworden ist. Im vorliegenden Fall konnte der Kläger seine Dienste nicht leisten, weil der Arbeitgeber in Folge der Kriegsereignisse in ihrem verlagerten Betriebsteil nicht mehr arbeiten lassen konnte. In einem solchen Fall ist aber nicht nur die Mitwirkungshandlung des Arbeitgebers, sondern auch die Arbeitsleistung selbst unmöglich geworden, weshalb für die Annahme eines Annahmeverzugs kein Raum sein dürfte[49]. Schon das Reichsgericht ist aber in seiner Teilstreikentscheidung[50] davon ausgegangen, daß in solchen Fällen die Unmöglichkeit der Leistung den Annahmeverzug ausschließe[51]. Auch das LAG Hamburg führte schon in seiner Entscheidung vom 16.7.1948 aus, daß ein Ereignis zu einer Zeit entweder Gläubigerverzug oder Unmöglichkeit sein könne, niemals aber beides[52].

Auch das LAG Bremen beschäftigte sich mit der Frage, ob für die Lösung der Betriebsrisikoproblematik an die Rechtsprechung des RAG angeknüpft werden könne oder ob eine solche Anknüpfung deshalb nicht möglich sei, weil die vom RAG gefundene Lösung nationalsozialistisch geprägt sei[53]. Im Ergebnis wird eine Anknüpfung an die Rechtsprechung des RAG im Gegensatz zu den genannten Entscheidungen des LAG Hamburg und des LAG Berlin ausdrücklich bejaht. Das LAG Bremen führte aus, daß die Rechtsprechung des RAG auf die grundlegende Entscheidung aus dem Jahre 1928 zurückgehe, also bereits viele Jahre vor dem Beginn der nationalsozialistischen Herrschaft in Deutschland entwickelt worden sei. Es habe zwar Versuche gegeben, nationalsozialistische Gedankengänge in diese Rechtsprechung hineinzutragen, diese seien aber im Ergebnis erfolglos geblieben. Es sei auch nicht einzusehen, warum die Berücksichtigung sozialer Belange gegenüber dem rein individualistisch bestimmten BGB als eine Rechtsauslegung nach nationalsozialistischen Lehren angesehen werden sollte. Schon aus dem Zeitpunkt der Entstehung der Rechtsprechung des RAG ergebe es sich, daß diese seine Grundlage nicht im aufgehobenen AOG haben könne[54]. Im Ergebnis trat das LAG deshalb der Rechtsauffassung des RAG bei und führte weiter aus, daß es darüber hinaus der Meinung sei, daß die Betriebsgefahr nach dem Charakter des Arbeitsverhältnisses grundsätzlich den Arbeitgeber treffe[55].

---

[48] Vgl. König RdA 1948, 54 (57).
[49] So auch schon Nipperdey in Staudinger (9. Auflage) § 615 II 2.
[50] RG vom 23.2.1923, RGZ 106, 272 (276).
[51] Heute ganz h.M., siehe Palandt/Heinrichs § 293 Rdnr.3; BGH 24, 96; BAG AP § 615 Nr.29.
[52] LAG Hamburg vom 16.7.1947, MDR 1948, 11 (13).
[53] LAG Bremen vom 30.4.1947, SJZ 1948 Sp. 32 (33 f).
[54] LAG Bremen vom 30.4.1947, SJZ 1948 Sp. 32 (34).
[55] LAG Bremen vom 30.4.1947, SJZ 1948 Sp. 32 (34 f).

Im Ergebnis gelangen damit aber sowohl das LAG Berlin als auch das LAG Bremen zu einer alleinigen Tragung des Betriebsrisikos durch den Arbeitgeber und entsprechen damit im Ergebnis der wohl h.M. in der damaligen Zeit. Bei der Frage der nationalsozialistischen Prägung der Rechtsprechung des RAG übersieht das LAG Bremen allerdings die oben angesprochene Rechtsprechung des RAG nach 1940, die man durchaus als vom Führerprinzip geprägt ansehen kann, weshalb beim Abstellen auf diese Entscheidungen, wegen des Gesetzes Nr. 1 der Militärregierung, nach dem solche Entscheidungen deutscher Gerichte zur Auslegung nicht herangezogen werden dürfen, in denen nationalsozialistische Ziele oder Lehren vertreten wurden, Vorsicht geboten war[56]. Allerdings ist dem LAG Bremen insoweit zuzustimmen, daß die neue Begründung der Betriebsrisikolehre durch das RAG zu keinen anderen Ergebnissen führte, als die vorher vertretene Sphärentheorie[57]. Im Ergebnis wird man damit aber kaum davon sprechen können, daß die entwickelten Grundsätze der Betriebsrisikolehre insgesamt nationalsozialistisch geprägt gewesen sind.

3.3.3. Betriebsrisiko als Unternehmerrisiko

Auch der Großteil der weiter veröffentlichen Rechtsprechung gelangte zum Ergebnis, daß der Arbeitgeber das Betriebsrisiko grundsätzlich alleine zu tragen habe, weshalb insoweit zumindest im Ergebnis an die Rechtsprechung des RAG angeknüpft wurde. Die von den Gerichten gefundenen Begründungen weichen aber deutlich von einander ab.

Das LAG Düsseldorf bewegte sich etwa mit einer Entscheidung vom November 1947 auf der Linie des RAG und kam zur grundsätzlichen Übertragung des Betriebsrisikos auf den Arbeitgeber, wenn nicht der Bestand des Betriebes gefährdet sei[58]. Das LAG begründete seine Auffassung damit, daß die Rechtsnatur des Arbeitsverhältnisses - ähnlich dem Gesellschaftsverhältnis - einen starken personenrechtlichen Einschlag besitze. Der Arbeitgeber behabe die Möglichkeit in guten Zeiten Rücklagen zu bilden, aus denen die Arbeitnehmer bei Eintritt von Betriebsstockungen bezahlt werden könnten. Der Arbeitnehmer aber lebe regelmäßig von der Hand in den Mund und könne bei Lohnausfällen die dringendsten Bedürfnisse für sich und seine Familie nicht decken. Die Gewöhnung des Arbeitgebers an risikolosen Gewinn dürfe nicht darüber hinwegtäuschen, daß die Funktion eines freien Unternehmertums gerade in der Verbindung von Gewinnchance und Verlustrisiko liege[59].

---

[56] So auch Galperin RdA 1949, 8.
[57] Siehe hierzu Hueck JW 1935, 2222; Nikisch SJZ 148, 14 (15); König RdA 1948, 54 (55) spricht von einer "Abwandlung" der Sphärentheorie.
[58] LAG Düsseldorf vom 3.11.1947, WA 1948 Nr.79.
[59] LAG Düsseldorf vom 3.11.1947, WA 1948 Nr.79.

Auch das ArbG Bremen bewegt sich in einer Entscheidung vom April 1948 auf der Linie des RAG[60]. In diesem Fall mußte den Arbeitnehmern gekündigt werden, weil im Betrieb Demontagen durchgeführt wurden. Der Arbeitgeber wollte nun die sechsmonatige Kündigungsfrist eines Arbeitnehmers kürzen, um sich so zu entlasten. Das ArbG entschied aber unter Bezugnahme auf die Rechtsprechung des RAG, daß eine Verkürzung der Kündigungsfrist oder eine fristlose Kündigung darauf hinausliefen, das Betriebsrisiko auf den Arbeitnehmer zu verlagern. Grundsätzlich habe aber der Arbeitgeber das Betriebsrisiko zu tragen[61].
Weidmüller, der ebenfalls grundsätzlich das Betriebsrisiko auf den Arbeitgeber verlagern will, war aber für den Fall von Demontagen der Ansicht, daß dieses Ergebnis mit dem Grundsatz der Verteilung der Lasten nicht zu vereinbaren sei[62]. Wenn der Gesetzgeber diese Fälle nicht regele, müsse die Last von beiden Parteien des Arbeitsvertrages getragen werden, wobei Halbierung des Lohnanspruchs zumindest nicht ungerechtfertigt sei[63]. Soweit ersichtlich gibt es allerdings keine Entscheidung, die den Fall der Demontagen gegenüber anderen Betriebsrisikofällen abweichend beurteilt.

Auch das LAG München bezieht sich auf das RAG, stützt aber die Begründung in erster Linie auf die verfassungsrechtliche Stellung des Arbeitgebers gegenüber den Arbeitnehmern. Demnach sei es unter Würdigung der Rechte und Pflichten, die die neuen Staatsverfassungen den Unternehmern auf der verfassungsrechtlichen Grundlage freien Unternehmertums eingeräumt haben, zu vertreten, daß das Betriebsrisiko grundsätzlich vom Unternehmer getragen werde und weshalb befristete Verträge auch bei Eintritt sogenannter Betriebsrisikofälle treu zu erfüllen seien[64].

Das LAG Stuttgart sah den entscheidenden Gesichtspunkt ebenfalls im Unternehmerrisiko[65]. Im Gegensatz zum LAG München lehnte das LAG Stuttgart eine Anknüpfung an die Rechtsprechung des RAG vor 1933 ausdrücklich ab. Die Lösung könne weder über die Grundsätze von Unmöglichkeit und Annahmeverzug, noch über die sogenannte Sphärentheorie abgeleitet werden, sondern es müsse auf die Grundsätze des § 242 BGB und des Wegfalls der Geschäftsgrundlage abgestellt werden[66]. Hiernach habe der Arbeitgeber das Betriebsrisiko als Teil seines wirtschaftlichen Unternehmerrisikos zu tragen. Wenn er den

---

[60] ArbG Bremen vom 24.4.1948, WA 1948 Nr.185.
[61] ArbG Bremen vom 24.4.1948, WA 1948 Nr.185: Von der ganz herrschenden Meinung wurde eine fristlose Kündigung in Betriebsrisikofällen für nichtig gehalten.
[62] Weidmüller BB 1948, 206 (207).
[63] Weidmüller BB 1948, 206 (207).
[64] LAG München vom 20.10.1948, WA 1949 Nr.112.
[65] LAG Stuttgart vom 28.4.1948, RdA 1949, 465.
[66] Siehe ebenso schon LG Göttingen vom 11.4.1946, BB 1946 Nr.5 S.10 (11).

Gewinn trage, so könne für den Verlust nichts anderes gelten[67]. Insbesondere könne sich der Arbeitgeber gegen die ihm durch Arbeitsausfall erwachsenden Nachteile durch die Möglichkeit eines Risikoausgleichs, wie etwa durch den Abschluß von Versicherungen, schützen[68].

Der Gedanke des LAG Stuttgart, daß der, der den Gewinn erziele, auch das Risiko und damit den Verlust zu tragen habe, findet sich auch in einer Entscheidung des LAG Bremen. Das LAG Bremen bürdet aber vor allem dem Arbeitgeber aus seiner Rechtsstellung heraus das Betriebsrisiko auf, wenn es ausführt, daß es innerhalb einer schaffenden Gemeinschaft angebracht und billig sei, dem Arbeitgeber auch die Folgen einer von ihm unverschuldeten Betriebsgefahr grundsätzlich aufzuerlegen, weil er der Belegschaft gegenüber ein für seine Rechtsstellung kennzeichnendes soziales und rechtliches Übergewicht habe und außerdem als Unternehmer auch die Gewinne für sich in Anspruch nehme[69]. Im Ergebnis knüpfte damit das LAG Bremen mit der überwiegenden Auffassung in den Nachkriegsjahren an die Rechtsprechung des RAG an[70].

Die Begründung, daß der Arbeitgeber den Gewinn erhalte, weshalb er auch das Risiko des Betriebes tragen müsse, wurde auch in der Literatur der damaligen Zeit häufig vertreten. Meissinger etwa war insoweit der Ansicht, daß sich die Lösung unabhängig von den §§ 323, 615 BGB und auch unabhängig von § 242 BGB, der nur mittelbar greife, aus der Stellung des freien Unternehmers ergebe[71]. Darüber hinaus plädierte er für eine völlige Lösung des Arbeitsrechts vom Zivilrecht, ein Schritt, "der endlich getan werden müsse"[72]. Auch Galperin begründete die Verlagerung des Betriebsrisikos über den Unternehmerbegriff. Im Begriff des Unternehmers stecke als elementarer Bestandteil der Gedanke des Unternehmens als einer wagenden Tätigkeit, wer es wage, selbständig seinen wirtschaftlichen Erfolg zu tragen, müsse auch das Risiko tragen[73]. Nikisch merkte zum Gedanken des freien Unternehmers kritisch an, daß der Unternehmer noch nicht einmal die für seinen Betrieb benötigten Stoffe und Kräfte frei beziehen könne, sondern stets auf behördliche Zuteilung angewiesen sei, deren Zuteilung aber beschränkt oder gesperrt werden könne. In einem solchen Fall sei es aber nicht nur wirtschaftlich untragbar, sondern darüber hinaus ein bare

---

[67] LAG Stuttgart vom 28.4.1948, RdA 1949, 465; ebenso schon LG Göttingen vom 11.4.1946, BB 1946 Nr.5 S. 10 (11).

[68] LAG Stuttgart vom 28.4.1948, RdA 1949, 465; dieser Gedanke findet sich schon beim LAG Düsseldorf vom 3.11.1947, WA 1948 Nr.79.

[69] LAG Bremen vom 22.11.1947, RdA 1948, 192 (193).

[70] Siehe zur Begründung LAG Bremen vom 30.4.1947, ArbR.i.St. I Ziff.34

[71] Meissinger RdA 1949, 45 (47).

[72] Meissinger RdA 1949, 45.

[73] Galperin RdA 1949, 8 (9).

Ungerechtigkeit, ihm die Gefahr solcher durch die Not der Zeit erzwungener öffentlicher Maßnahmen aufzubürden[74].

3.3.4. Betriebsrisiko und Wirtschaftsrisiko

Das LAG Hamburg kommt in zwei Entscheidungen aus dem Jahren 1946 und 1947 ebenfalls zu einer Alleinhaftung des Arbeitgebers, leitete diese Ergebnisse aber nicht aus der Betriebsrisikolehre ab, sondern stellte in beiden Entscheidungen auf das Wirtschaftsrisiko ab, daß grundsätzlich der Arbeitgeber zu tragen habe.
In der Entscheidung aus dem Jahre 1946 hatte das LAG Hamburg über Lohnansprüche eines gekündigten Arbeitnehmers während der Kündigungsfrist zu entscheiden. Die Arbeitsstelle des Klägers, eine Verkaufs- und Reparaturstelle, war durch die Kriegsereignisse weggefallen, wobei das beklagte Unternehmen in ganz Deutschland solche Verkaufsstellen betrieb und der Kläger seine Arbeitskraft in einer anderen Verkaufsstelle angeboten hatte. Dem Kläger wurde in der Folge gekündigt, weil in Hamburg keine Beschäftigungsmöglichkeit bestand.
Das LAG Hamburg entschied, daß der Arbeitnehmer Anspruch auf vollen Lohn während der Kündigungsfrist habe, was sich daraus ergebe, daß es sich um einen Fall des Wirtschaftsrisikos und nicht des Betriebsrisikos handele. Zur Begründung führte das LAG aus, daß Betriebseinschränkungen in einzelnen Betrieben des beklagten Unternehmens dem Wirtschaftsrisiko zuzurechnen seien, da der Ausfall einzelner Verkaufsstellen wohl eine Einschränkung eines Geschäftszweiges der Beklagten, aber nicht einer betrieblichen Störung derart gleichzusetzen sei, daß dem Arbeitgeber die Annahme der angebotenen Arbeit unmöglich werde, wie etwa wenn ein Betrieb zerstört, als Reparation abgebaut oder stillgelegt werde[75]. Nur in engen Ausnahmefällen sei eine Ausnahme vom Grundsatz, daß jeder seine Leistungsfähigkeit einzustehen habe, möglich. Ein solcher Fall sei hier aber nicht gegeben, weshalb die Beklagte das Risiko allein tragen müsse. Gestützt wird diese Erwägung zusätzlich noch auf § 2 AOG, wobei die Problematik der Anwendbarkeit des AOG nicht angesprochen wird[76].

Auch in einer Entscheidung vom März 1947 nahm das LAG Hamburg einen Fall des Wirtschaftsrisikos an[77]. In dem zu beurteilenden Fall lagen nach Kriegsende alle Fertigungsstätten in der sowjetisch besetzten Zone, so daß der Unternehmer keinerlei Kontrolle über sie hatte. Einzelne Werke sollten schon demontiert worden sein. Der Kläger war allerdings nicht in der Fertigung, sondern im Vertrieb angestellt. Das LAG war insoweit der Ansicht, daß ein Fall des Betriebsrisikos vorliegen würde, wenn der Kläger in der Fertigung angestellt wäre. Der Kläger sei allerdings im Vertrieb angestellt und damit in einem Be-

---

[74] Nikisch SJZ 1948 Sp. 14 (17).
[75] LAG Hamburg vom 11.9.1946, RdA 1948, 34 f.
[76] LAG Hamburg vom 11.9.1946, RdA 1948, 34 (35).
[77] LAG Hamburg vom 22.3.1947, RdA 1948, 144 (145).

reich, der von den Kriegsereignissen nicht direkt betroffen ist. Die Tatsache, daß der Vertrieb ohne Fertigung nicht sinnvoll arbeiten könne, sei aber dem Wirtschaftsrisiko zuzurechnen. Aus § 279 BGB resultiere aber der Grundsatz, daß jeder für seine Leistungsfähigkeit selbst einzustehen habe, weshalb in aller Regel dem Arbeitgeber das Wirtschaftsrisiko zufalle[78]. Eine Ausnahme von diesem Grundsatz könne nur dann gelten, wenn eine ganz außerordentliche, die wirtschaftliche Existenz des Arbeitgebers berührende Belastung des Arbeitgebers bestehen würde[79].

Beide Entscheidungen entsprechen gerade durch die Einschränkung der grundsätzlichen Verlagerung des Risikos auf den Arbeitgeber im Falle der Existenzbedrohung der herrschenden Lehre für die Behandlung des Betriebsrisikos. Insoweit spricht Nikisch von einer formal anderen Behandlung[80]. Im Ergebnis dürften darüber hinaus nach heutiger Ansicht beide Fälle eher dem Betriebsrisiko zuzurechnen sein. Das BAG stellte in einem Urteil aus dem Jahre 1959, indem ein Arbeitnehmer, dessen Arbeitsstelle von einem Streik im selben Unternehmen nicht direkt betroffen war, hinsichtlich des Lohnanspruchs darauf ab, ob die Annahme der Arbeitsleistung für den Arbeitgeber sinnvoll und zumutbar sei[81]. Einen Fall des Wirtschaftsrisikos nahm das BAG hingegen bei Absatzmangel an[82].

3.3.5. Einschränkung der Anwendbarkeit der Betriebsrisikolehre

Auch das ArbG Braunschweig hatte in einer Entscheidung aus dem Jahre 1948 darüber zu befinden, ob der zur Entscheidung stehende Fall noch unter die Problematik des Betriebsrisikos fällt. Dem Fall lag die Frage zugrunde, wer das Risiko dafür zu tragen habe, daß der Arbeitnehmer aufgrund eines sogenannten Entnazifizierungsverfahrens nicht arbeiten durfte. Das LAG stellte in dieser Entscheidung nicht auf die Betriebsrisikolehre ab, sondern griff auf die Regelungen des BGB zurück und kam zum Ergebnis, daß die Arbeitsleistung iSd. §§ 323 ff BGB unmöglich geworden sei, weil der Arbeitnehmer aufgrund der Entnazifizierungsbestimmungen nicht beschäftigt werden durfte. Diese Unmöglichkeit sei aber vom Arbeitnehmer zu vertreten[83].

---

[78] LAG Hamburg vom 22.3.1947, RdA 1948, 144 (145).
[79] LAG Hamburg vom 22.3.1947, RdA 1948, 144 (146).
[80] Nikisch RdA 1948, 35 (36).
[81] BAG vom 10.12.1959 AP Nr. 8 zu § 615 BGB Betriebsrisiko.
[82] BAG vom 8.3.1961 AP Nr.13 zu § 615 BGB Betriebsrisiko.
[83] ArbG Braunschweig vom 29.4.1948, WA 1949 Nr.34. Das ArbG wendet bemerkenswerter Weise die §§ 323 ff BGB - entgegen der h.M. der damaligen Zeit - auf das Arbeitsverhältnis an, ohne die Anwendbarkeit auch nur zu problematisieren.

Auch das ArbG Siegen stellte in einer Entscheidung aus dem Jahre 1948 auf die gesetzlichen Unmöglichkeitsvorschriften ab[84]. Das ArbG hatte darüber zu entscheiden, ob ein Arbeitnehmer Lohnzahlung beanspruchen kann, obwohl er wegen Verkehrsschwierigkeiten nicht von seinem Wohnort zur Arbeitsstätte gelangen konnte. Das ArbG war insoweit der Ansicht, daß ein Fall der vom Arbeitnehmer zu vertretenen Unmöglichkeit vorliege. Es spiele dabei keine Rolle, ob der Betrieb des Beklagten überhaupt gearbeitet habe, weil die Nichtarbeit des Klägers mit dem sogenannten Betriebsrisiko nichts zu tun habe. Ein Zahlungsanspruch aufgrund des Betriebsrisikos setze die Bereitstellung der Arbeitskraft durch den Arbeitnehmer voraus[85].

Das LAG Bremen stellte in einer Entscheidung im Grenzbereich der Anwendbarkeit der Betriebsrisikolehre ebenfalls auf die gesetzlichen Unmöglichkeitsvorschriften ab, setzte sich im Gegensatz zu den oben genannten Entscheidungen mit der Frage der Anwendbarkeit dieser Vorschriften auf das Arbeitsverhältnis auseinander[86]. In dem vom LAG Bremen zu entscheidenden Fall wollte die Beklagte im von der Militärregierung beschlagnahmten Gloria - Theater in Wesermünde eine Varietevorführung veranstalten und hatte die Klägerin für die Veranstaltung verpflichtet. Die Militärregierung verweigerte dann aber die Zurverfügungstellung des Theaters, weshalb die Veranstaltung nicht durchgeführt werden konnte. Das LAG führte aus, daß die Beklagte am Scheitern der Veranstaltung kein Verschulden treffe und die Klägerin auch nicht leichtfertig verpflichtet worden sei. Für solche unverschuldeten Fälle der Unmöglichkeit regele § 323 BGB, daß bei nachträglicher unverschuldeter Unmöglichkeit der Leistung nicht nur eine Befreiung von der Leistungspflicht eintrete, sondern auch der Anspruch auf die Gegenleistung erlösche[87]. In der Folge führte dann das Gericht aus, daß die Rechtsprechung die Anwendung der §§ 323 ff BGB auf Arbeitsverhältnisse grundsätzlich verneint habe, was auch zutreffend sei. In diesem Fall müsse aber etwas anderes gelten. Von einer Betriebsgefahr könne nämlich nur gesprochen werden, wenn ein Betrieb gegeben sei, d.h. eine auf lange Dauer berechnete Organisationseinheit. In diesem Fall gehe es aber nur um die Vorbereitung eines auf Monatsfrist beschränkten und einmaligen Gastspiels, indem die lose Programmgemeinschaft einen anderen Charakter trage, als den einer wirklichen sozialen Betriebsgemeinschaft. Die Artisten hätten hier darüber hinaus ein so großes Maß an Selbständigkeit, daß ihre Rechtsbeziehungen zum Theaterunternehmer an der Grenze der arbeitsrechtlichen Verhältnisse überhaupt liegen. In einem solchen Fall bleibe es aber bei der gesetzlichen Unmöglichkeitsregelung[88].

---

[84] ArbG Siegen vom 3.7.1948; WA 1949 Nr. 97.
[85] ArbG Siegen vom 3.7.1948, WA 1949 Nr.97.
[86] LAG Bremen vom 22.11.1947, RdA 1948, 192 f.
[87] LAG Bremen vom 22.11.1947, RdA 1949, 192.
[88] LAG Bremen vom 22.11.1947, RdA 1948, 192 (193).

An der Entscheidung fällt auf, daß das LAG Bremen nicht in allen Fällen des sogenannten Betriebsrisikos sofort die gesetzliche Regelung verläßt, sondern durchaus auf den Einzelfall abstellt und sich insoweit auf eine Entscheidung des RAG aus dem Jahre 1930 beruft, in der angezweifelt wurde, ob die in der Rechtsprechung entwickelten Grundsätze auf Kleinbetriebe anzuwenden seien, ohne aber insoweit eine Entscheidung zu treffen. In dieser Konstellation wäre es aber doch wohl naheliegend gewesen, entsprechend der Andeutung des LAG überhaupt das Vorliegen eines Arbeitsverhältnisses zu verneinen.

Abschließend ist noch eine Entscheidung des LAG München zu nennen, in der die Parteien schon bei Vertragsschluß eine Regelung hinsichtlich des Betriebsrisikos getroffen hatten[89]. In dem zu entscheidenden Rechtsstreit hatte der Arbeitgeber auf einem gepachteten Grundstück eine Weberei eingerichtet, in der der Kläger arbeitete. Zwischen den Parteien war vereinbart, daß der Vertrag bei "Einstellung des Betriebs infolge äußerer, von der Dienstgeberin nicht vertretbarer Umstände" ohne Kündigung aufgelöst werden könne[90]. Im Frühjahr 1948 ging das Pachtverhältnis zu Ende und wurde nicht erneuert. Die Beklagte verlegte daraufhin ihren Betrieb an einen anderen Ort und erklärte das Dienstverhältnis für beendet. Das LAG führte in den Entscheidungsgründen aus, daß grundsätzlich der Arbeitgeber das Betriebsrisiko zu tragen habe, wobei es sich aber nicht um unabdingbares Recht handele. Eine solche Vereinbarung sei aber gemäß der Rechtsprechung des RAG eng auszulegen. Infolge legte das LAG die Klausel als Regelung eines fristlosen Kündigungsrecht aus. Es sei auch zulässig, Vereinbarungen darüber abzuschließen, daß nach dem Willen der Parteien und den Besonderheit des jeweiligen Arbeitsverhältnisses dieser oder jener Tatbestand in seiner Eigenschaft als wichtiger Grund besonders herausgestellt werde, wenn letzterer sich mit Anstand, Treu und Glauben vereinbaren lasse[91]. Im vorliegenden Fall sei die Verlegung des Betriebes ein wichtiger Grund, weshalb die fristlose Kündigung gerechtfertigt sei[92].

Auch das LAG München folgt mit dieser Entscheidung im Grundsatz der herrschenden Meinung und bürdet die Tragung des Betriebsrisikos dem Arbeitgeber auf. Letztlich bejaht das LAG München dann aber im Widerspruch zur herrschenden Meinung ein Recht zu fristlosen Kündigung. Das LAG begründet seine Auffassung darüber, daß es den Parteien freistehe, vertraglich zu regeln, welche Gründe eine fristlose Kündigung rechtfertigen. Das LAG München setzt sich hierbei aber zu Unrecht nicht mit der Frage auseinander, ob die Voraussetzungen des § 626 BGB überhaupt einer erweiternden Parteienvereinbarung zugänglich sind.

---

[89] LAG München vom 20.10.1948, WA 1949 Nr.112.
[90] LAG München vom 20.10.1948, WA 1949 Nr.112.
[91] LAG München vom 20.10.1948, WA 1949 Nr.112.
[92] LAG München vom 20.10.1948, WA 1949 Nr.112.

3.4. Bewertung und Ausblick

Im Ergebnis ging die ganz überwiegende Rechtsprechung davon aus, daß die Entscheidung über die Tragung des Betriebsrisikos nicht aus dem BGB zu gewinnen sei, sondern daß unabhängig von der gesetzlichen Regelung der Arbeitgeber im Betriebsriskofall den Lohn weiter zu zahlen habe. Überwiegend wurde zur Begründung dieses Ergebnisses auf die Rechtsprechung des Reichsarbeitsgerichts abgestellt, wobei auch die Entscheidungen, die die Rechtsprechung des RAG ablehnten, zumeist die alleinige Tragung des Betriebsrisikos durch den Arbeitgeber bejahten.

Die damals von den Gerichten angewendeten Grundsätze wurden dann auch vom Bundesarbeitsgericht übernommen. In einer Entscheidung aus dem Jahre 1956 führte das BAG etwa aus, daß sich für den Arbeitsvertrag die Folgen der Unmöglichkeit nicht aus den Vorschriften der §§ 323 - 326 BGB ergeben, die für gegenseitige Verträge gelten, sondern aus dem Wesen des Arbeitsverhältnisses als personenrechtlichem Gemeinschaftsverhältnis abzuleiten seien[93]. In seiner grundlegenden Entscheidung vom 8.2.1957 stellte das BAG dann auf die Stellung des Unternehmers ab. Wenn er die Erträge des Unternehmens einziehe, müsse er auch das Risiko tragen[94]. Hueck sah diese Entscheidung in einer Reihe mit der Teilstreikentscheidung des RG, der Entscheidung zur Sphärentheorie des RAG und der Entscheidung des RAG von 1940 zur Betriebsrisikolehre unter der Geltung des AOG[95]. Auch in seiner Entscheidung vom 30.5.1963 betonte das BAG noch, daß seine Rechtsprechung die Rechtsprechung des RG und des RAG fortsetze[96].

---

[93] BAG vom 22.11.1957, BAG AP Nr.1 zu § 615 BGB Betriebsrisiko.
[94] BAG vom 8.2.1957 AP Nr. 2 zu § 615 BGB Betriebsrisiko.
[95] Hueck Anm. zu BAG AP Nr. 2 zu § 615 BGB Betriebsrisiko.
[96] BAG vom 30.5.1963 AP Nr.15 zu § 615 BGB Betriebsrisiko.

4. Kündigung und Kündigungsschutz

4.1. Geschichtliche Entwicklung des Kündigungsschutzes

Ein allgemeiner Kündigungsschutz gegen sozialwidrige Kündigungen wurde erstmals durch das Betriebsrätegesetz vom 4.2.1920[1] geschaffen. Der dort verankerte Kündigungsschutz war kollektivrechtlich gestaltet, d.h. - nur wenn der Betriebsrat den Einspruch gegen die Kündigung für begründet hielt - konnte er oder der betroffene Arbeitnehmer das Arbeitsgericht anrufen, das, wenn es den Einspruch für gerechtfertigt hielt, den Arbeitgeber zu einer Entschädigung zu verurteilen hatte, wenn dieser eine Weiterbeschäftigung ablehnte. Eine Verstärkung des Kündigungsschutzes brachte dann das Gesetz über die Fristen für die Kündigung von Angestellten vom 9.7.1926[2], das die Kündigungsfrist älterer Angestellter bei entsprechender Dauer der Betriebszugehörigkeit verlängerte.

Die Betriebsverfassung als Teil einer Mitbestimmung der Arbeitnehmer war mit dem nationalsozialistischen Führerprinzip nicht zu vereinbaren und wurde mit Erlaß des Gesetzes zur Ordnung der nationalen Arbeit aufgehoben. Im AOG blieb allerdings der Kündigungsschutz in den §§ 56 bis 62 erhalten. Gemäß § 56 I AOG konnte der Arbeitnehmer Antrag auf Widerruf der Kündigung stellen, wenn er im gleichen Betrieb oder beim gleichen Unternehmen ein Jahr beschäftigt war, der Betrieb in der Regel mehr als zehn Beschäftigte hatte und die Kündigung unbillig hart und nicht durch die Verhältnisse des Betriebes bedingt war[3]. Gemäß § 57 I AOG konnte das Gericht auf Widerruf der Kündigung entscheiden, wobei es für den Fall, daß der Arbeitgeber den Widerruf ablehnt, von Amts wegen eine Entschädigung festzusetzen hatte. Im AOG blieb es also insoweit bei der Regelung, daß der Arbeitnehmer seinen Arbeitsplatz im arbeitsgerichtlichen Verfahren nur dann sichern konnte, wenn der Arbeitgeber den Widerruf der Kündigung akzeptierte und bereit war, den Arbeitnehmer weiter zu beschäftigen. Im anderen Fall konnte der Arbeitnehmer nur eine Entschädigung beanspruchen, wobei diese den Betrag von vier Zwölfteln des Jahresentgelts nicht überschreiten durfte. Durch Gesetz zur Erweiterung des Kündigungsschutzes vom 30.11.1934[4] wurde die Höchstentschädigungssumme im

[1] RGBl. I 1920, 147.
[2] RGBl. I 1926, 399.
[3] § 84 I BRG hatte vier Einspruchsgründe vorgesehen, wobei die Reduzierung auf den Einspruchsgrund der unbilligen Härte nicht bedeutete, daß die Widerrufsklage in den Fällen, die früher unter § 84 I Ziff. 1 - 3 BRG fielen, ausgeschlossen sein sollte. Siehe hierzu Hueck/Nipperdey/Dietz, Komm. zum AOG (4. Auflage), § 56 Rdnr. 8, unter Hinweis darauf, daß zumindest in den Fällen des § 84 I Ziff. 2 und Ziff. 4 auch weiterhin Kündigungsschutz besteht.
[4] RGBl. I 1934, 1193.

Regelfall auf sechs Zwölftel des Jahresentgelts angehoben und für den Fall einer offenbar willkürlichen Kündigung auf ein volles Jahresentgelt festgesetzt[5].

4.2. Rechtslage nach der Kapitulation

Von den Besatzungsmächten wurde das AOG durch Kontrollratsgesetz Nr. 40 vom 30.11.1946 zum 1.1.1947 aufgehoben[6], wobei sich für die Zeit seit Kapitulation bis zum 1.1.1947 die Frage stellte, ob das AOG noch weiter angewendet werden durfte.

Die Besatzungsmächte hatten schon mit Militärregierungsgesetz Nr. 1 die Aufhebung nationalsozialistischen Rechts geregelt, wobei in Art. 1 MRG Nr.1[7] einzelne Gesetze ausdrücklich aufgehoben wurden. Das AOG war in dieser Liste allerdings nicht genannt. Durch Art. 2 MRG Nr.1 wurden dann alle deutschen Rechtssätze aufgehoben, durch deren Anwendung Ungerechtigkeit oder Ungleichheit dadurch erzeugt wird, daß eine Person durch in der NSDAP oder ihrer Organisationen begünstigt oder jemand durch seine Rasse, Staatsangehörigkeit, sein Glaubensbekenntnis oder durch seine Gegnerschaft zur NSDAP und ihrer Lehren benachteiligt wird. Einen solchen deutschen Rechtssatz stellte das AOG allerdings offensichtlich nicht dar.

Gemäß Art. 3 Ziff. 4 MRG Nr. 1 wurde allerdings auch die Anwendung bzw. Auslegung deutschen Rechts nach nationalsozialistischen Lehren verboten. Es stellte sich für die Gerichte somit die Frage, ob das AOG nationalsozialistisches Gedankengut enthält. Es existieren allerdings nur sehr wenige veröffentlichte Entscheidungen in Kündigungsstreitigkeiten, die das AOG anwenden oder sich mit der Weitergeltung des AOG beschäftigen.

In einer Entscheidung des ArbG Osnabrück vom 25.2.1947, die sich mit einer Kündigung vor dem 1.1.1947 beschäftigte, wurde der Lauf der Einspruchsfrist gegen eine Kündigung gemäß § 56 AOG erörtert, ohne die Frage der Geltung des AOG zu erörtern[8].

Das ArbG Heidelberg setzt sich in einer Entscheidung vom 12.3.1947 mit der Frage auseinander, ob das AOG schon vor der ausdrücklichen Aufhebung durch die Alliierten außer Kraft getreten ist. Das Gericht führt insoweit aus, daß das AOG außer den Vorschriften, die nationalsozialistische Tendenzen enthalten, bis zum 1.1.1947 in Geltung verblieb. Die §§ 56 ff AOG seien bis zur Aufhe-

---

[5] Vgl. zur Neuregelung Mansfeld Dt.ArbR 1934, 330.
[6] ABl. des Kontrollrats 1946, 229.
[7] ABl. der Militärregierung (Nachdruck) 1945, 1.
[8] ArbG Osnabrück vom 25.2.1947, ArbR.i.St. I Ziff. 384.

bung anzuwenden gewesen. Auch die dort geregelten Verfahrensvorschriften seien deshalb einzuhalten gewesen. Wenn also im Betrieb eine Betriebsvertretung bestand, die sich zwar nicht "Vertrauensrat", sondern "Betriebsrat" nannte, so sei diese vor Erhebung der Kündigungswiderrufsklage anzuhören gewesen, da sonst die Erhebung der Klage unzulässig sei[9].

Auch das LAG Stuttgart setzte sich mit der Frage auseinander, ob das AOG für Sachverhalte, die vor der ausdrücklichen Aufhebung lagen, noch anwendbar war. Das Gericht erläuterte, daß im AOG viele nationalsozialistische Grundsätze ihren Niederschlag gefunden hätten, weshalb der Kontrollrat das Gesetz in Bausch und Bogen verworfen habe[10]. Dadurch seien aber auch die nicht nationalsozialistischen Regelungen weggefallen, wozu in erster Linie die §§ 56 ff AOG gehörten. Diese Bestimmungen seien nicht aus nationalsozialistischem Geist heraus entstanden. Es wären vielmehr Schutzbestimmungen zu Gunsten des wirtschaftlich Schwächeren[11]. Im Kern sei die Widerrufsklage nichts anderes gewesen als die Fortsetzung der früheren Kündigungs-Einspruchsklage gemäß §§ 84 ff BRG. Aus diesem Grund könne eine im Sommer 1945 ausgesprochene Kündigung unbedenklich nach diesen Vorschriften beurteilt werden, die keine nationalsozialistischen Rechtsgedanken zur Geltung bringen würden[12].

Das LAG Hamburg lehnte in seiner Entscheidung vom 8.5.1948 die Anwendung des AOG auf eine Kündigung vor dem 1.1.1947 ausdrücklich ab. Nach dem LAG Hamburg sei die Kündigungswiderrufsklage des AOG nicht mehr statthaft, weil es sich um eine Gestaltungsklage handele[13]. Die Rechtsgestaltung trete aber erst mit dem gerichtlichen Urteil ein, was sich daraus ergebe, daß gleichzeitig eine Entschädigung festgesetzt werden müsse, falls der Arbeitgeber eine Weiterbeschäftigung ablehne. Da bei Aufhebung des AOG die Gestaltungswirkung noch nicht eingetreten sei, fehlten einer Klage nach Aufhebung des AOG die Gestaltungsgrundlagen der §§ 56 ff AOG.[14]

In der Mehrzahl der Entscheidungen, die nach Aufhebung des AOG ergingen, wurde die Anwendung des AOG auf Kündigungen vor dem 1.1.1947 nicht erörtert und lediglich davon ausgegangen, daß das AOG nach dem 1.1.1947 nicht mehr anwendbar sei. So setzte sich etwa das LAG Frankfurt in seiner Entscheidung vom 29.4.1947 mit dieser Frage nicht auseinander, obwohl die streitge-

---

[9] ArbG Heidelberg vom 12.3.1948, ArbR.i.St. I Ziff. 678; vgl. auch LAG München vom 1.2.1949, RdA 1949, 475 (476), wo § 56 AOG auf eine Kündigung aus dem Jahre 1946 angewandt wird. Müller, RdA 1949, 477, stuft die Entscheidung hinsichtlich der Anwendung des AOG als "bedenklich" ein.

[10] LAG Stuttgart vom 29.1.1948, ArbR.i.St. I Ziff. 887.

[11] LAG Stuttgart vom 29.1.1948, ArbR.i.St. I Ziff. 887.

[12] LAG Stuttgart vom 29.1.1948, ArbR.i.St. I Ziff. 887.

[13] LAG Hamburg vom 11.5.1948 , ArbR.i.St. II Ziff. 156.

[14] LAG Hamburg vom 11.5.1948 , ArbR.i.St. II Ziff. 156.

genständliche Kündigung am 28.9.1946 zum 31.12.1946 ausgesprochen wurde[15]. Das LAG Frankfurt ging offensichtlich davon aus, daß das AOG nicht mehr angewendet werden kann[16].

4.3. Allgemeiner Kündigungsschutz nach Aufhebung des AOG

Die Frage des allgemeinen Kündigungsschutzes nach Aufhebung des AOG bildete für die Rechtsprechung der Arbeitsgerichte das praktisch wohl dringendste Problem. Mit dem Wegfall des AOG trat für das Gebiet des Kündigungsschutzes ein "gesetzloser Zustand"[17] ein. Es herrschte nämlich Einigkeit darüber, daß die Kündigungsschutzbestimmungen des Betriebsrätegesetzes von 1920 nach dem Wegfall des AOG nicht wieder auflebten[18].

Der Präsident des Zentralamtes für Arbeit in Lemgo versuchte auf die Entscheidungen der Gerichte - vornehmlich der britischen Zone - steuernd einzuwirken, indem er seine Rechtsansicht mit der Bitte verbreitete, diese Rechtsauslegung den Behörden der Arbeitsverwaltung mitzuteilen und sie insbesondere den Arbeitsgerichtsbehörden als Material zu unterbreiten[19]. Der Präsident des Zentralamtes für Arbeit nahm trotz des Wegfalls des AOG weiterhin einen weitreichenden Kündigungsschutz an. Eine Kündigung sei, selbst wenn sie die Zustimmung des Betriebsrats und des Arbeitsamtes gefunden habe, jedenfalls dann nichtig, wenn sie sich als Rechtsmißbrauch darstelle. Ein Mißbrauch der formalen Kündigungsbefugnis liege immer dann vor, wenn die Kündigung nicht notwendig, also willkürlich sei[20]. Es obliege dem Arbeitgeber in jedem einzelnen Streitfall, den Nachweis zu erbringen, daß die Kündigung entweder durch die Person des Arbeitnehmers (Leistungsunfähigkeit usw.) oder durch sein Verhalten (Diebstahl usw.) oder durch die Verhältnisse des Betriebes (Arbeitsmangel usw.) zwingend geboten sei. Wo dieser Nachweis nicht gelinge, erweise sich die Kündigung als eine unrichtige Rechtsausübung, die vor dem Gesetz keinen Bestand haben könne und deshalb nichtig sei[21].

Auch die Arbeitsgerichte gingen in der Mehrzahl davon aus, daß trotz der Aufhebung des AOG ein allgemeiner Kündigungsschutz weiterhin bestehe, wobei die Herleitung und der Umfang dieses Kündigungsschutzes unterschiedlich ge-

---

15 LAG Frankfurt a.M. vom 29.4.1947, SJZ 1947, Sp. 387 (388).
16 LAG Frankfurt a.M. vom 29.4.1947, SJZ 1947, Sp. 387 (388).
17 Müller DRZ 1948, 122.
18 Siehe nur Müller DRZ 1948, 122.
19 Der Präsident des Zentralamtes für Arbeit, ArbBl. d. brit. Zone 1947, 72.
20 Der Präsident des Zentralamtes für Arbeit, ArbBl. d. brit. Zone 1947, 72.
21 Der Präsident des Zentralamtes für Arbeit, ArbBl. d. brit. Zone 1947, 72; krit. hierzu Barz BB 1947, 102 (103); krit zur Gesamtregelung des Erlasses auch Roesch BlfStSozArbR 1947, 205.

sehen wurde. Ein so weitreichender Kündigungsschutz, wie der in der Stellungnahme des Präsidenten des Zentralamtes für Arbeit angenommene, wurde zumindest hinsichtlich der Beweislast nur selten angenommen.

4.3.1. Kündigungsschutz über § 138 BGB

Einige Gerichte in den Westzonen leiteten einen Kündigungsschutz über § 138 BGB her, wobei die Sittenwidrigkeit der Kündigung über eine Analogie zum Gesellschaftsrecht hergeleitet wurde.

In diese Richtung argumentiert insbesondere das ArbG Heide in seiner viel zitierten Entscheidung vom 18.3.1947[22]. Das Arbeitsgericht legte dar, daß das Arbeitsverhältnis nicht nur ein vereinbarter schuldrechtlicher Vertrag sei, sondern darüber hinaus mit dem Eintritt des Arbeitnehmers in den Betrieb ein gesellschaftsähnliches Verhältnis begründet werde[23]. Solange ein Arbeitnehmer seine Pflicht erfülle, arbeitsfähig und arbeitswillig sei und selbst durch sein Verhalten keinen Grund gebe, ihn vom Arbeitsplatz zu entfernen, dürfe und könne er nicht entlassen werden, es sei denn, daß zum Beispiel durch Arbeitsmangel oder Betriebseinschränkung die Entlassung notwendig wird. Die Kündigung eines Arbeitnehmers ohne sachliche Beweggründe stelle unzulässige Rechtsausübung dar und sei deshalb rechtswidrig und nichtig (§§ 134, 138, 157, 226, 242 BGB)[24].

In einer Entscheidung vom Juni 1948 hält das ArbG Heide an seiner genannten Rechtsprechung ausdrücklich fest, wobei das Arbeitsgericht weiter ausführt, daß eine Kündigung ohne Gründe auch eine Kündigung zur Unzeit sei[25]. Gemäß § 157 BGB sei davon auszugehen, daß die Parteien bei der Begründung des Arbeitsverhältnisses keine Kündigung zur Unzeit, d.h. eine Kündigung ohne wesentliche Beweggründe, gewollt hätten. Wegen des gesellschaftsähnlichen Charakters des Arbeitsverhältnisses würden keine Bedenken bestehen, § 723 II BGB auf das Arbeitsverhältnis sinngemäß anzuwenden, so daß durch eine Kündigung zur Unzeit gemäß §§ 723 II, 249 BGB das Arbeitsverhältnis nicht aufgelöst werde[26].

Auch das LAG Hannover leitete in seiner Entscheidung vom 27.2.1948 einen Kündigungsschutz aus der Nähe zum Gesellschaftsrecht her[27]. Nach dem LAG Hannover sei es zwar richtig, daß die Kündigungsschutzbestimmungen des AOG durch KRG Nr. 40 aufgehoben worden seien, damit sei aber nicht gesagt,

---

[22] ArbG Heide vom 18.3.1947, ArbR.i.St. I Ziff. 80.
[23] ArbG Heide vom 18.3.1947, ArbR.i.St. I Ziff. 80.
[24] ArbG Heide vom 18.3.1947, ArbR.i.St. I Ziff. 80.
[25] ArbG Heide vom 17.6.1948, ArbR.i.St. I Ziff. 902.
[26] ArbG Heide vom 17.6.1948, ArbR.i.St. I Ziff. 902.
[27] LAG Hannover vom 27.2.1948, WA 1948 Nr. 209.

daß nun ein Zustand wie vor Einführung des alten BRG herbeigeführt worden sei. Das Verhältnis von Arbeitgeber und Arbeitnehmer werde immer mehr von dem Gesichtspunkt des gesellschaftsnahen, personenrechtlichen Gemeinschaftsverhältnisses beherrscht, so daß in einer Kündigung eines langjährigen Vertrages immer dann ein Verstoß gegen die guten Sitten erblickt werden könne, wenn wirklich durchschlagende Gründe für die Kündigung nicht vorlägen[28].

In einer Entscheidung vom März 1948 leitete das LAG Hannover einen Kündigungsschutz zwar nicht mehr ausdrücklich aus § 138 BGB her, ohne sich aber hinsichtlich der Rechtsgrundlage auf § 242 BGB festzulegen[29]. Das LAG Hannover führte in diesem Urteil aus, daß einer fristgemäßen Kündigung als Ausübung eines Rechts grundsätzlich die Rechtswirksamkeit nicht abgesprochen werden könne, soweit sie sich nicht als treue- oder sittenwidrig erweise. Eine Kündigung während einer andauernden Krankheit des Arbeitnehmers müsse nicht treuwidrig sein. Zwar läge der Gedanke nahe, daß das durch den Arbeitsvertrag begründete Treueverhältnis gerade in Zeiten der Krankheit seinen Niederschlag finden müsse, allerdings würde ein völliges Verbot der Kündigung zu einer untragbaren Last für den Arbeitgeber werden[30]. Es müsse deshalb eine Abwägung im Einzelfall getroffen werden, wobei dem Arbeitgeber der Beweis obliege, daß für seinen Kündigungsentschluß rechtfertigende Gründe vorliegen[31].

Die Arbeitsgerichte in der Ostzone entwickelten einen weitreichenden Kündigungsschutz, wobei eine Kündigung ohne ausreichende Gründe ebenfalls als sittenwidrig eingestuft wurde. Die Gerichte sahen in der Mehrzahl im Recht des Arbeitnehmers auf seinen Arbeitsplatz den Ausgangspunkt für den angenommen weitreichender Kündigungsschutz. Das Provinzialarbeitsgericht Halle leitete Kündigungsschutz daraus ab, daß Arbeitsplatz und Betriebszugehörigkeit schutzwürdige Güter des arbeitenden Menschen seien[32]. Die Arbeitsgerichte seien deshalb befugt nachzuprüfen, ob der kündigende Arbeitgeber sein Ermessen bei der Kündigung richtig ausgeübt habe, wobei ein strenger Maßstab anzulegen sei[33]. Das LAG Schwerin führt in einer Entscheidung vom November 1946 aus, daß jeder Arbeiter und Angestellte das Recht habe, so lange im Arbeitsverhältnis zu verbleiben, wie er seine Arbeitspflichten erfülle und keine

---

[28] LAG Hannover vom 27.2.1948, WA 1948 Nr. 209.

[29] LAG Hannover vom 23.3.1948, WA 1948 Nr. 236.

[30] LAG Hannover vom 23.3.1948, WA 1948 Nr. 236.

[31] LAG Hannover vom 23.3.1948, WA 1948 Nr. 236, die vom LAG vorgenommene Beweislastverteilung erscheint inkonsequent, wenn eine Kündigung nach dem LAG Hannover grundsätzlich rechtswirksam ist, müßte es dem Arbeitnehmer obliegen, darzulegen und zu beweisen, daß ein Ausnahmefall vorliegt.

[32] Provinzialarbeitsgericht Halle vom 6.9.1946, WA 1948 Nr. 52.

[33] Provinzialarbeitsgericht Halle vom 6.9.1946, WA 1948 Nr. 52.

betrieblichen Gründe zu einer Kündigung vorlägen[34]. Der frühere Auffassung vom Wesen eines Arbeitsvertrages, wonach der Arbeitgeber bei Einhaltung der Kündigungsfrist willkürlich und ohne Angabe von Gründen kündigen könne, könne nicht gefolgt werden, weil dadurch der Arbeitnehmer von der Willkür des Arbeitgebers abhängig werde, was gegen den Grundsatz von § 138 BGB verstoßen würde[35]. Auch das LAG Dresden führte in seiner Entscheidung vom 24.10.1947 aus, daß jede grundlose Kündigung einen Verstoß gegen die guten Sitten bedeute und deshalb gemäß § 138 I BGB nichtig sei[36]. In einer späteren Entscheidung führte es aus, daß die Gerichte in der sowjetischen Zone eine Reihe von Grundsätzen entwickelt hätten, nach denen eine Kündigung dann rechtsunwirksam sei, wenn sie ohne Angabe von Gründen erfolge und der Arbeitgeber es ablehne, den betroffenen Arbeitnehmer sowie den Betriebsrat über die Gründe in Kenntnis zu setzen, wenn die Kündigung erfolge, weil der Arbeitnehmer ein ihm zustehendes Recht in Anspruch nehme oder unverschuldet ernsthaft erkrankt sei oder wenn die Kündigungsgründe des Arbeitgebers nur vorgeschoben sei, um eine Willkürmaßnahme des Arbeitgebers zu verdecken[37]. Jeder Arbeiter und Arbeitnehmer habe grundsätzlich ein Recht darauf, in seinem Arbeitsverhältnis zu verbleiben, solange er seine Pflichten erfülle und keine beachtlichen Gründe zu einer Kündigung nötigten[38].

4.3.2. Kündigungsschutz über § 242 BGB

Die Gerichte in den Westzonen versuchten zum überwiegenden Teil, einen Kündigungsschutz über § 242 BGB zu begründen, wobei der genaue Umfang dieses Kündigungsschutzes unklar blieb. Vor allem blieb unklar, ob im Grundsatz ein freies Kündigungsrecht bestehe oder ob eine solches freies Kündigungsrecht beim Arbeitsvertrag grundsätzlich nicht gegeben sei.

4.3.2.1. Abhängigkeit der Kündigung von Kündigungsgründen

Das LAG Frankfurt ging in seiner oben bereits genannten Entscheidung vom 29.4.1947 davon aus, daß trotz Wegfall des AOG ein allgemeiner Kündigungsschutz bestehen geblieben ist[39]. Das LAG führte zunächst aus, daß in den Hessischen Landtag ein Gesetzesvorschlag von der SPD-Fraktion eingebracht wurde, in dem ein Kündigungsschutz vorgesehen sei. Dieser Gesetzesvorschlag habe aber selbstverständlich als derzeit geltendes Recht keine Bedeutung, sondern könne nur als Zeichen dafür gelten, daß von gewerkschaftlicher Seite auch für

[34] LAG Schwerin vom 18.11.1946, ArbR.i.St. I Ziff. 79.
[35] LAG Schwerin vom 18.11.1946, ArbR.i.St. I Ziff. 79.
[36] LAG Dresden vom 24.10.1947, WA 1948 Nr. 136.
[37] LAG Dresden vom 19.5.1948, ArbR.i.St. II Ziff. 513, siehe auch ArbG Chemnitz vom 26.8.1948, ArbR.i.St. II Ziff. 310 unter wörtlicher Wiedergabe der genannten Grundsätze
[38] LAG Dresden vom 19.5.1948, ArbR.i.St. II Ziff. 513.
[39] LAG Frankfurt a.M. vom 29.4.1947, SJZ 1947, Sp. 387 (388).

die Zukunft ein Kündigungsschutz gefordert werde. Die Frage eines zukünftigen gesetzlichen Kündigungsschutzes könne aber dahingestellt bleiben, weil schon aufgrund des Arbeitsvertrages, der gemäß § 242 BGB nach Treu und Glauben auszulegen ist, ein Kündigungsschutz insofern gegeben sei, daß eine willkürliche Kündigung ohne billigenswerte Gründe nicht für zulässig erachtet werden könne[40]. Zur Begründung dieser Ansicht führte das LAG Frankfurt aus, daß gerade der Arbeitsvertrag im Gegensatz zu anderen Dauerverträgen eines besonderen Schutzes bedürfe, da er die Grundlage für die wirtschaftliche Existenz der Bürger bilde und erhebliche ethische Ziele verfolge. Überdies sei nach allgemeiner Rechtsauffassung der Kündigungsschutz beim Arbeitsvertrag erforderlich und entspreche der Billigkeit[41].

In seiner Entscheidung vom 12.8.1947 begründet das LAG Frankfurt den allgemeinen Kündigungsschutz über § 242 BGB etwas abweichend, geht aber hinsichtlich der Reichweite dieses Kündigungsschutzes noch weiter als im Urteil vom 29.4.1947[42]. Nach dem LAG Frankfurt sei die Kündigung zwar ein Rechtsgeschäft, welches grundsätzlich unabhängig von den Kündigungsgründen nach der Rechtsordnung eine Rechtswirkung hervorrufe. Allerdings werde bei gewissen Rechtsverhältnissen, die für die wirtschaftliche Existenz des einzelnen wesentlich seien, die Rechtswirksamkeit der Kündigung von Kündigungsgründen beeinflußt. Das Gericht sei deshalb befugt, die "ethische Berechtigung" der Kündigungsgründe nachzuprüfen, um zu verhüten, daß die wirtschaftliche Grundlage des einzelnen ihm aus mißbilligenswerten Gründen entzogen wird[43]. Gesetzlichen Niederschlag habe dieser Grundsatz im BRG und später im AOG gefunden. Es könne aber nicht davon ausgegangen werden, daß nach Aufhebung dieser Gesetze jene Gedankengänge im Rechtsbewußtsein des Volkes versickert seien. Unter Berücksichtigung des personenrechtlichen Treueverhältnisses zwischen Arbeitgeber und Arbeitnehmer sei der Arbeitsvertrag über § 242 BGB dahingehend auszulegen, daß eine Kündigung ohne ausreichende Gründe, sei es, daß sie unbillig, unsozial oder willkürlich berechtigte Interessen des Arbeitnehmers außer acht lasse, nicht zulässig sei[44]. Eine solche Kündigung könne mit der das gesamte Rechtsleben durchdringenden Einrede der Arglist ausgeräumt werden[45].

Auch das LAG Schleswig-Holstein leitete einen Kündigungsschutz aus § 242 BGB her[46]. Zur Begründung knüpft das LAG an eine Rechtsprechung des RAG

---

[40] LAG Frankfurt a.M. vom 29.4.1947, SJZ 1947, Sp. 387 (388).
[41] LAG Frankfurt a.M. vom 29.4.1947, SJZ 1947, Sp. 387 (388).
[42] LAG Frankfurt a.M. vom 12.8.1947, WA 1948 Nr. 6.
[43] LAG Frankfurt a.M. vom 12.8.1947, WA 1948 Nr.6.
[44] LAG Frankfurt a.M. vom 12.8.1947, WA 1948 Nr.6, so auch LAG Frankfurt a.M. vom 18.7.1947, WA 1948 Nr. 53.
[45] LAG Frankfurt a.M. vom 12.8.1947, WA 1948 Nr.6.
[46] LAG Schleswig-Holstein vom 10.4.1947, ArbR. Entscheidungen 1948 Nr. 40.

vor Einführung des AOG an. Das Reichsarbeitsgericht habe mehrfach fristgerechte Kündigungen wegen Fehlerhaftigkeit des Kündigungsgrundes für nichtig erklärt[47]. Gegen die Anwendung diese Grundsatzes hätten bisher Bedenken bestanden, da in § 84 BRG und § 56 AOG gegen Kündigungen, die eine unbillige Härte darstellen und daher den Tatbestand eines Verstoßes gegen Treu und Glauben erfüllen, die Kündigungswiderrufsklage gegeben gewesen sei. Diese gesetzlichen Regelungen belegten aber, daß auch eine grundlose Kündigung als rechtswirksam angesehen wurde. Nach Wegfall von BRG 1920 und AOG seien diese Bedenken nun aber weggefallen. § 242 BGB müsse deshalb uneingeschränkt auch auf die ordentliche Kündigung Anwendung finden, weshalb auch die ordentliche Kündigung insoweit von einem Kündigungsgrund abhängig sei, daß sie nicht gegen Treu und Glauben verstoßen dürfe[48]. Nach dem Rechtsbewußtsein der damaligen Zeit verstoße eine Kündigung aber dann gegen Treu und Glauben, wenn sie willkürlich, unsachlich oder aus sonstigen Gründen grob unbillig sei. Ein Rechtsschutz des Arbeitnehmers gegen unbillige Kündigungen habe über Jahrzehnte bestanden, sei hierdurch zu einer anerkannten Rechtsgarantie der arbeitenden Bevölkerung geworden und sei in deren Rechtsbewußtsein tief verankert. Selbst das nationalsozialistische Regime, das im übrigen die Rechte der Arbeitnehmer zugunsten derjenigen des Betriebsführers beschränkt habe, habe sich genötigt gesehen, diesen Rechtsgrundsatz unangetastet zu lassen[49]. Die Versagung dieses Rechtsschutzes würde einen bedenklichen sozialen Rückschritt bedeuten. Wenn auch die ordentliche Kündigung damit von einem Grund abhängig sei, dürfe dieses aber nicht dazu führen, nur noch Kündigungen mit einem Grund im Sinne von § 626 BGB zu akzeptieren. Eine ordentliche Kündigung bedürfe deshalb nur insoweit eines Grundes, als sie nicht offenbar unbillig sein dürfe[50].

In einer späteren Entscheidung erweiterte das LAG Kiel diesen Kündigungsschutz erheblich und hielt am Kriterium der offenbaren Unbilligkeit nicht mehr fest[51]. Auch das einen besonderen Grund nicht erfordernde, fristgemäße Kündigungsrecht des Arbeitgebers verstoße gegen den alle Zweige unseres Rechtssystems beherrschenden Grundsatz von Treu und Glauben, wenn die Kündigung nicht notwendig, d.h. nicht durch die Person des Arbeitnehmers, sein Verhalten oder durch die Erfordernisse des Betriebes zwingend geboten sei[52].

---

[47] LAG Schleswig-Holstein vom 10.4.1947, ArbR. Entscheidungen 1948 Nr. 40 unter Bezugnahme auf RAG ARS 7, 169; ARS 12, 172; RAGE 16, 179.

[48] LAG Schleswig-Holstein vom 10.4.1947, ArbR. Entscheidungen 1948 Nr. 40.

[49] LAG Schleswig-Holstein vom 10.4.1947, ArbR. Entscheidungen 1948 Nr. 40.

[50] LAG Schleswig-Holstein vom 10.4.1947, ArbR. Entscheidungen 1948 Nr. 40.

[51] LAG Kiel vom 22.10.1947, RdA 1948, 98 (99).

[52] LAG Kiel vom 22.10.1947, RdA 1948, 98 (99); von diesem Ausgangspunkt aus, erscheint allerdings eine Abgrenzung zu § 626 BGB kaum mehr möglich zu sein. Der Begriff der "Notwendigkeit" wird vom LAG Hamm in seinem Urteil vom 4.11.1947, NJW 1947/48, 318, ausdrücklich abgelehnt.

In seiner Entscheidung vom 27.11.1947 folgerte das LAG Kiel aus dem Treu- und Glaubensgrundsatz, daß ein Arbeitnehmer von seinem Arbeitsplatz, der für ihn nicht nur Quelle seines Broterwerbs sei, sondern den Standort seiner gesellschaftlichen Leistung und Bewertung bilde, nicht grundlos und willkürlich entfernt werden dürfe[53]. In der Folge betont das LAG Kiel nochmals, daß diese Erkenntnis nicht dazu führen dürfe, nur noch eine Kündigung aus wichtigem Grund zuzulassen. Eine fristgemäße Kündigung sei nur dann unwirksam, wenn ein Grund fehle oder aber der angegebene bzw. tatsächliche Grund fehlerhaft sei[54].

Auch das LAG Frankfurt betonte in einer Entscheidung vom 16.12.1947, daß für die Zulässigkeit einer ordentlichen Kündigung kein Kündigungsgrund im Sinne von § 626 BGB gefordert werden könne[55]. Es sei zu unterscheiden zwischen einer Kündigung aus wichtigem Grund, die zur fristlosen Lösung des Arbeitsverhältnisses berechtige, und der fristgemäßen Kündigung, die auf ihre Berechtigung hinsichtlich des sozialen Kündigungsschutzes nachzuprüfen sei. Die Voraussetzungen einer fristlosen Kündigung seien andere, da es sich dabei um wirklich ins Gewicht fallende erhebliche, meist auf Verschulden beruhende Gründe für die Lösung eines Vertrags handeln müsse. Hingegen beurteile sich die Zulässigkeit einer ordentlichen Kündigung über eine Abwägung zwischen der Härte, die die Kündigung für den Arbeitnehmer bedeute, und den berechtigten Belangen des Arbeitgebers an der Kündigung[56]. Schließlich sei die sittenwidrige Kündigung an ganz andere Voraussetzungen gebunden, insofern sie nach Zweck, Bewegrund und Inhalt einen Verstoß gegen das Anstandsgefühl aller gerecht und billig Denkenden darstelle.

Die Prüfung des LAG Frankfurt im Einzelfall ist hier interessant, da die dort gefundene Begründung für die Zulässigkeit der Kündigung in dieser Art heute undenkbar wäre. Dem Kläger war hier gekündigt worden, weil er seiner Arbeitsverpflichtung nicht in ausreichendem Maße nachgekommen war. Das LAG Frankfurt führte aus, daß die Minderleistung nach der Beweisaufnahme nicht auf schlechtem Willen beruhe, sondern darauf zurückzuführen sei, daß der Kläger von schwächlicher Konstitution sei und schwere Arbeiten nicht verrichten könne. Allein diese Minderleistung könne die Kündigung allerdings nicht rechtfertigen. Die Nachteile, die dem Arbeitgeber durch die Minderleistung entstehen, stünden nämlich in keinem Verhältnis zu der Härte, die die Kündigung für

---

[53] LAG Kiel vom 27.11.1947, WA 1948 Nr. 128; in der Tendenz wird der Anwendungsbereich für einen allgemeinen Kündigungsschutz damit aber wieder enger gesehen, als in der Entscheidung vom 22.10.1947.

[54] LAG Kiel vom 27.11.1947, WA 1948 Nr. 128, das LAG läßt in diesem Urteil, wer für das Vorliegen eines Kündigungsgrundes darlegungs- und beweispflichtig ist, ausdrücklich offen.

[55] LAG Frankfurt a.M. vom 16.12.1947, WA 1948 Nr.127.

[56] LAG Frankfurt a.M. vom 16.12.1947, WA 1948 Nr.127.

den Arbeitnehmer bedeuten würde[57]. Allerdings sei es im Betrieb üblich, daß die Frauen der Landarbeiter halbe oder ganze Tage - je nach ihrem körperlichen Zustand - mitarbeiteten. Zwar habe eine Verpflichtung zur Mitarbeit nach dem Tarifvertrag nicht bestanden, doch hätte die Ehefrau bei richtiger Einstellung allen Anlaß, in diesem Fall nach bestem Können ihre Arbeitskraft zur Verfügung zu stellen, um die vorhandene Minderleistung des Ehemanns auszugleichen. Die Ehefrau habe sich aber den anderen Arbeiterinnen gegenüber müßig gezeigt und dadurch gezeigt, daß ihr zur Arbeit des Klägers die richtige Einstellung fehle. Der Kläger aber habe in allzu großer Nachgiebigkeit das Verhalten seiner Ehefrau geduldet und nicht abgestellt, weshalb die ordentliche Kündigung berechtigt sei[58].

In einer Entscheidung vom Februar 1948 spricht das LAG Frankfurt dann aus, daß im Prinzip trotz Aufhebung des AOG die Voraussetzungen der früheren Kündigungswiderrufsklage zu überprüfen sind[59]. Nach dem LAG Frankfurt müsse ähnlich wie bei der Kündigungswiderrufsklage des AOG auf die der Kündigung zugrundeliegenden Gründe eingegangen und abgewogen werden, ob das Interesse des kündigenden Teils an der Lösung des Arbeitsvertrages im Vergleich zu dem Nachteil des Stellenverlusts für den gekündigten Teil im richtigen Verhältnis stehe[60].

Das ArbG Aachen billigte die Kündigung eines langjährigen Angestellten in seiner Entscheidung vom 10.4.1947 nur dann, wenn Kündigungsgründe vorliegen[61]. Durch eine fast 15-jährige Betriebszugehörigkeit habe der Arbeitnehmer ein Anrecht erworben, nur unter ganz besonderen Umständen, die durch die Verhältnisse des Betriebes oder seiner Person begründet sein können, aus dem Betrieb ausscheiden zu müssen. Wenn solche Gründe nicht vorlägen, stelle eine trotzdem ausgesprochene Kündigung gemäß § 242 BGB eine unzulässige Rechtsausübung dar[62].

Das LAG Hamburg weist in seiner Entscheidung vom 10.3.1948 auf die unterschiedlichen Ansatzpunkte zur Herleitung eines allgemeinen Kündigungsschut-

---

[57] LAG Frankfurt a.M. vom 16.12.1947, WA 1948 Nr.127.

[58] LAG Frankfurt a.M. vom 16.12.1947, WA 1948 Nr.127; vgl. zum möglichen Einfluß der Ehefrau auf das Arbeitsverhältnis des Ehemanns auch LAG München vom 15.11.1948, WA 1949 Nr.155; dort wird allerdings die fristlose Kündigung des Arbeitnehmers wegen einem Diebstahl der Ehefrau als unwirksam angesehen, da eine Billigung der Kündigung zu einer Sippenhaft führen würde. Das LAG München erwägt es in diesem Fall sogar, ob es nicht Aufgabe des Arbeitgebers sei, sich schützend vor einen langjährigen Angestellten zu stellen.

[59] LAG Frankfurt a.M. vom 3.2.1948, WA 1948 Nr. 147.

[60] LAG Frankfurt a.M. vom 3.2.1948, WA 1948 Nr. 147.

[61] ArbG Aachen vom 10.4.1947, ArbR.i.St. I Ziff. 363.

[62] ArbG Aachen vom 10.4.1947, ArbR.i.St. I Ziff. 363.

zes hin und fügt den von den Gerichten bisher herangezogenen Gesichtspunkten einen weiteren hinzu[63]. Nach dem LAG Hamburg unterliege die Kündigung, obwohl sie von ihrem Rechtsgrunde losgelöst sei und nicht verpflichtend, sondern gestaltend auf das Rechtsverhältnis wirke, zumindest im Arbeitsrecht den allgemeinen für Rechtsgeschäfte gesetzten Bestimmungen, insbesondere dem Verbot eines Verstoßes gegen die guten Sitten. Eine Kündigung verstoße allerdings dann noch nicht gegen die guten Sitten, wenn sie - auch ohne betrieblich bedingt zu sein - unbillig hart sei. Dieses ergebe sich daraus, daß selbst im alten Betriebsrätegesetz und später im AOG schwächere Sondervorschriften für eine solche Kündigung bestanden hätten, die nicht notwendig gewesen wären, wenn der Gesetzgeber sie für sittenwidrig gehalten hätte[64]. Aus der Aufhebung des AOG könne nichts anderes gefolgert werden, weil seine im wesentlichen aus dem alten BRG entnommenen Kündigungsschutzbestimmungen nicht deshalb gefallen seien, weil sie neben einer neuen Anschauung der Unsittlichkeit keinen Bestand haben könnten, sondern deshalb, weil sie Teil eines aufgehobenen Gesetzes waren. Neben die Unsittlichkeit der Kündigung müsse damit aber die Unbilligkeit treten. Die Ausübung eines Rechts dürfe nicht weiter gehen, als es mit Treu und Glauben unter Rücksichtnahme auf die Verkehrssitte zu vereinbaren sei. In diesen Fällen sei die Ausübung des Rechts nicht im Keime unzulässig, sondern in ihrer dynamischen, zur Auflösung des Rechtsverhältnisses führenden Entwicklung unrichtig. Neben die vor allem wegen ihres Beweggrundes unzulässig und nichtige trete hier die in ihrem Ergebnis zu mißbilligende Kündigung. Für das Arbeitsverhältnis werde der Umfang des Treu- und Glaubensgebotes durch die sich aus dem personenrechtlichen Einschlag ergebende und schon vor 1933 in Rechtsprechung und Literatur anerkannte Treue- und Fürsorgepflicht des Arbeitgebers näher bestimmt[65]. Die Ausübung der Kündigung könne aber auch gegen schuldrechtliche Verpflichtungen des Arbeitgebers, und seien es auch nur Nebenverpflichtungen etwa über die Art, den Weg oder die Form einer Kündigung, verstoßen. Ein Verstoß gegen eine solche schuldrechtliche Verpflichtung führe gemäß §§ 275 ff BGB zu einer Schadensersatzpflicht des Arbeitgebers. Zwar bleibe die Kündigung als solche bestehen und löse das Arbeitsverhältnis auf, allerdings habe der Kündigende den Gekündigten über seine Ersatzpflicht nach § 249 BGB so zu stellen, als ob nicht gekündigt worden wäre[66]. Gemäß § 254 BGB mindere sich oder entfalle der Anspruch des Geschädigten, wenn er es schuldhaft unterlassen habe, seinerseits den Schaden abzuwenden oder zu mindern. Für das Arbeitsverhältnis ergebe sich daraus praktisch auch nach seiner Beendigung durch eine vereinbarungswidrige Kündigung des Arbeitgebers für den Arbeitnehmer eine ähnliche Lage, wie sie beim Annahmeverzug des Arbeitgebers entstehe. Der Arbeitnehmer könne die verein-

[63] LAG Hamburg vom 10.3.1948, RdA 1948, 116 ff.
[64] LAG Hamburg vom 10.3.1948, RdA 1948, 116.
[65] LAG Hamburg vom 10.3.1948, RdA 1948, 116 (117).
[66] LAG Hamburg vom 10.3.1948, RdA 1948, 116 (118).

barte Vergütung verlangen, müsse sich aber das anrechnen lassen, was er durch anderweitige Verwendung seiner Dienste erwerbe oder schuldhaft zu erwerben unterlasse[67]. Das Gericht ließ es in der Folge offen, ob Verpflichtungen über die Art der Kündigung schon aus der allgemeinen Treue- und Fürsorgeverpflichtung des Arbeitgebers hergeleitet werden können, da in diesem Fall besondere Umstände zu berücksichtigen seien[68].

4.3.2.2. Freies Kündigungsrecht

Während die oben genannten Entscheidungen eine Kündigung schon vom Ausgangspunkt aus nur als zulässig erachteten, wenn Kündigungsgründe bestehen, wurde in vielen anderen Entscheidungen betont, daß nach Aufhebung des AOG im Grundsatz von einem freien Kündigungsrecht auszugehen sei.

Das LAG Hamm betonte in seiner Entscheidung vom 4.11.1947, daß es nach Wegfall des AOG keine eigentlichen Kündigungsschutzbestimmungen mehr gebe[69]. Zwar sei das freie Kündigungsrecht nach § 242 BGB nicht gleichbedeutend mit einem schrankenlosen oder willkürlichen Kündigungsrecht. Dies werde verhindert durch die §§ 138, 242 BGB, die auch für das Recht der Kündigung eingriffen[70]. Allerdings könne man die §§ 138, 242 BGB nicht als Universalschutz gegen jede Kündigung ansehen. Das LAG Hamm lehnte deshalb die Auffassung des erstinstanzlichen Gerichts ab, nach der eine Kündigung nur dann wirksam sei, wenn sie notwendig sei. Eine so weitgehende Auslegung der Generalklauseln würde dazu führen, daß die auf diesem Gebiet bestehende Rechtsunsicherheit dadurch vergrößert würde, daß die gesetzlichen Generalklauseln durch eine neue ersetzt würden. Es bliebe dann aber die Auslegung der Notwendigkeit offen[71]. Der Arbeitnehmer habe dann keine Klarheit darüber, ob eine gegenüber ihm ausgesprochene Kündigung wirksam sei. Außerdem wisse der Arbeitnehmer so nicht mehr, wann er selbst kündigen könne, da sein eigenes Kündigungsrecht am Ende ähnlichen Beschränkungen unterworfen sein müsse. Weiter würde durch die Einführung des Begriffs der Notwendigkeit der Kündigung die Abgrenzung zwischen fristloser und fristgerechter Kündigung verwischt[72].

Das LAG Bremen lehnte ebenfalls einen allgemeinen Kündigungsschutz nach Aufhebung des AOG ab. Eine Kündigung des Arbeitsverhältnisses erscheine noch nicht deshalb als sittenwidrig, weil sie ohne ausreichende Gründe erfolge

---

[67] LAG Hamburg vom 10.3.1948, RdA 1948, 116 (118).
[68] LAG Hamburg vom 10.3.1948, RdA 1948, 116 (118).
[69] LAG Hamm vom 4.11.1947, NJW 1947/48, 318.
[70] LAG Hamm vom 4.11.1947, NJW 1947/48, 318.
[71] LAG Hamm vom 4.11.1947, NJW 1947/48, 318.
[72] LAG Hamm vom 4.11.1947, NJW 1947/48, 318.

oder wenn sie unsozial oder unbillig erscheine[73]. Von einem subjektiven Recht auf einen Arbeitsplatz könne keine Rede sein. Dieser Standpunkt stehe im offenen Widerspruch zum geltenden Recht. Es werde dabei übersehen, daß die Vorschriften des BGB über den Dienstvertrag angewendet werden müßten. Der Arbeitsvertrag sei ein kündbarer zweiseitiger Vertrag. Es sei nicht möglich, ihn durch ein anonymes, gemeinschaftsbestimmtes Betriebszugehörigkeitsverhältnis zu ersetzen[74]. Eine Beschränkung des gesetzlichen Kündigungsrechts könne nur aus dem Arbeitsvertrag selbst abgeleitet werden, wenn und soweit der Kündigungsausspruch sich als sittenwidrig, vertragswidrig oder treuwidrig erweise. Allerdings sei nicht jede sozial unerwünschte oder mit einer Härte für den Arbeitnehmer verbundene Kündigung ein rechtswidriger Mißbrauchs des Kündigungsrechts. Für einen richterlichen Eingriff sei nur da Platz, wo eine Störung der rechtlichen Ordnung vorliege[75].

Nach diesem Teil der Entscheidung scheint ein deutlicher Widerspruch zur oben genannten Rechtsprechung, insbesondere des LAG Frankfurt zu bestehen; allerdings nähert sich das LAG Bremen in der Folge deutlich der Rechtsprechung der Arbeitsgerichte, die ein freies Kündigungsrecht ablehnen, an. Nach dem LAG Bremen könne eine Störung der rechtlichen Ordnung dann angenommen werden, wenn der Arbeitgeber es unterlassen habe, die von ihm getroffenen Maßnahmen gegen ihre sozialen Folgen für den Arbeitnehmer abzuwägen, oder wenn er bei dieser Abwägung gegen seine vertragliche Treue- und Fürsorgepflicht verstoßen habe[76]. Weiter müsse der Arbeitgeber in jedem Fall prüfen, ob er seinen Interessen nicht durch eine weniger einschneidende Maßnahme Genüge tun könne. Der Arbeitgeber müsse weauch eine gewisse soziale Reihenfolge bei notwendig werdenden Kündigungen einhalten und die Dauer des Arbeitsverhältnisses sowie die wirtschaftlichen und sozialen Folgen seiner Kündigung im Einzelfall berücksichtigen[77].

Das LAG Bremen knüpfte auch in seiner Entscheidung vom 21.1.1949 an die vertragliche Treue- und Fürsorgepflicht des Arbeitgebers an[78]. Nach dem LAG Bremen habe sich nach 1945 die Überzeugung durchgesetzt, daß der Arbeitgeber die besondere persönliche Bindung berücksichtigen müsse, die ein Kennzeichen des Arbeitsvertrags sei. Geschehe dieses nicht, so liege ein Verstoß gegen die Treue- und Fürsorgepflicht des Arbeitgebers vor. Allerdings finde die Fürsorgepflicht des Arbeitgebers seine Grenze in seinem berechtigten Eigeninteresse an der Aufrechterhaltung des Betriebes[79]. Bei einem hoch bezahlten leitenden

[73] LAG Bremen vom 4.8.1948, WA 1948 Nr. 252.
[74] LAG Bremen vom 4.8.1948, WA 1948 Nr. 252.
[75] LAG Bremen vom 4.8.1948, WA 1948 Nr. 252.
[76] LAG Bremen vom 4.8.1948, WA 1948 Nr. 252.
[77] LAG Bremen vom 4.8.1948, WA 1948 Nr. 252.
[78] LAG Bremen vom 21.1.1949, WA 1949 Nr. 152.
[79] LAG Bremen vom 21.1.1949, WA 1949 Nr. 152.

Angestellten sei der Arbeitgeber aber schon dann zur Kündigung berechtigt, wenn sein Vertrauen in den Arbeitnehmer erschüttert sei, wobei allerdings eine willkürliche oder schikanöse Entziehung des Vertrauens nicht ausreichen könne. Auf der anderen Seite könne aber ein Verschulden des Angestellten nicht gefordert werden, um eine Kündigung des Arbeitgebers zu rechtfertigen[80].

Auch das ArbG Köln geht in seiner Entscheidung vom 16.3.1948 davon aus, daß ein Kündigungsschutz gegen ordentliche Kündigungen im Prinzip nicht mehr bestehe[81]. Eine ordentliche Kündigung habe bei Vorliegen der gesetzlichen Voraussetzungen (Schwerbehindertengesetz, ArbPlWVO) grundsätzlich die Lösung des Arbeitsverhältnisses zur Folge. Es gehe nicht an, zu verlangen, daß der Kündigende immer die Begründetheit seiner ordentlichen Kündigung darzutun und gegebenenfalls zu beweisen habe, denn in diesem Fall würde etwas gefordert, was im geltenden Recht in keiner Weise verankert sei. Darüber hinaus würde auch der Unterschied zwischen fristloser und ordentlicher Kündigung verwischt[82]. Jedoch sei eine ordentliche Kündigung dann unwirksam, wenn sie entweder gegen die guten Sitten verstoße oder sich als offensichtlicher, gegen die Grundsätze von Treu und Glauben verstoßender Rechtsmißbrauch darstelle. Darlegungs- und beweispflichtig sei dann aber der, der sich auf einen Verstoß gegen die guten Sitten oder Treu und glauben berufe[83]. Im konkreten Fall bejaht das ArbG Köln dann die Unwirksamkeit der ausgesprochenen Kündigung. Dem Kläger würde in diesem Fall eine ungerechtfertigte und in jedem Fall unverdiente und zu mißbilligende soziale Härte dadurch zugefügt, daß er ausgerechnet zwei Monate vor Beendigung einer zehnjährigen Dienstzeit bei dem beklagten Unternehmen gekündigt und damit dem Erwerb des Rechts auf eine Alters- bzw. Familienversorgung verlustig gehe. Eine solche Kündigung sei aber rechtsmißbräuchlich, wenn nicht besonders triftige Gründe für die Kündigung vorlägen[84]. Im konkreten Fall sei zwar der Betriebsrat an den Arbeitgeber herangetreten und habe die Kündigung verlangt. Der Druck des Betriebsrats käme aber nur dann als rechtfertigender Grund für eine Kündigung in Betracht, wenn bei Nichtentlassung des Klägers vor Erreichen der zehnjährigen Betriebszugehörigkeit und nach Fehlschlagen eines Schiedsverfahrens die gesamte Belegschaft des Betriebs trotz eingehender Belehrung und Ermahnung seitens des Beklagten und trotz mit allen Mitteln erlaubten Gegendrucks ein Verhalten an den Tag lege, das zu einer ernsten Gefährdung der Existenz und Sicherheit des Betriebs führen müsse. Ein solcher Druck habe aber in diesem Fall nicht vorgelegen, da der Betriebsrat lediglich die Kündigung verlangt habe[85].

---

[80] LAG Bremen vom 21.1.1949, WA 1949 Nr. 152.
[81] ArbG Köln vom 16.3.1948, RdA 1948, 156 ff.
[82] ArbG Köln vom 16.3.1948, RdA 1948, 156 (157).
[83] ArbG Köln vom 16.3.1948, RdA 1948, 156 (157).
[84] ArbG Köln vom 16.3.1948, RdA 1948, 156 (157).
[85] ArbG Köln vom 16.3.1948, RdA 1948, 156 (158).

In seiner Entscheidung vom 23.3.1949 ging auch das LAG Frankfurt - entgegen seiner oben genannten Rechtsprechung - davon aus, daß im Grundsatz ein freies Kündigungsrecht bestehe[86]. Nach den Bestimmungen des BGB könne jeder Vertragsteil das Dienstverhältnis nach Maßgabe der §§ 621 - 623 BGB kündigen. Es sei deshalb abwegig, wenn das Gericht erster Instanz den Satz aufstelle, solange der Kläger sich nichts zuschulden kommen lasse, habe der Arbeitgeber kein Recht, das Dienstverhältnis zu lösen. Das ordentliche Kündigungsrecht setze nämlich kein Verschulden des Arbeitnehmers voraus. Der Arbeitsvertrag als zweiseitiger kündbarer Vertrag könne nicht durch ein nicht regelmäßig kündbares Betriebszugehörigkeitsverhältnis ersetzt werden[87]. In der Folge führt das Gericht dann aber aus, daß eine Beschränkung des gesetzlichen Kündigungsrechts dann gegeben sei, wenn sich der Kündigungsausspruch als sittenwidrig oder treuwidrig (§ 242 BGB) erweise. Wäre letzteres der Fall, würde die Kündigung eine unzulässige Rechtsausübung darstellen und wäre deshalb unwirksam. Es müsse deshalb geprüft werden, ob unter Berücksichtigung aller Umstände die Kündigung deshalb als unzulässige Rechtsausübung anzusehen sei, weil die beklagte Gemeinde es unterlassen habe, die von ihr getroffene Kündigung gegen die sozialen Folgen für den Arbeitnehmer abzuwägen oder weil die Gemeinde unbilligerweise gegen ihre arbeitsvertragliche Treue- und Fürsorgepflicht verstoßen habe[88]. In der Folge führt das Gericht aus, daß es der Gemeinde freistehe, aus Kostengründen den Posten des Gemeindedieners, den der Kläger bekleidete, zu streichen. Diese Entscheidung könne vom Gericht auch nicht überprüft werden[89]. Es sei aber Aufgabe der Gemeinde bei Kündigungen eine soziale Auswahl zu treffen. Der Kläger sei seit 1940 bei der Gemeinde beschäftigt gewesen, ohne grobe Verfehlungen begangen zu haben. Durch die Leistung von treuen Diensten sei die Beklagte verpflichtet, nach Möglichkeit für die Erhaltung der Arbeitsstelle zu sorgen, wobei diese insbesondere gelte, da es sich beim Kläger um einen Kriegsbeschädigten des ersten Weltkriegs handele. Dazu gehöre die Verpflichtung, bei Durchführung von Personaleinsparungen eine sorgfältige Auswahl vorzunehmen. In der Folge führte das LAG aus, welche Arbeitnehmer und Arbeiter die Gemeinde beschäftigt und daß es die Gemeinde nicht dargetan habe, daß der Kläger nicht auch auf einer dieser Positionen habe produktive Arbeit leisten können. Im Ergebnis habe die Gemeinde damit nicht dargetan, daß sie bei der Auswahl die soziale Lage des Klägers gebührend berücksichtigt habe, weshalb die Kündigung nicht ausreichend begründet und im Hinblick auf die Verletzung ihrer Treuepflicht treuwidrig und deshalb unzulässig sei[90].

---

[86] LAG Frankfurt a.M. vom 23.3.1949, AP 50 Nr. 15.
[87] LAG Frankfurt a.M. vom 23.3.1949, AP 50 Nr. 15.
[88] LAG Frankfurt a.M. vom 23.3.1949, AP 50 Nr. 15.
[89] LAG Frankfurt a.M. vom 23.3.1949, AP 50 Nr. 15.
[90] LAG Frankfurt a.M. vom 23.3.1949, AP 50 Nr. 15.

Dieses Urteil des LAG Frankfurt ist aus verschiedenen Gründen heraus interessant. Zum einen betont das LAG in dieser Entscheidung im Gegensatz zu früheren Entscheidungen das grundsätzliche Recht zur freien Kündigung, um dann der Einrede der unzulässigen Rechtsausübung einen solchen weiten Raum zu überlassen, daß im Ergebnis gerade kein Recht zur freien Kündigung besteht. In diesem Fall hat die beklagte Gemeinde immerhin vorgetragen, daß sie aus Gründen der Kostenersparnis eine Stelle habe streichen müsse und daß man zum Ergebnis gekommen sei, die Stelle des Gemeindedieners aufzulösen. Die beklagte Gemeinde hat damit aber unzweifelhaft einen Kündigungsgrund dargetan. Nach der Entscheidung des LAG Frankfurt genügt dieses aber nicht, weil die Gemeinde zusätzlich eine Auswahl habe treffen müssen, wobei die Gemeinde in diese Auswahl alle Beschäftigten habe einbeziehen müssen. Im Ergebnis führt das LAG dann aus, daß die Gemeinde die Kündigung nicht ausreichend begründet habe, weshalb diese unwirksam sei. Damit überträgt das Gericht aber die Darlegungs- und Beweislast für das Vorliegen von Kündigungsgründen entgegen seiner ständigen Rechtsprechung auf den Arbeitgeber.

4.3.3. Übersicht über die Literatur

Die Frage des Kündigungsschutzes nach Wegfall des AOG beschäftigte natürlich die Literatur und war entsprechend seiner Bedeutung das in Abhandlungen wohl meist behandelte Problem. In der Literatur wurde die aus den genannten Entscheidungen ersichtliche Bandbreite der Auffassungen vertreten, wobei in den meisten Anmerkungen versucht wurde, über die Bestimmungen des BGB einen Kündigungsschutz herzuleiten.

Dietz geht in seiner Untersuchung des Kündigungsschutzes nach Wegfall des AOG von einer grundsätzlichen Kündigungsfreiheit aus[91]. Dietz räumt zwar ein, daß auch eine Kündigung einen Rechtsmißbrauch darstellen könne, da die personenrechtliche Natur des Arbeitsverhältnisses eine weitgehendere Berücksichtigung der Interessen des anderen Partners als nur die Wahrung der gesetzlichen Termine und Fristen erfordere[92]. Seiner Ansicht nach zeige aber gerade das bisherige Recht der Kündigungswiderrufsklage bzw. Kündigungseinspruchsklage, daß grundsätzlich Kündigungen ohne Rücksicht auf das ihnen zugrundeliegende Motiv wirksam seien und die Nichtigkeit wegen Rechtsmißbrauchs oder Verstoßes gegen die guten Sitten nur in Ausnahmefällen in Betracht komme[93]. Es habe außerhalb der Diskussion gestanden, daß auch Kündigungen, die nicht durch die Verhältnisse des Betriebes bedingt sind und eine unbillige Härte für den Entlassenen bedeuten, rechtswirksam sind[94]. An dieser Lage habe sich auch

[91] Dietz ArbBl. d. brit. Zone 1948, 148 ff.
[92] Dietz ArbBl. d. brit. Zone 1948, 148 (149).
[93] Dietz ArbBl. d. brit. Zone 1948, 148 (150).
[94] Dietz ArbBl. d. brit. Zone 1948, 148 (150).

durch den Wegfall des gesetzlichen Kündigungsschutzes nichts geändert. Eine wesentliche Änderung des "Sozialrechts" sei nach dem 1.1.1947 nicht eingetreten, so daß der bisher selbstverständliche Ausgangspunkt des Rechts zur ordentlichen Kündigung, die keinen Anlaß erfordere, weiter gelten müsse[95]. Allerdings räumt Dietz dann ein, daß man die Grenze, jenseits derer ein Mißbrauch des Kündigungsrechts liege, nach Wegfall der Kündigungsschutzbeschränkungen näher heranziehen könne[96].

In einer direkten Erwiderung zu den Ausführungen von Dietz führt Koselke aus, daß es nach diesem Aufsatz wohl unstreitig sein dürfe, daß die Kündigung eines Arbeitsverhältnisses einen Rechtsmißbrauch darstellen könne, allerdings läßt Koselke den Ausgangspunkt eines freien Rechts zur Kündigung nicht mehr gelten[97]. Es gebe kein wertfreies Recht zur Kündigung, die Betrachtung der Kündigung als sogenanntes abstraktes Rechtsinstitut gehöre der Dogmengeschichte an[98]. Koselke ist sogar der Ansicht, daß der Wegfall einer gesetzlichen Regelung des Kündigungsrechts erfreulich sei, da nun die positiv-rechtlichen Hemmnisse ausgeräumt seien und man nun in der Lage sei, die arbeitsrechtliche Kündigung nach den auch sonst anerkannten Rechtsprinzipien des § 242 BGB zu beurteilen[99]. Bei der Problematik des Kündigungschutzes handele es sich auch nicht um eine Angelegenheit des Individualrechts, sondern um eine Angelegenheit der Betriebsverfassung. Es gehe nämlich um das fundamentale betriebsverfassungsrechtliche Grundrecht auf Betriebszugehörigkeit. Von diesem Ausgangspunkt ist es verständlich, daß Koselke zur Frage gelangt: "Was soll überhaupt noch ein Rechtsmißbrauch sein, wenn es nicht ein Rechtsmißbrauch ist, einen Arbeitnehmer ohne triftigen Grund aus der Arbeitseinheit, in die ihn das Schicksal hineingestellt hat und in der er lebt, auszustoßen ?"[100]

Der Ausgangspunkt von Koselke - das betriebsverfassungsrechtliche Grundrecht auf Zugehörigkeit zum Betrieb - wurde, soweit ersichtlich, in keiner Gerichtsentscheidung vertreten. Eine strikt kollektivrechtliche Herleitung des Kündigungsschutzes findet sich allerdings auch bei Maus, der ausführt, daß eine Abkehr von der individualrechtlichen Betrachtungsweise des Arbeitsverhältnisses auch im Kündigungsrecht und eine Hinwendung zum arbeits- und betriebsverfassungsrechtlichen Denken notwendig sei. Nach diesem Denken stelle die Betriebszugehörigkeit ein Grundrecht des Arbeitnehmers dar, das gegen

---

[95] Dietz ArbBl. d. brit. Zone 1948, 148 (150 f).
[96] Dietz ArbBl. d. brit. Zone 1948, 148 (151).
[97] Koselke ArbBl. d. brit. Zone 1948, 151 f.
[98] Koselke ArbBl. d. brit. Zone 1948, 151 (152).
[99] Koselke ArbBl. d. brit. Zone 1948, 151 (152); auch das LAG Schleswig-Holstein hatte in seiner oben genannten Entscheidung vom 10.4.1947, ArbR. Entscheidungen 1948 Nr. 40, betont, daß nach Wegfall des BRG und des AOG keine Bedenken bestünden, einen Rechtsmißbrauch gemäß § 242 BGB anzunehmen.
[100] Koselke ArbBl. d. brit. Zone 1948, 151 (152).

willkürliche Verletzungen zu schützen sei[101] Dieser kollektive Ausgangspunkt kann und konnte nicht überzeugen, da weder Koselke noch Maus begründen, woraus sich ein Grundrecht auf den Arbeitsplatz bzw. auf Zugehörigkeit zum Betrieb ergeben soll. Weiterhin hätte es aber gerade nach dem Wegfall des AOG, in dem das Kollektiv hervorgehoben wurde, nahegelegen zu überdenken, ob eine so strikte kollektive Sicht der Dinge noch zutreffend sein kann.

Auf der anderen Seite wurde aber ein "wertfreies Recht auf Kündigung" auch durchgängig nicht vertreten[102]. Galperin etwa führt aus, daß einem Kündigungsrecht - losgelöst von allen Vertrags-, Personen- und Leistungsverhältnissen - entschieden widersprochen werden müsse[103]. Von seinem Ausgangspunkt her liegt Galperin aber in etwa in der Richtung von Dietz, wenn er erläutert, daß eine ordentliche Kündigung grundsätzlich keinen Grund erfordere und - ohne jede Begründung - solange wirksam bleibe, bis ihre Rechts- oder Vertragswidrigkeit festgestellt wird[104]. In der Folge untersucht Galperin ausführlich die verschiedenen Ansatzpunkte eines Kündigungsschutzes und betont, daß nach geltendem Recht ein subjektives Recht des Arbeitnehmers auf den Arbeitsplatz oder auf Betriebszugehörigkeit nicht bestehe[105]. Ansatzpunkt für einen allgemeinen Kündigungsschutz könne nach Galperin nur die Treue- und Fürsorgepflicht des Arbeitgebers sein[106]. Eine Kündigung stelle dann einen Verstoß gegen diese Pflicht dar, wenn die Kündigung weder durch die Verhältnisse des Betriebes noch durch das Verhalten des Arbeitnehmers bedingt sei und eine besondere und unbillige Beschwerung des Arbeitnehmers hinzukomme[107]. Die Grenzen der Fürsorgepflicht müßten sich aus den Verhältnissen des Betriebes und den berechtigten Eigeninteressen des Arbeitgebers ergeben, wobei es für den Arbeitgeber am Ende auf eine Abwägung der widerstreitenden Rechtsgüter - Betrieb, Eigeninteresse, Existenz des Arbeitnehmers - ankomme. Die Beweislast für einen Verstoß gegen die richtige Abwägung treffe aber den Arbeitnehmer[108].

---

[101] Maus, Arbeitsrecht (1949); Bd. 1 S. 332, ablehnend Nikisch, BB 1947, 89 (90), der mit Recht betont, daß Kündigungsschutz Individualschutz sei.

[102] Diesen Ausgangspunkt im Sinne eines "abstrakten Kündigungsrechts" vertrat auch nicht Dietz, siehe hierzu ArbBl. d. brit. Zone 1948, 148 (149).

[103] Galperin BB 1948, 305 (306).

[104] Galperin BB 1948, 305 (306).

[105] Galperin BB 1948, 305 (306).

[106] Galperin BB 1948, 305 (307), so auch Hueck, SJZ 1947 Sp. 609, 611 f.

[107] Galperin BB 1948, 305 (307).

[108] Galperin BB 1948, 305 (308); alleine wegen der von Galperin vorgenommenen Verteilung der Beweislast kann deshalb der Annahme von Müller, BB 1948, 408, daß eine einheitliche Linie bei der Beurteilung des Kündigungsschutzes bestehe, nicht gefolgt werden. Der Ansatz von Koselke muß entgegen der Ansicht von Müller zu einem weitreichenderen Kündigungsschutz führen, als der Ansatz von Galperin.

Müller vertritt in der Grundtendenz wohl einen weitergehenden Kündigungsschutz als Galperin, wobei er den Ausgangspunkt für einen Kündigungsschutz in der Bedeutung des Arbeitsplatzes als konstitutives Element der Arbeitnehmerexistenz sieht[109]. Die Herleitung eines Kündigungsschutzes über den Begriff des Rechtsmißbrauchs wird von Müller ausdrücklich abgelehnt, da man zur Begründung eines Kündigungsschutzes mit den geltenden Rechtsvorschriften nicht auskomme. Dem Prinzip der Rechtssicherheit werde man eher gerecht, wenn man die Entscheidung unmittelbar in echter Weise aus dem konkreten Tatbestand entwickele[110].

Beine hingegen vertritt die Ansicht, daß durch den Wegfall des AOG zwar eine gesetzliche Lücke entstanden ist, daß diese aber durch eine "rechtsschöpferische" Anwendung des § 242 BGB geschlossen werden könne[111]. Hinsichtlich der Reichweite dieses Kündigungsschutzes vertritt Beine die Ansicht, sowohl § 84 a BRG als auch § 56 AOG hätten während den Jahrzehnten ihres Bestehens normbildende Kraft entwickelt, so daß ihre materiellen Voraussetzungen als konkrete Richtlinien für die Entscheidung der Frage nach der Wirksamkeit einer Kündigung im Hinblick auf Treu und Glauben anzusehen seien[112].

4.3.4. Umfang des Kündigungsschutzes

Unabhängig von den unterschiedlichen Ausgangspunkten billigen die Arbeitsgerichte in den Westzonen damit fast durchgängig einen relativ weitgehenden Kündigungsschutz zu, nachdem der Arbeitgeber eine Kündigung nur aussprechen darf, wenn er sich auf Kündigungsgründe stützen kann. Im Prinzip wurde von den Gerichten damit eine Rechtslage angenommen wie vor Aufhebung des AOG[113]. Allerdings stellte sich weiterhin die Frage, ob aufgrund der Rechtsprechung der Arbeitsgerichte nicht sogar ein Kündigungsschutz entstanden ist, der über die aufgehobene Regelung im BRG und im AOG hinausgeht. In den genannten Gerichtsentscheidungen führte eine erfolgreiche "Kündigungswiderrufsklage" zum Ergebnis, daß die Kündigung rechtsunwirksam und damit nichtig ist. Nach dem AOG änderte aber auch eine erfolgreiche Kündigungsschutzklage an der Wirksamkeit der Kündigung nichts, sondern führte lediglich zu einer wahlweisen Verurteilung des Arbeitgebers zur Weiterbeschäftigung oder Zahlung einer Abfindung. Die Arbeitsgerichte in den Westzonen gingen

---

[109] Müller DRZ 1948, 122 (123).
[110] Müller DRZ 1948, 122 (124).
[111] Beine ArbBl. d. brit. Zone 1947, 210 (214).
[112] Beine ArbBl. d. brit. Zone 1947, 210 (212); Beine geht allerdings über diese Normen noch hinaus, in dem er die Beweislast für das Vorliegen von Kündigungsgründen, in ausdrücklicher Zustimmung zum Erlaß des Präsidenten des Zentralamtes für Arbeit vom 23.1.1947, beim Arbeitgeber sieht.
[113] So ausdrücklich LAG Frankfurt a.M. vom 3.2.1948, WA 1948 Nr. 147.

damit aber in ihren Entscheidungen zumindest in diesem Punkt über die gesetzliche Regelung im AOG hinaus.

In der Literatur wurde zum Teil vertreten, daß eine wahlweise Verurteilung zu einer Abfindung trotz Wegfalls des AOG weiter möglich sei. Hueck führt insofern aus, daß § 242 BGB nicht nur auf Treu und Glauben verweise, sondern auch auf die Verkehrssitte[114]. Seit Einführung des BRG sei die Kündigungsfreiheit eingeschränkt, wobei der Arbeitgeber aber die Kündigung durch Zahlung einer Entschädigung habe durchsetzen können. Diese seit 20 Jahren bestehende Regelung, die im BRG und im AOG enthalten war, sei auch nicht deswegen beseitigt worden, weil man sie für verfehlt hielt, sondern nur deshalb, weil sie "zufällig" im AOG gestanden habe. Wenn man deshalb § 242 BGB anwenden wolle oder aber die Kündigung dem Treue- und Fürsorgegedanken unterstellen wolle, so könne man das, wenn man die Kontinuität des Rechts nicht preisgeben wolle, nur dadurch tun, daß man dem Arbeitgeber weiter die Wahl zwischen Fortsetzung des Arbeitsverhältnisses und Kündigung mit Zahlung einer Entschädigung lasset[115]. Nach Hueck verstoße eine unbillig harte und durch die Verhältnisse des Betriebs nicht gerechtfertigte Kündigung deshalb nur dann gegen den Fürsorgegedanken, wenn der Arbeitgeber sich nicht bereit erkläre, eine angemessene Entschädigung zu zahlen. Weigere sich der Arbeitgeber, entweder das Arbeitsverhältnis fortzusetzen oder eine angemessene Entschädigung zu zahlen, so werde er wegen einer schuldhaften Vertragsverletzung in entsprechendem Umfang schadensersatzpflichtig, was aber zur Folge habe, daß er die Entschädigung zahlen müsse[116]. Auch Galperin hält den von Hueck vorgeschlagenen Weg unter Einschränkungen für gangbar[117]. Nach Galperin sei eine Verurteilung zu einer Abfindung derzeit nicht möglich. Das Gericht könne aber eine Erklärung des Arbeitgebers hinsichtlich der Zahlung einer Abfindung mit Hilfe des richterlichen Fragerechts herbeiführen. Lehne der Arbeitgeber dann jedes Entgegenkommen ab, so könne darin ein Verstoß des Arbeitgebers gegen seine Fürsorgepflicht gesehen werden, weshalb sich die Kündigung dann als vertragswidrig und deshalb unwirksam darstelle[118].

Müller hingegen vertritt die Ansicht, daß nach Wegfall einer entsprechenden positiv-rechtlichen Regelung die Möglichkeit einer Sozialentschädigung nicht mehr gegeben sei[119]. Zur Begründung führt Müller aus, daß der Arbeitsplatz konstitutives Element der Existenz des Arbeitnehmers sei, weshalb, wenn eine Kündigung für ungerechtfertigt erklärt wird, der Arbeitsplatz auch erhalten bleiben müsse. Die Begründung Huecks über die Verkehrssitte sei verfehlt, da

[114] Hueck SJZ 1947 Sp. 609 (612).
[115] Hueck SJZ 1947 Sp. 609 (612).
[116] Hueck SJZ 1947 Sp. 609 (612).
[117] Galperin BB 1948, 305 (308).
[118] Galperin BB 1948, 305 (308).
[119] Müller DRZ 1948, 122 (124); ebenso Haas 1947, 185.

die Möglichkeit einer Abfindung auf einer positiv-rechtlichen Regelung beruht habe[120].

In den Gerichtsentscheidungen wurde nahezu durchgängig die Problematik einer Sozialabfindung nicht angesprochen, sondern direkt auf Unwirksamkeit der Kündigung erkannt[121]. Soweit ersichtlich, wurde die Möglichkeit einer Verurteilung zur Weiterbeschäftigung oder wahlweise zur Zahlung einer Abfindung lediglich vom ArbG Heide und vom LAG Stuttgart in Betracht gezogen. Das ArbG Heide führt insofern aus, daß das Arbeitsgericht immer dann nicht auf Nichtigkeit der Kündigung erkenne, wenn es bei freier Würdigung der in der mündlichen Verhandlung gewonnenen Eindrücke zu der Überzeugung gelange, daß das Arbeitsverhältnis, obwohl keine bestimmten Gründe dafür vorliegen, so zerrüttet sei, daß eine ersprießliche Weiterarbeit nicht gewährleistet ist, wobei oftmals schon die Prozeßführung Anlaß für eine einschneidende Zerrüttung sein könne[122]. In diesen Fällen werde das Gericht auf Widerruf der Kündigung und Festsetzung einer Entschädigung für den Fall entscheiden, daß die Kündigung nicht widerrufen wird. Die Möglichkeit hierzu habe das Gericht aufgrund Gewohnheitsrechts, das sich unter Geltung des BRG und des AOG im Arbeitsleben gebildet habe, aufgrund der in § 242 BGB verankerten Verkehrssitte, des Treue- und Fürsorgegedankens und auch aufgrund des § 61 IV ArbGG[123].

Auch das LAG Stuttgart spricht die Problematik einer Sozialabfindung in seiner Entscheidung vom 13.5.1948 an und hält eine wahlweise Verurteilung für möglich[124]. Das LAG Stuttgart vertritt in dieser Entscheidung einen sehr zurückhaltenden Standpunkt hinsichtlich eines allgemeinen Kündigungsschutzes. Das LAG Stuttgart führte zunächst aus, daß eine Kündigung, die gegen die guten Sitten verstoße, zwingend zur Nichtigkeit führe[125]. Ein solcher Verstoß liege aber erst vor, wenn sich die Kündigung als reine Willkür, d.h. als Erpressung oder Maßregelung, darstelle. Es handele sich dabei namentlich um die Fälle, in denen der Arbeitgeber mit dem Druckmittel der Entlassung unberechtigte oder gar unsittliche Forderungen durchsetzen wolle. Die Rechtsordnung verlange in diesen Fällen zwingend die Nichtigkeit der Kündigung und damit die Verurtei-

---

[120] Müller DRZ 1948, 122 (124); interessant ist hierzu der Standpunkt von Beine, ArbBl. d. Brit. Zone 1948, 210 (212,214), der den früheren gesetzlichen Regelungen über den Kündigungsschutz normbildende Kraft zuspricht, eine solche Kraft hier aber nicht in Betracht zieht und die bisherige gesetzliche Regelung als "weder der Würde des Menschen noch dem Ernst der durch die sozialwidrige Kündigung entstandenen Lage" entsprechend bezeichnet.

[121] Siehe hierzu Müller DRZ 1948, 122 (124), nach dem für die Rechtsprechung Anlaß bestanden hätte, diese Frage zu erörtern.

[122] ArbG Heide vom 24.2.1948, ArbR.i.St. I Ziff. 574.

[123] ArbG Heide vom 24.2.1948, ArbR.i.St. I Ziff. 574.

[124] LAG Stuttgart vom 13.5.1948, RdA 1949, 156 (157).

[125] LAG Stuttgart vom 13.5.1948, RdA 1949, 156 (157).

lung zur Weiterbeschäftigung[126]. Man könne allerdings nicht jede unbillig harte Kündigung unter Berufung auf §§ 138, 242 BGB als nichtig ansehen. Eine solche Beurteilung entspreche keineswegs der allgemeinen Rechtsauffassung im Volke. In den beteiligten Kreisen sehe man eine unbillig harte Kündigung noch nicht ohne weiteres als einen Verstoß gegen die guten Sitten an[127]. Zumindest die Unternehmer würden diese weitgehende Auffassung entschieden ablehnen. Auch der neue Gesetzentwurf eines Kündigungsschutzgesetzes für Württemberg-Baden trage diesem Gesichtspunkt Rechnung. Nach diesem Gesetzentwurf solle der Arbeitgeber nämlich bei einer unbillig harten Kündigung auch in Zukunft zwischen Zahlung einer Entschädigung und Weiterbeschäftigung wählen können. Das allgemeine Rechtsbewußtsein habe sich also in diesem Punkt nicht geändert. Wolle man gegenüber einer unbillig harten Kündigung überhaupt den Einwand der unzulässigen Rechtsauffassung zulassen, so könne man höchstens zu einer wahlweisen Verurteilung des Arbeitgebers auf Zahlung einer Entschädigung oder Weiterbeschäftigung kommen, weiter dürfe man aber auf keinen Fall gehen[128].

In einer späteren Entscheidung lehnt das LAG Stuttgart dann aber die Verurteilung zu einer Abfindung ohne gesetzliche Regelung ab[129]. Nach dem LAG Stuttgart könne der Kündigungsschutz über allgemein privatrechtliche Rechtsbehelfe keinesfalls so weit gehen, wie der Kündigungsschutz nach dem Betriebsrätegesetz oder dem Arbeitsordnungsgesetz. Dieses ergebe sich schon daraus, daß nach den früheren Regelungen der Arbeitgeber die Möglichkeit gehabt habe, statt der Wiedereinstellung und Weiterbeschäftigung des gekündigten Arbeitnehmers Bezahlung einer Abgangsentschädigung zu wählen, sich also von der Wiedereinstellung loszukaufen. Diese Möglichkeit bestehe allerdings nicht, wenn der Arbeitnehmer die Kündigung mit allgemeinen Rechtsbehelfen bekämpfe, da hier die Kündigung entweder wirksam oder unwirksam sei. Es sei aber völlig ausgeschlossen, daß der Kündigungsschutz des Arbeitnehmers während der Gesetzeslücke stärker und intensiver war, als nach dem besonderen Kündigungsschutz des BRG und des AOG auf der einen Seite und des am 2.10.1948 in Kraft getretenen württ.-bad. Kündigungsschutzgesetzes vom 18.8.1948 andererseits[130]. Hieraus ergebe sich aber zwingend, daß die Voraussetzungen für die Unwirksamkeit einer mit den allgemein privatrechtlichen Rechtsbehelfen zu bekämpfenden Kündigung schärfer sein müßten als die Voraussetzungen einer unbilligen Härte nach den besonderen Kündigungsschutzbestimmungen, da hier der Arbeitgeber das Recht habe, statt der Weiterbeschäfti-

---

[126] LAG Stuttgart vom 13.5.1948, RdA 1949, 156 (157).
[127] LAG Stuttgart vom 13.5.1948, RdA 1949, 156 (157).
[128] LAG Stuttgart vom 13.5.1948, RdA 1949, 156 (157).
[129] LAG Stuttgart vom 23.3.1949, SAE 1949 Nr. 60.
[130] LAG Stuttgart vom 23.3.1949, SAE 1949 Nr. 60, das württ.-bad. KSchG war auf die streitgegenständliche Kündigung nicht anzuwenden, da diese bereits am 19.8.48 ausgesprochen wurde.

gung die Entschädigung zu wählen[131]. Das LAG Stuttgart bezweifelt an einer späteren Stelle des Urteils sogar, ob eine sozialwidrige Kündigung außerhalb einer besonderen gesetzlichen Regelung überhaupt angreifbar ist[132].

Aus dieser Entscheidung des LAG Stuttgart folgt damit aber, daß auch dieses Landesarbeitsgericht eine wahlweise Verurteilung nach der Regelung des AOG ohne eine positiv-rechtliche Grundlage - entgegen seiner früheren Auffassung - nicht mehr für möglich hielt. Damit schützten die Landesarbeitsgerichte aber durchgängig den Arbeitsplatz selbst, worin eine Tendenz zu einem erweiterten Kündigungsschutz gesehen werden kann.

Auch an einem weiteren Punkt stellte sich die Frage, ob der Kündigungsschutz ohne gesetzliche Regelung über den Kündigungsschutz während der Geltung von BRG und AOG hinausgeht. In BRG war der Kündigungsschutz an eine Beschäftigungsdauer von drei Monaten geknüpft und in § 56 I AOG an eine einjährige Beschäftigung. Mit der Problematik, ob ein Kündigungsschutz über die §§ 138, 242 BGB von einer gewissen Beschäftigungsdauer abhängig ist, beschäftigten sich nur wenige Entscheidungen.

Das ArbG Heide setzte sich in einer Entscheidung vom November 1948 mit der Frage auseinander, ob ein Kündigungsschutz erst nach einjähriger Beschäftigungszeit bestehe[133]. Das ArbG Heide lehnte eine analoge Anwendung von § 56 I AOG ab und führte aus, daß möglicherweise an die §§ 84 ff BRG angeknüpft werden könne, in denen eine einjährige Beschäftigungszeit nicht Voraussetzung für einen Kündigungsschutz sei[134].

In seiner Entscheidung vom 24.2.1948 legte sich das ArbG Heide dann auf eine Beschäftigungszeit von 3 Monaten für die Entstehung eines Kündigungsschutzes fest. Nach dem ArbG Heide sei gewohnheitsrechtlich von einer Probezeit von drei Monaten auszugehen. Ein Zeitraum von drei Monaten sei in den §§ 127 b, 133 a, c GewO und in § 69 HGB vorgesehen, außerdem würde in der neueren Gesetzgebung ein allgemeiner Kündigungsschutz nach drei Monaten gewährt (Art. 1 Bay. KSchG)[135].

Das LAG Kiel lehnte hingegen eine Festlegung auf eine bestimmte Probezeit ausdrücklich ab. In einer Entscheidung vom Februar 1948 führte das Gericht aus, ein Kündigungsschutz über § 242 BGB könne nicht von Anfang an gewährt werden, sondern müsse erworben werden[136]. Es müsse eine gewisse Pro-

---

[131] LAG Stuttgart vom 23.3.1949, SAE 1949 Nr. 60.
[132] LAG Stuttgart vom 23.3.1949, SAE 1949 Nr. 60.
[133] ArbG Heide vom 18.11.1947, ArbR.i.St. I Ziff. 368.
[134] ArbG Heide vom 18.11.1947, ArbR.i.St. I Ziff. 368.
[135] ArbG Heide vom 24.2.1948, ArbR.i.St. I Ziff. 574.
[136] LAG Kiel vom 17.2.1948, ArbR.i.St. I Ziff. 898.

bezeit eingeschaltet werden, während der Arbeitnehmer durch seine Leistungen für den Betrieb und dadurch erworbene Verbundenheit mit dem Betrieb ein Anrecht auf diesen Kündigungsschutz erwerbe. Auf der anderen Seite müsse auch dem Arbeitgeber eine gewisse Zeit gelassen werden, um den Arbeitnehmer zu testen. Nach Ablauf dieser Zeit habe der Arbeitnehmer einen Anspruch auf sozialen Kündigungsschutz, um so eine Sicherheit für seine Existenz zu erhalten[137]. Hinsichtlich der Dauer der Probezeit müsse zwischen verschiedenen Arbeitnehmergruppen unterschieden werden. Für den einfachen Arbeiter und Angestellten könne eine Frist von 3 bis 6 Monaten genügen, um seinen Arbeits- und Einfügungswillen zu zeigen, bei diesen reiche die genannte Zeit auch zur Beurteilung durch den Arbeitgeber aus. Bei Arbeitern und Angestellten in verantwortungsvollen oder leitenden Stellungen müsse jedoch eine Frist von einem Jahr als notwendig gefordert werden, da diese meist auch vertraglich längere Kündigungsfristen hätten und eine längere Zeit notwendig sei, um ihr Können und ihre Einstellung beurteilen zu können[138].

Hingegen scheint das ArbG Braunschweig zumindest eine längere Beschäftigungsdauer als ein halbes Jahr für einen Kündigungsschutz zu fordern.. In einer Entscheidung vom Februar 1948 vertrat das ArbG Braunschweig die Ansicht, daß man bei einer Beschäftigungszeit von etwa einem halben Jahr nicht davon sprechen könne, daß eine form- und fristgerechte Kündigung gegen die guten Sitten verstoße[139].

Soweit ersichtlich, gingen die Gerichte damit überwiegend von keiner festen Beschäftigungsdauer für den Erwerb eines Kündigungsschutzes aus, weshalb man in diesem Punkt davon sprechen kann, daß kurzfristig Beschäftigte günstiger standen als unter der Geltung des AOG. Diese "Besserstellung" wurde aber dadurch deutlich relativiert, daß vor allem bei langjährig Beschäftigte ein Kündigungsschutz über § 242 BGB hergeleitet wurde[140].

Für die Gerichte stellte sich weiterhin die Frage, ob eine Feststellungsklage gegen eine fristgemäße Kündigung nach Wegfall des AOG an eine Klagefrist gebunden ist. In § 56 AOG war insoweit eine zweiwöchige Klagefrist vorgesehen. Das LAG Schleswig-Holstein vertrat die Ansicht, daß die im AOG festgelegte Ausschlußfrist insoweit entsprechend anzuwenden sei, daß eine Klageerhebung in angemessener Frist zu erfolgen habe. Darüber hinaus würden aber keine festen Ausschlußfristen für die Geltendmachung der Unwirksamkeit einer Kündigung bestehen[141]. Das LAG Frankfurt vertrat in einer Entscheidung vom März

[137] LAG Kiel vom 17.2.1948, ArbR.i.St. I Ziff. 898.
[138] LAG Kiel vom 17.2.1948, ArbR.i.St. I Ziff. 898.
[139] ArbG Braunschweig vom 12.2.1948, ArbR.i.St. II Ziff. 114.
[140] Vgl. z.B. ArbG Aachen vom 10.4.1947, ArbR.i.St. I Ziff. 363.
[141] LAG Schleswig-Holstein vom 3.3.1948, WA 1948 Nr. 166.

1948 die Auffassung, daß ein Arbeitnehmer längere Zeit nach einer Kündigung nicht mehr die Unwirksamkeit gerichtlich durchsetzen könne, eine solche verspätete Klage würde gegen Treu und Glauben (§ 242 BGB) verstoßen[142]. Auch das ArbG Köln ging in einer Entscheidung vom 4.11.1948 davon aus, daß eine Feststellungsklage gegen eine fristgemäße Kündigung zwar an keine feste Ausschlußfrist gebunden sei, daß eine Klage nach 1 ½ Jahren aber nicht mehr möglich sei[143]. Nach dem ArbG Köln würde es zu einer unerträglichen Rechtsunsicherheit führen, wenn ein Arbeitnehmer mit solchen an sich zulässigen Feststellungsklagen noch nach beliebig langer Zeit den Arbeitgeber überziehen könnte[144].

Auch das ArbG Heide stellte auf keine feste Ausschlußfrist ab, orientierte sich allerdings an der Regelung im AOG. Der Arbeitnehmer würde aus Gründen der Rechtssicherheit seine Ansprüche verwirken, wenn er nicht binnen einer angemessenen Frist seine Ansprüche gerichtlich geltend mache[145]. Als angemessene Überlegungsfrist könne im allgemeinen eine Frist von 14 Tagen zugebilligt werden, denn auch die Berufungsfrist betrage in Arbeitsrechtssachen 2 Wochen. Außerdem habe auch die Frist zur Erhebung der Einspruchsklage nach dem alten BRG längstens 17 Tage und die Frist zur Kündigungswiderrufsklage 14 Tage betragen[146].

Von den Arbeitsgerichten wurde damit aber durchgängig nicht mehr an der alten Ausschlußfrist festgehalten[147], weshalb "Kündigungsschutzklagen" in weiterem Umfange möglich waren.

4.3.5. Stellungnahme

Für die Rechtsprechung stellte sich im Bereich des Kündigungsschutzes das Problem, daß sie sich in einem Bereich, der über Jahrzehnte gesetzlich geregelt war, plötzlich einem gesetzlosen Zustand gegenüber sah. Zumindest der überwiegende Teil der Gerichte hielt aber einen wesentlichen "sozialen Rückschritt" in diesem Bereich für nicht akzeptabel, weshalb versucht wurde, mit Hilfe der Normen des BGB die entstandene Lücke zu schließen. Es erscheint allerdings zweifelhaft, ob die Annahme eines so weitreichenden Kündigungsschutzes notwendig war, um den befürchteten sozialen Rückschritt zu vermeiden. Zwar herrschte kurz nach dem Krieg eine erhebliche Arbeitslosigkeit, allerdings änderte sich diese Lage mit dem beginnenden Wiederaufbau rasch und zur Überwindung der wirtschaftlichen Krise hätte eine weitergehende Freistellung der

[142] LAG Frankfurt a.M. vom 16.3.1948, WA 1948 Nr.167.
[143] ArbG Köln vom 4.11.1948, WA 1949 Nr. 99.
[144] ArbG Köln vom 4.11.1948, WA 1949 Nr. 99.
[145] ArbG Heide vom 29.4.1947, ArbR.i.St. I Ziff. 560.
[146] ArbG Heide vom 29.4.1947, ArbR.i.St. I Ziff. 560.
[147] Vgl. in der Literatur Haas BlfStSozArbR 1947, 185.

Arbeitgeber von arbeitsrechtlichen Beschränkungen möglicherweise beitragen können.

Zur Begründung eines allgemeinen Kündigungsschutzes sahen die Gerichte zwei verschiedene Ansatzpunkte, nämlich § 138 und § 242 BGB. In den Westzonen wurde ganz überwiegend zutreffend erkannt, daß die Anwendung von § 138 BGB auf diesem Gebiet kaum eine Grundlage für die Herleitung eines allgemeinen Kündigungsschutzes sein kann, während in der Ostzone in sehr vielen Entscheidungen an § 138 BGB angeknüpft wurde. Von den Arbeitsgerichten in den Westzonen wurde ganz überwiegend auf § 242 BGB als "Rettungsanker" für die Begründung eines Kündigungsschutzes zurückgegriffen. Eine dogmatisch befriedigende Grundlage für eine weitreichende Herleitung eines Kündigungsschutzes über § 242 BGB konnte von den Arbeitsgerichten hierfür allerdings nicht erbracht werden. Interessant ist es hierbei insbesondere, daß der damalige Präsident des LAG Frankfurt, welches in ständiger Rechtsprechung über § 242 BGB einen weitreichenden Kündigungsschutz begründete, zutreffend erkannte, daß man "nach Lage der Dinge bei einer unbefangenen Betrachtung nicht mit den geltenden, ausdrücklich gesetzten Rechtsvorschriften auskommen kann"[148].

Meines Erachtens beurteilte Dietz die Reichweite eines allgemeinen Kündigungsschutzes nach Wegfall des AOG überzeugend[149]. Der Umfang eines Kündigungsschutzes über § 242 BGB wurde auch zutreffend vom LAG Stuttgart in seiner Entscheidung vom 23.3.1949 gesehen. Vom Ausgangspunkt her schätzen auch das LAG Bremen in ständiger Rechtsprechung und des LAG Frankfurt in seinem Urteil vom 23.3.1949 die Reichweite eines Kündigungsschutzes über § 242 BGB zutreffend ein, wobei beide Gerichte allerdings ihre Grundsätze in der Entscheidung des konkreten Falles völlig verwässerten.

Die ganz überwiegende Rechtsprechung der Arbeitsgerichte erkannte zu Recht, daß mit dem Wegfall des AOG eine Anknüpfung des Kündigungsschutzes an ein Gemeinschafts- oder Betriebszugehörigkeitsverhältnis nicht möglich war. Die Ausführungen von Koselke zu dieser Frage sind insoweit nicht auf fruchtbaren Boden gefallen. In diesem Punkt ist ohne Zweifel der Wegfall des AOG von den Arbeitsgerichten in der Praxis auch vollzogen worden. Eine "starke nachwirkende Anbindung[150]" der Rechtsprechung an die Rechtsfolgen der früheren Regelungen im BRG 1920 und im AOG läßt sich hier nicht feststellen, da die Arbeitsgerichte fast durchgängig eine wahlweise Verurteilung nicht für möglich hielten. Die in der Literatur zum Teil vorgebrachten Ansatzpunkte für eine Weitergeltung der Entschädigungszahlungen mögen dogmatisch nicht

[148] Müller DRZ 122 (124).
[149] Vgl. Dietz ArbBl. d. brit. Zone 1948, 148 ff.
[150] Vgl. Schell, Das Arbeitsrecht der Westzonen, S. 223.

nachvollziehbar sein, allerdings gehen diese Stimmen meines Erachtens von dem durchaus verständlichen Ausgangspunkt aus, daß es kaum sein kann, daß der Wegfall des gesetzlichen Kündigungsschutzes zu einer deutlichen Verbesserung des selbigen geführt haben soll.

Die Rechtsprechung der Arbeitsgerichte zum Kündigungsschutz nach Wegfall des AOG ist zum Teil heftig kritisiert worden, so spricht etwa Streich in Bezug auf die angenommene Fürsorgepflicht von einer bedenkenlosen Übernahme nationalsozialistischen Gedankengutes[151]. Diese Kritik wird der Rechtsprechung zumindest in ihrer Allgemeinheit nicht gerecht. Meines Erachtens beweist etwa die oben genannte Entscheidung des LAG Bremen vom 4.8.1948, daß zum Teil durchaus vorsichtig in diesem Bereich argumentiert wurde[152]. Auf der anderen Seite wären die Gerichte, wenn sie konsequent von einer Kündigungsfreiheit ausgegangen wären, noch in erheblich stärkerer Weise kritisiert und ihrem "Schutzauftrag" wohl nicht gerecht geworden.
Eine schlagwortartige Beurteilung der Rechtsprechung führt gerade in diesem Bereich zu Bewertungen, die der Leistung der arbeitsgerichtlichen Rechtsprechung insgesamt und insbesondere einzelner Gerichte nicht gerecht werden kann, da die von den Gerichten gefundenen Ansatzpunkte und Begründungen zu differenziert sind, um einheitlich bewertet werden zu können.

4.3.6. Ländergesetzliche Regelungen

Der Wegfall des gesetzlichen Kündigungsschutzes wurde allgemein als nicht hinnehmbar eingestuft, weshalb die Länder der französischen und amerikanischen Zone eigene gesetzliche Regelungen erließen, um die entstandene Lücke zu schließen. In der britischen Zone verblieb es hingegen bei der oben geschilderten "gesetzlosen" Situation. Diese unterschiedliche Entwicklung in den Zonen beruhte darauf, daß es den Ländern in der britischen Zone aufgrund Art. 1 II VO Nr. 57 in Verbindung mit Anhang A untersagt war, auf dem Gebiet des bürgerlichen Rechts Gesetze zu erlassen.

Als erstes Land der Westzonen erließ Bayern mit dem Kündigungsschutzgesetz vom 1.8.1947[153] eine landesgesetzliche Regelung dieser Materie. Ein eigenes Kündigungsschutzgesetz erließ in der Folge nur noch Württemberg-Baden mit dem Kündigungsschutzgesetz vom 18.8.1948[154]. Die anderen Länder regelten den Kündigungsschutz nach dem Vorbild des BRG 1920 in der Betriebsverfassung. Als erstes Land erließ Hessen am 31.5.1948 ein Betriebsrätegesetz[155], es

---

[151] Streich, Die Entwicklung des Arbeitsrechts..., S. 122.
[152] Vgl. auch die Anmerkung von Hueck RdA 1948, 194.
[153] GVBl Bayern 1947, 165.
[154] RegBl. Württemberg-Baden 1948, 134.
[155] GVBl. Hessen 1948, 117.

folgte Baden (Landesgesetz über die Bildung von Betriebsräten vom 24.9.1948)[156], die Freie Hansestadt Bremen (Ausführungsgesetz zu Art. 74 der Landesverfassung vom 10.1.1949)[157], Rheinland-Pfalz (LandesVO über die Errichtung und Tätigkeit von Betriebsräte vom 21.5.1949)[158] und Württemberg-Hohenzollern (Betriebsrätegesetz vom 21.5.1949)[159]. Nach Inkrafttreten des Grundgesetzes erließ noch Schleswig-Holstein (Gesetz zur Regelung vordringlicher Angelegenheiten des Betriebsräterechts vom 3.5.1950)[160] und Berlin (KSchG vom 20.5.1950)[161] eine gesetzliche Regelung des Kündigungsschutzrechts.

Die geschaffenen Ländergesetze ließen durchgängig ihre "Vorbilder" im BRG 1920 sowie dem AOG erkennen, allerdings unterschieden sich die gesetzlichen Regelungen in einzelnen Fragen ganz erheblich, weshalb es in diesem Bereich zu der häufig befürchteten Rechtszersplitterung innerhalb Deutschlands kam.

Schon in der Frage des Ausdehnungsbereichs des Kündigungsschutzes zeigten sich ganz erhebliche Unterschiede in den Ländergesetzen. Das BRG 1920 hatte Kündigungsschutz nur in betriebsratspflichtigen Betrieben zugebilligt, während das AOG an eine Mindestgröße von 10 Arbeitnehmern anknüpfte. Im Gegensatz zu diesen Regelungen wurde in den Ländern Baden, Rheinland-Pfalz, Württemberg-Baden und Würtemberg-Hohenzollern ein Kündigungsschutz unabhängig von der Betriebsgröße und der Existenz eines Betriebsrates zuerkannt[162]. In den Ländern Bayern, Hessen, Schleswig-Holstein und Bremen hing hingegen der Kündigungsschutz nach der Konzeption der Gesetze von der Existenz eines Betriebsrates ab[163]. Eine Erweiterung des Kündigungsschutzes bedeutete es, daß die Ländergesetze mit Ausnahme der bayerischen Kündigungsschutzgesetzes den Kündigungsschutz nicht an die Dauer der Betriebszugehörigkeit knüpfte[164]. Allerdings forderte auch die bayerische Lösung im Gegensatz

[156] GVBl. Baden 1948, 209.
[157] GesBl. Bremen 1949, 7.
[158] VOBl. Rheinland-Pfalz 1947, 258.
[159] RegBl. Württemberg-Hohenzollern 1949, 153.
[160] GVBl. Schleswig-Holstein 1950, 169.
[161] VOBl. Berlin 1950, 169.
[162] Vgl. § 37 BRG Baden, § 48 IV BRG Rheinland-Pfalz, § 86a BRG Württemberg-Hohenzollern, § 3 KSchG Württemberg-Baden.
[163] Siehe § 40 II BRG Bremen; Art. 1 KSchG Bayern; § 22 BRG Schleswig-Holstein; §§ 42, 43 BRG Hessen. In Hessen war diese Frage umstritten: Hueck, BlfStSozArbR 1949, 118 (120) und Kaufmann RdA 1949, 174 (175), lehnten Kündigungsschutz in Zwergbetrieben grundsätzlich ab, während Müller, BB 1948, 534 (535)und Engler, Komm. BRG Hessen § 43 Anm. 5, mit unterschiedlichen Begründungsansätzen einen Kündigungsschutz auch in Zwergbetrieben bejahen, so auch Göller, "Die Entwicklung des Kündigungsschutzrechts" S. 87 f. allerdings ohne Begründung. Für das bay. Recht hält der Bay. VfGH, Bay. GVBL. 1952, 203 (207) ein erweiternde Auslegung für nicht möglich.
[164] § 1 I Bay. KSchG.

zur einjährigen Frist des AOG lediglich eine Beschäftigungsdauer von drei Monaten und kehrte somit zur Regelung im BRG 1920 zurück.

Auch im Kündigungsschutzverfahren zeigten sich deutliche Unterschiede zwischen den Regelungen der einzelnen Länder. Zum Teil war der Arbeitgeber verpflichtet, vor der Kündigung den Betriebsrat über die geplante Maßnahme zu informieren[165]. Die Länder, die diese Verpflichtung in ihre Gesetze aufgenommen hatten, sahen zum Teil ein Doppelverfahren vor, nach dem nicht nur der Arbeitnehmer gegen die Kündigung klagen konnte, sondern auch der Betriebsrat aus eigenem Recht Einspruch gegen die Kündigung erheben konnte. In Hessen hatte über diesen Einspruch ein Schiedsausschuß zu entscheiden. Zu Recht stellt Schell fest, daß diese Möglichkeit in Rheinland-Pfalz nicht bestanden haben dürfte, da die Mitwirkungsnorm des § 37 I Ziff. 10 der LandesVO nicht auf die Regelung über das Schiedsverfahren verweist. Nach dem BRG von Württemberg-Baden hatte das Arbeitsgericht über den Einspruch zu entscheiden. Nach dem Landesgesetz von Baden war vor einer Kündigung sogar die Zustimmung des Betriebsrates notwendig. Wenn eine Einigung zwischen dem Betriebsrat und dem Arbeitgeber nicht zu erzielen war, entschied das Arbeitsgericht auf Antrag des Arbeitgebers.

Neben dem Betriebsrat konnte nach allen Gesetzen auch der Arbeitnehmer gegen die Kündigung vor dem Arbeitsgericht Klage einreichen, wobei die Klage innerhalb einer Ausschlußfrist von zehn Tagen bis zu drei Wochen je nach Länderregelung eingelegt sein mußte. Die Klagemöglichkeit wurde aber nach dem Vorbild des BRG 1920 in den Ländern Rheinland-Pfalz und Bayern davon abhängig gemacht, daß der Betriebsrat den Einspruch gegen die Kündigung für begründet hielt, womit dem Betriebsrat in diesen Ländern eine für den Kündigungsschutz entscheidende Kompetenz zugewiesen wurde. In den meisten anderen gesetzlichen Regelungen hatte der Betriebsrat hingegen keine Verwerfungskompetenz, der Arbeitnehmer mußte hier bei der Klageeinreichung lediglich eine Bescheinigung vorlegen, aus der sich ergab, daß der Betriebsrat beteiligt wurde. In Baden konnte der Arbeitnehmer hingegen auch ohne jegliche Beteiligung des Betriebsrates gegen eine Kündigung klagen, was in einem gewissen Gegensatz zur Regelung steht, daß der Betriebsrat einer Kündigung zustimmen mußte[166].

Nach allen gesetzlichen Regelungen war die Kündigungsschutzklage dann erfolgreich, wenn die Kündigung gegen gewisse Widerrufsgründe verstößt. Die

---

[165] Vgl. § 37 Ziff. 10 i.V.m. § 55 BRG Rheinland-Pfalz, § 42 I Hessen, § 6 I BRG Wüttemberg-Baden.

[166] Siehe hierzu Meves, RdA 1949, 247 (248), nach dessen Ansicht für die Widerrufsklage kein Raum ist, wenn der Arbeitgeber ohne Zustimmung des Betriebsrat kündigt, in diesem Fall müsse der ArbN direkt auf Feststellung der Nichtigkeit klagen, wobei beide Klagen auch miteinander verknüpft werden könnten.

neuen gesetzlichen Regelungen orientierten sich durchgängig an den Regelungen im BRG 1920 und dem AOG. In den meisten Ländern wurde neben einige konkrete Widerrufsgründe eine Generalklausel gestellt[167], während in Hessen lediglich die Generalklausel des AOG wörtlich übernommen wurde[168].

Für die Gesetzgeber der Länder stellte sich des weiteren das Problem, ob eine erfolgreiche Kündigungsschutzklage entsprechend der Regelung im BRG 1920 und dem AOG zu einem Wahlrecht des Arbeitgebers führen sollte, ob er den betroffenen Arbeitnehmer weiterbeschäftigt oder sich durch Zahlung einer Entschädigung vom Arbeitsverhältnis freigekauft oder ob die erfolgreiche Klage der Rechtsprechung nach 1947 folgend zur Nichtigkeit der Kündigung führen sollte. Die Mehrzahl der Länder hielt am grundsätzlichen Wahlrecht des Arbeitgebers fest, womit aber den Arbeitnehmern weiterhin kein echter Kündigungsschutz zugebilligt wurde[169]. Lediglich die Gesetze von Hessen, Baden und Schleswig-Holstein sahen kein Wahlrecht des Arbeitgebers vor[170]. Aber selbst in diesen Ländern führte eine erfolgreiche Klage nicht zwingend zum selben Ergebnis, nach der Regelung in Baden galt eine Kündigung als zurückgenommen[171], während in Hessen das Gericht den Arbeitgeber zur Weiterbeschäftigung zu verurteilen hatte[172].

Unabhängig von diesen Unterschieden im Detail billigten diese Länder damit erstmals gesetzlich einen echten Kündigungsschutz zu.

Der Überblick über die gesetzlichen Regelungen zeigt deutlich, daß von den einzelnen Gesetzgebern nicht die geringste Rücksicht auf die Rechtseinheit genommen wurde, weshalb der Einschätzung von Hueck, daß das Gesamtbild außerordentlich unerfreulich erscheint, nur zugestimmt werden kann[173]. Zu den einzelnen gesetzlichen Regelungen sind nur wenige Entscheidungen, die vor Erlaß des Grundgesetzes ergangen sind, veröffentlicht. Hierbei ist allerdings auch zu berücksichtigen, daß die Betriebsratsgesetze zum Teil erst kurz vor Erlaß des Grundgesetzes oder nach dessen Erlaß in Kraft getreten sind und deshalb Entscheidungen zu diesen Gesetzen im Rahmen dieser Arbeit keine Be-

---

167 Vgl. z.B. Art.1 KSchG Bayern; § 35 I BRG Baden; § 46 I BRVO Rheinland-Pfalz; § 39 II BRG Bremen, siehe auch § 4 I KSchG Berlin.

168 Vgl. § 44 I BRG Hessen.

169 Vgl. § 49 I BRVO Rheinland-Pfalz; Art. 5 KSchG Bayern; § 41 BRG Bremen

170 Vgl. § 44 II BRG Hessen, § 35 V BRG Baden; § 23 BRG Schleswig-Holstein; siehe auch Müller BB 1948, 534 (535), der diese Regelung als logisch und sozialpolitische notwendig ansieht.

171 § 35 V BRG Baden.

172 Vgl. § 44 II BRG Hessen; siehe LAG Frankfurt a.M. vom 22.6.1949, WA 1949 Nr. 279, woraus sich ergibt, daß trotz des Wortlauts der Bestimmung ein allgemeiner Beschäftigungsanspruch in Hessen nicht angenommen wurde.

173 Hueck BlfStSozArbR 1949, 118 (135).

rücksichtigung finden konnten. Im folgenden kann deshalb kein Gesamtüberblick über die Rechtsprechung zu den einzelnen gesetzlichen Regelungen gegeben werden, weshalb nur auf einige interessante Entscheidungen eingegangen werden soll.

In den Ländern, die eine Kündigungswiderrufsklage ohne Beteiligung des Betriebsrates nicht vorgesehen hatten, stand im Mittelpunkt die Frage, ob ein Kündigungsschutz nach diesen Gesetzen auch dann bestehen kann, wenn kein Betriebsrat existiert oder der Betriebsrat der Kündigung zugestimmt hat. Mit dieser Frage hatte sich das LAG München in seiner Entscheidung vom 29.4.1949 zu beschäftigen[174]. Der Kläger war bei der Beklagten in einem Zweigwerk beschäftigt, wobei sowohl das Hauptwerk als auch das Zweigwerk eigene Betriebsräte gebildet hatten. Dem Kläger war mit Zustimmung des Arbeitsamtes gekündigt worden, wobei der Betriebsrat des Hauptwerkes der Kündigung von Anfang an zustimmte, während der Betriebsrat des Zweigwerks zunächst lediglich mitteilte, daß er zur Kündigung nicht Stellung nehmen könne, da er über die Beweggründe des Arbeitgebers nicht informiert sei. Einer eventuellen Klage des Arbeitnehmers stehe aber von seiten des Betriebsrates aus nichts im Wege. Nach Klageerhebung durch den Arbeitgeber erteilte dann auch der Betriebsrat der Zweigstelle sein Einverständnis zur Kündigung[175]. Das LAG München sah in seiner Entscheidung im Gegensatz zum erstinstanzlichen Gericht die prozessualen Voraussetzungen einer Widerrufsklage nicht als gegeben an. Das bay. KSchG sei im Gegensatz zum AOG zu dem im BRG 1920 verankerten Einspruchsverfahren zurückgekehrt, nach dem die Durchführung der Widerrufsklage von der sachlichen Billigung des Betriebsrates abhänge[176]. Die Mißbilligung der Kündigung durch den Betriebsrat sei, was Art. 2 und 3 bay. KSchG klar zum Ausdruck brächten, damit aber wieder prozessuale Voraussetzung einer Widerrufsklage. Der Betriebsrat habe damit eine ausschließliche und bei Vermeidung des späteren Prozeßverlustes notwendige, gerichtsähnliche Vorprüfungsfunktion. Er sei als Vermittlungs- und Sperrinstanz ein den Arbeitsgerichten vorgelagerter "Wellenbrecher" zur Abwehr aussichtsloser Klagen[177]. Zur Auslegung der Bestimmungen des bay. Rechts könnte Literatur und Rechtsprechung zum BRG 1920 herangezogen werden, da die Gesetze in diesem Punkt inhaltlich übereinstimmten. Nach der herrschenden Lehre zum alten BRG sei zu jedem Zeitpunkt des gerichtlichen Verfahrens zu prüfen, ob der Betriebsrat bei seiner Vorprüfung den Einspruch nach ordnungsgemäßer Abstimmung und Beschlußfassung für begründet erklärt habe. Zu einer Entscheidung über die Berechtigung der Kündigung sei hierbei der Betriebsrat zustän-

---

[174] LAG München vom 29.4.1949, AP 50 Nr. 12 mit im Ergebnis zustimmender Anm. von Hueck.

[175] Vgl. zum Tatbestand LAG München vom 29.4.1949, AP 50 Nr. 12.

[176] LAG München vom 29.4.1949, AP 50 Nr. 12.

[177] LAG München vom 29.4.1949, AP 50 Nr. 12.

dig, in dessen Betrieb der Arbeitnehmer zum Zeitpunkt der Kündigung beschäftigt und eingegliedert gewesen sei. Die Entscheidung des Betriebsrates des Hauptwerks sei damit aber für die Entscheidung des Rechtsstreit ohne Belang. Auch der zweiten Entscheidung des Betriebsrates des Zweigwerkes könnte für dieses Verfahren keine Bedeutung beigemessen werden. Zwar könne der Betriebsrat seine Beschlüsse grundsätzlich abändern, diese Befugnis ende aber dann, wenn sich die Entscheidung für den Gekündigten rechtsgestaltend ausgewirkt habe, wobei dieser Zeitpunkt mit Einlegung der Kündigungswiderrufsklage erreicht gewesen sei[178]. Von diesem Zeitpunkt an könne der Betriebsrat einmal gefällte Entscheidungen nicht mehr widerrufen. In seinem Beschluß vor Klageerhebung habe der Betriebsrat erklärt, daß einer Klage vor dem Arbeitsgericht nichts im Wege stehe. Dieser Beschluß sei aber fehlerhaft und nichtig gewesen. Zwar enthalte das bay. KSchG keine Vorschriften über das Verfahren des Betriebsrats, und nach der deshalb anzuwendenden Regelung des Art. 5 KRG Nr. 22 bestimme der Betriebsrat das Verfahren selbst, allerdings müsse diese Selbstbestimmung dort enden, wo unumstößliche und allgemeingültige Verfahrensvorschriften verletzt würden[179]. Zu diesen Vorschriften gehöre der Grundsatz des rechtlichen Gehörs, der hier vom Betriebsrat verletzt worden sei. Der Betriebsrat habe vor seiner Entscheidung hier aber den Arbeitgeber nicht angehört, weshalb der Grundsatz des rechtlichen Gehörs verletzt sei. Weiterhin habe aber der Betriebsrat den Weg zum Arbeitsgericht nicht freigeben dürfen, ohne überhaupt zur Frage der Berechtigung des Einspruchs Stellung zu nehmen. Diese Verstöße des Betriebsrats führten damit aber zur Nichtigkeit des Betriebsratsbeschlusses, weshalb vor Klageerhebung ein wirksamer Beschluß des Betriebsrates nicht vorgelegen habe, was zur Unzulässigkeit der Klage führe[180].

Über die Verfassungsmäßigkeit dieser Vorprüfungskompetenz hatte später der bayerische Verfassungsgerichtshof in seiner Entscheidung vom 4.4.1952 zu befinden[181]. In seiner Entscheidung führt das VfGH aus, daß der Vorprüfung des Betriebsrats eine Bedeutung zukomme, die weit über eine bloß begutachtende Meinungsäußerung hinausgehe, da die negative Begutachtung wie ein Prozeßhindernis wirke[182]. Damit erhalte der Betriebsrat die Kompetenz, über eine arbeitsrechtliche Streitigkeit bindend und endgültig zu entscheiden. Hierin liege aber ein Verstoß gegen Art. 177 BV, nach dem arbeitsrechtliche Streitigkeiten

[178] LAG München vom 29.4.1949, AP 50 Nr. 12.
[179] LAG München vom 29.4.1949, AP 50 Nr. 12.
[180] LAG München vom 29.4.1949, AP 50 Nr. 12; kritisch insoweit Hueck, Anm. zu LAG München AP 50 Nr. 12, der zu Recht anmerkt, daß es fraglich sei, ob das Arbeitsgericht Mängel im Zustandekommen des Beschlusses zu überprüfen habe. Nach Hueck sei aber ein Verständigungsversuch mit dem Arbeitgeber über den eine Bescheinigung der Klage beigefügt sein müsse, notwendige Voraussetzung einer Klage, was hier zur Unzulässigkeit der Klage führe.
[181] Bay.VfGH vom 4.4.1952, Bay.GVBl. 1952, 203 ff.
[182] Bay.VfGH vom 4.4.1952, Bay.GVBl. 1952, 203 (209).

durch die Arbeitsgerichte entschieden werden[183]. Selbst wenn man in der ablehnenden Entscheidung keine Entscheidung über das Recht des Arbeitnehmers erblicken wolle, sondern lediglich ein Prozeßhindernis, liege ein Verstoß gegen das aus den Art. 3, 5 III, 93, 177 BV abzuleitende Rechtsstaatsprinzip vor. Das Rechtsstaatsprinzip verlange, daß zur Verfolgung von Rechtsansprüchen die Anrufung der zuständigen staatlichen Gerichte möglich sein müsse[184].

Im Gegensatz zu dieser Entscheidung hatte das LAG Mainz in seiner Entscheidung vom 4.5.1949 die Wirkung des Betriebsrats als Sperrinstanz, die ihm auch nach dem rheinland-pfälzischen BRG zukam, als mit der Verfassung von Rheinland-Pfalz vereinbar eingestuft[185]. Das Arbeitsgericht hatte in der ersten Instanz entschieden, daß die Sperrung des Rechtswegs nicht mehr möglich sei, da verfassungsrechtliche Gründe entgegenstünden. Die Verfassung vom 27.5.1947 betone die Freiheit des Menschen und "verpflichte die Organe der Gesetzgebung, Rechtsprechung und Verwaltung vor autoritärem, diktatorischem Unrecht und überspitztem Kollektivismus zu schützen, ganz gleich aus welcher Sphäre"[186]. Nach Art. 6 habe jedermann Anspruch auf den gesetzlichen Richter. Weder im KRG Nr. 22 noch im BRG würde es dem Gekündigten verboten, da Arbeitsgericht anzurufen, wenn er mit der Entscheidung des Betriebsrats nicht einverstanden sei. Nach § 48 Ziff. 4 BRG Rheinland- Pfalz könnten die Arbeitnehmer aus Kleinbetrieben unmittelbar das Arbeitgericht anrufen, weshalb wegen der garantierten Freiheit und der Gleichheit diese Möglichkeit für alle bestehen müsse[187]. Solche verfassungsrechtlichen Zweifel weist das LAG Mainz strikt zurück und wirft vielmehr dem erstinstanzlichen Gericht vor, gegen geltendes Recht zu verstoßen. Eine rechtsschöpferische Entscheidung könne nur dann ergehen, wenn der Richter nachweise, daß eine Norm gegen höherrangiges Recht verstoße oder aber eine Lücke im Gesetz sei, die geschlossen werden müsse. Von beidem könne aber in diesem Fall keine Rede sein, da die Verfassung für Rheinland-Pfalz die strittigen Fragen restlos und klar beantworte[188]. In Art. 67 der Verfassung seien die Betriebsräte vorgesehen, wobei ausdrücklich geregelt sei, daß das Nähere das Gesetz entscheide. Das neue BRG Rheinland-Pfalz habe das alte BRG 1920 wortwörtlich übernommen, weshalb es unbestreitbar erscheine, daß die Verfassung in ihrem Art. 67 das BRG in dem Sinn meint, der ihm durch die Übereinstimmung mit seinem Vorgänger ohne weiteres innewohne. Die Verfassung habe sich gedanklich die ganze Entwicklung zu eigen gemacht, die das alte BRG in Rechtsprechung und Literatur erfah-

[183] Bay.VfGH vom 4.4.1952, Bay.GVBl. 1952, 203 (207).

[184] Bay.VfGH vom 4.4.1952, Bay.GVBl. 1952, 203 (207). Schon Hübner, RdA 1950, 52 (53), sah in der Stellung des Betriebsrats als Sperrinstanz einen Verfassungsverstoß und billigte dem Betriebsrat lediglich die Stellung als Träger des Güteverfahrens im Betrieb zu.

[185] LAG Mainz vom 4.5.1949, AP 50 Nr. 13.

[186] ArbG Mainz zit. nach LAG Mainz vom 4.5.1949, AP 50 Nr. 13.

[187] ArbG Mainz nach LAG Mainz vom 4.5.1949, AP 50 Nr. 13.

[188] LAG Mainz vom 4.5.1949, AP 50 Nr. 13.

ren habe. Diese einfachen Überlegungen würden dazu führen, daß sich der Richter an die Vorschriften der §§ 46 ff BRG Rheinland-Pfalz zu halten habe[189]. Aus diesen Regelungen ergebe sich aber durch einen Umkehrschluß zwingend, daß der Arbeitnehmer sich der Entscheidung des Betriebsrats zu beugen habe, wenn dieser den Einspruch gegen die Kündigung verwerfe[190]. In der Folge führt das LAG Mainz aus, daß diese Fragen zum alten BRG völlig unbestritten gewesen seien, weshalb es keinen Bedenken unterliegen könne, daß der Richter dem Einwand der Unzulässigkeit der Klage stattgeben muß. Die Verfassung bekenne sich ausdrücklich zum geltenden Recht, wobei daß, was die erstinstanzliche Entscheidung als "überspitzten Kollektivismus" bezeichne, der bisher unverrückbare Grund und Eckstein des kollektiven Rechts gewesen sei. Es sei bezeichnend, daß der Nationalsozialismus den Kündigungsschutz fast wörtlich übernommen habe, wobei aber gerade das kollektive Eckstück des Kündigungsschutzes, der Betriebsrat als autonome Vorprüfungsinstanz, vollständig ausgebaut worden sei. Weiterhin dürfe dem Rechtssuchenden der Richter zwar vom Staat nicht vorgeschrieben werden, bei § 48 BRG Rheinland-Pfalz liege aber eine ausgesprochene Ausnahme vor, die das geltende Gesetz aufgrund eine Wunsches von Wissenschaft und Praxis eingefügt habe[191]. Wenn die heutigen Betriebsräte aufgrund der vorangegangenen Periode nicht mehr taugten, so müßten sie durch neuzeitliche geschulte Personen ersetzt werden. Das ganze Institut könne deswegen aber nicht in Frage gestellt werden. Die Kritik von Ingendaay[192] am geltenden Recht könne nur darauf beruhen, daß er die systematische und innerliche Bedeutung und Stellung des Betriebsrats wohl nicht von Anfang an miterlebt habe. Hueck[193] hingegen, der wesentlich älter und dessen Meinung sicherlich mehr gelten dürfte, stehe der dem erstinstanzlichen Urteil entsprechenden Neuerung in Württemberg offenbar sehr skeptisch gegenüber[194].

Das LAG Frankfurt hatte sich in seiner Entscheidung vom 11.5.1949, mit der Frage zu beschäftigen, ob eine Kündigungswiderrufsklage auch nach der in § 43 BRG Hessen normierten Klagefrist von zwei Wochen möglich ist[195]. Das LAG Frankfurt führte insoweit aus, daß die im hessischen BRG festgelegten Fristen

189 LAG Mainz vom 4.5.1949, AP 50 Nr. 13.

190 LAG Mainz vom 4.5.1949, AP 50 Nr. 13.

191 LAG Mainz vom 4.5.1949, AP 50 Nr. 13.

192 Siehe Ingendaay, RdA 1948, 60 (62), der die Bindung des Kündigungssschutzes an die Zustimmung des Betriebsrats als eine "ewige Krankheit" bezeichnet und zu Recht darauf hinweist, daß es sich beim Kündigungsschutz um ein subjektives Recht handele, welches rechtssystematisch nicht in den Kündigungsschutz gehöre und das man nicht von der Zustimmung eines Dritten abhängig machen könne.

193 Siehe Hueck, RdA 1948, 169 (170), der kritisch anmerkt, daß die Regelung im württembergischen Gesetz den Nachteil habe, daß man unbegründete Klagen nicht von vorne herein vom ArbG ferngehalten werden können.

194 LAG Mainz vom 4.5.1949, AP 50 Nr. 13, wobei die vom LAG Mainz geübte Kritik nur als erstaunlich unsachlich bezeichnet werden kann.

195 LAG Frankfurt a.M. vom 11.5.1949, SAE 1950 Nr. 8.

strikt zu beachten sind. Der Arbeitnehmer habe hier die Frist um mehr als zwei Wochen überschritten, wobei die Voraussetzungen der Wiedereinsetzung nicht gegeben seien. Nach dem hessischen Recht sei der Arbeitnehmer verpflichtet, Kündigungswiderrufsklage fristgerecht einzureichen[196]. Dieses gebiete nicht nur sein eigenes Interesse, sondern auch das Interesse des Arbeitgebers, dem daran gelegen sei, zu einem möglichst frühen Zeitpunkt darüber unterrichtet zu sein,. daß der Arbeitnehmer weiter Ansprüche auf seinen Arbeitsplatz erhebt. Eine Mißachtung der Klagefrist würde zu einer erheblichen Rechtsunsicherheit führen, da der Arbeitnehmer sonst zu jedem beliebigen Zeitpunkt klagen könnte. Bei einer Verurteilung des Arbeitgebers zum Widerruf der Kündigung hätte dies aber zur Folge, daß der Arbeitgeber den Arbeitnehmer für die gesamte abgelaufene Zeitspanne entlohnen müßte, obwohl der Arbeitnehmer keine Leistung erbracht hat[197].

Abschließend seien noch zwei Entscheidungen zur Frage erwähnt, ob neben den Kündigungsschutzbestimmungen der Länder ein Rückgriff auf die Rechtsbehelfe der §§ 138, 242 BGB möglich war.

Das LAG München bejahte in seiner Entscheidung vom 10.11.1948 die Anwendbarkeit von § 138 BGB neben dem bayerischen KSchG[198]. Zur Begründung führt das LAG aus, daß der Begriff der sittenwidrigen Kündigung in der Rechtsordnung des Arbeitsrechts und des Kündigungsrechts anerkannt sei und damit neben den Rechtsbehelfen des KSchG einen Rechtsbehelf von besonderem Gewicht darstelle. Allerdings sei davon auszugehen, daß dieser Rechtsbehelf durch das KSchG eng umgrenzt sei[199]. An sich gebe schon Art.1 KSchG durch die weit gefaßten Einspruchsgründe zu erkennen, daß der Gesetzgeber den Anwendungsbereich für sittenwidrige Kündigungen einengen wolle. Noch deutlicher ergebe sich dies aus § 7 II KSchG, wonach auch offensichtlich willkürliche Kündigungen sowie Kündigungen aus nichtigem Grund unter Mißbrauch der Machtstellung im Betrieb, in den Anwendungsbereich des Kündigungseinspruchs einbezogen würden. Wenn darüber hinaus eine Kündigung überhaupt rechtsunwirksam, d.h. in ihrem Rechtsbestand wegen Sittenwidrigkeit anfechtbar sein soll, so müßten dafür ganz besondere Umstände vorliegen, die hier gegeben seien[200]

[196] LAG Frankfurt a.M. vom 11.5.1949, SAE 1950 Nr. 8, siehe auch Müller BB 1948, 534 (335), der eine Klagefrist für unbedingt erforderlich erachtet.

[197] LAG Frankfurt a.M. vom 11.5.1949, SAE 1950 Nr. 8, wobei das LAG wohl davon ausgeht, daß der ArbN seine Arbeitsleitung nicht noch einmal anbieten muß.

[198] LAG München vom 10.11.194, RdA 1949, 351 (352).

[199] LAG München vom 10.11.194, RdA 1949, 351 (352).

[200] LAG München vom 10.11.194, RdA 1949, 351 (352); krit. hierzu Hueck, RdA 1949, 352 (353), der darauf verweist, daß sich die Rechtslage gegenüber dem AOG verändert habe, da die Gerichte in Fällen des Art. 11 bay. KSchG die Möglichkeit hätten, auf Widerruf der Kündigung zu entscheiden.

Das LAG Heidelberg bejaht in einer Entscheidung vom 27.9.1949 sogar einen Rückgriff auf den Rechtsbehelf des § 242 BGB[201]. Der Arbeitgeber hatte einem Arbeitnehmer am Morgen gekündigt, wobei der Arbeitnehmer noch am Nachmittag des selben Tages in den Betriebsrat gewählt wurde. Zunächst führte das LAG Heidelberg aus, daß ein Fall des § 13 Württ.-Bad. KSchG nicht vorliege, da diese Vorschrift lediglich Mitglieder des Betriebsrats erfasse. Bereits gekündigte Arbeitnehmer könnten zwar zum Betriebsrat gewählt werden, ihr Arbeitsverhältnis ende dann aber mit Ablauf der Kündigungsfrist[202]. Die Kündigung eines Betriebsratskandidaten sei nicht besonders geschützt und sei als wirksam anzusehen, wenn die Kündigung zu einem Zeitpunkt ausgesprochen wird, in dem die Arbeitnehmer für die Betriebsratswahl noch nicht aufgestellt wurden. Die Kündigung verstoße aber gegen Treu und Glauben, wenn sie erst nach Nominierung des Arbeitnehmers zur Betriebsratswahl, also nach Kenntnisnahme des Arbeitgebers vom Wahlvorschlag, erfolge[203]. Die Kündigung müsse dann als eine Mißachtung des Willens der gesamten Belegschaft aufgefaßt werden. In einem solchen Fall obliege dem Arbeitgeber der Nachweis, daß der Arbeitgeber mit der Kündigung nicht die Zusammensetzung des Betriebsrats beeinflussen wollte[204].

4.3.7. Die Entwicklung zum KSchG 1951

Der Wirtschaftsrat hatte in seiner Sitzung vom 20.7.1949 in Frankfurt ein für die Bizone geltendes Kündigungsschutzgesetz beschlossen[205]. Dieses Gesetz wurde allerdings von den Militärregierungen nicht mehr genehmigt, sondern für die Bundesgesetzgebung zurückgestellt[206]. Hinsichtlich des Inhalts diese Entwurfs sei im Rahmen dieser Arbeit nur auf zwei Punkte hingewiesen[207]. Zum einen wurde dem Betriebsrat nicht mehr die Funktion einer Sperrinstanz zugebilligt, d.h. der Arbeitnehmer hätte auch dann Kündigungsschutzklage erheben können, wenn der Betriebsrat der Kündigung zustimmt, und zum anderen hätte eine erfolgreiche Kündigungsschutzklage nach diesem Entwurf zur Unwirksamkeit der Kündigung, d.h. das Wahlrecht des Arbeitgebers zwischen Weiter-

---

[201] LAG Heidelberg vom 22.9.1949, WA 1949 Nr. 249.
[202] LAG Heidelberg vom 22.9.1949, WA 1949 Nr. 249.
[203] LAG Heidelberg vom 22.9.1949, WA 1949 Nr. 249.
[204] LAG Heidelberg vom 22.9.1949, WA 1949 Nr. 249; das LAG geht in seiner Entscheidung nicht darauf ein, ob eine Kündigung neben dem KSchG überhaupt noch gegen Treu und Glauben verstoßen kann und bejaht einen Verstoß in diesem Fall wegen der Wertung des Art. IX KRG Nr. 22. Die ganz h.M lehnte die Möglichkeit eines Rückgriffs auf § 242 BGB zumindest dann ab, wenn der Anwendungsbereich des speziellen Gesetzes eröffnet ist, siehe nur Hueck BlfStSozArbR 1949, 118 (120).
[205] Abgedruckt in RdA 1950, 63 ff; krit. zum Gesetzentwurf Weber, BB 1949, 666 (667), der die formalen Kündigungsgründe rügt und im Einzelfall unbillige Ergebnisse befürchtet.
[206] Siehe hierzu auch Göller, Die Entwicklung des Kündigungsschutzrechts, S. 92.
[207] Ausführlicher Überblick bei Hueck RdA 1949, 331; zur Entwicklung siehe auch Schell "Das Arbeitsrecht der Westzonen" S. 245.

beschäftigung und Zahlung einer Entschädigung wäre vollständig entfallen[208]. Diese beiden für einen effektiven Kündigungsschutz wichtigen Punkte wurden auch in den "Hattenheimer Entwurf" der Sozialpartner übernommen, der dann weitgehend als Entwurf zum KSchG 1951 von der Bundesregierung in den Bundestag eingebracht wurde[209]. Ohne eine Änderung in diesen beiden Punkten wurde dann am 10.8.1951 das KSchG 1951 erlassen[210].

4.4. Der besondere Kündigungsschutz

4.4.1. Mutterschutzgesetz vom 17.5.1942[211]

In § 6 des Mutterschutzgesetzes von 1942 war geregelt, daß Frauen während ihrer Schwangerschaft nicht gegen ihren Willen entlassen werden durften. Nach der genannten Regelung war eine Kündigung während der Schwangerschaft und innerhalb von vier Monaten nach der Geburt unwirksam, wenn der Arbeitgeber zur Zeit der Kündigung von der Schwangerschaft Kenntnis hatte oder ihm die Schwangerschaft unverzüglich nach der Kündigung mitgeteilt wurde.

Das MutterschutzG wurde von den Alliierten weder ausdrücklich anerkannt, noch ausdrücklich aufgehoben. Nach der Kapitulation hatten die Krankenkassen allerdings ihre Zahlungen gemäß § 7 MutterschutzG eingestellt, wobei die Militärregierungen die Weiterzahlung dieser Beträge zum Teil sogar untersagten und eine gesetzliche Wiedereinführung dieser Zahlungen nicht genehmigten. In § 7 MutterschutzG war geregelt, daß Frauen, die in der gesetzlichen Krankenversicherung versichert waren, während der Zeiten eines Beschäftigungsverbotes einen Anspruch auf Zahlung eines Wochengeldes in Höhe des durchschnittlichen Verdienstes gegenüber der Krankenkasse hatten.

Für die Gerichte stellte sich damit vor allem die Frage, ob das Mutterschutzgesetz von 1942 weiter angewendet werden konnte. Das ArbG Rendsburg setzte sich in seiner Entscheidung vom 13.8.1947 mit der Weitergeltung des MutterschutzG auseinander und bejahte die weitere Anwendbarkeit des Gesetzes[212]. Nach dem ArbG Rendsburg sei das MutterschutzG zwar unter dem nationalsozialistischen Regime erlassen worden, es bestünden aber keine Bedenken, das Gesetz und insbesondere das Kündigungsverbot weiter anzuwenden. Das Gesetz solle das Leben und die Gesundheit der werdenden Mutter schützen und

[208] Kritisch jeweils Hueck, RdA 1949, 331 (334 f).
[209] Überblick zum Hattenheimer Entwurf bei Hueck RdA 1950, 63 ff.
[210] Kündigungsschutzgesetz vom 10.8.1951, BGBl. 1951, 499; zum Regelungsgehalt sehe Dietz, NJW 1951, 941 ff; Hueck RdA 1951, 281 ff; Schell, Das Arbeitsrecht der Westzonen, S. 246 ff.
[211] RGBL I 1942, 321 ff.
[212] ArbG Rendsburg vom 13.8.1947, SAE 1948 Nr. 57.

das Kündigungsverbot solle eine Beunruhigung während der Schwangerschaft ausschließen[213]. Die Schutzbestimmungen des MutterschutzG würden also auf sozialen Erwägungen beruhen und seien auch kein "neues" nationalsozialistisches Gedankengut, sondern wären schon vor 1933 im Gesetz über die Beschäftigung vor und nach der Niederkunft von 1927, wenn auch nicht so umfassend, geregelt gewesen. Die Entlassung einer schwangeren Frau sei damit nichtig[214]. Auch wenn die Frau bei Beginn des Arbeitsverhältnisses die Schwangerschaft verschwiegen habe, sei dieses ohne Belang, da die Frau weder eine rechtliche noch sittliche Verpflichtung zur Angabe der Schwangerschaft gehabt habe. Eine andere Ansicht würde nämlich werdenden Müttern jede Möglichkeit zur Arbeit nehmen und daher untragbare sozialpolitische Folgen nach sich ziehen. Aus diesem Grunde könne der Arbeitsvertrag auch nicht wegen arglistiger Täuschung angefochten werden[215].

Das LAG Hamburg hatte über die Weitergeltung des MutterschutzG in einem Fall zu entscheiden, in dem die Arbeitnehmerin Zahlungen gemäß § 7 MutterschutzG von ihrem Arbeitgeber verlangte. Das LAG Hamburg betonte in seiner Entscheidung, daß das Mutterschutzgesetz kein nationalsozialistisches Gedankengut enthalte[216]. Beim Mutterschutz handele es sich, wie beim Jugendschutz um allgemein menschliche Erwägungen, wobei das Streben nach einem effektiven Mutterschutz weit in das vorige Jahrhundert zurückreiche[217]. In der Sache sprach das LAG der Klägerin einen Lohnanspruch gegenüber dem Arbeitgeber für 6 Wochen vor und nach der Geburt in Höhe des Durchschnittsverdienstes zu. Die gesetzlich krankenversicherte Klägerin hätte diese Zahlungen eigentlich gemäß § 7 MutterschutzG verlangen können, allerdings hatten sich die Krankenkassen - wie oben beschrieben - nach der Kapitulation auf die Gewährung der satzungsmäßigen Wochenhilfeleistungen beschränkt und die Mehrleistungen nach § 7 MutterschutzG eingestellt. Durch Anordnung der britischen Militärregierung vom 4.8.1948 wurde die Erbringung der zusätzlichen Leistungen nach dem MutterschutzG ausdrücklich untersagt. Das LAG sprach einen Lohnanspruch in dieser Höhe nun gegenüber dem Arbeitgeber zu, wobei es zur Begründung ausführte, daß nach § 7 S. 3 MutterschutzG der Arbeitgeber diese Leistungen für die Arbeitnehmerinnen erbringen müsse, die nicht in der gesetzlichen Krankenversicherung abgesichert sind. Diese Regelung könne nach dem LAG Hamburg nun auch auf die Arbeitnehmerinnen angewendet werden, die in der gesetzlichen Krankenkasse abgesichert sind[218]. Der Zweck des § 7 sei es, den Müttern die Sorge um einen ausreichenden Unterhalt für die Zeit abzuneh-

[213] ArbG Rendsburg vom 13.8.1947, SAE 1948 Nr. 57.
[214] ArbG Rendsburg vom 13.8.1947, SAE 1948 Nr. 57.
[215] ArbG Rendsburg vom 13.8.1947, SAE 1948 Nr. 57; a.A. zu Unrecht Schmaltz, Die Entlassung, S. 247, der eine Anfechtung gemäß § 119 II BGB für möglich hält.
[216] LAG Hamburg vom 7.8.1946, WA 1948 Nr. 216.
[217] LAG Hamburg vom 7.8.1946, WA 1948 Nr. 216.
[218] LAG Hamburg vom 7.8.1946, WA 1948 Nr. 216.

men, in der sie von der Arbeitsleistung befreit sind. Bei dieser Regelung handele es sich um zwingendes Recht, daß nicht durch eine entgegenstehende Vereinbarung außer Kraft gesetzt werden könne. Gerade deswegen müsse die Vorschrift aber so aufgefaßt werden, daß auch die Frauen das regelmäßige Arbeitsentgelt vom Arbeitgeber verlangen können, die in der gesetzlichen Versicherung versichert sind[219].

Das LAG Heidelberg hatte sich in seiner Entscheidung vom 25.8.1949 mit der gleichen Fallgestaltung auseinanderzusetzen, wobei es die Weitergeltung des MutterschutzG deutlich kritischer beurteilte, ohne letztlich darüber zu entscheiden, ob das Gesetz nach der Kapitulation weiter angewendet werden darf[220]. Nach dem LAG Heidelberg sei es sei nicht zu verkennen, daß es sich bei dem MutterschutzG wie bei vielen anderen nationalsozialistischen Gesetzen um ein ausgesprochenes "Zeitgesetz" handele, wenn man auch nicht sagen könne, daß das MutterschutzG nationalsozialistisches Gedankengut enthalte. Allerdings habe die damalige Staatsführung mit dem Gesetz doch die biologischen Kriegsverluste und den Geburtsausfall, den der überaus große Arbeitseinsatz von Frauen nach sich ziehen könne, verhindern und endlich zur Erreichung ihrer biologischen Ziele die außereheliche Schwangerschaft begünstigen wollen. Die Staatsführung habe deshalb unter Aufrechterhaltung von BGB, HGB und RGewO die soziale Fürsorge des Staates für die Mutter geschaffen[221]. Das LAG Heidelberg leitet in der Folge eine Haftung des Arbeitgebers für die Lohnzahlungen abweichend vom LAG Hamburg nicht über die analoge Anwendung von § 7 MutterschutzG her, sondern über § 63 HGB her. In § 63 HGB in der damaligen Fassung war geregelt, daß der Handlungsgehilfe seinen Anspruch auf Gehalt und Unterhalt für die Dauer von 6 Wochen behält, wenn er wegen eines unverschuldeten Unglücks an der Leistung seiner Dienste gehindert ist. Nach dem LAG Heidelberg erkenne die Bestimmung des § 63 HGB den Fürsorgegedanken des Arbeitgebers nur in dem engen Sinn des vorigen Jahrhunderts an. Der Wortlaut werde aber einer im Berufsleben stehenden Frau nicht gerecht. Bei einer zeitgemäßen Auslegung fielen unter den Begriff des unverschuldeten Unglücks, unverschuldete ungewöhnliche Ereignisse bzw. Begebenheiten inner- oder außerhalb der Person im Leben des Arbeitnehmers, die eine Erfüllung der Arbeitsleistung durch ihn verhindern und solche Umstände, die den Arbeitnehmer nach den Anschauungen der Zeit der Fürsorge durch den Arbeitgeber bedürftig erscheinen lassen[222]. In der Folge stützt das Gericht seine Auslegung von § 63 HGB auf eine Entscheidung des Reichsarbeitsgerichts, in der bereits von einer weiten Auslegung von § 63 HGB ausgegangen worden sei[223]. Aus der

---

[219] LAG Hamburg vom 7.8.1946, WA 1948 Nr. 216.
[220] LAG Heidelberg vom 25.8.1949, RdA 1950, 30 ff, WA 1949 Nr. 305, SAE 1950 Nr. 20.
[221] LAG Heidelberg vom 25.8.1949, RdA 1950, 30 (31).
[222] LAG Heidelberg vom 25.8.1949, RdA 1950, 30 (31).
[223] LAG Heidelberg vom 25.8.1949, RdA 1950, 30 (32), unter Bezugnahme auf RAG 25, 160.

genannten Definition von § 63 HGB ergebe sich ohne weiteres, daß eine eheliche Schwangerschaft als ein unverschuldetes Unglück im Sinne der Vorschrift angesehen werden müsse[224]. Die Verschuldensfrage wäre aber auch bei einem unehelichen oder vor der Ehe gezeugten Kind nicht anders zu beurteilen gewesen. Nach der bestehenden Gesellschaftsordnung könne nämlich der außereheliche Geschlechtsverkehr - insbesondere der zwischen Brautleuten -, nicht mehr als ein Verschulden und deshalb die Arbeitsverhinderung vor und nach der Entbindung auch nicht als ein selbstverschuldetes Unglück angesehen werden[225]. Letztlich würde diese Auslegung von § 63 HGB auch keine unbillige Härte für den Arbeitgeber bedeuten, da Frauenarbeit in der Regel billiger als Männerarbeit sei[226].

Die Entscheidung des LAG Heidelberg ist in der Literatur kritisch aufgenommen worden. Hueck führte in einer Anmerkung zur Entscheidung an, daß keine Rede davon sein könne, daß es sich bei dem Gesetz um spezifisch nationalsozialistisches Gedankengut handele, wenn bei der Entstehung auch typisch nationalsozialistische Motive mitgewirkt haben mögen[227]. Ein weitgehender Schutz der Frauen vor und nach der Niederkunft erscheine vielmehr sozialpolitisch von jedem Standpunkt aus als außerordentlich wünschenswert. Wenn die Militärregierungen die Zahlungen gemäß § 7 MutterschutzG teilweise untersagt hätten, so liege dieses lediglich an der hohen finanziellen Belastung, die möglicherweise unter den bestehenden finanziellen Verhältnisse nicht tragbar sei[228]. Weiterhin stelle die Auslegung des Begriffes "Unglück" in § 63 HGB eine "Vergewaltigung des Wortlautes" der Vorschrift dar[229]. Eine bloße Gesetzesauslegung dürfe sich niemals über den Wortlaut des Gesetzes hinwegsetzen, was bei der Auslegung des LAG Heidelberg aber der Fall sei. Wer etwaige Lohnansprüche vor und nach der Niederkunft zu zahlen habe, sei eine Entscheidung des Gesetzgebers, die von den Gerichten nicht revidiert werden könnte[230]. Für Wollenberger liegt die Gesetzesauslegung des LAG Heidelberg im offenen Gegensatz zur Gesetzesvorschrift, da das Gesetz unmißverständlich zwischen dem Unglück und der Dienstverhinderung unterscheide[231]. Sowohl Wollenberger als auch Hueck kritisieren weiterhin die Äußerung des Gerichts, daß Frauenarbeit "billiger" sei[232]. Hueck betont insoweit, daß die Äußerung des Gerichts im direkten Gegensatz zum Grundsatz stehe, daß Männer und Frauen für die gleiche Leistung die gleiche Bezahlung erhalten sollen. Entweder sei die Lei-

[224] LAG Heidelberg vom 25.8.1949, RdA 1950, 30 (32).
[225] LAG Heidelberg vom 25.8.1949, RdA 1950, 30 (32).
[226] LAG Heidelberg vom 25.8.1949, RdA 1950, 30 (32).
[227] Hueck RdA 1950, 32.
[228] Hueck RdA 1950, 32.
[229] Hueck RdA 1950, 32 (33).
[230] Hueck RdA 1950, 32 (33).
[231] Wollenberger SAE 1950, 34.
[232] Siehe Hueck RdA 1950, 32 (33); Wollenberger SAE 1950, 34 (35).

stung der Frau geringer oder ihr Lohn müßte ebenso hoch wie der eines Mannes sein, in beiden Fällen könne man jedoch nicht davon sprechen, daß Frauenarbeit billiger sei.

Der Kritik von Hueck und Wollenberger ist in vollem Umfange zuzustimmen. Die Herleitung einer Haftung des Arbeitgebers über § 63 HGB läßt sich mit dem Wortlaut der Vorschrift kaum vereinbaren. Insoweit erscheint die erweiternde Auslegung von § 7 MutterschutzG, die das LAG Hamburg in der zitierten Entscheidung vorgenommen hat, als eher vertretbar. Beide Entscheidungen führen aber zu einer Haftung des Arbeitgebers, die der Gesetzgeber des Mutterschutzgesetzes gerade nicht gewollt hat. Die Zielsetzung der Entscheidungen, nämlich der Schutz der sozial Schwächeren, erscheint allerdings als nachvollziehbar und billigenswert.

Im Gegensatz zum LAG Heidelberg ging die ganz überwiegende Zahl der Arbeitsgerichte von einer unproblematischen Weitergeltung des Mutterschutzgesetzes aus, ohne daß die Frage der Weitergeltung überhaupt erörtert worden wäre, bzw. ohne daß aus den veröffentlichten Teilen der Entscheidungen eine Erörterung dieser Frage hervorginge[233].

Das LAG Hannover und das LAG Heide beschäftigten sich in Entscheidungen aus dem Jahre 1948 mit der Frage, wann die Mitteilung einer Arbeitnehmerin nach der Kündigung noch unverzüglich iSv. § 6 MutterschutzG ist und damit zur Unwirksamkeit der Kündigung führt. Nach dem LAG Hannover genüge es, wenn eine Schwangere am Tag nach der Kündigung Einspruch gegen die Kündigung unter Hinweis auf ihre Schwangerschaft erhebt[234].

Nach dem ArbG Heide liegt eine unverzügliche Mitteilung auch dann noch vor, wenn der Arbeitgeber erst durch die Zustellung der Klage Kenntnis von der Schwangerschaft erhält und die Arbeitnehmerin die Klage drei Tage nach der Kündigung eingereicht hat und diese einen weiteren Tag später dem Arbeitgeber zugestellt wurde[235].

Auch das ArbG Rosenheim geht in seiner Entscheidung vom 8.4.1949 von der Weitergeltung des Mutterschutzgsetzes aus, wobei nach dem ArbG Rosenheim keine unverzügliche Mitteilung vorliegt, wenn der Arbeitgeber erst durch Zustellung der Klage Kenntnis von der Schwangerschaft erhält. Aus dem veröf-

---

[233] Vgl. ArbG Hannover vom 20.4.1948, ArbR.i.St. II Ziff. 958; ArbG Heide vom 27.1.1948, ArbR.i.St. II Ziff. 569.

[234] ArbG Hannover vom 20.4.1948, ArbR.i.St. II Ziff. 958.

[235] ArbG Heide vom 27.1.1948, ArbR.i.St. II Ziff. 569.

fentlichten Teil der Entscheidung läßt sich allerdings nicht entnehmen, welcher Zeitraum zwischen Kündigung und Mitteilung vergangen ist[236].

Das LAG Bremen und das ArbG Göttingen hatten sich mit der Frage zu beschäftigen, ob von dem Kündigungsverbot des § 6 MutterschutzG Ausnahmen zugelassen werden können. In § 6 S. 4 MutterschutzG war insoweit geregelt, daß der Reichstreuhänder für Arbeit Ausnahmen vom Kündigungsverbot zulassen kann, wenn ein wichtiger Grund die Lösung des Beschäftigungsverhältnisses erfordert. Nach dem ArbG Göttingen war die Ausnahmevorschrift nicht mehr in Geltung[237]. Das Amt des Reichstreuhänders für Arbeit sei durch MRG Nr. 77 aufgehoben worden. Durch Militärregierungsverordnung vom 27.8.1945 seien zwar einige seiner Aufgaben auf die Präsidenten der Landesarbeitsämter übergegangen, allerdings falle die Befugnis nach § 6 MutterschutzG nicht darunter[238]. Unter diesen Umständen sei aber die Ausnahmevorschrift des § 6 S. 4 MutterschutzG nicht mehr anwendbar. Es könne nicht Aufgabe des Arbeitsgerichts sein, Befugnisse auszuüben, die vom Gesetzgeber der Verwaltung übertragen wurden. Die nun entstandene Gesetzeslücke könne nur durch den Gesetzgeber ausgefüllt werden[239].

Das LAG Bremen folgte dieser Entscheidung in seinem Urteil vom 12.10.1949 nicht, wobei zu beachten ist, daß diese Entscheidung nach Verkündung des Grundgesetzes ergangen ist[240]. Nach dem LAG Bremen könne man nicht davon ausgehen, daß einer schwangeren Frau nach Wegfall des Reichstreuhänders für Arbeit überhaupt nicht mehr gekündigt werden könne. Eine solche Auffassung würde nämlich dazu führen, daß einer Schwangeren selbst in den schlimmsten Fällen grober Verfehlungen nicht gekündigt werden könne. Aus diesem Grunde müsse ein Arbeitgeber in Ausnahmefällen kündigen können[241]. Allerdings bestehe nun eine Lücke im Gesetz, da die Befugnisse des Reichstreuhänders für Arbeit auf andere Verwaltungsstellen nicht übertragen wurden. Im Grundgesetz sei nun aber das Prinzip der Gewaltenteilung und das Prinzip des gesetzlichen Richters besonders statuiert. Da ein Rechtsnachfolger für den Reichstreuhänder nicht ernannt worden sei, und nach dem Prinzip der Gewaltenteilung auch nicht mehr ernannt werden dürfe, ergebe sich aus allgemeinen Grundsätzen des deutschen Rechts der Gegenwart, daß die Entscheidung den zuständigen Gerichten anvertraut werden müsse[242]. Im konkreten Fall hatte das LAG darüber zu befinden, ob der Diebstahl von etwas Wolle eine Ausnahme vom Kündigungsverbot

---

[236] ArbG Rosenheim vom 8.4.1949, ArbR.i.St. III Ziff. 154.
[237] ArbG Göttingen vom 7.4.1949, ArbR.i.St. III Ziff. 153.
[238] ArbG Göttingen vom 7.4.1949, ArbR.i.St. III Ziff. 153.
[239] ArbG Göttingen vom 7.4.1949, ArbR.i.St. III Ziff. 153; a.A. Schmaltz, Die Entlassung, S. 246.
[240] LAG Bremen vom 12.10.1949, ArbR.i.St. III Ziff. 793, 794.
[241] LAG Bremen vom 12.10.1949, ArbR.i.St. III Ziff. 793.
[242] LAG Bremen vom 12.10.1949, ArbR.i.St. III Ziff. 793.

rechtfertigen könne. Im Ergebnis hielt das Gericht eine Ausnahme nicht für gerechtfertigt[243]. Die außerordentlich jugendliche, nämlich erst 17 Jahre alte Klägerin sei zu dem Diebstahl dadurch veranlaßt worden, daß sie ohne den Schutz einer Ehe schwanger geworden und bestrebt war, für das von ihr erwartete Kind eine gewisse Vorsorge zu treffen. Zwar sei auch diese Tat zu verurteilen, allerdings müsse berücksichtigt werden, daß die Handlung in unmittelbarem Zusammenhang zu den Muttergefühlen der Klägerin stehe, die für ihr ungeborenes Kind Wäsche habe stricken wollen. Weiterhin lebe die "jugendliche und hilflose" Klägerin in außerordentlich schwierigen wirtschaftlichen Verhältnissen, so daß ihre Tat zwar nicht gebilligt aber doch verstanden werden könne. Die Tat könne deshalb nicht als so schwerwiegend angesehen werden, so daß der Beklagten die Fortsetzung des Arbeitsverhältnisses zugemutet werden könne[244].

Das ArbG Neumünster hatte in seiner Entscheidung vom 31.1.1949 darüber zu befinden, unter welchen Voraussetzungen ein Verzicht auf die Rechte aus dem MutterschutzG möglich ist[245]. Zwei schwangere Hausgehilfinnen hatten auf Wunsch ihres Arbeitgebers, eine Erklärung dahingehend unterzeichnet, daß sie sich mit ihrer Kündigung einverstanden erklärten, da im Krankenhaus des Arbeitgebers Sparmaßnahmen durchgeführt werden müßten. Den Klägerinnen war allerdings bei Unterzeichnung das MutterschutzG nicht bekannt[246]. Nach dem ArbG Neumünster steht die unterzeichnete Erklärung der Geltendmachung der Unwirksamkeit der Kündigung nicht entgegen. Nach dem Arbeitsgericht würde man den Mutterschutz auf das empfindlichste beeinträchtigen und die Tragweite des selben in einer den Absichten des Gesetzgebers zuwiderlaufenden Weise einengen, wenn man in dieser Erklärung einen wirksamen Verzicht auf die Rechte aus dem MutterschutzG erblicken wolle[247].

Aus den aufgezeigten Entscheidungen läßt sich damit aber eine deutliche Tendenz der Arbeitsgerichte dahingehend erblicken, schwangere Arbeitnehmerinnen möglichst umfassend während und nach der Schwangerschaft arbeitsrechtlich abzusichern. So gingen die Arbeitsgerichte - abgesehen von der unklaren Entscheidung des LAG Heidelberg - durchgehend von einer Weitergeltung des Gesetzes aus, wobei man in den einzelnen Regelungen des Gesetzes auch kaum eine nationalsozialistische Regelung erblicken kann. Lediglich die "Präambel" des Gesetzes, in der unter anderem die Geburt gesunder Kinder als größte Leistung der deutschen Frau für die Volksgemeinschaft bezeichnet wird, zeigt, aus wessen "Feder" das Gesetz stammt[248]. Die oben beschriebene Tendenz zeigt

---

[243] LAG Bremen vom 12.10.1949, ArbR.i.St. III Ziff. 794.
[244] LAG Bremen vom 12.10.1949, ArbR.i.St. III Ziff. 794.
[245] ArbG Neumünster vom 31.1.1949, ArbR.i.St. III Ziff. 749.
[246] ArbG Neumünster vom 31.1.1949, ArbR.i.St. III Ziff. 749.
[247] ArbG Neumünster vom 31.1.1949, ArbR.i.St. III Ziff. 749.
[248] Vgl. Schell "Das Arbeitsrecht der Westzonen" S. 226, nach dessen Ansicht ein nationalsozialistischer Hintergrund aufgrund der Präambel nicht geleugnet werden könne.

sich aber auch im genannten Urteil des LAG Heidelberg, daß eine Lohnanspruch der schwangeren Frau aus einer extrem weiten Auslegung des § 63 HGB herleitet. Hinsichtlich des Kündigungsschutzes bestand damit aber für schwangere Frauen und für Frauen in den ersten Wochen nach der Entbindung ein gesetzlicher und durchgehend angewandter Kündigungsschutz und damit eine sichere und verläßliche Rechtslage.

4.4.2. Kündigungsschutz der Betriebsratsmitglieder

Im Gegensatz zum Kündigungsschutz für werdende Mütter war die Frage, ob und in welchem Umfange Betriebsratsmitglieder einem besonderen Kündigungsschutz unterliegen, unklar und umstritten.

Mit Kontrollratsgesetz Nr. 22 (Betriebsrätegesetz) vom 10.4.1946 wurde von den Alliierten die Errichtung und Tätigkeit von Betriebsräten in ganz Deutschland gestattet[249]. In KRG Nr. 22 war ein ausdrücklicher Kündigungsschutz für Betriebsräte nicht geregelt, in Art. IX KRG Nr. 22 war lediglich vorgesehen, daß der Arbeitgeber weder die Errichtung von Betriebsräten in seinem Betriebe verhindern, noch deren Tätigkeit stören oder Mitglieder des Betriebsrats benachteiligen darf. Die Frage, ob aus dieser Regelung ein Kündigungsschutz für Betriebsratsmitglieder zu entnehmen ist, wurde von den Arbeitsgerichten unterschiedlich beurteilt.

4.4.2.1. Kündigung nur aus wichtigem Grund

In seiner Entscheidung vom 29.4.1947 versuchte das LAG Frankfurt zunächst aus Art. V Abs. 1 d KRG Nr.22 einen Kündigungsschutz herzuleiten. Nach dieser Vorschrift obliege es dem Betriebsrat, Beschwerden zu untersuchen und mit dem Arbeitgeber zu besprechen. Diesem Verhandlungsrecht des Betriebsrats stehe die Verpflichtung des Arbeitgebers gegenüber, von sich aus an den Betriebsrat zu Besprechungen heranzutreten, weshalb die Kündigung eines Betriebsratsmitglieds unwirksam sei, wenn nicht der Arbeitgeber den Betriebsrat vor dem Ausspruch der Kündigung beigezogen habe[250]. Der Arbeitgeber habe nämlich in einem solchen Fall dem Betriebsrat keine Gelegenheit zur Erörterung gegeben, worin eine Benachteiligung im Sinne von Art. IX KRG Nr. 22 liege. Eine trotzdem erfolgte Kündigung verstoße gegen § 134 BGB und sei deshalb nichtig[251].

---

[249] Kontrollratsgesetz Nr. 22 vom 10.4.1946, ABl. KR. 1946, 133.

[250] LAG Frankfurt a.M. vom 29.4.1947, nach Müller in RdA 1948, 50; Müller selbst hält diesen Ansatz zu Recht für verfehlt.

[251] LAG Frankfurt a.M. vom 29.4.1947, insoweit ArbR.i.St. I Ziff. 45.

Der Versuch des LAG Frankfurt, einen Kündigungsschutz aus Art. V KRG Nr. 22 herzuleiten, wurde - soweit ersichtlich - von anderen Gerichten nicht aufgegriffen und von einem anderen Senat des LAG Frankfurt ausdrücklich abgelehnt[252]. Die Arbeitsgerichte sahen in der Folge durchgehend Art. IX KRG Nr. 22 als einzigen möglichen Anknüpfungspunkt für einen Kündigungsschutz für Betriebsratsmitglider.

In seiner Entscheidung vom 3.5.1947 führte das LAG Frankfurt aus, daß die Bestimmung des KRG Nr. 22, nach der der Arbeitgeber den Betriebsrat nicht stören darf, ganz allgemein gefaßt sei; damit sei jede Störung der Betriebsratstätigkeit untersagt[253]. Dieses führe zu der Folgerung, daß die Kündigung eines Betriebsratsmitglieds verboten sei und damit, falls sie ausgesprochen wird, unwirksam wäre. Durch die Kündigung eines Betriebsratsmitglieds würde damit aber der Betriebsrat als solcher in Mitleidenschaft gezogen. An dieser Störung würde auch das Nachrücken eines Ersatzmitglieds nichts ändern[254]. Eine Störung der Tätigkeit des Betriebsrates würde aber dann nicht vorliegen, wenn der Betriebsrat der Kündigung zustimmt. Mit seiner Zustimmung gebe der Betriebsrat nämlich unwiderleglich zur Kenntnis, daß er in der Kündigung keine Störung seiner Tätigkeit erblickt[255]. Hinsichtlich des Kündigungsschutzes des einzelnen Betriebsratsmitglieds sei aber auch die ebenfalls ganz allgemein gehaltene Bestimmung zu beachten, nach der Arbeitgeber einzelne Betriebsratsmitglieder nicht benachteiligen darf. Auch nach dieser Bestimmung sei eine Kündigung von Betriebsratsmitgliedern allgemein untersagt. Da diese Bestimmung auf den Schutz des einzelnen Betriebsratsmitglieds abstellt, könnte auch eine Zustimmung des Betriebsrats die Kündigung nicht rechtswirksam machen[256]. Auf der anderen Seite gehe es aber nicht an zu sagen, daß die Entlassung eines Betriebsratsmitglieds auch bei Vorliegen eines die fristlose Kündigung rechtfertigenden Grundes unwirksam ist. Insoweit müsse auch das Interesse des Arbeitgebers Berücksichtigung finden[257]. Die Interessenabwägung zeige aber auch, daß die Zustimmung des Betriebsrats nicht Voraussetzung für die Wirksamkeit einer Kündigung sein kann. Es sei jedoch zu fordern, daß der Betriebs-

---

252 Siehe LAG Frankfurt vom 3.5.1947, BB 1947, 202, unter Verweis darauf, daß sich aus dem Wortlaut von Art. V KRG Nr. 22 ergebe, daß die Initiative zu Besprechungen und Untersuchungen ausschließlich beim Betriebsrat liege, während der Arbeitgeber nicht verpflichtet sei, von sich aus an den Betriebsrat heranzutreten.

253 LAG Frankfurt a.M. vom 3.5.1947, BB 1947, 202.

254 LAG Frankfurt a.M. vom 3.5.1947, BB 1947, 202.

255 LAG Frankfurt a.M. vom 3.5.1947, BB 1947, 202.

256 LAG Frankfurt a.M. vom 3.5.1947, BB 1947,202.

257 LAG Frankfurt a.M. vom 3.5.1947, BB 1947, 202.

rat vor der Kündigung angehört wird, wobei eine nachträgliche Anhörung seine vorherige Benachrichtigung nicht ersetzen könne[258].

In einer Entscheidung vom 14.9.1948 faßte das LAG Frankfurt den von ihm aus KRG Nr. 22 entwickelten Kündigungsschutz zusammen und führt aus, daß davon auszugehen sei, daß eine fristgemäße Kündigung ohne Zustimmung des Betriebsrats gegen Art. IX KRG Nr. 22 verstoße, weil die ordentliche Kündigung eines Betriebsratsmitglieds eine Störung des Betriebsrats darstelle, wenn der Betriebsrat nicht mit der Kündigung einverstanden sei und damit zum Ausdruck bringe, daß die Lösung des Vertragsverhältnisses keine Störung sei[259]. Auf dem gleichen Standpunkt stehe auch das hessische Betriebsrätegesetz, in dem in Art. 29 geregelt sei, daß der Arbeitgeber ohne Zustimmung des Betriebsrats nicht ordentlich kündigen könne[260].

Zusammengefaßt ging die Rechtsprechung des LAG Frankfurt damit dahin, daß sowohl eine fristlose als auch eine fristgemäße Kündigung von Betriebsratsmitgliedern grundsätzlich unwirksam ist. Eine fristlose Kündigung ist nach dem LAG Frankfurt aber dann zulässig, wenn ein wichtiger Grund zur Kündigung vorliegt und der Betriebsrat vor Ausspruch der Kündigung angehört wurde. Nach der Entscheidung vom September 1948 geht das LAG wohl davon aus, daß in Ausnahmefällen auch die ordentliche Kündigung eines Betriebsratsmitglieds zulässig sein kann, wofür allerdings zwingend die Zustimmung des Betriebsrats erforderlich sei.

In die Richtung des LAG Frankfurt argumentiert auch das LAG Kiel, nach dem grundsätzlich jede Kündigung eines Betriebsratsmitglieds ohne dessen Einverständnis eine Störung des Betriebsrats darstellt und somit verboten ist[261]. Das Verbot einer Störung beziehe sich zwar lediglich auf die Tätigkeit des Betriebsrats, allerdings würde ein freies Kündigungsrecht dem Arbeitgeber die Möglichkeit geben, auf die Zusammensetzung des Betriebsrats Einfluß zu nehmen und damit mittelbar auch seine Tätigkeit zu beeinflussen, da die Tätigkeit wesentlich von der Zusammensetzung des Betriebsrats abhänge[262]. Aus diesem Grunde wäre auch der Einwand unerheblich, daß das gekündigte Betriebsratsmitglied durch das gewählte Ersatzmitglied ersetzt werde. Eine Störung sei aber dann gerechtfertigt, wenn dem Arbeitgeber die Weiterarbeit des Betriebsratsmitglieds nicht zugemutet werden könne, d.h. wenn ein Kündigungsgrund iSd.

---

[258] LAG Frankfurt a.M. vom 3.5.1947, BB 1947, 202; krit hierzu Becker, DB 1948, 411, der die Entscheidung für inkonsequent hält und meint, daß es nicht einzusehen sei, daß die Wirksamkeit der Kündigung von der vorherigen Anhörung abhängig gemacht werde.
[259] LAG Frankfurt a.M. vom 14.9.1948, RdA 1949, 160.
[260] LAG Frankfurt a.M. vom 14.9.1948, RdA 1949, 160.
[261] LAG Kiel vom 9.2.1949, RdA 1949, 279 (280).
[262] LAG Kiel vom 9.2.1949, RdA 1949, 279 (280).

§ 626 BGB gegeben sei[263]. Das LAG Kiel fordert aber entgegen dem LAG Frankfurt keine Anhörung des Betriebsrats vor der Kündigung[264]. Zunächst könne die bloße Anhörung des Betriebsrats eine Störung keinesfalls ausschließen. Aber auch eine mehrheitliche Zustimmung des Betriebsrats zu einer Kündigung eines seiner Mitglieder könne die Störung nicht ausschließen, weil sich auf diese Weise die Mehrheit des Betriebsrats in Zusammenarbeit mit dem Arbeitgeber eines mißliebigen Vertreters einer Minderheitengruppe entledigen könne. Art. IX KRG Nr. 22 schütze allerdings den Betriebsrat in seiner Gesamtheit als "parlamentarische Vertretung aller Gruppen der Belegschaft". Die Zulässigkeit der Kündigung hänge weder von der Zustimmung noch von der Anhörung des Betriebsrats ab[265]. Eine Störung des Betriebsrats sei nur dann ausgeschlossen, wenn der Betriebsrat einstimmig unter Einschluß des gekündigten Betriebsratsmitglied der Kündigung zustimme[266].

In seiner Entscheidung vom 17.5.1949 führte das LAG Kiel ergänzend aus, daß ein Betriebsratsmitglied, wenn nicht gänzliche fachliche Unfähigkeit, anhaltende erhebliche Schlechtleistung oder andere lediglich in der Person vorliegende Gründe bestehen, erst dann gegen seinen Willen entlassen werden könne, wenn durch die Stillegung des Betriebes oder Unmöglichkeit einer Beschäftigung in einer anderen Betriebsabteilung seine Arbeitskraft für den Betrieb vollständig unverwendbar ist[267].

4.4.2.2. Annahme eines eingeschränkten Kündigungsschutzes

Von den meisten anderen Arbeitsgerichten wurde ein Kündigungsschutz für Betriebsratsmitglieder nur in wesentlich engerem Umfang anerkannt.

Das LAG Hamm ging in seiner Entscheidung vom 16.5.1947 davon aus, daß durch KRG Nr. 22 zwar ein "zusätzlicher Schutz" für Betriebsratsmitglieder

---

[263] LAG Kiel vom 9.2.1949, RdA 1949, 279 (280).

[264] LAG Kiel vom 9.2.1949, RdA 1949, 279 (280); die Auffassung des LAG Kiel entsprach der ganz überwiegenden Auffassung, wobei diese Frage zumeist nicht problematisiert wurde. Die vom LAG Frankfurt geforderte Anhörung wird aber auch vom ArbG Lübeck, ArbR.i.St. IV Ziff. 327, neben einer Zustimmung des Betriebsrats zur Kündigung gefordert.

[265] LAG Kiel vom 9.2.1949, RdA 1949, 279 (280); diese Ansicht vertrat das LAG Kiel schon in seiner Entscheidung vom 8.5.1947, WA 1948 Nr. 131, mit der Begründung, daß eine solche Verpflichtung im KRG Nr. 22 nicht geregelt sei. Der Betriebsrat könne seine Beteiligung nur über den Abschluß einer Betriebsvereinbarung absichern

[266] LAG Kiel vom 9.2.1947, RdA 1949, 279 (280)

[267] LAG Kiel vom 17.5.1949, RdA 1950, 199 (200), in dieser Entscheidung hatte das LAG offen gelassen, ob eine Störung bei Zustimmung des Betriebsrats entfalle und lediglich ausgeführt, daß die Anhörung und Zustimmung des Betriebsratsvorsitzenden nicht ausreiche.

geschaffen werden sollte[268]. Nach dem LAG Hamm erscheine es aber als sicher, daß dieser Schutz nicht generell eine Unkündbarkeit von Betriebsratsmitgliedern bedeute. Dieses folge schon daraus, daß Betriebsratsmitglieder nicht "benachteiligt" werden sollen. Aus diesem Verbot der Benachteiligung folge umgekehrt, daß sie auch keine besonderen Vorteile - wie den der Unkündbarkeit - genießen sollen[269]. Es wäre damit wohl zulässig, ein Betriebsratsmitglied zu kündigen, welches einer Arbeitnehmergruppe angehört, in der alle Arbeitnehmer gekündigt werden, sowie eine Einzelkündigung eines Betriebsratsmitglieds, wenn besonders triftige Gründe für die Kündigung vorliegen. Es stünde aber außer Frage, daß gemäß Art. IX KRG Nr. 22 in Verbindung mit § 134 BGB jede Kündigung unzulässig sei, die gegen einen Arbeitnehmer gerichtet würde, weil er Betriebsratsmitglied ist[270].

In einer weiteren Entscheidung vom 21.8.1947 lehnt das LAG Hamm die Ansicht, nach der einem Betriebsratsmitglied nur gekündigt werden könne, wenn die Kündigung zwingend notwendig sei, ausdrücklich ab[271]. Aus dem Gesetz lasse sich weder diese Forderung, noch die Notwendigkeit einer Zustimmung des Betriebsrats vor der Kündigung ableiten[272]. Nach dem LAG Hamm sei es aber zu fordern, daß sich der Arbeitgeber vor der Entlassung des Betriebsratsmitglieds mit dem Betriebsrat in Verbindung setze[273].

Auch das LAG Düsseldorf sah in einer Entscheidung vom November 1947 durch KRG Nr. 22 nur einen eingeschränkten Kündigungsschutz für Betriebsratsmitglieder begründet. Es erläutert, daß die Kündigung eines Betriebsratsmitglieds nur dann gegen KRG Nr. 22 verstoße, wenn die Kündigung in ursächlichem Zusammenhang mit einer gesetz- und rechtmäßigen Tätigkeit des Gekündigten als Betriebsratsmitglied steht und nur deshalb erfolgt, weil dem Arbeitgeber die Tätigkeit des Gekündigten als Betriebsratsmitglied nicht gefalle[274]. Zur Auslegung von arbeitsrechtlichen Normen äußert das Gericht noch die Auffassung, daß alle Normen im Geist des vornationalistischen Arbeitsrechts auszulegen sind, da man nicht davon ausgehen könne, daß der Gesetzgeber nach 1945 hinter der sozialpolitischen Entwicklung bis 1933 zurückstehen wolle. Zur

---

[268] LAG Hamm vom 16.5.1947, ArbR.i.St. I Ziff. 44.

[269] LAG Hamm vom 16.5.1947, ArbR.i.St. I Ziff. 44; so auch ArbG Rendsburg vom 3.3.1948, ArbR.i.St. I Ziff. 529, unter ausdrücklicher Ablehnung der Entscheidung des LAG Frankfurt vom 3.5.1947.

[270] LAG Hamm vom 16.5.1947, ArbR.i.St. I Ziff. 44; den Erwägungen des LAG Hamm schließt sich das LAG Düsseldorf in einer Entscheidung vom 26.11.1948, RdA 1949, 158 f, unter zum Teil wörtlicher Wiedergabe an.

[271] LAG Hamm vom 21.8.1947, WA 1948 Nr. 34.

[272] LAG Hamm vom 21.8.1947, WA 1948 Nr. 34.

[273] LAG Hamm vom 21.8.1947, WA 1948 Nr. 34; aus der Entscheidung ergibt sich nicht, ob eine Nichtanhörung des Betriebsrats zwingend zur Nichtigkeit der Kündigung führen soll.

[274] LAG Düsseldorf vom 26.11.1947, WA 1948 Nr. 90.

Auslegung des aktuellen Rechts seien deshalb jeweils die Normen des BRG vom 4.2.1920 heranzuziehen[275].

Auch in seinem Urteil vom 26.11.1948 verblieb das LAG Düsseldorf bei seiner Ansicht, daß Art. IX KRG Nr. 22 den Betriebsratsmitgliedern einen gewissen Kündigungsschutz gewährt, daß dieser Schutz aber keineswegs zur Unkündbarkeit der Betriebsratsmitglieder führt und auch eine ordentliche Kündigung nicht ausschließt[276]. In dem vom LAG Düsseldorf zu entscheidenden Fall hatte sich der Arbeitgeber nach Ausspruch einer fristlosen Kündigung wegen Arbeitsverweigerung mit einer Weiterbeschäftigung des klagenden Betriebsratsvorsitzenden einverstanden erklärt, wenn er sein Amt als Betriebsratsvorsitzender aufgebe, wobei er aber im Betriebsrat verbleiben dürfe. Das LAG Düsseldorf führt insoweit aus, daß ein Verstoß gegen Art. IX KRG Nr. 22 nicht vorliege, da der Kläger im Betriebsrat habe verbleiben dürfen. Außerdem sei dem Arbeitnehmer in seiner Eigenschaft als Arbeitnehmer fristlos gekündigt worden, weil er sich einer Arbeitsverweigerung schuldig gemacht habe; nicht aber, weil er sich in seiner Tätigkeit als Betriebsratsvorsitzender irgend etwas hätte zuschulden kommen lassen[277].
Die Ausführungen des LAG Düsseldorf zur Bedingung können nicht überzeugen. Das Angebot des Arbeitgebers, der Kläger könne im Betrieb verbleiben, belegt deutlich, daß der Arbeitgeber auf die Zusammensetzung des Betriebsrats Einfluß nehmen wollte und ist ein deutliches Anzeichen dafür, daß es dem Arbeitgeber bei der Kündigung wohl vor allem darum ging, den Kläger als Betriebsratsvorsitzenden "loszuwerden"[278].

Auch das ArbG Osnabrück sah in der Regelung des Art IX KRG Nr. 22 nur einen eingeschränkten Kündigungsschutz. Der Arbeitnehmer müsse, um sich auf den Kündigungsschutz dieser Regelung berufen zu können, beweisen, daß beim Arbeitgeber die Eigenschaft des Klägers als Betriebsratsvorsitzender bestimmend oder doch mitbestimmend für die Kündigung gewesen sei. Dem Beklagten habe aber im konkreten Fall nicht widerlegt werden können, daß er sein Personal wegen Mangels an Aufträgen habe kündigen müssen[279].

---

[275] LAG Düsseldorf vom 26.11.1947, WA 1948 Nr. 90; so auch LAG Hamburg vom 20.11.1948, SAE 1949, wo das Gericht die Ansicht vertritt, daß zur Auslegung von Art. IX KRG Nr.22 die Erwägungen herangezogen werden können, die in Rechtsprechung und Lehre zur Auslegung von § 95 BRG bestimmend waren.

[276] LAG Düsseldorf vom 26.11.1948, RdA 1949, 158 f.

[277] LAG Düsseldorf vom 26.11.1948, RdA 1949, 158 (159).

[278] So auch Molitor RdA 1949, 159; der darauf hinweist, daß die Arbeitsverweigerung wohl in der Funktion als Betriebsratsvorsitzender begangen wurde und die Ansicht vertritt, daß eine Kündigung auch schon dann gegen Art. IX KRG Nr. 22 verstoße, wenn sie wegen einer Tätigkeit als Betriebsrat erfolge.

[279] ArbG Osnabrück vom 15.11.1948, WA 1949 Nr. 143.

In diese Richtung argumentierte auch das ArbG Stade. Nach dem ArbG Stade enthielt Art. IX KRG Nr. 22 kein generelles Kündigungsverbot für Betriebsratsmitglieder, da die Kündigung allein keine Störung des Betriebsrats darstelle[280]. Jedem Arbeitnehmer, auch einem Betriebsratsmitglied könne gekündigt werden, wenn ausreichende, stichhaltige Gründe hierzu zwängen. Allerdings müsse man vom Arbeitgeber verlangen, daß er, wenn er vor die Wahl gestellt sei, welchen von mehreren Arbeitnehmern er entlassen solle, dann nicht das Betriebsratsmitglied wählt, da dieses im Betrieb ein besonderes Vertrauen aller genieße[281].

4.4.2.3. Zustimmung des Betriebsrats als wichtiges Kriterium

Das LAG Bremen nahm in diesem Punkt einen Mittelweg zwischen der Rechtsprechung des LAG Frankfurt und der genannten abweichenden Rechtsprechung an.

Das LAG Bremen ging davon aus, daß durch Art. IX KRG Nr. 22 ein doppelter Kündigungsschutz begründet werde, einmal der Schutz des einzelnen Betriebsratsmitglieds gegen eine persönliche Beeinträchtigung und zum anderen der Schutz des Betriebsrats selbst gegen seine Beeinträchtigung[282]. Die Kündigung eines Betriebsratsmitglieds bedeute immer eine Hemmung und Erschwerung der Betriebsratstätigkeit. Man müsse ein Störung der Betriebsratstätigkeit deshalb grundsätzlich solange annehmen, wie der Betriebsrat der Kündigung nicht zustimmt. Zwar fordere das Gesetz keine Zustimmung des Betriebsrats, allerdings könne aus der Zustimmungsverweigerung gefolgert werden, daß der Betriebsrat selbst die Kündigung als eine Störung seine Tätigkeit auffaßt. Dieses könne zwar für die Entscheidung des Gerichts nicht allein maßgebend sein, es bestehe aber eine Vermutung dafür, daß eine Störung der Betriebsratstätigkeit vorliege, wenn der Betriebsrat einer Kündigung nicht zustimme[283]. In einem solchen Fall müsse vom Arbeitgeber im Einzelfall nachgewiesen werden, daß weder die sachliche Tätigkeit des Betriebsrats durch das Ausscheiden des gekündigten Arbeitnehmers unmittelbar beeinträchtigt werde, noch eine Beeinträchtigung des Betriebsrats mittelbar dadurch eintritt, daß sich deren Mitglieder beim Eintreten für die Belegschaft gehemmt fühlen[284]. Im Einzelfall müsse deshalb eine "scharfe Prüfung" erfolgen, wenn der Betriebsrat der Kündigung nicht zustim-

---

[280] ArbG Stade vom 28.8.1948. ArbR.i.St. I Ziff. II 259.
[281] ArbG Stade vom 28.8.1948. ArbR.i.St. I Ziff. II 259.
[282] LAG Bremen vom 29.10.1947, RdA 1948, 153.
[283] LAG Bremen vom 29.10.1947, RdA 1948, 153.
[284] LAG Bremen vom 29.10.1947, RdA 1948, 153.

me und ein wichtiger Grund zur fristlosen Kündigung des Betriebsratsmitglieds nicht bestehe[285].

Das LAG Bremen sprach sowohl in seiner Entscheidung vom 29.10.1947 als auch in seiner Entscheidung vom 16.4.1948 der Zustimmung des Betriebsrats hinsichtlich der Wirksamkeit der Kündigung eines Betriebsratsmitglieds einen ganz erheblichen Stellenwert zu. Aus beiden Entscheidungen ging aber hervor, daß die Zustimmung durchaus auch erst nach Ausspruch der Kündigung erfolgen kann. Im Gegensatz zum LAG Frankfurt wird vor Ausspruch der Kündigung noch nicht einmal die Anhörung des Betriebsrats gefordert.

Auch die Rechtsprechung des LAG Hamburg nahm einen relativ weitgehenden Kündigungsschutz für Betriebsratsmitglieder an, ließ aber unter bestimmten Voraussetzungen auch eine Kündigung ohne wichtigen Grund iSd. § 626 BGB zu.

Das LAG Hamburg führte in einer Entscheidung vom Mai 1948 aus, daß Einmütigkeit darüber bestehe, daß entsprechend dem BRG von 1920 die Kündigung eines Betriebsratsmitglieds zulässig sein müsse und nicht als Störung angesehen werden könne, wenn der Betriebsrat zustimme und damit zum Ausdruck bringe, daß eine Störung des Betriebsrats durch diese Maßnahme nicht vorliege[286].

In einer späteren Entscheidung vom 8.7.1949 erklärt das LAG Hamburg, daß es sicher sei, daß eine Kündigung eines Betriebsratsmitglieds objektiv immer geeignet ist, die Tätigkeit des Betriebsrats zu stören[287]. Aus diesem Grunde bräuchte aber nicht jede Kündigung des Arbeitgebers gegen ein Betriebsratsmitglied ohne dessen Einverständnis als eine Störung oder Benachteiligung aufgefaßt zu werden. Eine im Betriebsinteresse erfolgte Kündigung gegenüber einem nicht ausreichend qualifizierten Betriebsratsmitglied könnte im Einzelfall

---

[285] LAG Bremen vom 29.10.1947, RdA 1948, 153 (154), siehe auch Urteil des LAG Bremen vom 16.4.1948, SJZ 1948, Sp. 467 (468 f), in dem die genannte Entscheidung im vollem Umfang bestätigt wird. Im Urteil vom 1.9.1948, RdA 1948, 195 (196), fordert das LAG Bremen auch bei "Nicht- Betriebsratsmitgliedern" eine besonders sorgfältige Überprüfung der Kündigung, wenn der Betriebsrat der Kündigung widersprochen hat.

[286] LAG Hamburg vom 11.5.1949, WA 1949 Nr. 210, die vom LAG Hamburg angenommene Einhelligkeit bestand nicht, siehe LAG Bremen vom 9.2.1949, RdA 1949, 279 (280), wo eine Störung nur abgelehnt wird, wenn einstimmig unter Einschluß des betroffenen Betriebsratsmitglied zugestimmt wird; LAG Frankfurt vom 3.5.1947, zit. bei Müller RdA 1948, 50 (51), nach dem auch bei einer Zustimmung die Kündigung gegen das Benachteiligungsverbot des Art. IX KRG Nr. 22 verstoßen kann; und LAG Kiel vom 24.11.1949, nach dem eine Störung vorliegt, wenn sachliche Gründe für die Kündigung nicht gegeben sind. Das LAG Hamburg geht auf die Frage, ob die Kündigung trotz Zustimmung des Betriebsrats gegen § 242 BGB verstoßen kann, nicht ein.

[287] LAG Hamburg vom 8.7.1949, BABl. 1950, 265.

gerechtfertigt sein[288]. Im folgenden ließ das LAG Hamburg offen, ob die Schutzvorschrift des Art. IX KRG Nr. 22 weit oder eng auszulegen und in welcher Art und Weise der Betriebsrat vor einer Kündigung zu beteiligen sei. Zumindest bei einer Kündigung von zwei der im Betrieb vorhandenen drei Betriebsratsmitglieder bestehe ein Anschein dafür, daß der Arbeitgeber die Tätigkeit des Betriebsrats habe stören und die Kläger habe benachteiligen wollen. Dieser Anschein habe aber vom Arbeitgeber nicht ausreichend entkräftet werden können[289].

4.4.2.4. Die weitere Entwicklung

Ab Anfang 1949 kann man aber davon sprechen, daß die überwiegende Rechtsprechung in der britischen Zone einen weitgehenden Kündigungsschutz für Betriebsratsmitglieder annahm und in einer Kündigung im Grundsatz immer eine Störung der Betriebsratstätigkeit sah[290]. Einige Arbeitsgerichte, die in frühen Entscheidungen der Bestimmung des Art. IX KRG Nr. 22 nur einen eingeschränkten Kündigungsschutz für Betriebsratsmitglieder entnahmen, vertraten später die Auffassung, daß eine ordentliche Kündigung eines Betriebsratsmitglieds grundsätzlich unzulässig ist.

Genannt sei insoweit das LAG Düsseldorf, welches in einer Entscheidung vom März 1950, entgegen seiner oben genannten Entscheidung aus 1947, aus Art. IX KRG Nr. 22 einen sehr weitgehenden Kündigungsschutz ableitete[291].
Das LAG Düsseldorf führte in seinem Urteil aus, die Auslegung und Anwendung von Art IX müsse angesichts der anerkannten Unvollkommenheit des KRG Nr.22 nicht zuletzt unter dem Gesichtspunkt erfolgen, daß der Schutz der Betriebsratsmitglieder nicht schlechter sein dürfe, als der Schutz der Betriebsratsmitglieder nach dem früheren BRG bzw. der Schutz, den die Mitglieder des Vertrauensrates nach dem AOG genossen[292]. Etwas anderes könne nur dann gelten, wenn sich aus den Bestimmungen des KRG Nr. 22 unmittelbar und zwingend eine solche Verschlechterung ergebe. Es könne nämlich weder angenommen werden, daß der Gesetzgeber nach 1945 generell und bewußt im Hinblick auf den Kündigungsschutz ein schlechteres Betriebsräterecht schaffen wollte als vor 1933, noch könne angenommen werden, daß die Mitglieder einer demokratischen Institution generell schlechter stehen sollten als die nationalsozialistischen Vertrauensräte. Aus diesem Gedankengang heraus könne für das heutige Recht sowohl das alte BRG als auch unter Einschränkungen das AOG

---

[288] LAG Hamburg vom 8.7.1949, BABl. 1950, 265.
[289] LAG Hamburg vom 8.7.1949, BABl. 1950, 265.
[290] Siehe z.B. ArbG Heidelberg vom 20.10.49, ArbR.i.St. IV Ziff.325; LAG Kiel vom 24.12.1949, ArbR.i.St. IV Ziff. 171; LAG Stuttgart vom 2.12.1949, ArbR.i.St. IV Ziff. 172; ArbG Göttingen vom 17.2.1949, WA 1949 Nr.103.
[291] LAG Düsseldorf vom 17.3.1950, RdA 1950, 472 f.
[292] LAG Düsseldorf vom 17.3.1950, RdA 1950, 472 (473).

als Rechtserkenntnisquelle herangezogen werden[293]. Aus diesem Grunde müsse in jeder Kündigung eines Betriebsratsmitglieds eine rechtswidrige Störung der Tätigkeit des Betriebsrats mit der Folge gesehen werden, daß die Kündigung wegen Verstoßes gegen Art. IX KRG Nr. 22 nichtig sei. Nur dann könne von einer rechtswidrigen Störung nicht gesprochen werden, wenn der Arbeitgeber einen wichtigen Grund zu Kündigung habe. In diesem Fall dürfe er unabhängig von einer Stellungnahme des Betriebsrats eine fristlose Kündigung aussprechen. Zwar erweitere diese Ansicht den Kündigungsschutz gegenüber dem alten BRG, nach dem einem Mitglied des Betriebsrates mit Zustimmung des Betriebsrats auch ordentlich gekündigt werden könne, allerdings müsse berücksichtigt werden, daß nach dem AOG eine Kündigung gegenüber einem Vertrauensrat grundsätzlich unwirksam gewesen sei, wenn kein wichtiger Grund iSd. § 626 BGB für ein fristlose Kündigung vorgelegen habe. Es sei auch nicht einzusehen, warum Art. IX KRG Nr. 22 nicht eine Auslegung gegeben werden sollte, die die Fortschritte des deutschen Arbeitsrechts hinsichtlich des Schutzes der Mitglieder von Organen zur Vertretung der Arbeitnehmerinteressen innerhalb eines Betriebes gegenüber Kündigungen berücksichtige[294]. Hinsichtlich der Kündigungsgründe für eine fristlose Kündigung müsse hier § 124 a GewO angewandt werden,. Zwar sei unklar, ob eine längere als eine zweiwöchige Kündigungsfrist vereinbart wurde, allerdings müsse § 124 a GewO auch auf solche Arbeitsverhältnisse angewandt werden, die überhaupt nicht ordentlich kündbar sind[295]. In der Folge erweiterte das Gericht dann den für Betriebsratsmitglieder entwickelten Kündigungsschutz auch auf den hier gekündigten Betriebsobmann. Zur Begründung führte das Gericht aus, daß in kleineren Betrieben wie zur Zeit der Geltung des alten BRG Betriebsobmänner gewählt würden, die im wesentlichen die Aufgaben eines Betriebsrats wahrnehmen würden. Der Betriebsobmann sei damit aber dem Betriebsrat ebenso gleichzustellen, wie er nach dem alten BRG den Betriebsräten gleichgestellt war (§ 98 BRG)[296].

Die Entscheidung des LAG Düsseldorf kann unabhängig vom gefundenen Ergebnis nicht überzeugen. Die Begründung des Kündigungsschutzes leitete das LAG Düsseldorf daraus ab, daß ein solcher Kündigungsschutz unter dem alten BRG bestanden habe und auch die Vertrauensmänner unter Geltung des AOG Kündigungsschutz genossen hätten. Der Kündigungsschutz nun nicht schlechter sein dürfe. Diese Argumentation kann schon deshalb nicht überzeugen, weil die Betriebsräte auf einer neuen Gesetzesgrundlage beruhen und jegliche Begrün-

---

[293] LAG Düsseldorf vom 17.3.1950, RdA 1950, 472 (473).

[294] LAG Düsseldorf vom 17.3.1950, RdA 1950, 472 (473).

[295] LAG Düsseldorf vom 17.3.1950, RdA 1950, 472 (473), nach §§ 123, 124 GewO konnten Gesellen und Gehilfen nur unter bestimmten Voraussetzungen fristlos gekündigt werden. Die Anwendung des § 124 a GewO in diesen Fällen entsprach der h.M., siehe nur Nipperdey BB 1950, 398 f; Dietz NJW 1951, 941 (943); a.A aber LAG Stuttgart vom 2.12.1948, ArbR.i.St. IV Ziff. 172.

[296] LAG Düsseldorf vom 17.3.1950, RdA 1950, 472 (474).

dung für die Annahme fehlt, daß dieses neue Recht grundsätzlich "arbeitnehmerfreundlicher" sein müsse. Es mag möglich sein, in einzelnen Auslegungsfragen auf die Rechtsprechung zum alten BRG zurückzugreifen, es kann aber nicht angehen, aus dem früheren Recht den gesamten Kündigungsschutz zu übernehmen, für den im KRG Nr. 22 keine ausdrückliche Regelung enthalten ist. Die im Urteil herangezogenen Analogie zum Kündigungsschutz für Vertrauensräte nach dem AOG kann noch weniger überzeugen, denn hier wird eine Gleichwertigkeit zwischen Vertrauensrat und Betriebsrat vorausgesetzt, die nicht gegeben war[297]. Dieses ergibt sich schon daraus, daß der Vertrauensrat keine echten Kompetenzen besaß und darüber hinaus nicht in einem demokratischen Verfahren gewählt wurde, da gemäß § 9 AOG die Wahlliste vom "Führer des Betriebes" im Einvernehmen mit dem Obmann der Nationalsozialistischen Betriebszellenorganisation aufgestellt wurde.

Die vom LAG Düsseldorf angenommene Analogie zum AOG wurde, soweit ersichtlich, auch von keinem anderen Gericht angenommen. Im Ergebnis entsprach die Entscheidung aber der wohl h.M in der Rechtsprechung nach 1949, nach der einem Betriebsratsmitglied grundsätzlich nur aus wichtigem Grund gekündigt werden kann.

Eine wirklich einheitliche Beurteilung des Kündigungsschutzes für Betriebsratsmitglieder wurde in der Rechtsprechung aber bis zur Einführung einer gesetzlichen Regelung nicht erzielt. So hielt etwa das LAG Hamburg abweichend von der gerade beschriebenen herrschenden Meinung eine ordentliche Kündigung von Betriebsratsmitgliedern bei Vorliegen bestimmter Voraussetzungen für möglich. Auch die Frage, ob die Zustimmung des Betriebsrats zur Kündigung eine Störung ausschießt, wurde von den Gerichten unterschiedlich beurteilt.

4.4.2.5. Die in der Literatur vertretenen Auffassungen

Die Frage eines Kündigungsschutzes für Betriebsratsmitglieder war auch in der Literatur der damaligen Zeit umstritten.

Wollenberger etwa vermag aus Art. IX KRG Nr. 22 vom Grundsatz her nur einen eingeschränkten Kündigungsschutz herzuleiten[298]. Er untersucht die Verbotstatbestände des Art. IX KRG Nr. 22 einzeln unter Zugrundelegung des englischen Wortlauts der Vorschrift. Insoweit stellt er fest, daß der Begriff des Stö-

---

[297] Siehe Mansfeld/Pohl/Steinmann/Krause Komm. zum AOG § 5 Nr.4, dort wird ausgeführt, daß der Vertrauensrat etwas grundsätzlich anderes als der Betriebsrat sei; vgl. auch Hueck/Nipperdey/Dietz Komm. zum AOG (2. Auflage) Vorbem. §§ 56 ff Rdnr. 1, wo ausgeführt wird, daß der Vertrauensrat offenbar nicht geeignet sei, die Berechtigung einer Kündigung zu überprüfen.

[298] Wollenberger ArbBl, d. brit. Zone 1948, 109 ff.

rens eine schlechte Übersetzung des englischen Begriffs "interfere" sei. Interfere bedeute wörtlich "sich befassen" und im negativen Sinne "einmischen", "stören" oder "einwirken". Die wörtliche Übersetzung der Vorschrift besage damit aber lediglich, daß die störende Einmischung des Arbeitgebers in die Amtsverrichtungen des Betriebsrats untersagt sei[299]. Daraus könne aber nicht gefolgert werden, daß der Betriebsrat als solcher vor Benachteiligungen durch den Arbeitgeber geschützt sei. Die Vorschrift schütze insoweit eindeutig nur die Amtstätigkeit des Betriebsrats und nicht seine Zusammensetzung. Die Kündigung eines Betriebsratsmitglieds könne aber nicht als eine Einmischung in die Amtstätigkeit angesehen werden. Ein Kündigungsschutz könne damit aber lediglich aus der Benachteiligungsalternative hergeleitet werden[300]. Aus dieser Alternative von Art. IX KRG Nr. 22 ergebe sich das Verbot der unterschiedlichen Behandlung von Betriebsratsmitgliedern und anderen Arbeitnehmern. Dem Gesetzestext ließe sich damit aber kein generelles Kündigungsverbot entnehmen, sondern lediglich eine Einschränkung mit der Maßgabe, daß die ausgesprochene Kündigung dann unzulässig und nichtig ist, wenn sie sich in ihrer konkreten Ausübung als eine benachteiligende Unterscheidung des Betriebsratsmitglieds erweist[301]. Diesen deutlich eingeschränkten Kündigungsschutz erweitert Wollenberger dann aber in der Erörterung der Anwendung des Grundsatzes auf einzelne Kündigungen. So führt Wollenberger aus, wenn man ein gewisses Maß sozialer Begründetheit für eine Kündigung fordere, so müßten die Anforderungen, die an die Kündigung eines Betriebsratsmitglied zu stellen sind, von vorne herein größer bemessen sein, da für die soziale Aufgabenstellung des Betriebsrats auch vom Arbeitgeber Verständnis erwartet werden könne. Weiter nimmt Wollenberger eine Art Anscheinsbeweis dafür vor, daß die Kündigung eine Benachteiligung darstellt. Es obliege nämlich dem Arbeitgeber darzutun, welche Gründe ihn bewogen haben, mit einer Kündigung gerade gegen ein Mitglied des Betriebsrats hervorzutreten. Wenn der Arbeitgeber nicht in der Lage sei, eine ausreichende, sowohl betriebliche als auch soziale Erwägungen berücksichtigende Motivierung darzulegen, so könne man annehmen, daß eine benachteiligende Unterscheidung vorliege[302].

Der Ansicht von Wollenberger widerspricht unter anderem Müller, nach dessen Ansicht ein Kündigungsschutz in erster Linie aus dem Störungsverbot abzuleiten sei[303]. Es werde übersehen, daß Amtshandlungen immer nur von konkreten menschlichen Personen aus ihrer Persönlichkeit heraus getätigt würden. Der Betriebsrat stelle sich als ein Gremium solcher Persönlichkeiten dar, weshalb eine Veränderung der Zusammensetzung immer auch die Amtstätigkeit betref-

---

[299] Wollenberger ArbBl, d. brit. Zone 1948, 109 (110).
[300] Wollenberger ArbBl, d. brit. Zone 1948, 109 (111).
[301] Wollenberger ArbBl, d. brit. Zone 1948, 109 (111).
[302] Wollenberger ArbBl, d. brit. Zone 1948, 109 (112).
[303] Müller RdA 1948, 50 ff.

fe[304]. Aus diesen Gründen heraus stelle aber die Kündigung eines Betriebsratsmitglieds stets eine Störung des Betriebsrats dar. Müller führt weiter aus, daß Wollenberger insoweit zuzustimmen sei, daß aus dem Benachteiligungsverbot kein weitreichender Kündigungsschutz abgeleitet werden könne[305].

Auch Nipperdey vertrat die Ansicht, daß die Kündigung eines Betriebsratsmitglieds grundsätzlich gegen das Störungsverbot des Art. IX KRG Nr. 22 verstoße, wobei sich Nipperdey in der Begründung seiner Ansicht auf das Urteil des LAG Kiel vom 9.2.1949 beruft[306].

Nach Bührig stellt die Kündigung eines Betriebsratsmitglieds immer eine Störung der Tätigkeit des Betriebsrats dar, wobei diese Störung aber gerechtfertigt sein kann, wenn die Kündigungsgründe erheblich genug sind[307]. Nach seiner Ansicht bringt die Zustimmung des Betriebsrats zum Ausdruck, daß der Betriebsrat die Störung nicht für erheblich hält oder sie durch die für die Kündigung angeführten Gründe für gerechtfertigt erachtet. Die Zustimmung des Betriebsrats entbinde das Arbeitsgericht aber nicht von der Verpflichtung zur eigenen Prüfung des Sachverhalts[308].

4.4.2.6. Eigene Stellungnahme

Eine einheitliche Beurteilung der Rechtsprechung zur Frage des Kündigungsschutzes für Betriebsratsmitglieder ist kaum möglich. Es läßt sich feststellen, daß die ganz überwiegende Rechtsprechung ein Bedürfnis für die Herleitung eines möglichst weitgehenden Kündigungsschutzes sah. Die Rechtsprechung erkannte auch, daß das Verbot der Benachteiligung gegenüber anderen Arbeitnehmern nur einen sehr eingeschränkten Schutz geben kann. Der Schluß des LAG Hamm, daß aus dem Verbot der Benachteiligung auch gefolgert werden könne, daß eine Bevorzugung nicht erfolgen soll, erscheint durchaus nachvollziehbar. Die überwiegende Zahl der Entscheidungen leitet einen Kündigungsschutz dementsprechend auch über das Störungsverbot her. Die Annahme eines Kündigungsschutzes über das Störungsverbot bedeutet allerdings ohne Zweifel eine "Strapazierung" des Wortlauts von Art. IX KRG Nr. 22, dürfte aber mit dem Wortlaut noch zu vereinbaren sein.

---

304 Müller RdA 1948, 50 (53); in diese Richtung auch LAG Kiel vom 9.2.1949, RdA 1949, 279 (280), unter ausdrücklicher Ablehnung der Ansicht von Wollenberger.
305 Müller RdA 1948, 50 (52, 54).
306 Nipperdey BB 1950, 398 (399).
307 Bührig RdA 1949, 169; RdA 1950, 200.
308 Bührig RdA 1950, 200.

Hinsichtlich der Herleitung des Kündigungsschutzes überzeugt insbesondere die Rechtsprechung des LAG Kiel[309]. Die Annahme des LAG Kiel, daß eine Störung auch dann vorliegen kann, wenn der Betriebsrat zustimmt, erscheint aber als zweifelhaft, da das Störungsverbot nach dem Wortlaut der Vorschrift eindeutig kollektiv zu verstehen ist. Insoweit unterscheidet das LAG Frankfurt zutreffend zwischen dem kollektiven Tatbestand des Störungsverbots und dem individuell ausgerichteten Benachteiligungsverbot.

4.4.2.7. Überblick über die gesetzlichen Regelungen in der amerikanischen und französischen Zone

In der amerikanischen und französischen Zone wurde in Landesgesetzen häufig ein Kündigungsschutz für Betriebsratsmitglieder festgeschrieben[310], während es in der britischen Zone lediglich bei der Regelung im KRG Nr. 22 blieb. In den genannten Regelungen war festgehalten, daß einem Mitglied des Betriebsrats nur mit Zustimmung des Betriebsrats gekündigt werden kann, wobei allerdings mit Ausnahme der in Hessen geltenden Regelung die Zustimmung des Betriebsrats grundsätzlich durch das Arbeitsgericht ersetzt werden konnte. In allen gesetzlichen Regelungen war die Zustimmung des Betriebsrates bei einer fristlosen Kündigung aus wichtigem Grund und bei vollständiger Betriebsstillegung nicht erforderlich. Während die meisten Gesetze hierbei von einer grundsätzlichen Kündbarkeit von Betriebsratsmitgliedern bei Vorliegen der Zustimmung des Betriebsrats ausgingen, beschritten die Länder Bremen und Rheinland-Pfalz den gesetzestechnisch umgekehrten Weg, indem hier im Grundsatz von einer Unkündbarkeit von Betriebsratsmitgliedern ausgegangen und nur in bestimmten Fällen eine Kündigung für zulässig erachtet wurde[311].

4.4.2.8. § 13 Kündigungsschutzgesetz 1951

Ein einheitlicher Kündigungsschutz für Betriebsratsmitglieder wurde in der Folge durch § 13 KSchG 1951 eingeführt[312]. Nach dieser Regelung war die Kündigung eines Betriebsratsmitglieds grundsätzlich unzulässig, wenn nicht ein Grund zur fristlosen Kündigung vorlag oder der Betrieb stillgelegt werden mußte[313].

---

[309] Siehe insbesondere LAG Kiel vom 9.2.1949, RdA 1949, 279 f; auch Nipperdey, BB 1950, 398 (399), spricht mit Blick auf die Rechtsprechung des LAG Kiel von der "besten Begründung" eines Kündigungsschutzes für Betriebsratsmitglieder.

[310] Vgl. z.B. § 29 BRG Hessen; Art. 15 KSchG Bayern; §§ 59 ff. BRVO Rheinland-Pfalz über die Errichtung und Tätigkeiten von Betriebsräten.

[311] Vgl. § 28 II BRG Bremen, § 59 BRVO Rheinland-Pfalz.

[312] BGBl. 1951 I S. 499 ff.

[313] Zur Entwicklung des Gesetzes siehe Schell "Das Arbeitsrecht der Westzonen" S. 245 ff; zur gesetzlichen Regelung Dietz NJW 1951, 941 ff.

4.4.3. Kündigungsschutz für Schwerbeschädigte

Für Schwerbeschädigte war ein Kündigungsschutz schon durch das Gesetz über die Beschäftigung Schwerbeschädigter vom 12.1.1923 geschaffen worden[314]. Gemäß § 13 I SchwerbeschädigtenG war die Kündigung eines Schwerbeschädigten nur mit Zustimmung der Hauptfürsorgestelle möglich. Weiterhin galt eine mindestens vierwöchige Kündigungsfrist. In den §§ 14 - 16 war geregelt, wann die Hauptfürsorgestelle ihre Zustimmung zu erteilen hatte. Eine fristlose Kündigung war allerdings auch ohne die Zustimmung möglich, es sei denn die Schwerbeschädigung beruht auf einer Kriegsverletzung.

Das Schwerbeschädigtengesetz galt unzweifelhaft auch nach der Kapitulation weiter, wobei die Weitergeltung auch von den Besatzungszonen nicht in Frage gestellt wurde. Zu diesem Bereich möchte ich nur auf eine Entscheidung des Arbeitsgerichts Emden und eine Entscheidung des Arbeitsgericht Göttingen eingehen.

Das ArbG Emden hatte in seiner Entscheidung vom 6.2.1948 darüber zu befinden, ob die Zustimmung der Hauptfürsorgestelle für die Kündigung eines Schwerversehrten notwendig war[315]. Der klagende Arbeitnehmer war nach seinem Rentenbescheid zu 50 % erwerbseingeschränkt, wobei die Festsetzung erst nach der Kündigung erfolgte. Der Kläger erhielt nach der geltenden Fürsorgeanordnung allerdings keine Versehrtenrente, weil er freiwillig der Waffen-SS angehörte. Das ArbG Emden hielt eine Beteiligung nicht für notwendig[316]. Zum einen sei der Kläger kein Schwerbeschädigter im Sinne des Gesetzes. In § 3 Schwerbeschädigtengesetz sei definiert, daß nur die Deutschen als Schwerbeschädigte gelten, die Anspruch auf eine Pension oder Rente wegen ihrer Erwerbsminderung hätten. Der Kläger habe allerdings keinen Anspruch auf eine Rente, weshalb er auch nicht als Schwerbeschädigter gelte. Zwar liege hier eine Lücke im Gesetz vor, die der frühere Gesetzgeber nicht habe sehen können. Diese Lücke könne allerdings nicht vom Arbeitsgericht geschlossen werden, sondern sei einer Gesetzesneufassung vorbehalten[317]. Weiterhin sei die Zustimmung zur Kündigung auch nur dann notwendig, wenn die Schwerbeschädigteneigenschaft schon zum Zeitpunkt der Kündigung festgelegt sei. Der entsprechende Bescheid sei hier aber erst nach der Kündigung erstellt worden,

---

[314] RGBl I 1923, 58; vor 1945 zuletzt geändert durch Notverordnung vom 8.12.1931 (RGBl I S.725); die folgenden Ausführungen gehen vom Gesetz in dieser Fassung aus.
[315] ArbG Emden vom 6.2.1948, ArbR. Entscheidungen 1948 Nr. 108.
[316] ArbG Emden vom 6.2.1948, ArbR. Entscheidungen 1948 Nr. 108.
[317] ArbG Emden vom 6.2.1948, ArbR. Entscheidungen 1948 Nr. 108.

weshalb die Zustimmung der Hauptfürsorgestelle nicht notwendig gewesen sei[318].

Das ArbG Göttingen hatte sich in seiner Entscheidung vom 12.12.1947 mit der Frage zu beschäftigen, inwieweit die Arbeitsgerichte an eine Entscheidung der Hauptfürsorgestelle gebunden sind[319]. Das Gericht betonte, daß die Arbeitsgerichte an die Entscheidungen der Hauptfüsorgestelle grundsätzlich gebunden seien und nicht zu überprüfen hätten, ob die Hauptfürsorgestelle die Bestimmungen des SchwBeschG zutreffend angewandt habe. Das Arbeitsgericht sei aber verpflichtet und berechtigt zu überprüfen, ob die Hauptfürsorgestelle im Rahmen ihrer Zuständigkeit gehandelt und ihre Befugnisse nicht überschritten habe[320]. So habe die Hauptfürsorgestelle ihre Befugnisse deutlich überschritten, als sie feststellte, daß eine Kündigung durch einen Aushang am schwarzen Brett nicht wirksam sei. Dieses Handeln der Hauptfürsorgestelle außerhalb ihrer Zuständigkeit und unter Überschreiten der Befugnisse sei aber für das Gericht nicht bindend und lasse die getroffene Entscheidung der Hauptfürsorgestelle als nichtig erscheinen[321].

Für Schwerbeschädigte bestand damit auch nach dem Krieg eine sichere Grundlage für den Kündigungsschutz, wobei es insbesondere wichtig war, daß die Hauptfürsorgestellen als Organ, das der Kündigung zustimmen muß, auch nach dem Krieg ihre Funktion beibehielten.

4.5. Die fristlose Kündigung

Rechtsgrundlage für eine fristlose Kündigung war vor allem § 626 BGB, nach dessen damaligen Wortlaut ein Dienstverhältnis von jedem Teil ohne Einhaltung einer Kündigungsfrist gekündigt werden konnte, wenn ein wichtiger Grund vorlag. Für gewerbliche Gesellen und Gehilfen galt die Sonderregelung des § 123 GewO, nach dem eine fristlose Kündigung nur bei Verletzung eines der dort genannten Gründe zulässig war. Gemäß § 124 a GewO war allerdings eine fristlose Kündigung aus jedem wichtigen Grund zulässig, wenn das Arbeitsverhältnis auf mindestens vier Wochen vereinbart war oder eine längere als vierzehntägige Kündigungsfrist galt.

---

[318] ArbG Emden vom 6.2.1948, ArbR. Entscheidungen 1948 Nr. 108, zur Begründung verweist das Gericht lediglich auf eine Kommentierung des Gesetzes, ohne deren Richtigkeit in Frage zu stellen.

[319] ArbG Göttingen vom 12.12.1947, ArbR. Entscheidungen 1948 Nr. 88.

[320] ArbG Göttingen vom 12.12.1947, ArbR. Entscheidungen 1948 Nr. 88.

[321] ArbG Göttingen vom 12.12.1947, ArbR. Entscheidungen 1948 Nr. 88.

Eine detaillierte Zusammenstellung zur Auslegung des Begriffes "wichtiger Grund"[322] durch die Arbeitsgerichte der Westzonen ist kaum möglich, im Folgenden soll lediglich über einige interessante Entscheidungen aus diesem Bereich berichtet werden.

Das ArbG Wuppertal hatte sich in einer Entscheidung vom Februar 1947 mit der Frage zu beschäftigen, ob eine tätliche Beleidigung eines gewerblichen Arbeitnehmers gegenüber einem Vertreter des Arbeitgebers zur fristlosen Kündigung berechtigt[323]. Zu den Tätlichkeiten des Arbeitnehmers kam es, als der Vertreter des Arbeitgebers äußerte, daß die Arbeiter "nicht so faul" sein dürften. Nach dieser Äußerung kam es zu einem erregten Wortwechsel, in dessen Verlauf der Kläger tätlich wurde[324]. Das Gericht führte aus, daß gemäß § 123 Ziff. 5 GewO Tätlichkeiten gegenüber dem Arbeitgeber und seinen Beauftragten zur Kündigung berechtigten. Nach dem Arbeitsgericht müsse allerdings berücksichtigt werden, daß der Vertreter den Kläger in seiner Ehre verletzt habe und damit hätte rechnen müssen, daß ein Arbeiter eines Fuhrunternehmens auf solche Beleidigungen anders reagiere, als dieses in höher gebildeten Kreisen üblich sei[325]. Weiterhin sei der Kläger in einem erregten Zustand gewesen, als er sich zu den Tätlichkeiten hinreißen ließ. Mitbestimmend dafür, daß das Gericht einen wichtigen Grund nicht für gegeben erachte, sei es aber auch gewesen, daß der Vertreter des Arbeitgebers früheres Mitglied der NSDAP gewesen sei, im Betrieb an exponierter Stelle eingesetzt gewesen sei und die Anordnungsbefugnis über eine Gruppe von Arbeitern gehabt habe. In Anbetracht dieses Umstandes hätte die Beklagte mit unliebsamen Differenzen rechnen müssen, deren Folgen sie unter Umständen auch selbst zu tragen habe[326]. Es müsse mit großer Wahrscheinlichkeit angenommen werden, daß der Vertreter des Beklagten die Absicht gehabt habe, den Kläger und vielleicht noch andere Arbeitnehmer aus dem Betrieb zu entfernen und sie durch Parteigenossen zu ersetzen. Beim Kläger sei diese Annahme in den Bereich der Möglichkeit gerückt, da der Kläger, da ein Betriebsrat fehlte, zum Teil als Sprecher der Arbeiter aufgetreten sei[327]. Wenn der Arbeitgeber beide an dem Raufhändel Beteiligte entlassen hätte, so wäre dagegen nichts einzuwenden gewesen. Nachdem aber der Urheber der Streitigkeit in seiner Stellung verblieb, mußte die Entlassung des Klägers nicht nur als unsozial und willkürlich angesehen werden, sondern als ein Rechtsmißbrauch der formalen Kündigungsbefugnis und somit als unrichtige Rechtsausübung, die vor dem Gesetz keinen Bestand haben kann[328].

---

[322] Siehe hierzu Galperin, DB 1949, 610 f, mit einem Überblick über die Rechtsprechung.
[323] ArbG Wuppertal vom 14.2.1947, ArbR. Entscheidungen 1947 Nr.13.
[324] Vgl. ArbG Wuppertal vom 14.2.1947, ArbR. Entscheidungen 1947 Nr.13.
[325] ArbG Wuppertal vom 14.2.1947, ArbR. Entscheidungen 1947 Nr.13.
[326] ArbG Wuppertal vom 14.2.1947, ArbR. Entscheidungen 1947 Nr.13.
[327] ArbG Wuppertal vom 14.2.1947, ArbR. Entscheidungen 1947 Nr.13.
[328] ArbG Wuppertal vom 14.2.1947, ArbR. Entscheidungen 1947 Nr.13.

Das LAG Hamburg hatte sich in einer Entscheidung aus dem Juni 1947 mit einer fristlosen Kündigung auseinanderzusetzen, die damit im Zusammenhang stand, daß der Arbeitnehmer Mitglied in der NSDAP war[329]. Der Kläger wurde im Oktober 1946 gekündigt, weil er in einem Fragebogen falsche Angaben zu seiner Zugehörigkeit zur NSDAP gemacht hatte und weil er seit 1933 Mitglied in der NSDAP gewesen war. Der Kläger füllte zwei Fragebogen zu seiner Zugehörigkeit zur NSDAP aus und machte hierbei unterschiedliche Angaben. Im Jahr 1944 gab der Kläger an daß er im Januar 1933 der NSDAP beigetreten sei. In einem nach der Kapitulation ausgefüllten Fragebogen gab der Kläger demgegenüber an, er sei erst am 1.5.1933 der NSDAP beigetreten und schon 1936 wieder ausgetreten. Zwischen den Parteien blieb streitig, ob der Kläger wirklich aus der NSDAP ausgetreten war, unstreitig war es allerdings, daß der Kläger im Januar 1933 noch nicht Mitglied der NSDAP war und dieser erst Mitte 1933, also nach der Machtergreifung Hitlers beigetreten ist[330].

Zur Ausfüllung des Fragebogens führte das LAG aus, daß es, wenn man von den Ausführungen des Klägers ausgehe, wahrscheinlich sein möge, daß der Kläger seinen Austritt in dem früheren Fragebogen aus 1944 verschwiegen habe, weil er damals berufliche Nachteile davon befürchtete, allerdings sei nicht ersichtlich, warum er zur Abwendung solcher Nachteile auch den Eintrittstermin habe nach vorne verlegen müssen. Es liege die Vermutung nahe, daß der Kläger damals in eigensüchtiger und unaufrichtiger Weise berufliche Vorteile ziehen wollte, womit er allerdings ein Verfahren und eine Gesinnung an den Tag gelegt habe, welche den beklagten Arbeitgeber auch noch nach dem Umsturz und nach nunmehriger Kenntnis dieser Dinge zu einer fristlosen Entlassung berechtigen würde, weil damit der Beklagte jegliches Vertrauen in den Kläger verlieren mußte[331]. Das Gericht konnte zum damaligen Zeitpunkt allerdings diesen Sachverhalt nicht abschließend prüfen, da Akten noch nicht beigezogen werden konnten und überprüfte deshalb weiter, ob die Mitgliedschaft in der NSDAP selbst einen Kündigungsgrund darstellt. Das Gericht erläuterte insofern, daß es den Ausführungen des erstinstanzlichen Richters und der auch sonst gelegentlich geäußerten Auffassung, daß allein die politische Zugehörigkeit zur NSDAP, besonders, wenn sie - wie im Falle des Klägers - schon seit dem 1.5.1933 bestehe, als wichtiger Grund zur fristlosen Entlassung des Klägers ausreichen könne[332]. Zur Begründung weist das Gericht dann auf die Auf-

---

[329] LAG Hamburg vom 14.6.1947, ArbR. Entscheidungen 1947 Nr.17.

[330] Vgl. LAG Hamburg vom 14.6.1947, ArbR. Entscheidungen 1947 Nr.17.

[331] LAG Hamburg vom 14.6.1947, ArbR. Entscheidungen 1947 Nr.17; zur Fälschung eine Fragebogens siehe auch LAG Hamburg vom 21.2.1948, ArbR. Entscheidungen 1948 Nr. 92, wobei das Gericht das Nachschieben dieses Kündigungsgrundes in der Berufungsinstanz für zulässig erachtete, weil der Kündigungsgrund vor der fristlosen Kündigung lag und dem Beklagten erst später bekannt wurde.

[332] LAG Hamburg vom 14.6.1947, ArbR. Entscheidungen 1947 Nr.17.

fassung der Militärregierung hin, deren legal officer zu dieser Frage unter dem 10.5.1946 wie folgt Stellung genommen habe:
"Angestellte und Arbeiter können aus politischen Gründen nur auf Anordnung der Militärregierung entlassen werden. Haben Arbeitgeber fristlose Entlassungen aus politischen Gründen vorgenommen und wird daraus gegen sie Klage erhoben, so muß eine Genehmigung der Militärregierung zur Entlassung beigebracht und darin angegeben werden, von wann ab die Entlassung wirksam sein soll. Nur nach Maßgabe dieser Genehmigung kann durch das Urteil des Arbeitsgerichts entschieden werden[333]."
In der Folge begründete das LAG Hamburg die Wirksamkeit der Kündigung dann mit der Anweisung der Militärregierung, wobei dieser Teil der Entscheidung gesondert behandelt wird.

Im Hinblick auf das falsche Ausfüllen der Formulare vertritt das Gericht einen strengen Maßstab, da das falsche Ausfüllen eines Fragebogens im Jahre 1944 eine fristlose Kündigung aus dem Jahre 1946 rechtfertigen können soll, obwohl dem Arbeitgeber selbst durch die falsche Angabe kein Schaden erwachsen sein und sich lediglich der Kläger Vorteile des herrschenden Regimes aufgrund seiner Erklärung erhoffte. Die Auffassung des LAG zur Mitgliedschaft in der NSDAP entsprach der wohl herrschenden Auffassung. Der vom LAG erwähnten Stellungnahme des legal officers kam kein rechtlich bindender Charakter zu, weshalb die Wiedergabe dieser Stellungnahme eine eigene Beurteilung des LAG Hamburg nicht hätte ersetzen dürfen.

Das LAG Stuttgart hatte sich in seiner Entscheidung vom April 1947 mit der fristlosen Kündigung eines staatlichen Angestellten wegen der Verbreitung unwahrer Behauptungen über einen Vorgesetzten zu befassen[334]. Das Gericht hielt die fristlose Kündigung für wirksam, wobei die Ausführungen - unabhängig vom gefundenen Ergebnis - ein auch damals nicht mehr zeitgemäßes Staatsverständnis zeigen. Nach dem LAG Stuttgart gehört zum Wesen einer Behörde die Unterordnung des Beamten und Angestellten unter den Behördenleiter. Auf diesen obersten organisatorischen Grundsatz könne auch ein demokratischer Staat nicht verzichten; sonst könne eine Behörde ihre Aufgaben nicht erfüllen. Der Staat verlange zwar heute keinen sklavischen Gehorsam mehr, weshalb der Beamte und Behördenangestellte ungerechte und gesetzwidrige Maßnahmen seines Vorgesetzten höheren Ortes melden und nötigenfalls auch Beschwerden beim Betriebsrat vorbringen könne, dieses sei sein gutes Recht. Allerdings müsse er bei solcher Kritik die notwendigen Formen einhalten[335]. Wenn er aber in der Öffentlichkeit falsche Behauptungen über einen Vorgesetzten und hinter

---

[333] Stellungnahme des legal officer vom 10.5.1946, zitiert nach LAG Hamburg vom 14.6.1947, ArbR. Entscheidungen 1947 Nr.17.
[334] LAG Stuttgart vom 1.4.1947, ArbR.i.St I Ziff. 64.
[335] LAG Stuttgart vom 1.4.1947, ArbR.i.St I Ziff. 64.

dessen Rücken verbreite, sei er als staatlicher Angestellter untragbar. Gegenüber einer solchen Auflehnung gebe es nur ein Mittel, nämlich die fristlose Kündigung. Alle anderen Maßnahmen, unter anderem auch die ordentliche Kündigung wären nach dem LAG Stuttgart ein Rückzug vor dem aufsässigen Angestellten und mit der Selbstachtung und dem Ansehen des Staates nicht vereinbar. Die Beweggründe des Angestellten seien für diese Frage völlig unerheblich[336].

Das ArbG Solingen ließ die Bezeichnung des Arbeitgebers als "Ausbeuter" für eine fristlose Kündigung ausreichen, obwohl der Arbeitnehmer seit mehr als 15 Jahren im Betrieb beschäftigt war[337]. Der Arbeitnehmer müsse gegen sich gelten lassen, daß er die Grenzen des Anstandes überschritten und die Autorität und das persönliche Ehrgefühl des Arbeitgebers erheblich verletzt habe. Gemäß § 123 Ziff. 5 GewO sei die grobe Beleidigung ein wichtiger Grund, der den Arbeitgeber berechtigt, den Arbeitnehmer fristlos zu entlassen. Auch die Beschäftigungszeit von 15 Jahren würde hieran nichts ändern. Die dem Arbeitsvertrag innewohnende Treuepflicht des Arbeitnehmers verpflichte diesen, dem Weisungsrecht des Arbeitgebers Folge zu leisten und auch dann dem Arbeitgeber mit Hinweis auf die allgemeinen Grundsätze menschlicher Anstandspflicht die gebührende Achtung entgegenzubringen, wenn er die Weisung für falsch halte und davon überzeugt sei, daß der Arbeitgeber die Arbeitnehmer schädigen wolle. Wenn der Arbeitnehmer diese Grundsätze verletze, müsse er gegen sich gelten lassen, daß er die Treuepflicht gegenüber dem Arbeitgeber gröblichst verletzt habe, und somit die Konsequenz, die fristlose Kündigung, hinnehmen[338].

Das ArbG Hamburg hatte sich in seiner Entscheidung vom 20.2.1948 mit der Denunziation des Arbeitgeber durch einen gewerblichen Angestellten zu befassen[339]. Der Kläger hatte nach einer heftigen Auseinandersetzung mit seinem Arbeitgeber diesen unstreitig bei der Zollfahndungs- und Preisbildungsstelle angezeigt. Nach dem ArbG sei die fristlose Kündigung eines Angestellten außer in den Fällen des § 123 GewO auch dann zulässig, wenn dieser sich eines schweren Treuebruchs gegenüber dem Arbeitgeber schuldig gemacht hat, denn der Fürsorgepflicht des Arbeitgebers für die Belegschaft entspreche die Pflicht des

---

336 LAG Stuttgart vom 1.4.1947, ArbR.i.St I Ziff. 64.

337 ArbG Solingen vom 22.8.1949, SAE 1950 Nr. 7.

338 ArbG Solingen vom 22.8.1949, SAE 1950 Nr. 7; siehe zur fristlosen Beleidigung auch LAG Schleswig-Holstein vom 9.2.1949, SAE 1949 Nr. 72, nach dem die Bezeichnung des Arbeitgebers als Schwindler für eine fristlose Kündigung des Betriebsratsvorsitzenden ausreicht.

339 ArbG Hamburg vom 20.2.1948, SAE 1948 Nr. 39.

Arbeitnehmers alles zu unterlassen, was den Arbeitgeber schädigt[340]. Eine Fortsetzung des Arbeitsverhältnisses sei bei schweren Verstößen hiergegen nicht zumutbar. Eine Denunziation sei ein derartig schwerer Verstoß, wenn die Anzeige nicht lediglich erfolge, um höherstehende Interessen der Allgemeinheit zu schützen[341]. Dem Kläger sei hier aber nicht an der Wahrnehmung öffentlicher Belange gelegen, sondern es seien ausschließlich persönliche Motive für die Kündigung ausschlaggebend gewesen, weshalb die fristlose Kündigung wirksam gewesen sei[342].

Dem Arbeitsgericht ist darin zu zustimmen, daß ein wichtiger Grund zur fristlosen Kündigung im Sinne des § 626 BGB vorlag, allerdings dürfte die Entscheidung mit § 123 GewO nicht zu vereinbaren sein.

Das LAG Düsseldorf bejahte in einer Entscheidung vom 29.3.1949 das Recht zur fristlosen Kündigung auch dann, wenn dem gekündigten Arbeitnehmer kein Verschulden vorzuwerfen ist[343]. Das LAG ging nach Beweisaufnahme davon aus, daß der Kläger offensichtlich nicht fähig war, die von ihm geforderten buchhalterischen Tätigkeiten auszuüben, so daß er solche sinnlosen Lohnabrechnungen erstellte, daß der Beklagten erheblicher Schaden entstand. Der Kläger übte ein Jahr lang seine Tätigkeit ohne Beanstandungen aus, wobei die Buchhaltung zu diesem Zeitpunkt vom Inhaber des Betriebes durchgeführt wurde. Nach dem Tod des Inhabers und der Übernahme der Betriebes durch seine Ehefrau waren diese Aufgaben aber dem Kläger zugefallen, wobei es sich zeigte, daß der Kläger völlig überfordert war[344]. Das LAG Düsseldorf hielt die Kündigung für berechtigt. Es sei anerkanntes Recht, daß auch ein nicht auf Verschulden des Arbeitnehmers beruhender Umstand einen wichtigen Grund für eine fristlose Kündigung darstellen könne[345]. Ein solcher Fall liege hier auch dann vor, wenn der Kläger seine Tätigkeit als Nichtkaufmann ausübe. Man könne der Beklagten nicht zumuten, eine Person zu beschäftigen, die sie laufend schädige und ihren Obliegenheiten in keiner Art gewachsen sei. Ein schuldhaftes Verhalten brauche nicht vorzuliegen, es genüge vielmehr, daß der

---

[340] ArbG Hamburg vom 20.2.1948, SAE 1948 Nr. 39; das ArbG nimmt damit aber hier einen "besonders wichtigen Grund" an, aus dem einem gewerblichen Arbeitnehmer unabhängig von der Aufzählung des § 123 GewO fristlos gekündigt werden könne, ohne daß die Voraussetzungen des §124 a GewO vorlagen. Dieses Vorgehen ist mit dem Wortlaut des Gesetzes nicht zu vereinbaren, siehe hierzu auch LAG Frankfurt a.M. vom 25.1.1949, RdA 1949, 469.

[341] ArbG Hamburg vom 20.2.1948, SAE 1948 Nr. 39.

[342] ArbG Hamburg vom 20.2.1948, SAE 1948 Nr. 39.

[343] LAG Düsseldorf vom 29.3.1949, SAE 1949 Nr. 43.

[344] Vgl. LAG Düsseldorf vom 29.3.1949, SAE 1949 Nr. 43.

[345] LAG Düsseldorf vom 29.3.1949, SAE 1949 Nr. 43.

Kläger zu seiner Tätigkeit nicht in der Lage sei und den Betrieb durch seine "abwegigen" Kalkulationen in Existenzschwierigkeiten gebracht habe[346].

Mir erscheint die Berechtigung zur fristlosen Kündigung hier zweifelhaft und eine Beschäftigung bis zum Ablauf der Kündigungsfrist zumutbar. Der Arbeitnehmer arbeitete ein Jahr lang ohne Beanstandung, wobei ihm während dieser Zeit wohl andere Aufgaben zugewiesen waren. Nach dem Tod des früheren Inhabers fielen ihm Aufgaben zu, denen er nicht gewachsen war und die er wohl äußerst mangelhaft erledigte. In einem solchen Fall dürfte es aber der Beklagten zumutbar sein, dem Kläger ordentlich zu kündigen und ihm für die Zeit der Kündigungsfrist eine andere Arbeit zuzuweisen.

Die Gerichte hatten sich mehrfach mit der Frage auseinanderzusetzen, ob alleine einer strafbare oder "unehrenhafte" Handlung einen wichtigen Grund zu einer fristlosen Kündigung darstellen kann.

Das LAG Stuttgart hatte in seiner Entscheidung vom 3.11.1948 über die Wirksamkeit einer fristlosen Kündigung gegenüber einem Angestellten beim Kreiswirtschaftsamt zu befinden[347]. Der Angestellte hatte einer Antragstellerin einen Zettel übergeben, auf den er geschrieben hatte, daß sie sich mit ihm abends am Stadtpark treffen solle, wobei sie sich für ein Motorrad zweckentsprechend anziehen solle. Falls sie nicht käme, wäre es "auch gut", sie solle nur Bescheid geben[348]. Bei späteren Besuchen der Antragstellerin erwähnte der Kläger das Schreiben nicht mehr. Das LAG Stuttgart hielt eine fristlose Kündigung aufgrund dieses Vorfalls für berechtigt. Zunächst führte das LAG aus, daß das Verhalten wohl nur als ein Annäherungsversuch gewertet werden könne. Der Vortrag des Klägers, er habe mit der Dame eine dienstliche Motorradfahrt unternehmen wollen, könne nicht überzeugen. Allerdings reiche das "befremdende" Verhalten des Klägers nicht aus, um den vollen Nachweis eines persönlichen Annäherungsversuchs zu erbringen. Das Verhalten begründe aber einen so erheblichen und dringenden Verdacht einer persönlichen Motiven entspringenden Handlungsweise, daß dem Beklagten aus diesem Grunde eine Fortsetzung des Arbeitsverhältnisses nicht zugemutet werden könne[349]. Der bloße Verdacht einer unehrenhaften Handlung könne zwar regelmäßig eine fristlose Kündigung nicht rechtfertigen. Allerdings müsse etwas anderes gelten, wenn dieser Verdacht so dringend und erheblich ist, daß das für ein Anstellungsverhältnis notwendige Vertrauen beim Arbeitgeber erschüttert und der Verdacht zusätzlich in die Öffentlichkeit gelangt sei, so daß im Falle einer Weiterbeschäftigung das Ansehen der Behörde geschädigt würde. Der Beklagten könne

346 LAG Düsseldorf vom 29.3.1949, SAE 1949 Nr. 43.
347 LAG Stuttgart vom 3.11.1948, SAE 1949 Nr. 52.
348 LAG Stuttgart vom 3.11.1948, SAE 1949 Nr. 52.
349 LAG Stuttgart vom 3.11.1948, SAE 1949 Nr. 52.

nicht zugemutet werden, sich wegen der Weiterbeschäftigung des Angestellten der berechtigten Kritik der Öffentlichkeit auszusetzen[350].

Auch das LAG Frankfurt räumt in seiner Entscheidung vom 25.1.1949 die Möglichkeit einer fristlosen Kündigung wegen des Verdachts eines Diebstahls ein, läßt diese Möglichkeit aber bei gewerblichen Gesellen oder Gehilfen nicht zu[351]. Nach dem LAG Frankfurt könne zwar der Diebstahlsverdacht im Rahmen der Vorschriften über die Zulässigkeit einer fristlosen Kündigung ausreichen, allerdings gelte dies nicht für den Anwendungsbereich des § 123 GewO[352]. Für § 123 Ziff. 2 GewO sei es erforderlich, daß dem Kläger der behauptete Diebstahl nachzuweisen war. Da dieser Nachweis nicht habe erbracht werden können, sei die fristlose Kündigung unwirksam[353].

Auch das LAG Kiel beschäftigte sich in seiner Entscheidung vom 27.11.1947 mit einer Kündigung, die aufgrund des Verdachts einer strafbaren Handlung ausgesprochen wurde[354]. Das Arbeitsgericht betont in dieser Entscheidung, daß der bloße Verdacht einer strafbaren Handlung für eine fristlose Kündigung gemäß § 626 BGB nicht ausreichen könne. Weiter dürfe aber ein einmaliger Vorfall dem Arbeitnehmer im allgemeinen nicht so schwer zur Last gelegt werden, daß eine fristlose Entlassung des bisher unbescholtenen und lange Jahre im Dienst gewesenen Arbeitnehmers als gerechtfertigt erscheine[355]. In der Folge betont das LAG dann, daß man an eine ordentliche Kündigung nicht so hohe Anforderungen stellen dürfe. Gründe sich der Verdacht wesentlicher strafbarer Handlungen auf tatsächlich festgestellte Umstände, die objektiv betrachtet, eine strafbare Handlung des Arbeitnehmers als wahrscheinlich erscheinen lassen, so müsse ein solcher Sachverhalt es einer öffentlichen Verwaltung ermöglichen, das Arbeitsverhältnis mit einem Angestellten, der sich in verantwortungsvoller und auf Vertrauen beruhenden Stellung befindet, im Wege der ordentlichen Kündigung zu lösen. Andernfalls wäre es nach dem LAG Kiel einer Behörde nicht möglich, aufgrund vorsorglicher Personalpolitik in ihrem Verwaltungsapparat diejenige "Sauberkeit" zu gewährleisten, die von einer öffentlichen Verwaltung verlangt werden müsse[356].

Zur Problematik der fristlosen Kündigung seien abschließend eine Entscheidung des ArbG Heidelberg vom 23.11.1948 und eine Entscheidung des LAG Düsseldorf vom 7.9.1948 genannt, in denen der Arbeitgeber wegen einem Auf-

---

[350] LAG Stuttgart vom 3.11.1948, SAE 1949 Nr. 52.
[351] LAG Frankfurt a.M. vom 25.1.1949, RdA 1949, 469.
[352] LAG Frankfurt a.M. vom 25.1.1949, RdA 1949, 469.
[353] LAG Frankfurt a.M. vom 25.1.1949, RdA 1949, 469; das LAG Frankfurt a.M. sieht damit zu Recht und mit der h.M. die Vorschrift des § 123 GewO als abschließend an.
[354] LAG Kiel vom 27.11.1947, WA 1948 Nr. 128.
[355] LAG Kiel vom 27.11.1947, WA 1948 Nr. 128.
[356] LAG Kiel vom 27.11.1947, WA 1948 Nr. 128.

ruf zum Streik bzw. der Teilnahme an einem Streik fristlos kündigte[357]. Die Entscheidungen verdienen schon alleine deswegen besonderes Interesse, da es sich soweit ersichtlich um die einzigen Entscheidungen zur Kündigung wegen einer Arbeitskampfmaßnahme vor Erlaß des Grundgesetzes handelt. Die Arbeitsgerichte mußten erst ab Anfang der fünfziger Jahre immer wieder über die Wirksamkeit von fristlosen Kündigungen wegen der Teilnahme an einem Streik entscheiden. Allein daraus läßt sich ersehen, daß dem Arbeitskampf in den Westzonen keine Bedeutung zukam. Die größeren Arbeitsniederlegungen im Herbst 1946 sowie im Mai 1947 im Ruhrgebiet führten wohl zu keinen arbeitsrechtlichen Sanktionen der Arbeitgeber, zumindest sind insoweit keine Gerichtsentscheidungen veröffentlicht. Die Streiks vor dem Erlaß des Grundgesetzes lassen sich aber auch nicht als Maßnahmen des Arbeitskampfes darstellen, es handelte sich hierbei vielmehr um "Demonstrationsstreiks", wie Streich zu Recht anmerkt[358].

Das ArbG Heidelberg hatte über die Rechtswirksamkeit einer fristlosen Kündigung zu entscheiden, die der Beklagte ausgesprochen hatte, nachdem der Kläger aufgrund von Auseinandersetzungen mit dem Beklagten seine Kollegen aufforderte, ihre Arbeit niederzulegen[359]. Das Gericht hielt die Kündigung für wirksam. Zwar werde in Art. 23 III der Verfassung für Württemberg-Baden das Streikrecht der Gewerkschaften im Rahmen der Gesetze anerkannt. Allerdings könne sich der Kläger auf diese Bestimmung nicht stützen, da das Streikrecht grundsätzlich nicht vom Koalitionsrecht getrennt werden könne. Der Streik dürfe deshalb nur als letztes Kampfmittel in Koalitionsverhandlungen eingesetzt werden[360]. Weiterhin sei in der Verfassungsbestimmung vom Streikrecht der Gewerkschaften die Rede, woraus zu entnehmen sei, daß lediglich diesen ein solches Recht zustünde und es gerade kein Recht zum wilden Streik gebe[361]. Die Aufforderung des Klägers an seine Kollegen die Arbeit niederzulegen sei nun keine Kampfmaßnahme der Gewerkschaft, sondern beruhe ausschließlich auf der Initiative des Klägers. Die Handlung des Klägers stelle damit aber lediglich eine Aufforderung zum Vertragsbruch dar und es könne keinen Zweifeln unterliegen, daß ein solches Verhalten einen wichtigen Grund zur fristlosen Kündigung darstelle[362].

---

[357] ArbG Heidelberg vom 23.11.1948, BB 1949, 159; LAG Düsseldorf vom 7.9.1948, SAE 1949 Nr. 1.

[358] Streich "Die Entwicklung des Arbeitsrechts" S. 201 f

[359] ArbG Heidelberg vom 23.11.1948, BB 1949, 159

[360] ArbG Heidelberg vom 23.11.1948, BB 1949, 159. Einen Überblick über das Streikrecht nach den Länderverfassungen geben Heimerich BB 1948, 59 f und Dittmar, BB 1948, 515 f. Beide betonen, daß der Streik nur als letztes Mittel eingesetzt werden dürfe.

[361] ArbG Heidelberg vom 23.11.1948, BB 1949, 159; a.A. Dittmar, BB 1948, 515, nach dessen Auffassung durch die Verfassungsbestimmungen über die Zulässigkeit oder Unzulässigkeit eines wilden Streiks nichts gesagt sei.

[362] ArbG Heidelberg vom 23.11.1948, BB 1949, 159

Das ArbG Heidelberg unterscheidet damit ausgehend vom Streikrecht der Verfassung des Landes Württemberg-Baden zumindest hinsichtlich der Aufforderung zum Streik zwischen einer gewerkschaftlichen Kampfmaßnahme und einem wilden Streik. Eine Differenzierung, die vom LAG Düsseldorf bei der Beurteilung der Teilnahme an einem Streik gerade als unbeachtlich eingestuft wurde. Seiner Entscheidung lag die Arbeitsniederlegung von 9 Feuerarbeitern zugrunde, die sich im Hinblick auf die schwierige Ernährungslage und die hohen Anforderungen an die physische Arbeitskraft mit einer Verlängerung der betrieblichen Arbeitszeit nicht einverstanden erklärten. Die Arbeitszeitverlängerung auf 42 ½ Stunden pro Woche war ohne Stellungnahme des Betriebsrats lediglich von einem Betriebsratsmitglied unterzeichnet worden. Der Arbeitgeber reagierte auf die Arbeitsniederlegung mit der fristlosen Entlassung aller 9 streikenden Arbeitnehmer[363]. Das LAG Düsseldorf sah in der Teilnahme am Streik einen Grund zur fristlosen Kündigung, hielt die Kündigung aber letztlich wegen eines Verstoßes gegen § 123 GewO für unrechtmäßig[364]. Es sei davon auszugehen, daß Anlaß und Ziel des Streiks unerheblich sind. Der ohne Einhaltung einer Kündigungsfrist durchgeführte Streik sei Vertragsbruch und regelmäßig Entlassungsgrund, gleichgültig, ob das Ziel, um dessen Willen der Streik geführt wird, berechtigt sei oder nicht; denn auch der Kampf um ein an sich berechtigtes Ziel rechtfertige nicht den Vertragsbruch, der in einem Streik ohne Einhaltung einer Kündigungsfrist liege. Auch nach geltendem Recht entbinde die Tatsache der Zugehörigkeit zu einer Organisation und die Ausübung des Koalitionsrechts, sowie die Tatsache, daß der Streik von der Organisation angeordnet werde, nicht von den durch den Arbeitsvertrag übernommenen Pflichten[365]. Es stehe im Belieben des Arbeitgebers, ob er als Reaktion von seinem Entlassungsrecht Gebrauch mache. Dieses Entlassungsrecht bestehe aber nur gegenüber den Arbeitnehmer, die die Arbeitsaufnahme verweigern. Die Arbeitnehmer, die arbeitswillig seien und nur infolge des Streikgebots nicht arbeiten könnte, dürften hingegen nicht fristlos entlassen werden[366]. Nun sei weiterhin zu prüfen, ob ein Kündigungsgrund im Sinne des § 123 GewO bestehe. Das LAG nimmt dann eine beharrliche Arbeitsverweigerung im Sinne von § 123 Nr. 3 an[367]. Die Kündigung scheitere nach Ansicht des LAG aber daran, daß die Kündigungsfrist des § 123 II GewO nicht eingehalten wurde. Gemäß dieser Vorschrift sei die Kündigung dann nicht mehr zulässig, wenn die zugrunde liegende Tatsache dem Arbeitgeber länger als eine Woche bekannt sei. Es sei zwar streitig, ob eine Kündigung auch bei einem Streik eine Woche nach Beginn des Streiks ausgesprochen werde, da der Kündigungsgrund ständig von neuem begangen werde. Nach Ansicht des LAG Düsseldorf sei es aber nicht

---

363 Vgl. LAG Düsseldorf vom 7.9.1948, SAE 1949 Nr. 1.

364 LAG Düsseldorf vom 7.9.1948, SAE 1949 Nr. 1.

365 LAG Düsseldorf vom 7.9.1948, SAE 1949 Nr. 1; so auch Dittmar, BB 1948, 515 (516).

366 LAG Düsseldorf vom 7.9.1948, SAE 1949 Nr. 1.

367 LAG Düsseldorf vom 7.9.1948, SAE 1949 Nr. 1; so auch Rewolle DB 1949, 191.

einzusehen, warum denn die Beklagte nicht verpflichtet sein solle, innerhalb einer Woche nach Kenntnis des Streiks zu kündigen. Wenn man anderer Meinung sei, würde der § 123 II GewO in keinem Fall des § 123 Nr. 3 GewO illusorisch werden[368]. Der Arbeitgeber könne nach Ansicht des LAG Düsseldorf auch nicht damit gehört werden, er sei von einer unbesonnenen Maßnahme ausgegangen und habe den Arbeitnehmern eine Überlegungsfrist einräumen wollen, da vor der Arbeitsniederlegung Gespräche stattgefunden hätten. Außerdem habe der beklagte Arbeitgeber eine Woche Zeit gehabt, um eine Kündigung auszusprechen[369].

Das Urteil des LAG Düsseldorf bewertet in seiner Entscheidung die Teilnahme an einem Streik als einen Vertragsbruch, der unabhängig von Anlaß und Ziel des Streiks zur fristlosen Kündigung berechtigt. Das LAG schließt sich damit der ganz herrschenden Meinung vor 1933 an. Nach dieser herrschenden Meinung war der Streik auf der einen Seite - kollektivrechtlich gesehen - ein anerkanntes Mittel des Arbeitskampfes, auf der anderen Seite aber stellt der Streik - individualrechtlich gesehen - die willkürliche Niederlegung der Arbeit und damit eine Arbeitsverweigerung dar, die zur fristlosen Kündigung berechtigt[370]. Nur ganz vereinzelt wurde in dieser Zeit eine andere Auffassung vertreten, so etwa in einem Urteil des LAG Frankfurt vom 20.7.1923, in dem betont wird, daß lediglich die Teilnahme an einem Streik nicht ohne weiteres zur Kündigung berechtige[371]. Diese Auffassung konnte sich aber vor der Machtergreifung nicht weiter durchsetzen und wurde auch von den Arbeitsgerichten der jungen Bundesrepublik zunächst nicht aufgegriffen[372].

Das LAG München sah dann aber in zwei Entscheidungen aus den Jahren 1953 und 1954 die Teilnahme an einem Streik nicht mehr als Grund für eine fristlose Kündigung an[373].

Den Wechsel zur heute unbestrittenen Auffassung, daß die Teilnahme an einem rechtmäßigen Streit nicht zur Kündigung berechtigt, brachte erst die Entschei-

---

[368] LAG Düsseldorf vom 7.9.1948, SAE 1949 Nr. 1.

[369] LAG Düsseldorf vom 7.9.1948, SAE 1949 Nr. 1

[370] Siehe Gülde JW 1925, 221

[371] LAG Frankfurt a.M. vom 20.7.1923, JW 1924, 1059; zustimmend Potthoff, JW 1925, 1842 ff, der einräumt, daß durch diese Entscheidung die herrschende Meinung in Rechtsprechung und Literatur "auf den Kopf gestellt" wird; kritisch hingegen Gülde, JW 1925, 221, nach dessen Auffassung durch dieses Urteil die gesamte Streikgefahr unbillig und einseitig auf den Arbeitgeber übertragen werde.

[372] Vgl. ArbG Paderborn vom 2.8.1951, BB 1951, 838; ArbG Lüneburg vom 9.10.1951, RdA 1951, 437; LAG Hannover vom 16.1.1952, RdA 1952, 156; LAG Hamm vom 9.9.1952, BB 1953, 317; so auch Arras NJW 1953, 241 (242); Rewolle DB 1949, 191; a.A. aber ArbG Göttingen vom 23.8.1951, BB 1951, 699.

[373] LAG München vom 26.10.1953 , AuR 1954, 380 und vom 28.6.1954, BB 1954, 836.

dung des Großen Senats vom 28.1.1955, in der das Gericht ausführte, daß der von einer Gewerkschaft beschlossene, von den Arbeitnehmern ohne fristgemäße Kündigung durchgeführte legitime Streik um die Arbeitsbedingungen nicht zur fristgemäßen Kündigung berechtige[374].

Das BAG erkannte mit dieser Entscheidung, daß es nicht sinnvoll und richtig ist, den Arbeitskampf als ein einheitliches Geschehen kollektivrechtlich anders zu behandeln als individualrechtlich[375]. Die Entscheidung des BAG war damit aber für das Arbeitskampfrecht der heutigen Zeit ohne Zweifel prägend[376].

---

[374] BAG vom 28.1.1955, BAGE 1, 291.

[375] Siehe z.B. Meissinger NJW 1955, 972.

[376] Siehe nur Müller DB 1981, 792 (797); Kranig - "Arbeitsrecht im NS-Staat" S. 8 - meint allerdings, in der Formulierung des BAG "Arbeitskämpfe sind im allgemeinen unerwünscht, da sie volkswirtschaftliche Schäden mit sich bringen und den im Interesse der Gesamtheit liegenden sozialen Frieden beeinträchtigen" zeige sich, daß sich das BAG noch nicht völlig vom Gedankengut der Arbeitsverfassung im NS-Staat freigemacht habe und hält Anklänge an Formulierungen des AOG für unverkennbar. Die Ansicht von Kranig ist verfehlt und nicht nachvollziehbar. Zwar wird in § 19 I AOG die Erhaltung des Arbeitsfriedens als Aufgabe des Reichstreuhänders festgelegt, damit ist aber nicht belegt, daß das BAG in seiner genannten Entscheidung von dieser Regelung ausgegangen ist. Das BAG betont gerade, das Arbeitskämpfe zugelassen und sozialadäquat sind. Auf dem Boden des AOG waren Streiks hingegen ausgeschlossen.

5. Kündigung und Arbeitsplatzwechselverordnung

5.1. Zweck und Regelungsinhalt der Arbeitsplatzwechselverordnung und ihrer Durchführungsverordnungen

Eine wesentliche Bedeutung hinsichtlich der Kündbarkeit von Arbeitsverhältnissen entfaltete die Verordnung über die Beschränkung des Arbeitsplatzwechsels (ArbPlWVO) vom 1.9.1939[1]. Diese Verordnung war Teil des sogenannten Kriegsarbeitsrechts. Infolge des Krieges herrschte Arbeitskräftemangel, da ein Großteil der männlichen Bevölkerung Kriegsdienst zu leisten hatte. Dieser Arbeitskräftemangel sollte nun nicht noch durch häufige Arbeitsplatzwechsel verstärkt werden, die verbleibenden Arbeitskräfte sollten vielmehr so zweckmäßig wie möglich eingesetzt werden[2]. Bulla setzte die ArbPlWVO in direkten Zusammenhang zur nationalsozialistischen Ideologie, indem er ausführte, daß sich die Führung des nationalsozialistischen Deutschlands zum Ziel gesetzt habe, dem deutschen Volk aus eigener Kraft wieder den Lebensraum in der Welt zu verschaffen, auf den es kraft seines Könnens und seiner geschichtlichen Leistungen einen unabdingbaren Anspruch habe[3]. Um aber die für dieses Ziel benötigten Arbeitskräfte zur Verfügung zu haben, brauche Deutschland einen planvollen Arbeitseinsatz, eine Arbeitsplatzpolitik als Aufgabe der staatlichen Verwaltung, mit deren Hilfe der Staat den Arbeitsstrom im Sinne der nationalen Arbeitskraft nach den großen staatspolitischen Erfordernissen lenken könne[4].

Die ArbPlWVO beruhte auf einer Verordnung des Reichsarbeitsministeriums vom 10.3.1939, welche für sechs bestimmte Wirtschaftszweige Kündigungsbeschränkungen eingeführt hatte und übertrug diese Beschränkungen auf alle Arbeitsverhältnisse[5]. In § 1 ArbPlWVO war geregelt, daß Betriebsführer[6] und Arbeitnehmer eine Kündigung erst aussprechen dürfen, wenn das Arbeitsamt der Kündigung zugestimmt hat. Eine Kündigung ohne Zustimmung war unwirksam, wenn nicht das Arbeitsamt in Ausnahmefällen nachträglich zustimmte. § 2 der Verordnung regelte, daß eine Zustimmung nicht erforderlich ist, wenn beide Parteien über die Lösung des Arbeitsverhältnisses einig sind, der Betrieb stillgelegt werden muß oder ein Arbeitsverhältnis auf Probe besteht und innerhalb eines Monats gekündigt wird. Die zweite Durchführungsverordnung[7] (2. DVO)

---

[1] RGBl.1939 I S.1685.
[2] Vgl. hierzu Nikisch DR 1939, 1869 und DR 1940, 267.
[3] Bulla ArbPlWVO S. 7.
[4] Bulla ArbPlWVIO S. 7, 8.
[5] Siehe zur Entstehung Nikisch DR 1939, 1869 (1872 f).
[6] Siehe Nikisch DR 1939, 1869 (1873), der zur Wortwahl, die den bezweckten umfassenden Anwendungsbereich der VO nicht klarstellt, kritisch anmerkt, es liege eine "terminologischen Verwirrung" vor.
[7] RGBl 1941 I S. 126.

hierzu regelte, daß die Zustimmung des Arbeitsamtes zur Lösung eines Arbeitsverhältnisses in Verwaltungen des öffentlichen Dienstes nicht erforderlich ist.

5.2. Umstrittene Fragen der Arbeitsplatzwechselverordnung

Die Arbeitsplatzwechselverordnung warf eine Vielzahl von rechtlichen Problemen auf, die zum Teil schon das RAG beschäftigten und mit denen sich in der Folge auch die Arbeitsgerichte in den Westzonen auseinandersetzen mußten.

5.2.1. Weitergeltung der Arbeitsplatzwechselverordnung

Nach dem Krieg stellte sich für die Arbeitsgerichte zunächst die Frage, ob die ArbPlWVO weiterhin Geltung beansprucht. Eine ausdrückliche Aufhebung der Verordnung durch die Alliierten erfolgte nicht. Die ArbPlWVO wurde von den Arbeitsgerichten der Westzonen durchgehend angewendet[8], wobei in den meisten Fällen ihre Weitergeltung nach dem Zusammenbruch überhaupt nicht erörtert wurde.

Das LAG Frankfurt führte in einer Entscheidung vom Mai 1947 aus, daß grundsätzlich alle deutschen Gesetze in Kraft geblieben seien, die nicht durch den Kontrollrat, die Militärregierung oder ein deutsches Land für seinen Bereich außer Kraft gesetzt worden seien oder nationalsozialistisches Gedankengut enthielten[9]. Dieses könne aber von der ArbPlWVO nicht gesagt werden, denn diese Verordnung sei auch für den Übergang von der Kriegs- zur Friedenswirtschaft notwendig[10].

Auch das LAG München beschränkte sich in einer Entscheidung aus dem Jahre 1948 auf die pauschale Aussage, daß die ArbPlWVO durch keinen gesetzgeberischen Akt aufgehoben wurde und auch nicht durch das Gesetz Nr.1 des Kontrollrats über die Aufhebung nationalsozialistischen Rechts außer Kraft getreten sei[11].

Das Arbeitsgericht Wiesbaden ging in einer Entscheidung von 1947 ebenfalls davon aus, daß die VO grundsätzlich in Geltung verbliebe, sah aber die Vorschrift des § 7 Ziff. 2 der VO als nationalsozialistisch und damit nichtig an[12]. § 7 Ziff.2 regelte, daß im Falle von Zweifeln, ob eine Zustimmung zum Arbeits-

---

8 Siehe LAG Hamburg vom 16.10.1946, WA 1948 Nr. 47; LAG Stuttgart vom 24.10.1947, WA 1948 Nr.83; LAG Kiel vom 22.10.1947, RdA 1948, 98; LAG Hannover vom 11.5.1948, WA 1948 Nr.203; LAG Frankfurt vom 13.7.1948, WA 1948 Nr.241.

9 LAG Frankfurt a.M. vom 20.5.1947, WA 1948 Nr.12.

10 LAG Frankfurt a.M. vom 20.5.1947, WA 1948 Nr.12.

11 LAG München vom 14.7.1948, RdA 1948, 100.

12 ArbG Wiesbaden vom 14.8.1947, WA 1948 Nr.63.

platzwechsel erforderlich ist, das Arbeitsamt unter Ausschluß des Rechtswegs entscheidet. Das Arbeitsgericht stützte seine Ansichten insbesondere darauf, daß die Arbeitsämter vom Reichstreuhänder für Arbeit gelenkte Behörden waren. Die Bestimmung sei daher nach Art. III Ziff. 4 des MRG Nr.1 als nationalsozialistisches Gedankengut nicht mehr gültig[13].

Hingegen erörterte das LAG Frankfurt in einer Entscheidung zu § 7 ArbPlWVO diese Frage nicht einmal[14].

5.2.2. Arbeitsplatzwechselverordnung und Kontrollratsbefehl Nr.3

Auf dem Gebiet der Arbeitslenkung wurde von den Alliierten am 17.1.1946 der Kontrollratsbefehl Nr.3 erlassen[15]. Die genannte Regelung legte die Registrierung von Erwerbstätigen, Arbeitslosen, Arbeitsunfähigen und arbeitsbefreiten Personen, sowie die Unterbringung von Arbeitslosen in Arbeit fest. Umstritten war, ob durch den KRBef. Nr.3 auch für den bisher durch die ArbPlWVO geregelten Bereich eine neue Rechtslage geschaffen worden war.

Die insoweit wichtigen Vorschriften Ziff. 16 und Ziff. 19 des Befehls lauten in der amtlichen deutschen Übersetzung:

Ziff. 16 Jeder Arbeitgeber, der Arbeitskräfte benötigt, muß sich ausschließlich an das zuständige Arbeitsamt wenden. Die Beschäftigung von Arbeitslosen oder der Wechsel des Arbeitsplatzes ist verboten, wenn dies nicht über das Arbeitsamt geschieht.

Ziff. 19 Arbeitslose, die aus eigener Initiative Beschäftigung finden oder Arbeitskräfte, die ohne Erlaubnis des Arbeitsamtes ihren Arbeitsplatz wechseln, und allen Arbeitslosen die Arbeitszwangsanordnungen nicht Folge leisten, haben die in diesem Befehl vorgesehenen Strafen und den Verlust des Rechts auf Lebensmittelkarten zu gegenwärtigen.

Für die Gerichte stellte sich anhand des Wortlauts der deutschen Übersetzung das Problem, daß der KRBef. die Beteiligung der Arbeitsämter am Wechsel des Arbeitsplatzes verpflichtend vorschrieb. Die Regelung betraf damit aber einen Bereich, der bisher von der ArbPlWVO und ihren Durchführungsverordnungen geregelt wurde. Im Befehl war aber weder auf die Verordnung Bezug genommen worden, noch wurde diese überhaupt angesprochen. Für die Gerichte stellte sich deshalb die Frage, ob die ArbPlWVO durch die neue Regelung der Alli-

---

[13] ArbG Wiesbaden vom 14.8.1947, WA 1948 Nr.63.
[14] LAG Frankfurt a.M. vom 9.3.1948, WA 1948 Nr. 165.
[15] Amtsblatt Kontrollrat 1946 S.131.

ierten außer Kraft gesetzt wurde oder in welchem Verhältnis die beiden Regelung zueinander stehen.

5.2.2.1 Verschärfung der Arbeitsplatzwechselverordnung

Die Arbeitsgerichte gingen nach Erlaß von KRBef. Nr. 3 nahezu einhellig davon aus, daß die ArbPlWVO durch die Neuregelung nicht abgeschafft wurde. Der Großteil der Arbeitsgerichte ging sogar davon aus, daß die ArbPlWVO nun entgegen der Regelung in der 2 DVO auf alle Arbeitsverhältnisse Anwendung finden müsse[16].

Das LAG Hamburg beschäftigte sich in seiner Entscheidung vom 19.2.1947 ausführlich mit der Weitergeltung der ArbPlWVO[17]. Der Kläger war von einer Gemeinde gekündigt worden und rügte, daß das Arbeitsamt nicht beteiligt wurde, was aber nach KRBef. Nr.3 hätte geschehen müssen. Im Ergebnis schloß sich das Gericht der Ansicht der Klägers an und gab seiner Klage statt. Das LAG Hamburg legte in seiner Urteilsbegründung zunächst den Begriff "Wechsel" aus der Ziff. 16 der Befehls aus. Wechsel bedeute grundsätzlich die Lösung des alten und Begründung eines neuen Arbeitsvertrages[18]. Aus der Regelung, die ersichtlich umfassend gewählt sei, folge aber, daß die Lösung des Arbeitsvertrages auch dann erfaßt werde, wenn sie nicht in unmittelbarem Zusammenhang zur Begründung eines neuen Arbeitsverhältnisses stehe. Durch die neue Regelung solle aber die ArbPlWVO nicht gänzlich aufgehoben werden. Eine solche Bestimmung sei im Befehl nicht getroffen worden und der Gesetzgebung der Militärregierung sei es eigen, die rechtlichen Eingriffe in durchgebildetes deutsches Recht nur auf den notwendigen Umfang zu beschränken[19]. Der KRBef. solle vielmehr erkennbar eine Verschärfung der Verordnung bringen, so daß er auf jeden Fall auch den einvernehmlichen Wechsel des Arbeitsplatzes erfasse. Diese Fällen wären früher von der 8. und 9. DVO erfaßt gewesen, deren Geltung allerdings bis auf den 31.12.1945 befristet war und die offenbar versehentlich nicht sofort verlängert worden wären. Auf der anderen Seite solle die Verschärfung nicht jede Gelegenheitsdienstleistung erfassen, weil eine solche Regelung völlig unvernünftig wäre. Der KRBef. solle damit in die Ausnahmen von der ArbPlWVO eingreifen, andererseits aber nicht in alle, wobei allerdings die genaue Grenzziehung selbst mit allen Mitteln der Auslegung nicht zu finden sei[20]. Es bestehe damit eine echte Gesetzeslücke. Zwar sei der

[16] LAG Bremen vom 15.10.1947, RdA 1949, 37; LAG Kiel vom 22.10.1947, RdA 48, 98; LAG Frankfurt a.M. vom 6.4.1948, WA 1948 Nr. 205; a.A. ArbG Bochum vom 28.9.1948; SAE 12/1948 Nr.59.

[17] LAG Hamburg vom 19.2.1947, DRZ 1947, 237 f.

[18] LAG Hamburg vom 19.2.1947, DRZ 1947, 237; zustimmend LAG Schleswig-Holstein vom 29.9.1948, WA 1949 Nr.41.

[19] LAG Hamburg vom 19.2.1947, DRZ 1947, 237 (238).

[20] LAG Hamburg vom 19.2.1947, DRZ 1947, 237 (238).

Richter aufs strengste an das Gesetz gebunden, auf der anderen Seite könne er aber einer Entscheidung auch nicht aus dem Wege gehen. Bei einer Lücke im Gesetz müsse der Richter dem Recht in seiner Gesamtheit dienen und deshalb nach der Regel entscheiden, die er als Gesetzgeber aufstellen würde[21]. Ein konsequenter Gesetzgeber hätte aber geregelt, daß auch Behörden für eine Entlassung die Zustimmung des Arbeitsamtes benötigten. Zwar müsse eine Behörde in der Lage bleiben, aus vielen neuen Kräften, die nach der Kapitulation eingestellt wurden, eine Auswahl zu treffen und "Unfähige" wieder zu entlassen, allerdings würde dieses letztlich auch auf private Arbeitgeber zutreffen[22].

Das LAG Frankfurt führte in einer Entscheidung von Anfang 1948 aus, daß der KRBef. Nr. 3 die ArbPlWVO weder ausdrücklich noch seinem Inhalt nach aufhebe, sondern nur die Notwendigkeit der Zustimmung des Arbeitsamtes für alle Fälle, in denen ein tatsächlicher Wechsel des Arbeitsplatzes hinsichtlich der Person des Arbeitnehmers stattfinde, begründe[23]. In einer weiteren Entscheidung führte das LAG Frankfurt aus, daß dieses auch für die vereinbarte Aufhebung eines Arbeitsvertrages gelte[24]. Die Vorschrift des § 2 Nr.1 ArbPlWVO sah das LAG Frankfurt damit als aufgehoben an.

Auch das LAG Kiel vertrat in ständiger Rechtsprechung, daß die ArbPlWVO von der Militärregierung nicht aufgehoben, sondern im Gegenteil sogar verschärft worden sei, denn durch den KRBef. Nr.3 seien sämtliche Ausnahmen von der ArbPlWVO aufgehoben worden[25]. Das LAG stützte seine Ansicht unter anderem auf einen Erlaß des Hauptquartiers der Militärregierung Schleswig-Holstein vom 15.1.1947, in dem geregelt war, daß die Einstellung und Entlassung von Beamten nicht mehr der Genehmigung des Arbeitsamtes, sondern nur einer Anzeige bedürfe, während es für Angestellte uneingeschränkt bei den Weisungen des Befehls Nr. 3 bleibe[26].

Das LAG Stuttgart vertrat hingegen in seiner Entscheidung vom 29.1.1948 die Auffassung, daß die ArbPlWVO zwar noch in Kraft sei, allerdings von KRBef. Nr. 3 nicht verschärft wurde[27]. Bei einer einvernehmlichen Aufhebung des Arbeitsverhältnisses sei eine Zustimmung des Arbeitsamtes nicht erforderlich, da nach KRBef. Nr. 3 nicht die Lösung des Arbeitsverhältnises sondern nur der

[21] LAG Hamburg vom 19.2.1947, DRZ 1948, 237 (238).
[22] LAG Hamburg vom 19.2.1947, DRZ 1947, 237 (238).
[23] LAG Frankfurt a.M. vom 13.1.1948, WA 1948 Nr.111; siehe auch LAG Frankfurt a.M. vom 20.1.1948, WA 1948 Nr.110.
[24] LAG Frankfurt a.M. vom 20.1.1948, WA 1948 Nr.110; so auch LAG Düsseldorf vom 10.9.1948 WA 1948 Nr. 265.
[25] LAG Kiel vom 22.10.1947, RdA 1947, 98 m.w.N.
[26] LAG Kiel vom 22.10.1947, RdA 1947, 98; der genannte Erlaß ist im Urteil wörtlich wiedergegeben.
[27] LAG Stuttgart vom 29.1.1948, ArbR.i.St. I Ziff. 755.

Arbeitsplatzwechsel zustimmungsbedürftig sei. Zu einem Arbeitsplatzwechsel wäre aber neben der Lösung des alten auch die Begründung eines neuen Arbeitsverhältnisses notwendig. Erst bei der Begründung des neuen Arbeitsverhältnisse liege ein genehmigugspflichtiger Wechsel des Arbeitsplatzes vor[28]. Eine erweiternde Auslegung von KRBef. Nr. 3 sei auch nicht angebracht, weil man sonst die persönliche Freiheit stärker beschränken würde als zu Zeiten des nationalsozialistischen Zwangssystems[29].

Auf der gleichen Linie argumentierte auch das LAG Bremen, nach dem zwischen KRBef. Nr. 3 und dem deutschen Arbeitsplatzwechselrecht kein Widerspruch bestehe[30]. Die Ziffern 16 und 19 des KRBef. stellten lediglich auf den rein formalen Akt des Arbeitsplatzwechsels ab und würden die Kündigung überhaupt nicht betreffen. Der Arbeitgeber sei nach diesen Vorschriften aber verpflichtet jeden Arbeitsplatzwechsel anzuzeigen, wobei diese Verpflichtung unabhängig von der 2. DVO jeden Arbeitgeber treffe. Aus KRBef. Nr. 3 sei damit die Folge zu ziehen, daß für jeden Arbeitsplatzwechsel ohne jede Ausnahme die Erlaubnis des Arbeitsamtes erforderlich sei, d.h. auch für Arbeitsverhältnisse der Behörden, des Staates und der Gemeinden gelte keine Ausnahme. Nach dem KRBef. genüge es aber, wenn die Erlaubnis nachträglich eingeholt werde[31].

Entgegen der genannten Entscheidungen ging das ArbG Bochum in einer Entscheidung vom September 1948 wohl davon aus, daß die ArbPlWVO nicht mehr in Kraft ist[32]. Nach dem ArbG Bochum gehöre die ArbPlWVO dem Arbeitsrecht der Kriegswirtschaft an. Die Verordnung könne, nachdem ein rechtlicher Systemwechsel stattgefunden habe, keine rechtliche Vormachtstellung beanspruchen. Die Regelung des Arbeitseinsatzes sei nach neuerem Arbeitsrecht in KRBef. Nr. 3 geregelt. Dieser Befehl sei wesentlich weiter gefaßt als die ArbPlWVO und kenne keinen so weitgehenden Eingriff in die arbeitsrechtliche Vertragsfreiheit[33]. Wer sich heute noch auf die ArbPlWVO berufe, verkenne, daß der Situation nicht die Verordnung sondern der KRBef. Nr. 3 gerecht werde. Der KRBef. sei die jüngere und stärkere Rechtsquelle. Die Zwangsbestimmungen der ArbPlWVO seien überholt, soweit sie über den Bereich der arbeitsrechtlichen Nachkriegsgesetzgebung hinausgingen. In keiner der bisher ergangenen Gesetze, Verordnungen und Direktiven sei festgelegt, daß eine Kündigung ohne Zustimmung des Arbeitsamtes unwirksam sei[34].

---

[28] LAG Stuttgart vom 29.1.1948, ArbR.i.St. I Ziff. 755.
[29] LAG Stuttgart vom 29.1.1948, ArbR.i.St. I Ziff. 755.
[30] LAG Bremen vom 7.7.1948, WA 1948 Nr. 257.
[31] LAG Bremen vom 7.7.1948, WA 1948 Nr. 257.
[32] ArbG Bochum vom 28.9.1948, SAE 12/1948 Nr.59.
[33] ArbG Bochum vom 28.9.1948, SAE 12/1948 Nr.59.
[34] ArbG Bochum vom 28.9.1948, SAE 12/1948 Nr.59.

Das Urteil des ArbG Bochum kann nicht überzeugen, da nicht klar genug erläutert, in welchem Umfang die ArbPlWVO außer Kraft getreten sein soll und nicht darlegt, wie weit KRBef. Nr. 3 den Arbeitsplatzwechsel beschränkt. Der Hinweis des ArbG Bochum, daß die ArbPlWVO keine Vormachstellung beanspruchen könne, läßt völlig offen, welche Stellung der ArbPlWVO überhaupt noch zukam. Gegen eine völlige Aufhebung der ArbPlWVO, auf die die Ausführungen des Arbeitsgerichts hinauslaufen, spricht es aber schon, daß im KRBef. Nr. 3 eine Aufhebung der Verordnung vom 1.9.1939 gerade nicht vorgesehen war. Soweit ersichtlich nahm auch in der Folge kein Arbeitsgericht die Aufhebung der ArbPlWVO durch den KRBef. Nr. 3 an.

5.2.2.2. Fehlinterpretation des Kontrollratsbefehls

Zu einer Wende in der Beurteilung der Frage, ob die ArbPlWVO durch den KRBef. Nr.3 verschärft wurde, führte ein Aufsatz von Fitting, in dem er darlegte, daß die bisher herrschende Ansicht, die von einer Verschärfung ausging, auf einem Übersetzungsfehler beruhe[35]. Fitting führte aus, daß schon im gegenwärtigen Text die Auslegung des KRBef. Nr.3 unbefriedigend sei. Für die Auslegung müsse aber der fremdsprachige Text maßgebend sein.

Der englische Text der Ziff. 16 des Kontrollratsbefehls lautet:

> "The employment of unemployed persons or transfers of employes from one place of work to another is forbidden unless done through the Labour Office."

Fitting legte dar, daß der englische Begriff "transfer" die Übertragung eines Rechts oder einer Sache bedeute. Mit der Vorschrift sei damit aber nicht der Wechsel eines Arbeitsplatzes gemeint, sondern die Versetzung[36]. Somit regele der Befehl überhaupt nicht die Kündigungsproblematik und lasse damit die ArbPlWVO völlig unberührt, mit der Folge, daß auch die 2. DVO weiterhin anwendbar bleibe[37].

Die Arbeitsgerichte änderten zum Teil aufgrund der Feststellungen von Fitting ihre bisherige Rechtsprechung.

Das LAG Stuttgart nahm in einer Entscheidung vom 10.6.1948 zu dieser Frage Stellung und erläuterte, daß die "Verdeutschung" der Ziff. 16 des KRBef. schlecht sei, die englische Fassung der Bestimmung befasse sich nur mit der

---

[35] Fitting BB 1948, 208.

[36] Fitting BB 1948, 208; siehe auch Fitting RdA 1948, 99.

[37] Fitting RdA 1948, 99 (100).

Versetzung[38]. Die Mitwirkung des Arbeitsamtes sei zwar auch in Ziff.19 des KRBef. Nr.3 geregelt worden, insoweit liege aber eine korrekten Übersetzung vor. Die Vorschrift richte sich lediglich an den Arbeitnehmer und stelle den Wechsel des Arbeitsplatzes ohne Beteiligung des Arbeitsamtes unter Strafe. Unter Wechsel des Arbeitsplatzes könne man aber bei weiter Auslegung auch schon die Beendigung des Dienstverhältnisses verstehen. Diese Auslegung sei aber nicht zwingend, da zu einem Arbeitsplatzwechsel in der Regel zwei Akte gehörten, nämlich zum einen die Lösung des alten und zum anderen die Begründung des neuen Arbeitsverhältnisses. Die Bestimmung sei damit aber mehrdeutig. Auch aus dem Zweck des Gesetzes könne nichts abgeleitet werden, da es sich nicht genau sagen lasse, was der Kontrollrat mit den einzelnen Bestimmungen bezwecke. Man müsse daher auf eine allgemeine Auslegungsregel zurückgreifen, nach der in einem demokratischen Staat im Zweifel die freiheitlichere Auslegung den Vorzug verdiene, wenn ein Gesetz, welches die persönliche Freiheit einschränke, mehrere Deutungen erlaube. Damit liege ein Arbeitsplatzwechsel erst mit der Begründung eines neuen Arbeitsverhältnisses vor. Bei einer anderen Auslegung würde man die persönliche Freiheit nach dem Abbau der Rüstungswirtschaft und dem nationalsozialistischen Zwangssystem noch stärker einengen, als dies im Dritten Reich der Fall gewesen sei[39].

Auch das LAG München schloß sich dieser neuen Auffassung zu KRBef. Nr. 3 an[40]. Die Übersetzung von KRBef. Nr. 3 Ziff. 19 sei ohne Zweifel richtig und bestätige die ArbPlWVO, soweit in ihr Kündigungen von Arbeitnehmers geregelt seien. Die amtliche deutsche Übersetzung von Ziff. 16 des KRBef. enthalte allerdings einen sinnstörenden Übersetzungsfehler[41]. KRBef. Nr. 3 beziehe sich auf die Fälle, in denen ein Arbeitgeber, der mehrere Betriebe besitzt, den für einen seiner Betriebe mit Zustimmung des Arbeitsamtes eingestellten Arbeitnehmer in einen anderen seiner Betriebe versetze[42]. Im Ergebnis sei damit die 2. DVO noch in Kraft, weshalb Verwaltungen des Staates und der Gemeinden keiner Zustimmung zu einer Kündigung bedürften[43].

In zwei weiteren Entscheidungen zu diesem Bereich führte das LAG München aus, daß sich die 2. DVO nur auf solche Arbeitnehmer beziehe, die in der Hoheitsverwaltung tätig sind. So bedürften Kündigungen von Arbeitnehmer in ei-

[38] LAG Stuttgart vom 10.6.1948, RdA 1948, 100.
[39] LAG Stuttgart vom 10.6.1948, RdA 1948, 100 (101).
[40] LAG München vom 14.7.1948 RdA 1948, 100.
[41] LAG München vom 14.7.1948, RdA 1948, 100; siehe auch LAG Mannheim vom 28.9.1948, WA 1949 Nr.40, daß von einem "einwandfreien Übersetzungsfehler" spricht.
[42] LAG München vom 14.7.1948, RdA 1948, 100.
[43] LAG München vom 14.7.1948, RdA 1948, 100.

nem städtischen Krankenhaus oder in einem gemeindlichen Wasserwerk der Zustimmung des Arbeitsamtes[44].

Diese neue Auffassung des KRBef. Nr.3 konnte sich in der Folge aber nicht völlig durchsetzen[45].Das LAG Frankfurt führte etwa in einer Entscheidung vom 27.11.1948 aus, daß der Begriff "transfer" im transitiven wie intransitiven Sinne gebraucht werde, es wende sich daher sowohl an den Arbeitgeber als auch an den Arbeitnehmer[46]. Wenn die neuere Auffassung richtig wäre, so würde dies bedeuten, daß jede Umsetzung von Arbeitnehmern im Unternehmen und vielleicht sogar innerhalb des selben Betriebs von der Zustimmung des Arbeitsamtes abhängig wäre. Damit würde aber das Arbeitsamt Befugnisse bekommen, die typischerweise dem Direktionsrecht des Arbeitgebers entspringen. Die neue Auffassung über die Bedeutung des KRBef. Nr. 3 könne damit aber nicht richtig sein[47].

Auch das LAG Bremen schloß sich der neuen Auslegung des KRBef. Nr. 3 ausdrücklich nicht an, sondern blieb bei der Ansicht, daß KRBef. 3 die Ausnahmevorschriften des deutschen Arbeitsplatzwechselrechts nicht außer Kraft gesetzt habe, wohl aber neben diesen fortgeltenden Bestimmungen neue und zusätzliche Vorschriften betreffend die Überwachung des Arbeitsplatzwechsels gesetzt habe[48]. In einer weiteren Entscheidung führte das LAG Bremen aus, daß bisher keine staatliche Behörde um die Erlaubnis des Arbeitsamtes nachgesucht hätte, wenn ein Beamter von einer Dienststelle in eine andere versetzt werden sollte[49].

Zunächst konnte man damit in dieser Rechtsfrage eine Art "Mainlinie" feststellen, da die Länder südlich des Mains der neuen Auffassung folgten, während die Arbeitsgerichte nördlich des Mains ihre Rechtsprechung unverändert fortsetzten.

Allerdings gaben in der Folge bis auf das LAG Bremen alle Landesarbeitsgerichte die alte Auffassung zum Verhältnis von ArbPlWVO und KRBef. Nr.3 auf und folgten der von Fitting entwickelten Auslegung, wobei dieser Wandel in der Rechtsprechung vor allem auf Äußerungen der Militärregierungen zurückzuführen war[50].

---

[44] Siehe LAG München vom 17.12.1948, WA 1949 Nr.200 und vom 15.11.1948, WA 1949 Nr.118; vgl. auch LAG Düsseldorf vom 30.3.1949, WA 1949 Nr. 175.
[45] Siehe Dietz RdA 1948, 102 (103); Hueck RdA 1948, 108; LAG Mannheim vom 28.9.1948, RdA 1949, 119.
[46] LAG Frankfurt vom 27.11.1948, WA 1949 Nr.145.
[47] LAG Frankfurt vom 27.11.1948, WA 1949 Nr.145.
[48] LAG Bremen vom 24.11.1948, WA 1949 Nr.53.
[49] LAG Bremen vom 15.12.1948, WA 1949, Nr.92.
[50] Siehe Information RdA 1948, 137 (138).

So erklärte etwa das LAG Frankfurt in einer Entscheidung vom 1.6.1949, daß es an seiner alten Auffassung nicht mehr festhalte, weil der KRBef. durch Bescheid der amerikanischen Militärregierung an das dortige Arbeitsministerium vom 2.3.1949 eine authentische Auslegung erhalten habe[51]. Im Bescheid war ausgeführt, daß ein Arbeitgeber nach Andeutung des OMGUS nicht die Zustimmung Arbeitsamtes haben müsse, um einen Angestellten zu kündigen[52]. Das LAG Frankfurt führte weiter aus, daß diese Ansicht auch durch Bescheid der Militärregierung des Landes Schleswig-Holstein vom 28.3.1949 bestätigt werde. Im Hinblick auf diese Klarstellungen gebe es aber keinen Grund mehr, an der alten Auffassung festzuhalten[53].

5.2.3. Vereinbarkeit der 2. Durchführungsverordnung mit höherrangigem Recht

Für die herrschende Meinung stellte sich dann die Frage, ob die Herausnahme von öffentlichen Behörden aus der ArbPlWVO nicht gegen höherrangige Prinzipien verstoße und deshalb nichtig sei.

Das LAG Stuttgart prüfte etwa in einer Entscheidung aus dem Jahre 1948, ob die 2. DVO zur ArbPlWVO mit dem Gleichheitsgrundrecht des Art. 2 I der württembergisch-badischen Verfassung zu vereinbaren sei[54]. In seiner Entscheidung stellt das LAG zunächst darauf ab, daß das Arbeitsamt keinen umfassendes Prüfungsrecht besitze, sondern lediglich zu prüfen habe, ob der Lösung des Arbeitsverhältnisses arbeitsmarktpolitische Bedenken entgegenstünden. Unter diesem Gesichtspunkt lasse sich die Bevorzugung der Länder, Kreise und Verwaltungen aber durchaus rechtfertigen, da die Zahl der zu besetzenden Stellen von einem Stellenplan abhinge und in der Regel einer Kündigung eine Einstellung gegenüberstehe. Für die Bevorzugung bestehe damit aber ein sachlicher Grund, weshalb die Regelung mit der Verfassung zu vereinbaren sei[55]. Weiter betonte das LAG, daß die 2 DVO auch nicht auf dem nationalsozialistischen Führerprinzip beruhe[56].

Auch das LAG Bremen setzte sich mit der Weitergeltung der 2. DVO auseinander und führte aus, daß die Herausnahme von öffentlichen Behörden aus der Anwendung der ArbPlWVO auf dem Gedanken beruhe, daß öffentliche Behörden auch als Arbeitgeber die Belange der Allgemeinheit berücksichtigen und beachten würden. Ein solcher Gedankengang sei aber nicht nationalsozialistisch

[51] LAG Frankfurt a.M. vom 1.6.1949, WA 1949 Nr.201; siehe auch LAG Hamm vom 21.12.1948, WA 1949 Nr.189.

[52] Siehe hierzu Information RdA 1948, 137 (138) mit wörtlicher Wiedergabe des Bescheids.

[53] LAG Frankfurt vom 12.6.1948, WA 1949 Nr.201.

[54] LAG Stuttgart vom 10.6.1949, RdA 1949, 100 ff.

[55] LAG Stuttgart vom 10.6.1948, RdA 1948, 100 (102); siehe auch LAG München vom 14.7.1948, RdA 1948, 100 sowie LAG Mannheim vom 28.9.1948, WA 1949 Nr.40.

[56] LAG Stuttgart vom 10.6.1948; RdA 1948, 100 (102).

geprägt[57]. Unabhängig davon sei aber aufgrund von KRBef. Nr. 3 zumindest die nachträgliche Zustimmung des Arbeitsamtes notwendig[58].

5.2.4. Umdeutung einer Kündigung unter Geltung der ArbPlWVO

Die Rechtsprechung hatte unter der Geltung der ArbPlWVO verschiedentlich darüber zu befinden, ob eine mit Zustimmung des Arbeitsamtes ausgesprochene fristlose Kündigung, für die es an einem Kündigungsgrund im Sinne des § 626 BGB fehlt, in eine ordentliche Kündigung umgedeutet werden kann. Eine solche Umdeutung in eine fristgemäße Kündigung wurde von den Arbeitsgerichten durchgehend abgelehnt.

Das LAG Hamm führte insofern aus, daß eine Umdeutung nicht möglich sei, da für eine fristgemäße Kündigung eine ausdrücklich auf diesen Fall abstellende Zustimmung des Arbeitsamtes erforderlich sei[59]. Der Zustimmungsbescheid des Arbeitsamtes beziehe sich aber lediglich auf die ausgesprochene fristlose Kündigung[60].

Auch das LAG Frankfurt lehnte die Möglichkeit einer Umdeutung in ständiger Rechtsprechung ab. In einer Entscheidung vom 31.8.1948 führte das LAG Frankfurt aus, daß es das Arbeitsamt in der Hand habe, ob es im Einzelfall einer fristgemäßen oder einer fristlose Kündigung zustimmen wolle[61]. Vom Ausgangspunkt des Arbeitseinsatzes her könne das Arbeitsamt durchaus eine fristgemäße Kündigung nicht für zulassungswürdig erachten, wohl aber eine fristlose Kündigung. Einer fristlosen Kündigung würde auch eher zugestimmt, um die Überprüfung der Kündigungsgründe durch das Arbeitsgericht zu eröffnen. In diesem Fall würden die Interessen des Arbeitseinsatzes hintangestellt[62].

In einer Entscheidung vom 21.9.1948 führte das LAG Frankfurt weiter aus, daß die Voraussetzungen, unter denen das Arbeitsamt seine Zustimmung erteilt, bei der fristgemäßen Kündigung andere seien als bei der fristlosen[63]. Zu einer fristlosen Kündigung solle nämlich nach Anweisung der Arbeitsverwaltung grundsätzlich die Zustimmung erteilt werden, um den Weg für eine Überprüfung durch die Arbeitsgerichte freizumachen, während bei einer fristgemäßen

---

[57] LAG Bremen vom 7.7.1948, RdA 1949, 77 (78).
[58] LAG Bremen vom 7.7.1948, RdA 1949, 77 (78 f).
[59] LAG Hamm vom 30.10.1947, MDR 1948, 86 (87).
[60] LAG Hamm vom 20.10.1947, MDR 1948, 86 (87).
[61] LAG Frankfurt a.M: vom 31.8.1948, WA 1948 Nr. 263; so auch LAG Frankfurt a.M vom 30.3.1949, WA 1949 Nr. 227.
[62] LAG Frankfurt a.M. vom 31.8.1948, WA 1948 Nr. 263.
[63] LAG Frankfurt a.M. vom 21.9.1848, RdA 1949, 34 (35).

Kündigung die Interessen der Arbeitsverwaltung mehr in den Vordergrund treten würden[64].

Das LAG Hamburg sah darin, daß die Zustimmung zu einer fristlosen Kündigung von der Arbeitsbehörden regelmäßig gegeben wurde, sogar einen Grund, um eine Zustimmung im Einzelfall nicht für erforderlich zu erachten[65]. Der Rechtsstandpunkt mangelnder Zustimmung sei nach dem LAG Hamburg dann nicht zuzulassen, wenn der Frage der Zustimmung eine berechtigterweise zweifelhafte Rechtslage allgemein zugrunde liege, dem Kündigenden nach den Anschauungen des Arbeitslebens kein Vorwurf gemacht werden könne und es sich um eine Kündigung aus wichtigem Grund handele[66]. Es könne nämlich nach Treu und Glauben nicht gebilligt werden, daß sich der Kündigungsgegner unter solchen Umständen mit dem Hinweis auf eine mangelnde Zustimmung einer Überprüfung der wichtigen Gründe vorläufig entziehen können soll, zumal das Arbeitsamt grundsätzlich einer Kündigung aus wichtigem Grund zuzustimmen pflege, um die Entscheidung über das Vorliegen eines wichtigen Grundes dem Arbeitsgericht zu überlassen[67].

Die Auffassung, daß eine Umdeutung der fristlosen Kündigung nicht möglich ist, war schon während dem Krieg ganz herrschende Meinung[68], wobei diese Auffassung vor allem auf einen Erlaß des Reichsarbeitsministeriums vom 24.4.1940 gestützt wurde, indem geregelt war, daß einem Antrag auf fristlose Kündigung in der Regel zugestimmt werden soll[69].

In einer Entscheidung vom 30.3.1949 sprach das LAG Frankfurt aus, daß die Zustimmung zu einer fristgemäßen Kündigung eine fristlose Kündigung nicht mit umfasse[70]. Das Arbeitsamt könne seine Zustimmung für eine fristgemäße oder fristlose Kündigung oder für beide erteilen. Wenn das Arbeitsamt aber eine Entscheidung getroffen habe, sei das Arbeitsgericht daran gebunden[71].

5.2.5. Problematik der nachträglichen Zustimmung zur Kündigung

Hinsichtlich der ArbPlWVO stellte sich für die Arbeitsgerichte weiterhin die Frage, ob eine Kündigung auch gültig ist, wenn die Zustimmung zur Kündigung vom Arbeitgeber erst nachträglich eingeholt wurde und, soweit von einer Gültigkeit ausgegangen wurde, zu welchem Zeitpunkt die Kündigung Wirkung ent-

[64] LAG Frankfurt a.M. vom 21.9.1948, RdA 1949, 34 (35).
[65] LAG Hamburg vom 21.2.1948, ArbR. Entscheidungen 1948 Nr. 92.
[66] LAG Hamburg vom 21.2.1948, ArbR. Entscheidungen 1948 Nr. 92.
[67] LAG Hamburg vom 21.2.1948, ArbR. Entscheidungen 1948 Nr. 92.
[68] Siehe nur Bulla ArbPlWVO § 1 Rdnr.133 mwN.
[69] Erlaß vom 24.4.1940, RArbBL I, 252.
[70] LAG Frankfurt a.M. vom 30.3.1949, WA 1949 Nr. 227.
[71] LAG Frankfurt a.M. vom 30.3.1949, WA 1949 Nr. 227.

falte. Die ArbPlWVO enthielt zu diesem Punkt lediglich die Regelung, daß das Arbeitsamt in Ausnahmefällen der Kündigung nachträglich zustimmen könne.

Das RAG vertrat in ständiger Rechtsprechung die Ansicht, daß die Erteilung einer nachträglichen Zustimmung grundsätzlich auf den Ausspruch der Kündigung zurückwirke[72]. Das RAG begründete seine Auffassung mit einer sinngemäßen Anwendung des § 184 I BGB. Die Rückwirkung habe zur Folge, daß die zunächst schwebend unwirksame Kündigung von Anfang an wirksam werde. Von diesem Zeitpunkt ab würden die arbeitsvertraglichen Wirkungen einer ordnungsgemäßen Kündigung eintreten, insbesondere die Kündigungsfrist in Gang gesetzt. Dies gelte uneingeschränkt auch dann, wenn die Zustimmung während oder nach Ablauf der Kündigungsfrist erteilt werde[73]. Im Zweifel müsse davon ausgegangen werden, daß eine nachträglich beantragte und schlicht erteilte Zustimmung sich auf die ausgesprochene Kündigung rückwirkend beziehe[74].

Die Arbeitsgerichte nach 1945 entwickelten hinsichtlich der Problematik der nachträglichen Zustimmung unterschiedliche Lösungsansätze. Das LAG Hamburg kam in einer Entscheidung aus dem 16.10.1946 zum Ergebnis, daß, wenn das Arbeitsamt die Zustimmung zu einer Kündigung formularmäßig erteile, dieses nur so aufgefaßt werden könne, daß der Arbeitgeber nun zur Kündigung berechtigt sei und diese nochmals aussprechen müsse[75]. Aus § 6 ArbPlWVO könne zwar wohl entnommen werden, daß das Arbeitsamt den Beginn der Kündigungsfrist auf den Tag seiner Zustimmung zurückbestimmen könne, doch müsse dies wegen § 1 ArbPlWVO ausdrücklich ausgesprochen werden. Wenn eine ausdrückliche Anordnung fehle, müsse der Arbeitgeber nochmals kündigen[76].

Auch das LAG Düsseldorf vertrat die Ansicht, daß die Kündigungsfrist erst ab der Zustimmungserteilung durch das Arbeitsamt zu laufen beginne[77]. Nach seiner Ansicht muß aber eine erneute Kündigung auch dann nicht ausgesprochen werden, wenn das Arbeitsamt in seiner Erklärung keine Rückwirkung festgelegt hat[78].

Das ArbG Köln hatte über einen Fall zu entscheiden, in dem ein langjährig angestellter Arbeitnehmer zum 30.9.1947 gekündigt werden sollte, wobei allerdings vor Ausspruch der Kündigung keine Zustimmungserklärung vorlag. Das Arbeitsamt hatte nachträglich die Zustimmung erteilt, allerdings mit dem Zu-

---

[72] RAG vom 4.2.1941, DR 1941, 955; RAG vom 24.6.1941, DR 1941, 2302 (2304).
[73] RAG vom 24.6.1941, DR 1941, 2302 (2303).
[74] RAG ARS 42, 16; RAG ARS 41, 336.
[75] LAG Hamburg vom 16.10.1949, WA 1948 Nr.47.
[76] LAG Hamburg vom 16.10.1946, WA 1948 Nr.47.
[77] LAG Düsseldorf vom 3.11.1947, WA 1948 Nr.84.
[78] LAG Düsseldorf vom 3.11.1947, WA 1948 Nr.84.

satz, daß die Kündigung erst zum 31.12.1947 gültig werde. Das ArbG Köln hielt einen solchen Zusatz des Arbeitsamtes für zulässig. Zwar habe das Arbeitsamt grundsätzlich keine Befugnis die Arbeitsrechtslage als solche zu gestalten, allerdings bestehe ein Zusammenhang zwischen der Zustimmung des Arbeitsamtes und der Gültigkeit der Kündigung. Durch diesen Zusammenhang könne das Arbeitsamt bestimmen, zu welchem Zeitpunkt die Zustimmung dem schwebend unwirksamen Rechtsgeschäft zur Gültigkeit verhelfe. In diesem Fall sei die Zustimmungserklärung so aufzufassen, daß die Kündigung zu dem Zeitpunkt wirksam werde, zu dem das Arbeitsverhältnis bis zum 31.12.1947 beendet werden könne[79].

Die Entscheidung des Arbeitsgerichts Köln gab dem Arbeitsamt eine sehr weitgehende Entscheidungsbefugnis im Falle der nachträglichen Zustimmung, da das Arbeitsamt nach Auffassung des Arbeitsgerichts durch solche Zusätze frei bestimmen könne, zu welchem Zeitpunkt die Kündigung Wirksamkeit erlangt. Die Frage der Rückwirkung würde damit aber völlig auf das Arbeitsamt verlagert. Das Arbeitsgericht Köln ging damit aber weiter als das LAG Hamburg, das entschieden hat, daß eine Rückwirkung nur möglich sei, wenn das Arbeitsamt diese ausdrücklich anordne; denn in der Entscheidung des LAG Hamburg wurde nicht davon ausgegangen, daß das Arbeitsamt frei bestimmen kann, bis zu welchem Zeitpunkt die Rückwirkung reicht.

Das LAG Mannheim setzte sich in einer Entscheidung vom 25.7.1948 ausführlich mit der Frage auseinander, ob die Zustimmungserklärung durch das Arbeitsamt die Kündigung rückwirkend heilen könne, und lehnte im Ergebnis eine rückwirkende Wirkung der Zustimmungserklärung ab[80]. Zur Begründung führte das LAG Mannheim aus, daß aus keiner der Bestimmungen der ArbPlWVO oder des KRBef. Nr.3 eine Rückwirkung der Zustimmungserklärung gefolgert werden könne. Das Arbeitsverhältnis führe zu einem personenrechtlichen Rechtszustand, der nicht rückwirkend beseitigt werden könne. Es würde auch der Natur der Sache widerstreiten, wenn man ein Arbeitsverhältnis etwa durch Anfechtung oder Rücktritt rückwirkend auflösen wolle. Das Arbeitsverhältnis äußere bis zur Genehmigung seine privatrechtlichen Folgen, womit eine vollwertige Kündigung erst mit Erteilung der Zustimmung vorliege[81].

Im Gegensatz hierzu bejahte das LAG Stuttgart in seiner Rechtsprechung vom Grundsatz her eine rückwirkende Kraft der Zustimmung auf den Zeitpunkt der Erklärung der Kündigung[82]. In seiner Entscheidung vom 24.10.1947 kam das LAG Stuttgart dann aber im Ergebnis auf eine Rückwirkung nur bis zum Zeit-

---

79 ArbG Köln vom 16.3.1948, WA 1948 Nr.157.
80 LAG Mannheim vom 25.7.1948, WA 1949 Nr.53.
81 LAG Mannheim vom 25.7.1948, WA 1949 Nr.53.
82 Siehe LAG Stuttgart vom 24.10.1947 und 28.11.1947, WA 1948 Nr.83, 256.

punkt der Antragstellung[83]. Zur Begründung führte das LAG aus, daß bei der Auslegung einer behördlichen Verfügung von dem Grundsatz auszugehen sei, daß in den Fällen, in denen die Verwaltung aufgrund eines Gesetzes in das Privatrecht eingreife, diese den Interessenkonflikt möglichst billig und gerecht lösen wolle. Wenn damit eine Partei den Antrag auf Zustimmung verspätet stelle, müsse die Verspätung zu ihren Lasten gehe. Der Genehmigungsbescheid wirke deshalb nur bis zur Antragstellung zurück. Eine Wiederholung der Kündigung wurde vom LAG Stuttgart aber nicht für notwendig gehalten[84].

In einer Entscheidung vom 28.11.1947 bejahte das LAG Stuttgart bei einer fristlosen Kündigung dann die Rückwirkung des Zustimmungsbescheids auf den Zeitpunkt der Kündigungserklärung[85]. Auf die Frage eines Verschuldens hinsichtlich der nachträglichen Antragstellung ist das LAG hierbei allerdings nicht eingegangen, wobei in diesem Fall in der verspäteten Antragstellung wohl kein Verschulden gesehen werden konnte

Auch das LAG Hannover stellte in seiner Entscheidung vom Mai 1948 darauf ab, ob die Zustimmung verspätet beantragt wurde[86]. In dem genannten Fall wurde die Zustimmung drei Tage vor der Kündigung beantragt und etwa eine Woche nach der Kündigung erteilt. Das LAG führte aus, daß die Kündigung grundsätzlich nachträglich mit ihrem Ausspruch Wirksamkeit erlange[87]. Hier habe der Arbeitgeber, nach eigenen Angaben, allerdings schon im Frühjahr Kenntnis davon gehabt, daß im Herbst Entlassungen durchgeführt werden müssen. Wenn der Arbeitgeber aber verschuldet die Zustimmung erst kurzfristig vor Ausspruch der Kündigung beantrage, führe dieses zur vollständigen Unwirksamkeit der Kündigung[88]. Die Zustimmung könne auch nicht Rechtsfolgen für eine im Anschluß an die Zustimmung erklärte Kündigung haben, da sich die Zustimmungserklärung eindeutig nur auf die anfangs erklärte Kündigung bezogen habe[89].

Das LAG München billigte der nachträglichen Zustimmung ebenfalls rückwirkende Kraft zu. In einer Entscheidung vom 12.10.1948 wurde erklärt, daß die Kündigung durch die nachträgliche Zustimmung so rechtsgestaltend und abschließend wirksam werde, wie, an welchem Zeitpunkt und bis zu welchem Zeitpunkt sie erklärt worden sei[90].

---

[83] LAG Stuttgart vom 24.10.1947, WA 1948 Nr.83.
[84] LAG Stuttgart vom 24.10.1947, WA 1948 Nr.83.
[85] LAG Stuttgart vom 28.11.1947, WA 1948 Nr.256.
[86] LAG Hannover vom 11.5.1948, WA 1948 Nr.203.
[87] LAG Hannover vom 11.5.1948, WA 1948 Nr.203; siehe auch LAG Hannover vom 6.7.1948, WA 1948 Nr.229.
[88] LAG Hannover vom 11.5.1948, WA 1948 Nr.203.
[89] LAG Hannover vom 11.5.1948, WA 1948 Nr.203.
[90] LAG München vom 12.10.1948, RdA 1949, 397 (398).

Auch das LAG Frankfurt bejahte in ständiger Rechtsprechung eine Rückwirkung der nachträglichen Zustimmung auf den Zeitpunkt der Kündigungserklärung [91]. In seiner Entscheidung vom 20.4.1948 führte es aus, daß der Zeitpunkt der Zustimmung des Arbeitsamtes für den Beginn der Kündigungsfrist völlig unerheblich sei[92]. Die Zustimmung wirke immer auf den Ausspruch der Kündigung zurück, wenn sie nur im Zeitpunkt der letzten mündlichen Verhandlung vorliege[93]. Das LAG bezog sich in diesem Punkt ausdrücklich auf die Rechtsprechung des Reichsarbeitsgerichts[94], daß unter Rückgriff auf § 184 BGB annahm, daß durch die Zustimmung des Arbeitsamtes die schwebend unwirksame Kündigung von Anfang an wirksam werde, weshalb von diesem Zeitpunkt ab die arbeitsvertraglichen Wirkungen einer ordnungsgemäßen Kündigung beginnen würden[95].

In seiner Entscheidung vom 13.7.1948 hielt das LAG Frankfurt an der grundsätzlichen Rückwirkung fest, führte aber weiter aus, daß sich aus dem Bescheid des Arbeitsamtes ergeben müsse, ob der Bescheid sich auf eine schon erklärte Kündigung beziehe oder aber auf eine zukünftige[96]. In dem zu entscheidenden Fall hatte der Arbeitgeber am 30.4.1947 die Kündigung erklärt, aber erst Monate später ohne Angabe des Kündigungsdatums die Zustimmung beantragt, woraufhin die Zustimmung am 20.10.1948 vom Arbeitsamt erklärt wurde[97]. Das Arbeitsgericht erläuterte in der Begründung seiner Entscheidung, daß der Bescheid des Arbeitsamtes vom Arbeitsgericht ausgelegt werden müsse. In diesem Fall würde es aber der Sicherheit des Rechtsverkehrs und der Klarheit der Rechtsbeziehungen widersprechen, wenn man den Bescheid des Arbeitsamtes als nachträgliche Zustimmungserklärung auffassen würde. Hinsichtlich einer Zustimmung für eine zukünftige Kündigung erläuterte das Arbeitsgericht, daß zwischen der Zustimmungserklärung und der Kündigung ein zeitlicher Zusammenhang bestehen müsse, da der Arbeitgeber nicht in der Lage sein solle, die Zustimmungen auf "Reserve" einzuholen. Die Kündigung müsse zwar nicht unmittelbar auf die Zustimmung folgen, es müsse aber zumindest ein zeitlicher Zusammenhang bestehen[98].

Die unterschiedlichen Auffassungen der Arbeitsgerichte zur Rückwirkung der nachträglichen Zustimmungserklärung zeigen die Probleme, die die Arbeitsgerichte bei der Abgrenzung der Entscheidungskompetenzen zwischen Verwal-

---

[91] LAG Frankfurt a.M. vom 20.4.1948, WA 1948 Nr.204; LAG Frankfurt a.M. vom 13.7.1948, WA 1948 Nr.241; LAG Frankfurt a.M. vom 9.12.1948, WA 1949 Nr.62.
[92] LAG Frankfurt a.M. vom 20.4.1948, WA 1948 Nr.204.
[93] LAG Frankfurt a.M. vom 20.4.1948, WA 1948 Nr.204.
[94] Siehe RAG ArbRSamml. 42, 268 (272).
[95] LAG Frankfurt a.M. vom 20.4.1948, WA 1948 Nr.204.
[96] LAG Frankfurt a.M. vom 13.7.1948, WA 1948 Nr.241.
[97] Siehe LAG Frankfurt a.M. vom 13.7.1948, WA 1948 Nr.241.
[98] LAG Frankfurt a.M. vom 13.7.1948, WA 1948 Nr.241.

tung und Gerichtsbarkeit in dieser Frage hatten. Die Entscheidungen belegen jedoch, daß die Arbeitsgerichte nahezu durchgehend davon ausgegangen sind, daß es in die alleinige Kompetenz des Arbeitsamtes falle, ob es einer Kündigung nachträglich zustimme und die Arbeitsgerichte an Entscheidungen des Arbeitsamtes gebunden sind[99]. Das LAG Stuttgart führte hierzu in einer Entscheidung vom Oktober 1947 aus, daß ein Rechtsstaat auf dem Prinzip der Gewaltentrennung beruhe, so habe sich die Verwaltung jeden Eingriffs in die Rechtspflege zu enthalten, wie umgekehrt die Gerichtsbarkeit eines Eingriffs in die Verwaltung[100]. In einer Entscheidung vom 10.3.1947 betonte das LAG Stuttgart, daß dieses auch dann gelte, wenn eine Entscheidung des Arbeitsamtes offensichtlich den bestehenden Verwaltungsvorschriften widerspreche[101]. Nach einem Urteil des LAG Hamburg fällt es aber in den Entscheidungsbereich der Gerichte zu überprüfen, ob überhaupt eine wirksame Zustimmungsentscheidung des Arbeitsamtes vorliege. Die Erteilung einer Kündigungszustimmung durch ein unzuständiges Arbeitsamt führe aber zur Nichtigkeit der Entscheidung[102].

Zu den im Ergebnis abweichenden Entscheidungen in der Frage der Reichweite einer Rückwirkung fällt auf, daß in vielen Urteilen einfach Zeitpunkte festgesetzt werden, bis zu denen die Zustimmung des Arbeitsamtes zurückreiche, ohne daß versucht wurde, das gefundene Ergebnis juristisch zu begründen. Wenn man aber versucht, die Problematik juristisch zu lösen, scheint zunächst vieles für die Anwendung von § 184 BGB zu sprechen und damit für eine rückwirkende Wirksamkeit der Kündigung von Anfang an. Bevor man allerdings auf § 184 BGB abstellen kann, müßte zunächst untersucht werden, ob das Arbeitsverhältnis überhaupt einer rückwirkenden Auflösung zugänglich ist. Diese Frage wird aber von den Gerichten, die auf § 184 BGB abstellen, nicht erörtert. Bogs führte zu dieser Frage aus, daß es nach herrschender Meinung mit der Rechtsnatur des Arbeitsverhältnisses nicht zu vereinbaren sei, das Arbeitsverhältnis rückwirkend durch Anfechtung oder Rücktritt zur Auflösung zu bringen. Wenn das Arbeitsverhältnis aber selbst beim Vorliegen von Anfechtungsgründen nicht rückwirkend aufgelöst werden könne, müsse dieses erst recht bei fehlender Zustimmung des Arbeitsamtes gelten[103]. Unabhängig von dieser Frage, führte aber der entstehende Schwebezustand zu Verhältnissen, die für den Arbeitnehmer insbesondere dann kaum hinnehmbar waren, wenn die Zustimmung erst zu einem Zeitpunkt erklärt wurde, in dem auch die Kündigungsfrist schon abgelaufen war[104]. Auch Bulla sprach insoweit von einer mißlichen Lage und

[99] Siehe etwa ArbG Neumünster vom16.10.1947, ArbR.i.St. I Ziff. 758; LAG Düsseldorf vom 21.1.1947, ArbR.i.St. I Ziff. 16; a.A. ArbG Stade vom 18.9.1947, ArbR.i.St. I Ziff. 136.

[100] LAG Stuttgart vom 24.10.1947, WA 1948 Nr.83.

[101] LAG Stuttgart vom 10.3.1948, NJW 1947/48, 638.

[102] LAG Hamburg vom 16.11.1947, WA 1948 Nr.170.

[103] Bogs RdA 1948, 133 (135)

[104] Siehe hierzu Bogs RdA 1948, 133

legt es in die Verantwortung des Arbeitsämter in diesen Fällen keine oder die Rückwirkung zu beschränken[105]. Außerdem hat die Rückwirkung eine Abwicklung des Arbeitsverhältnisses über § 812 BGB zur Folge, der man bei der Anfechtungsproblematik gerade aus dem Weg gehen möchte.

5.2.6. Befugnis des Arbeitsamtes zur Abänderung einer Entscheidung

Die ArbPlWVO warf weiterhin das Problem auf, ob das Arbeitsgericht eine einmal getroffene Entscheidung abändern kann, d.h. ob es eine Zustimmung zur Kündigung wieder aufheben kann oder nach einer ablehnenden Entscheidung noch nachträglich die Zustimmung erteilen kann.

Das RAG vertrat hier eine differenzierende Auffassung. Es war der Auffassung, daß die einmal erteilte Zustimmung zur Lösung eines Arbeitsverhältnisses grundsätzlich nicht mehr widerrufen oder im Dienstaufsichtswege geändert werden könne[106]. Die Zustimmung sei keine Verwaltungsmaßnahme gewöhnlicher Art, die aus Gründen der Zweckmäßigkeit oder der besseren Einsicht nachträglich wieder aufgehoben werden kann, sondern sie wirke sich rechtsgestaltend aus, indem sie einer Kündigung den sonst fehlenden Bestand verleihe. Es wäre mit der Rechtssicherheit unverträglich, wenn das Arbeitsamt eine einmal geschaffene Rechtslage wieder beliebig umstoßen könnte. Eine Ausnahme gelte nur bei einer durch arglistige Täuschung erschlichenen Entscheidung[107].

Eine andere Auffassung vertrat das RAG aber zur Frage einer anfänglichen Zustimmungsverweigerung. Das RAG führte hierzu in einer Entscheidung aus dem Jahre 1942 aus, daß die Zustimmungserklärung des Arbeitsamtes eine Verwaltungshandlung sei, die den Grundsätzen des Verwaltungsrechts unterliege und deshalb grundsätzlich abgeändert werden könne, wenn keine abweichende Vorschrift bestehe[108]. Dieses gelte aber nur so lange, wie sich die Entscheidung noch nicht rechtsgestaltend auf das Privatrecht ausgewirkt habe[109]. Die Zustimmung zur Kündigung sei eine solche Entscheidung[110]. Die Versagung der Zustimmung sei aber anders zu beurteilen, sie unterliege als Verwaltungshandlung keiner Rücknahmebeschränkung, da sie sich in keiner Weise rechtsgestaltend auswirke. Die Versagung der Zustimmung habe nicht etwa zur Folge, daß eine bis dahin schwebend unwirksame Kündigung durch sie endgültig unwirksam werde[111]. Die Kündigung bleibe vielmehr schwebend unwirksam. Die nachteili-

[105] Bulla ArbPlWVO § 1 Rdnr. 268.
[106] RAG vom 11.9.1940, DR 1941, 285.
[107] RAG vom 11.9.1940, DR 1941, 285 (286).
[108] RAG vom 16.1.1942; RAG Bd. 44, 82 (84).
[109] RAG vom 16.1.1942, RAG Bd. 44, 82 (84).
[110] RAG vom 16.1.1942, RAG Bd. 44, 82 (84) unter Berufung auf RAG vom 11.9.1940, DR 1941, 285 f.
[111] RAG vom 16.1.1942, RAG Bd. 44, 82 (85).

gen Folgen, die die andauernde Unsicherheit über den Bestand des Arbeitsverhältnis mit sich bringe, könne das Arbeitsamt auffangen, indem es die Kündigung mit Einschränkungen versehe, so etwa mit der Zustimmung zur Kündigung zu einem nach dem Kündigungstermin liegenden Zeitpunkt, was nach der Rechtsprechung anerkannt sei[112].

Die Arbeitsgerichte der Westzonen folgten der Rechtsprechung des RAG einhellig insoweit, daß eine nachträgliche Zustimmungsentscheidung des Arbeitsamtes nicht abgeändert werden könne[113]. Die Arbeitsgerichte begründeten diese Auffassung im Anschluß an das Reichsarbeitsgericht mit der rechtsgestaltenden Wirkung der Entscheidung des Arbeitsamtes[114]. Der umgekehrt gelagerte Fall, in dem das Arbeitsamt zunächst seine nachträgliche Zustimmung versagt, diese Entscheidung dann aber in eine Zustimmung umändert, war hingegen zwischen den Arbeitsgerichten sehr umstritten.

Das LAG Schleswig-Holstein schloß sich der Rechtsprechung des RAG ausdrücklich an[115]. Es führte aus, daß eine die Zustimmung verweigernde Entscheidung keine rechtsgestaltende Wirkung habe, weil der Kündigung nach wie vor ein Wirksamkeitserfordernis fehle[116]. Das LAG führt weiter aus, daß gegen diese Rechtsprechung zwar aus Billigkeitsgründen Zweifel bestehen könnten. Diese Billigkeitsgesichtspunkte seien aber nicht geeignet, die in Wissenschaft und Rechtsprechung ausgeprägte Lehre über die rechtsgestaltende Wirkung von Verwaltungsakten auszuweiten. Aus Billigkeitserwägungen heraus einen anderen Weg zu wählen, sei aber auch gar nicht notwendig, da der Arbeitgeber den Schaden zu ersetzen habe, der dadurch entsteht, daß er es schuldhaft unterlassen hat, die Zustimmung des Arbeitsamtes vor der Kündigung einzuholen[117].

Diese Auffassung des LAG Schleswig-Holstein wurde auch vom LAG Frankfurt in einer Entscheidung vom 7.4.1949 vertreten[118]. Das LAG Frankfurt führte in Anknüpfung an die Rechtsprechung des RAG an, daß eine Entscheidung, die die Zustimmung versagt, keine rechtsgestaltende Wirkung habe. Die Kündigung sei nämlich aufgrund der Vorschriften der ArbPlWVO schon vor der Versagung

---

[112] RAG vom 16.1.1942, RAG Bd..44, 82 (88) unter Berufung auf RAG vom 24.6.1941, DR 1941, 2302.
[113] Siehe LAG Düsseldorf vom 26.9.1948, RdA 1948, 38 (39); LAG München vom 12.10.1948, WA 1948 Nr. 82; LAG Frankfurt vom 13.7.1948, WA 1948 Nr. 241; so auch Bulla RdA 1948, 39 (40).
[114] Siehe LAG Frankfurt vom 13.7.1948, WA 1948 Nr. 241; LAG München vom 12.10.1948, WA 1949 Nr. 82.
[115] LAG Schleswig-Holstein vom 3.8.1948, WA 1948 Nr. 230.
[116] LAG Schleswig-Holstein vom 3.8.1948, WA 1948 Nr. 230.
[117] LAG Schleswig-Holstein vom 3.8.1948, WA 1948 Nr. 230.
[118] LAG Frankfurt vom 3.8.1949, WA 1949 Nr. 250.

der Zustimmung unwirksam gewesen, an diesem Zustand habe sich durch die Versagung nichts geändert[119].

Eine andere Auffassung zu dieser Frage vertrat allerdings das LAG München in seiner sorgfältig begründeten Entscheidung vom 12.10.1948[120]. Das LAG legte in seiner Entscheidung zunächst dar, daß das Arbeitsverhältnis sich nach einer Kündigung ohne Zustimmung des Arbeitsamtes in einem Zustand schwebender Rechtsunwirksamkeit befinde. Dieser Zustand würde bei nachträglicher Zustimmung zur Wirksamkeit der Kündigung führen, wobei eine nachträgliche Änderung der Entscheidung durch das Arbeitsamt daran nichts mehr ändern könnte[121]. Für den umgekehrten Fall einer Versagung der Zustimmung könne aber nichts anderes gelten, weil durch die Ablehnungsverfügung die bis dahin schwebend unwirksame Kündigungserklärung "endgültig mit dem Charakter eines rechtsunwirksamen Rechtsvorgangs erfüllt" werde[122]. Weiterhin sei zu berücksichtigen, daß das Arbeitsverhältnis keine Rückwirkung vertrage, und es keine rückwirkende Kündigungserklärung gebe[123]. Das Gericht führte zur Begründung noch weiter aus, daß eine andere Auffassung auch bei einer Kündigung durch den Angestellten zu untragbaren Ergebnissen führen würde[124].

Auf der Linie des LAG München lag auch eine Entscheidung des LAG Düsseldorf vom 26.9.1947. Im Gegensatz zum LAG München setzte sich das LAG Düsseldorf allerdings mit der abweichenden Rechtsprechung des RAG auseinander[125]. Das LAG Düsseldorf führte aus, daß durch die verweigerte Zustimmung die Kündigung endgültig rechtsunwirksam geworden sei. Ein besonderes Beschwerdeverfahren bestehe zur Zeit nicht, weshalb über die Änderungsbefugnis nach allgemeinen Verwaltungsgrundsätzen zu entscheiden sei. Eine solche Änderungsbefugnis könne aber dann nicht mehr bestehen, wenn sich eine Entscheidung bereits rechtsgestaltend ausgewirkt habe. Durch die Verweigerung der Zustimmung sei die bisher schwebend unwirksame Kündigung endgültig rechtsunwirksam geworden. An dieser Wirkung könne ein nachträglicher Bescheid nichts mehr ändern. Das Arbeitsamt habe jetzt lediglich die Zustimmung zu einer zukünftigen Kündigung erklären können[126]. Das LAG führte weiter aus, daß das RAG zwar eine abweichende Rechtsansicht vertreten habe, allerdings müsse insoweit zunächst festgestellt werden, daß nach dem Gesetz Nr.1 der Militärregierung alle Gerichtsentscheidungen, die nationalsozialistische Ziele oder Lehren erklären oder anwenden, als Quelle für die Auslegung

[119] LAG Frankfurt vom 7.4.1949, WA 1949 Nr. 250.
[120] LAG München vom 12.10.1948, RdA 1949, 397 ff.
[121] LAG München vom 12.10.1948, RdA 1949, 397 (398).
[122] LAG München vom 12.10.1949, RdA 1949, 397 (398).
[123] LAG München vom 12.10.1948, RdA 1949, 397 (398).
[124] LAG München vom 12.10.1948, RdA 1949, 397 (399).
[125] LAG Düsseldorf vom 26.9.1947, RdA 1948, 38 f.
[126] LAG Düsseldorf vom 26.9.1947, RdA 1948, 38 (39).

deutschen Rechts weder zitiert noch herangezogen werden dürfen. Hinzu komme aber noch, daß die Rechtsprechung des RAG schon vor 1933 in manchen Punkten zu wünschen übrig ließ und den sozialen Notwendigkeiten nicht immer gerecht wurde und das seine Entscheidungen zum Arbeitsplatzwechsel aus dem Gesichtspunkt des totalen Kriegseinsatzes entstanden seien. In einem demokratischen Rechtsstaat müsse die Rechtssicherheit ausschlaggebender Faktor sein[127].

Auffallend an der Entscheidung ist die Auseinandersetzung mit der Rechtsprechung des RAG, die vom LAG Düsseldorf in weitem Umfange verworfen wird, ohne daß dieses auf Grund des zu entscheidenden Falles notwendig gewesen wäre. Die Rechtsprechung des RAG vor 1933, die nach dem LAG häufig zu wünschen übrig ließ, kann für diesen Rechtsstreit nicht von Bedeutung gewesen sein, weil die ArbPlWVO erst 1939 in Kraft trat. Weiter nimmt das LAG Bezug auf MRG Nr.1, ohne allerdings zu begründen, warum die Rechtsprechung des RAG in diesem Punkt als nationalsozialistisch anzusehen ist. Die oben genannten Entscheidungen des RAG zur Rückwirkungsproblematik lassen sich aber auch kaum als nationalsozialistisch ansehen. Für die Auffassung des LAG Düsseldorf spricht es aber, daß die Auffassung des RAG keinerlei Rechtssicherheit bieten konnte.

Die Problematik der Rechtssicherheit wurde weder vom LAG Frankfurt noch vom LAG Schleswig-Holstein überhaupt angesprochen. Weiterhin gingen beide Entscheidungen nicht darauf ein, daß sich die Kündigung vor einer Zustimmung in einem Zustand schwebender Unwirksamkeit befindet und gerade noch nicht in einem Zustand der endgültigen Unwirksamkeit. Bulla legte insoweit dar, daß die Kündigung nach Verweigerung der Zustimmung zwingend endgültig unwirksam werde, da die ArbPlWVO eindeutig regele, daß eine zustimmungslose Kündigung unwirksam sei und sich die Versagung der Zustimmung damit rechtsgestaltend auswirke[128]. Insoweit führt allerdings Hueck überzeugend an, daß es sich durchaus vertreten lasse, davon auszugehen, daß die Kündigung weiterhin schwebend unwirksam bleibe[129]. Im Ergebnis müsse dieser Streit nach der Interessenlage entschieden werden, die allerdings aus Gründen der Klarheit stark zugunsten der endgültigen Unwirksamkeit spreche[130].

---

[127] LAG Düsseldorf vom 26.9.1947, RdA 1948, 38 (39).
[128] Bulla ArbPlWVO § 1 Rdnr. 269 a.
[129] Hueck RdA 1949, 399 f.
[130] Hueck RdA 1949, 399 (400); so auch Bulla RdA 1949, 39 (40).

5.3. Arbeitsplatzwechselverordnung und Grundgesetz

Mit Einführung des Grundgesetzes stellte sich für die Arbeitsgerichte die Frage, ob die ArbPlWVO mit dem Grundgesetz zu vereinbaren ist, bzw. inwieweit die Verordnung durch das Grundgesetz außer Kraft gesetzt wurde. Zunächst bestand zwischen die Arbeitsgerichten Einigkeit darüber, daß nach Einführung des Grundgesetzes die Kündigung des Arbeitnehmers nicht mehr an die Zustimmung des Arbeitsamtes gebunden sei[131].

Das LAG Düsseldorf führte insofern aus, daß nach Art. 12 GG alle Deutschen das Recht hätten, Beruf, Arbeitsplatz und Ausbildungsstelle frei zu wählen. Die §§ 1 und 4 ArbPlWVO würden aber auch die Kündigung des Arbeitnehmers an die Zustimmung des Arbeitsamtes knüpfen, was ein eindeutiger Widerspruch gegen Art. 12 GG bedeute. Die ArbPlWVO sei aber insoweit mit Einführung des Grundgesetzes aufgehoben[132]. Die Aufhebung der ArbPlWVO in diesem Umfange war auch in der Literatur unbestritten[133].

Umstritten war hingegen die Frage, ob mit der Einführung des Grundgesetzes auch eine Kündigung des Arbeitgebers nicht mehr der Zustimmung des Arbeitsamtes unterliege. Zu dieser Frage bildeten sich zwei unterschiedliche Auffassungen heraus. Zum Teil wurde vertreten, daß alle Bestimmungen der ArbPlWVO und ihrer Durchführungsverordnungen, die die Begründung und Beendigung des Arbeitsverhältnisses an die Zustimmung des Arbeitsamtes knüpften, außer Kraft getreten seien[134]. Das ArbG Siegen führte zu dieser Ansicht aus, daß die ArbPlWVO zunächst eindeutig gegen Art. 12 GG verstoße. Die Regelungen der ArbPlWVO würden dem Arbeitnehmer die freie Wahl des Arbeitsplatzes versagen, weshalb die Bestimmung zumindest insoweit als verfassungswidrig anzusehen ist[135]. Man könne auch nicht davon ausgehen, daß die ArbPlWVO noch insoweit in Kraft sei, als sie die Kündigung des Arbeitgebers betreffe. Eine einseitige Beschränkung des Kündigungsrechts würde nämlich die verfassungsrechtlich gesicherte Gleichheit vor dem Gesetz verletzen[136]. Das ArbG Siegen stellte weiterhin auch Verstöße gegen Art. 19 IV, Art. 20 II sowie Art. 28 GG fest[137].

---

[131] Siehe z.B. LAG Düsseldorf vom 11.10.1949, RdA 1949, 477 f; LAG Frankfurt vom 1.9.1949, RdA 1949, 479 f; ArbG Siegen vom 26.7.1949, RdA 1949, 394 ff.

[132] LAG Düsseldorf vom 11.10.1949, RdA 1949, 477 (478).

[133] Nipperdey RdA 1949, 214 (216); Bulla RdA 1949, 396.

[134] Vgl. u.a. LAG Frankfurt vom 1.9.1949, AP 50 Nr.44; LVG Minden vom 15.11.1949, AP 50 Nr.45; ArbG Heide vom 24.6.1949, ArbR i. St. II Nr.1009.

[135] ArbG Siegen vom 26.7.1949, RdA 1949, 394 (395).

[136] ArbG Siegen vom 26.7.1949, RdA 1949, 394 (395).

[137] ArbG Siegen vom 26.7.1949, RdA 1949, 394 (395 f).

Das LAG Frankfurt stellte in seiner Entscheidung vom 1.9.1949 zunächst ebenfalls auf Art. 12 GG ab und stellte fest, daß die ArbPLWVO zumindest insoweit verfassungswidrig sei, als sie die Kündigung des Arbeitnehmers von der Zustimmung des Arbeitsamtes abhängig mache[138]. Es führte weiter aus, daß der Zweck der Verordnung, nämlich die Erfassung sämtlicher Arbeitskräfte für die gelenkte Wirtschaft und den totalen Krieg inzwischen weggefallen sei. Damit sei aber auch das "Gebäude der Arbeitsplatzwechselkontrolle" in sich zusammengestürzt. Eine Kontrolle des Arbeitsplatzwechsels nur bei Arbeitgeberkündigung sei aber völlig sinn- und zwecklos[139]. Weiterhin könne es nicht als der Wille des Verfassungsgebers angesehen werden, Arbeitgeber und Arbeitnehmer bei der Ausgestaltung der Grundrechte unterschiedlich zu behandeln. Es sei allerdings zuzugeben, daß die ArbPlWVO insbesondere nach Aufhebung des AOG einen anderen Charakter angenommen habe, da die Arbeitsämter häufig versucht hätten, im Zustimmungsverfahren die sozialpolitischen Härten einer Kündigung abzumildern. Insoweit müsse aber beachtet werden, daß die Arbeitsämter ihre eigentliche Zuständigkeit überschritten hätten, da der arbeitsrechtliche Kündigungsschutz ureigenste Aufgabe der Arbeitsgerichte sei. Außerdem sei der Kündigungsschutz inzwischen umfassend im Hess. BRG geregelt[140].

Andere Arbeitsgerichte vertraten hingegen die Auffassung, daß Kündigungen des Arbeitgebers auch weiterhin der Zustimmung des Arbeitsamtes unterliegen. Zur Begründung führte das LAG Düsseldorf aus, daß aus dem Umstand, daß die ArbPlWVO für die Kündigung des Arbeitnehmers nicht mehr gelte, könne nicht gefolgt werden, daß die Verordnung vollkommen aufgehoben ist[141]. Zunächst würde die Regelung nicht gegen den Geist der Verfassung verstoßen, da es unter jeder Verfassung Situationen und Umstände gebe, für die eine besondere Regelung notwendig sei. Die teilweise Weitergeltung der Verordnung würde weiterhin auch keinen Verstoß gegen Art. 3 GG bedeuten. Der Gleichheitsgrundsatz des Grundgesetzes würde es keineswegs verbieten, für gewisse Sondertatbestände besondere Regelungen zu schaffen. Das gesamte Kündigungsschutzrecht würde zum Beispiel eine Sonderregelung darstellen, die aufgrund des sozialen Schutzbedürfnisses gerechtfertigt sei[142]. Zwar würden die Gründe, aus denen heraus die ArbPlWVO geschaffen wurde nicht mehr vorliegen, dieses führe aber nicht dazu, daß man die Verordnung als durch Art. 123 GG aufgehoben betrachten müsse. Vielmehr müsse davon ausgegangen werden, daß der Gesetzgeber eine solche Änderung nur durch Gesetz zulassen wolle. Zumindest bis zum Erlaß eines neuen Kündigungsschutzgesetzes müsse davon ausgegangen

[138] LAG Frankfurt a.M. vom 1.9.1949, RdA 1949, 479.
[139] LAG Frankfurt a.M. vom 1.9.1949, RdA 1949, 479.
[140] LAG Frankfurt a.M. vom 1.9.1949, RdA 1949, 479 (450).
[141] LAG Düsseldorf vom 11.10.1949, RdA 1949, 477 (478).
[142] LAG Düsseldorf vom 11.10.1949, RdA 1949, 477 (478).

werden, daß die Verordnung teilweise in Kraft bleibe[143]. Die Beibehaltung der Verordnung sei insoweit auch aus sozialen Gründen heraus erforderlich, um den Arbeitnehmern in der wirtschaftlich schweren Zeit einen gewissen Kündigungsschutz zu verschaffen[144].

Auch das LAG Hamm folgte dieser Auffassung und betonte, aus Art. 123 GG folge, daß der für private Rechtsgeschäfte geltende Grundsatz des § 139 BGB hier keine Anwendung finden könne, weshalb die teilweise Außerkraftsetzung der Verordnung nicht zu ihrer völligen Unwirksamkeit führe[145]. Weiter würde die teilweise Weitergeltung keinen Verstoß gegen Art. 3 GG bedeuten. Auch könne weder aus dem Umstand, daß bei der Handhabung der Verordnung weitgehend soziale Gesichtspunkte bestimmend seien, noch daraus, daß die VO als Kriegsrecht seinerzeit unter einer anderen Zielsetzung erlassen wurde, ihre völlige Aufhebung gefolgert werden[146].

Bulla fügt zu diesem Problem an, daß man hinsichtlich der Vereinbarkeit der teilweisen Weitergeltung der Verordnung durchaus geteilter Auffassung sein könne. Es sei aber möglicherweise eher ein Problem des zweckmäßigsten sozialpolitischen Vorgehens, ob man die Verordnung nicht bis zu einer eindeutigen gesetzlichen Regelung teilweise weiter in Geltung belasse[147].

An der Erörterung dieser Frage erkennt man deutlich, daß insbesondere die Arbeitsgerichte, in deren Bezirken der Kündigungsschutz noch nicht gesetzlich geregelt war die Ansicht vertraten, daß die Verordnung zum Teil noch in Kraft sei. Die Weitergeltung sollte damit aber im Kern einen gewissen sozialen Kündigungsschutz bieten. Hingegen konnte etwa das LAG Frankfurt in der genannten Entscheidung unproblematisch betonen, daß es mit dem Grundsatz der Gewaltentrennung nicht zu vereinbaren sei, über die ArbPlWVO einen sozialen Kündigungsschutz zu installieren, da in Hessen der Kündigungsschutz im Betriebsrätegesetz für das Land Hessen vom 31.5.1948 eine gesetzliche Grundlage gefunden hatte.

Mit dem Kündigungsschutzgesetz vom 10.8.1951 wurde die ArbPlWVO dann ausdrücklich durch den Gesetzgeber aufgehoben (§ 25 KSchG 1951), womit sich dann sämtliche Streitfragen auf diesem Gebiet erledigt hatten.

---

[143] LAG Düsseldorf vom 11.10.1949, RdA 1949, 477 (478).
[144] LAG Düsseldorf vom 11.10.1949, RdA 1949, 477 (478 f).
[145] LAG Hamm vom 20.10.1949, AP 50 Nr.42; a.A. etwa Gericke, BB 1949, 393; der betont, die ArbPlWVO sei eine einheitliche Maßnahme und könne deshalb nur als Ganzes wirksam oder unwirksam sein.
[146] LAG Hamm vom 20.10.1949, AP 50 Nr.42.
[147] Bulla RdA 1949, 396 (397); a.A Gericke BB 1949, 393.

6. Heimkehrer und alter Arbeitsplatz

6.1. Bedeutung der Heimkehrer für das Arbeitsrecht

Für die Wiedereingliederung der Kriegsheimkehrer in die Gesellschaft war es insbesondere wichtig, daß die Heimkehrer wieder eine Arbeitsstelle fanden oder an ihren alten Arbeitsplatz zurückkehren konnten. Die arbeitsrechtliche Problematik lag hierbei zum einen darin, daß die früheren Kriegsteilnehmer Ansprüche auf ihre ehemaligen Arbeitsplätze erhoben, wobei diese Arbeitsplätze zum Teil durch die Folgen des Krieges weggefallen oder aber in der Zwischenzeit anderweitig besetzt worden waren. Zum anderen ergaben sich Probleme daraus, daß die Heimkehrer häufig krank aus der Gefangenschaft zurückkehrten und sich somit die Frage stellte, ob die Arbeitnehmer, ohne die Arbeit wieder aufgenommen zu haben, Lohnansprüche gegen ihren Arbeitgeber erheben konnten.

6.2. Die Rechtslage vor 1945

Im Dritten Reich war ein grundlegender arbeitsrechtlicher Schutz der Heimkehrer in der Verordnung zur Abänderung und Ergänzung von Vorschriften auf dem Gebiete des Arbeitsrechts vom 1.9.1939 (ArbRÄndVO) getroffen worden[1]. In dieser Verordnung war festgelegt, daß das Arbeitsverhältnis durch die Einberufung zu einer Dienstleistung im Wehrdienst nicht aufgelöst wird, sondern die gegenseitigen Rechte und Pflichten für die Dauer der Einberufung ruhen. Das Recht des "Gefolgschaftsmitglieds" auf Kündigung des Beschäftigungsverhältnisses blieb im Falle der Einberufung unberührt, während der Unternehmer das Beschäftigungsverhältnis nicht kündigen konnte, wobei der Reichstreuhänder für Arbeit berechtigt war, Ausnahmen zuzulassen.

6.3. Die Rechtslage nach der Kapitulation

6.3.1. Weitergeltung der ArbRÄndVO

Für die Arbeitsgerichte in den Westzonen stellte sich auch in Bezug auf diese Verordnung zunächst die Frage, ob sie auch nach dem Zusammenbruch des Dritten Reichs in Geltung verblieben ist. Die Alliierten hatten die ArbRÄndVO weder ausdrücklich bestätigt, noch aufgehoben. In Art. III des Kontrollratsgesetzes Nr.34 hatten die Alliierten allerdings geregelt, daß alle Organisationen der Wehrmacht aufgelöst sind sowie sämtliche Rechtsvorschriften, nach denen den Angehörigen oder ehemaligen Angehörigen der Wehrmacht Sonderrechte eingeräumt werden, als aufgehoben gelten.

---

[1] RGBl 1939 I S. 1683.

Zumindest in der amerikanischen und französischen Zone wurde die Weitergeltung der ArbRÄndVO jedoch durchgehend von den Gerichten bejaht und auch von dortigen Militärregierungen nicht in Zweifel gezogen. In den meisten Entscheidungen wurde hierbei die Frage der Weitergeltung nicht einmal problematisiert[2].

Das Arbeitsgericht Offenbach setzte sich in seiner Entscheidung vom 20.11.1947 mit der Frage der Weitergeltung der Verordnung auseinander, erwähnte hierbei aber das KRG Nr. 34 nicht[3]. Das Arbeitsgericht erläutert, daß die VO kein typisch nationalsozialistisches Gedankengut enthalte. Weiterhin sei die Verordnung weder vom deutschen Gesetzgeber noch von den Besatzungsmächten aufgehoben worden. Die amerikanische Militärregierung habe vielmehr sogar in einer Anordnung vom Juli 1945 zum Ausdruck gebracht, daß Betriebsangehörige, die zur Wehrmacht einberufen worden sind, den Anspruch auf den Arbeitsplatz behalten[4].

Auch das LAG Mainz problematisierte die Weitergeltung der ArbRÄndVO ohne auf KRG Nr. 34 einzugehen. In seiner Entscheidung vom 19.1.1949 führt das LAG aus, man könne den Bestimmungen der ArbRÄndVO nicht entgegenhalten, daß sie nationalsozialistisch seien, vielmehr würden die Bestimmungen dem einfachsten und natürlichsten Rechtsgefühl entsprechen und würden in allen Kulturstaaten noch heute in gleicher oder ähnlicher Weise gehandhabt[5].

Das ArbG Marburg ging hingegen in einer Entscheidung vom 4.8.1948 auf das KRG Nr. 34 ein. Es erörterte zunächst, daß die ArbRÄndVO anerkanntermaßen keinen ausgesprochenen nationalsozialistischen Charakter iSd. KRG Nr.1 habe[6]. Aber auch aus KRG Nr. 34 könne nicht die Aufhebung der Verordnung gefolgert werden, da die Verordnung kein Vorrecht eines Wehrmachtangehörigen begründe. Die Erhaltung des Arbeitsplatzes sei kein Vorrecht, sondern verhindere lediglich die Schlechterstellung des Wehrmachtsangehörigen gegenüber Arbeitnehmern, welche nicht einberufen wurden[7].

---

[2] Siehe etwa LAG Frankfurt vom 17.8.1948, RdA 1949, 153 (154); LAG Düsseldorf vom 8.8.1947, RdA 1948, 26 (27); LAG Düsseldorf vom 24.11.1947, NJW 1947/48, 638 (639, 640); LAG München vom 10.11.1947, RdA 1949, 351 (352).
[3] ArbG Offenbach vom 20.11.1947, WA 1947 Nr.87.
[4] ArbG Offenbach vom 20.11.1947, WA 1947 Nr.87.
[5] LAG Mainz vom 19.1.1949, RdA 1949, 346 (347).
[6] ArbG Marburg vom 4.8.1948, WA 1949 Nr. 88.
[7] ArbG Marburg vom 4.8.1948, WA 1949 Nr. 88.

6.3.2. ArbRÄndVO und Arbeitsvermittlungsdirektive Nr.33

In der britischen Zone wurde die Weitergeltung der ArbRÄndVO durch Erlaß der Arbeitsvermittlungsdirektive Nr. 33 vom 9.12.1947 in Frage gestellt. Die britische Militärregierung stellte in dieser Direktive fest, daß die ArbRÄndVO vom 1.9.1939 gemäß Art.III KRG Nr.34 für die britische Zone nicht mehr gelte.

Auffallend an dieser Regelung war zunächst, daß durch eine Verwaltungsmaßnahme, als solches muß eine Direktive eingeordnet werden, ein Gesetz des Kontrollrats verbindlich ausgelegt werden sollte. Ein solches Vorgehen läßt sich schon mit dem Grundsatz der Gewaltenteilung kaum vereinbaren. Weiterhin läßt sich der in der Direktive festgestellte Verstoß der ArbRÄndVO vom 1.9.1939 gegen KRG Nr.34 inhaltlich kaum vertreten.

Höcker weist insoweit zutreffend nach, daß die Verordnung vom 1.9.1939 dem Wehrmachtsangehörigen keinerlei Vorrechte einräumte, sondern lediglich versuchte dem Soldaten das zu belassen, was er vor seiner Militärzeit gehabt habe[8]. Der in der Direktive eingenommene Standpunkt wurde somit zurecht vorher auch in keiner Gerichtsentscheidung vertreten[9].

Unabhängig davon stellte sich weiter die Frage, welche Folge die Aufhebung der ArbRÄndVO für die einzelnen Arbeitsverhältnisse gehabt hätte. Eine Auflösung der einzelnen Arbeitsverhältnisse aufgrund der Aufhebung der ArbRÄndVO läßt sich kaum annehmen, da für die Lösung der einzelnen Arbeitsverhältnisse nach deutschem Recht grundsätzlich eine Kündigung oder ein Aufhebungsvertrag notwendig ist[10]. Die Lösung der Arbeitsverhältnisse durch die Direktive selbst läßt sich schon mit deren Wortlaut nicht vereinbaren.

Für die Arbeitsgerichte in der britischen Zone stellte sich in der Folge die Frage, ob die Verordnung die Gerichts bindet oder ob sie sich über die Verordnung hinwegsetzen können. In einer Entscheidung vom 11.5.1948 hatte das Arbeitsgericht Göttingen unter anderem darüber zu befinden, ob sich die ArbRÄndVO weiter in Geltung befinde. In dem Rechtsstreit machte ein Verwaltungsangestellter gegenüber der beklagten Gemeinde den Fortbestand seines Arbeitsverhältnisses geltend. Der Kläger war am 1.1.1948 aus der Kriegsgefangenschaft heimgekehrt und hatte der beklagten Gemeindeverwaltung seine Dienste zur Verfügung gestellt. Durch Beschluß des Gemeinderats wurde aber eine Weiterbeschäftigung des Klägers abgelehnt, weil die Arbeitsverhältnisse aller Angestellten aus der nationalsozialistischen Zeit durch Verordnung der Militärregierung aufgehoben worden seien, außerdem sei der Kläger aus persönlichen

---

[8] Höcker BB 1948, 129 (130).
[9] König ArbR.i.St. I S. 139 (140).
[10] Siehe hierzu Höcker BB 1948, 129 (130).

Gründen ungeeignet[11]. Das Arbeitsgericht verurteilte die beklagte Gemeinde antragsgemäß zur Zahlung von Lohn[12]. In den Entscheidungsgründen führt das Arbeitsgericht aus, daß § 1 ArbRÄndVO weiterhin in Geltung verbleibe, während § 2 ArbRÄndVO durch KRG Nr.34 außer Kraft getreten sei[13]. Das Arbeitsgericht Göttingen begründete allerdings diese teilweise Aufhebung der Verordnung nicht, sondern führte lediglich hilfsweise aus, daß selbst eine völlige Aufhebung der ArbRÄndVO am Ergebnis nichts ändere. Die Verordnung sei auf jeden Fall bis zum Inkrafttreten des KRG Nr. 34 in Kraft gewesen. Auch die völlige Aufhebung der Verordnung könne aber nicht die fehlende Kündigung ersetzen[14]. Auf die Arbeitsvermittlungsdirektive Nr. 33 ging das Arbeitsgericht in seiner Entscheidung nicht ein.

In einer für die britische Zone grundlegenden Entscheidung führte dann das LAG Hamburg aus, daß der Schutz des Heimkehrers trotz der Arbeitsvermittlungsdirektive Nr.33 bestehen bleibe[15]. Zur Begründung führte das LAG Hamburg aus, daß die Arbeitsvermittlungsdirektive kein Akt der Gesetzgebung, sondern der Verwaltung sei. Dafür spreche schon die Bezeichnung als Direktive als auch der Inhalt, worin die Arbeitsbehörden angewiesen werden, zurückkehrende Kriegsgefangene in neue Arbeit zu vermitteln[16]. Im Ergebnis stehe das KRG Nr. 34 der ArbRÄndVO nicht entgegen. Zum einen gewähre die VO dem Heimkehrer kein Vorrecht, sondern nur den Ausgleich eines Nachteils, den er durch seine Einberufung erlitten hat, zum anderen beruhe das "Vorrecht" nicht auf der Organisation der Wehrmacht, weil es auch andere Bestimmungen gebe, wonach das Arbeitsverhältnis im Falle anderweitigen Einsatzes ruhe[17].

Auch das Zentralamt für Arbeit brachte gegenüber der britischen Militärregierung Bedenken gegen die Reichweite der Arbeitsvermittlungsdirektive vor, weshalb diese zunächst die Aussetzung des Arbeitsvermittlungsdirektive Nr. 33 durch Erlaß des Zentralamtes für Arbeit vom 6.4.1948 verfügte[18]. Durch Erlaß des Zentralamtes für Arbeit vom 20.8.148 wurde dann die Arbeitsvermittlungsdirektive Nr. 33 aufgehoben[19].

---

[11] ArbG Göttingen vom 11.5.1948, WA 1949 Nr.35.
[12] ArbG Göttingen vom 11.5.1948, WA 1948 Nr.35.
[13] ArbG Göttingen vom 11.5.1948, WA 1949 Nr.35.
[14] ArbG Göttingen vom 11.5.1948, WA 1949 Nr.35.
[15] LAG Hamburg vom 4.9.1948, WA 1948 Nr.274.
[16] LAG Hamburg vom 4.9.1948, WA 1948 Nr.274.
[17] LAG Hamburg vom 4.9.1948, WA 1948 Nr.274.
[18] Erlaß des Zentralamtes für Arbeit in der brit. Zone vom 6.4.1948, ArbBl.Brit.Zone 1948 Nr.5 S.163.
[19] Erlaß des Zentralamtes für Arbeit in der brit. Zone vom 20.8.1948, Arb.- und Soz.Pol. 1948 Nr.18 S.14.

6.4. Zeitpunkt des Auflebens des Arbeitsverhältnisses

Da die Weitergeltung der VO von der Rechtsprechung nahezu durchgehend bejaht wurde, stellte sich für die Gerichte die Frage, ob das ruhende Arbeitsverhältnis mit der Entlassung aus der Gefangenschaft, der Rückmeldung im Betrieb oder erst mit der Wiederaufnahme der Arbeit wieder auflebt.

Die Arbeitsgerichte stellten insoweit ganz überwiegend auf die Rückmeldung beim Arbeitgeber ab. Das LAG Düsseldorf hatte in diesem Zusammenhang den Fall eines Angestellten zu beurteilen, der nach Rückkehr aus der Gefangenschaft wegen einer dort zugezogenen Erkrankung nicht arbeiten konnte und deshalb für 6 Wochen Fortzahlung seines Gehaltes beantragte[20]. Das Gericht bejahte den Anspruch und führte aus, daß die Rechte und Pflichten aus dem Arbeitsverhältnis mit der Rückmeldung beim Betrieb wieder aufleben, eine Wiederaufnahme der Arbeit sei insoweit nicht erforderlich[21]. Zur Begründung dieser Ansicht verwies das Gericht lediglich auf die gleichlautende Rechtsprechung des RAG[22].

Auch das LAG Frankfurt vertrat die Ansicht, daß ein Aufleben des Arbeitsverhältnisses erst mit der Rückmeldung des Arbeitnehmers beim Arbeitgeber eintrete, wobei dieses unabhängig davon gelte, ob der Arbeitnehmer zu diesem Zeitpunkt überhaupt arbeitsfähig ist[23]. Im Fall des LAG Frankfurt hatte sich der Arbeitnehmer nicht sogleich zurückgemeldet, was nach Auffassung des LAG Frankfurt aber unschädlich sei. Wenn sich der Arbeitnehmer nach seiner Gesundung zurückmelde, lebe in diesem Zeitpunkt das Arbeitsverhältnis wieder auf[24].

Das ArbG Pforzheim stellte hingegen auf den Zeitpunkt der Rückkehr aus dem Kriegsdienst bzw. aus der Gefangenschaft ab, ohne allerdings diese Auffassung näher zu begründen[25]. Auch das LAG Frankfurt sprach in seiner Entscheidung vom 17.8.1948 davon, daß das Arbeitsverhältnis nach der Entlassung aus dem Wehrdienst wieder auflebe[26]. In dieser Entscheidung kam es aber auf den genauen Zeitpunkt des Wiederauflebens nicht an, weshalb insoweit auch eine

---

[20] LAG Düsseldorf vom 8.8.1947, RdA 1949, 26.

[21] LAG Düsseldorf vom 8.8.1947, RdA 1949, 26 .(27)

[22] LAG Düsseldorf vom 8.8.1947, RdA 1949, 26 (27) unter Verweis auf RAG Bd. 24, 353 ff und RAG Bd. 27, 115 ff.

[23] LAG Frankfurt a.M. vom 24.2.1949, WA 1949 Nr. 233.

[24] LAG Frankfurt a.M. vom 24.2.1949, WA 1949 Nr. 233, siehe auch ArbG Gießen vom 24.11.1948, WA 1949 Nr. 47.

[25] ArbG Pforzheim vom 13.6.1949, ArbR.i.St. III Ziff. 840.

[26] LAG Frankfurt a.M. vom 17.8.1948, RdA 1948, 153.

sprachliche Ungenauigkeit vorliegen könnte, da das LAG Frankfurt in anderen Entscheidungen auf die Rückmeldung abstellte[27].

Die Ansicht des ArbG Pforzheim teilte auch Neumann-Duesberg, der aus dem Wortlaut der ArbRÄndVO folgert, daß es entscheidend auf den Zeitpunkt der Entlassung ankomme[28]. Weiterhin falle mit der Entlassung automatisch der Ruhenszweck weg, das Wiederaufleben trete insoweit genauso automatisch ein, wie das Ruhen. Eine auf diesen Zweck gerichtete Willenserklärung von Arbeitgeber oder Arbeitnehmer sei nicht notwendig[29]. Die Auffassung des ArbG Pforzheim und von Neumann-Duesberg, die auch vom RAG in einigen Entscheidungen vertreten wurde, entspricht sicherlich eher dem Wortlaut der ArbRÄndVO. Allerdings warf diese Ansicht eine Vielzahl von Problemen auf, die sich nicht stellen würden, wenn man auf die Rückmeldung abstellte und damit auf einen festen Zeitpunkt, der auch dem Arbeitgeber bekannt ist.

Zeitler versuchte die Vorteile der Auffassung, die auf die Rückmeldung abstellt, mit einer wortlautgetreuen Auslegung zu verbinden, indem er eine "Mittelmeinung" vertrat, nach der das alte Beschäftigungsverhältnis mit der Entlassung voll wirksam werde, aber bedingt durch die binnen angemessener Frist erfolgte Rückmeldung[30]. Auf die Rückmeldung könne wegen dem Wortlaut der Verordnung nicht abgestellt werden und ein alleiniges Abstellen auf die Entlassung könne zu unbilligen Ergebnissen führen[31].

6.5. Umfang des Schutzes des Heimkehrers

Die Arbeitsgerichte vertraten einheitlich die Auffassung, daß das Arbeitsverhältnis durch Heimkehr bzw. Rückmeldung "automatisch" wieder auflebe und der Arbeitnehmer nicht etwa wieder eingestellt werden müsse[32]. Für eine Beendigung des Arbeitsverhältnisses sei damit grundsätzlich eine Kündigung notwendig[33].

Hinsichtlich der Berechtigung einer Kündigung nach dem Wiederaufleben des Arbeitsverhältnisses führte das LAG Frankfurt aus, daß das Kündigungsverbot zwar wegfalle, daß der Arbeitgeber eine Kündigung aber nicht darauf stützen

[27] Siehe LAG Frankfurt a.M. vom 24.2.1949, WA 1949 Nr. 233.
[28] Neumann-Duesberg RdA 1949, 27.
[29] Neumann-Duesberg RdA 1949, 27.
[30] Zeitler RdA 1949, 446 (447).
[31] Zeitler RdA 1949, 446 (447).
[32] Siehe nur LAG Frankfurt a.M. vom 17.8.1948, WA 1948 Nr. 254; ArbG Göttingen vom 11.5.1948, WA 1949 Nr. 35.
[33] Siehe ArbG Gießen vom 24.11.1948, WA 1949 Nr.47; ArbG Göttingen vom 11.5.1948, WA 1949 Nr.35.

könne, daß an der Stelle des Heimkehrers eine Ersatzkraft eingestellt wurde, da es gerade Sinn und Zweck der Verordnung sei, den Arbeitsplatz dem zur Wehrmacht einberufenem Arbeitnehmer zu erhalten[34].

Das LAG München sah die Kündigung eines gerade aus der Gefangenschaft zurückgekehrten Arbeitnehmers sogar als sittenwidrig an. Zur Begründung stellte das Gericht folgende Frage: "Ist es anständig, einen unter solchen Umständen in die Heimat zurückkehrenden Mann, bevor er überhaupt noch richtig hat Atem schöpfen können, um sich wieder einzurichten und in das Leben der Heimat wieder einzufühlen, mit Einsatz des schärfsten Mittels für die Lösung eines als unbequem empfundenen Arbeitsverhältnisses, nicht nur dieses Wiedereinfühlen, sondern die wirtschaftliche Existenz für sich und seine Familie abzuschneiden?[35]" In Beantwortung dieser Frage führte dann das Gericht aus, daß diese Frage an das Anstandsgefühl eines gerecht denkenden Menschen gerichtet, nur verneint werden könne[36].

Das LAG Kiel hatte die Frage zu entscheiden, ob die Kriegsdienstjahre als Arbeitszeit zu werten sind, da sich nach dem für den Arbeitnehmer geltenden Tarifvertrag die Vergütung nach der Zeit der Beschäftigung beim Arbeitgeber richtete[37]. Das LAG rechnete diese Zeit als Berufsjahre an. Während der Zeit der Einberufung ruhe die Verpflichtung des Arbeitnehmers zur Arbeitsleistung und die Verpflichtung des Arbeitgebers zur Lohnzahlung, das Arbeitsverhältnis selbst bleibe aber bestehen[38]. Soweit daher die Dauer der Betriebszugehörigkeit für Einzelansprüche des Arbeitnehmers von Bedeutung sei, rechneten die Zeiten nach der Einberufung mit[39].

Für Beschäftigte im öffentlichen Dienst war diese Rechtslage ausdrücklich in § 7 Ziff. 2c der Allgemeinen Tarifordnung für Gefolgschaftsmitglieder im öffentlichen Dienst (ATO) festgesetzt. Zur Weitergeltung dieser Bestimmung nach dem Krieg führte das LAG Stuttgart aus, daß die Bestimmung nicht gegen Art. III des KRG Nr. 34 verstoße, weil § 7 Ziff. 2c ATO für die Soldaten keine Vorrechte schaffe, sondern lediglich etwas selbstverständliches zum Ausdruck bringe[40]. Es sei nicht einzusehen, warum der gefährlichste und schwerste Dienst für den Staat später in einem Angestelltenverhältnis nicht anrechnungsfähig sein solle[41].

---

[34] LAG Frankfurt a.M. vom 17.8.1948, WA 1948 Nr. 254.
[35] LAG München vom 10.11.1948, RdA 1948, 351 (352).
[36] LAG München vom 10.11.1948, RdA 1948, 351 (352).
[37] LAG Kiel vom 29.6.1948, BB 1948, 452.
[38] LAG Kiel vom 29.6.1948, BB 1948, 452.
[39] LAG Kiel vom 29.6.1948, BB 1948, 452, so auch Zeitler RdA 1949, 446 (449).
[40] LAG Stuttgart vom 8.12.1947, ArbR.i.St. I Ziff.728; siehe auch LAG Kiel vom 3.3.1948, RdA 1948, 149 (150).
[41] LAG Stuttgart vom 8.12.1947, ArbR.i.St. I Ziff.728.

Einheitlich wurde von den Arbeitsgerichten über den Wortlaut der Verordnung hinaus, die lediglich ein Ruhen für die Zeit der Einberufung annimmt, auch die Zeit der Gefangenschaft in den Schutzbereich der Verordnung einbezogen, ohne daß die Gerichte diese Frage problematisiert hätten[42]. Neumann-Duesberg führt zur Begründung lediglich aus, daß die Kriegsgefangenschaft vom Begriff "Wehrdienst" mitumfaßt sei[43]. Zu Recht wurden weiterhin auch die Soldaten als von der Verordnung erfaßt angesehen, die nicht einberufen wurden, sondern sich freiwillig gemeldet hatten.

6.6. Beendigung des Anspruchs auf Weiterbeschäftigung

6.6.1. Rückmeldung und Anspruch auf Weiterbeschäftigung

Nachdem die Arbeitsgerichte überwiegend die Ansicht vertraten, daß das Arbeitsverhältnis mit der Rückmeldung beim Arbeitgeber wieder auflebe, resultierte daraus, daß sich der Arbeitgeber, wenn er die Arbeitsleistung nicht entgegen nimmt, ab diesem Zeitpunkt in Annahmeverzug befindet. Die Arbeitsgerichte hatten nun die Frage zu entscheiden, wie es sich auf das Arbeitsverhältnis auswirkt, wenn sich der Arbeitnehmer nicht direkt nach der Rückkehr beim Arbeitgeber zurückmeldet.

Das ArbG Stuttgart hatte im März 1947 über einen Arbeitnehmer zu entscheiden, der im Mai 1945 vom Kriegsdienst zurückkehrte und sich schon im Juni bei seiner früheren Firma zurückmeldete, dort seine Arbeit allerdings wegen einer Erkrankung nicht aufnahm[44]. Mitte Juli 1945 nahm der Arbeitnehmer dann Arbeit bei einem anderen Arbeitgeber auf, um sich dann wieder bei seinem früheren Arbeitgeber zurückzumelden. Das ArbG war insoweit der Ansicht, daß der Arbeitnehmer nach seinem Vorverhalten keinen Anspruch auf Weiterbeschäftigung mehr habe[45].

Das ArbG Pforzheim hatte darüber zu befinden, ob ein Arbeitnehmer, der erkrankt und arbeitsunfähig aus dem Krieg zurückkehrt, ebenfalls zur Erhaltung seiner Rechte verpflichtet ist, sich unverzüglich zurückzumelden[46]. Das ArbG führte insoweit aus, daß das Arbeitsverhältnis mit der Rückkehr aus der Gefangenschaft wieder auflebe, weshalb der Arbeitnehmer verpflichtet sei, seine Dienste wieder aufzunehmen, bzw. sich krank zu melden[47]. Dieser Verpflich-

[42] Siehe etwa LAG Düsseldorf vom 8.8.1947, RdA 1949, 26 f; LAG Frankfurt vom 24.2.1949, WA 1949 Nr.233.
[43] Neumann- Duesberg RdA 1949, 27.
[44] ArbG Stuttgart vom 21.3.1947, ArbR.i.St. I Ziff.136.
[45] ArbG Stuttgart vom 21.3.1947, ArbR.i.St. I Ziff.136.
[46] ArbG Pforzheim vom 13.6.1949, ArbR.i.St. III Ziff.840.
[47] ArbG Pforzheim vom 13.6.1949, ArbR.i.St. III Ziff.840.

tung hätte der Kläger unabhängig von seiner Erkrankung in angemessener Zeit nachkommen müssen. Wenn sich der Arbeitnehmer nicht kurzfristig zurückmelde, gebe er konkludent zu verstehen, daß eine Fortsetzung des Arbeitsverhältnisses nicht gewollt sei[48].

Das ArbG Offenbach vertrat insoweit die Auffassung, daß bei einem Arbeitnehmer, der infolge einer im Wehrdienst oder der Gefangenschaft zugezogenen Krankheit, nicht in der Lage ist, seine Arbeit wiederaufzunehmen, das Arbeitsverhältnis bis zur Wiederherstellung seiner Berufsfähigkeit weiter ruhe und der Arbeitnehmer insoweit seine Arbeitskraft auch nicht unverzüglich anbieten müsse[49]. Es könne dem Arbeitgeber nicht zugemutet werden, für eine solche Behinderung der Dienstleitung des Arbeitnehmers aufzukommen, die mit einer normalen Erkrankung nichts zu tun habe[50].

Das ArbG Marburg sprach sogar von einer allgemeinen Rechtsauffassung, daß die zufolge eines Kriegsleidens notwendige ärztliche Behandlung dem Zustand einer andauernden Zugehörigkeit zur Wehrmacht gleichzusetzen sei[51]. Der Arbeitnehmer sei deshalb erst verpflichtet, seine Arbeitskraft anzubieten, wenn er dazu in der Lage ist. Nach den Grundsätzen von Treu und Glauben könne in einem Fall, in dem sich der Arbeitnehmer erst ein ¾ Jahr nach der Rückkehr beim Arbeitgeber meldet, von einer Verwirkung seines Rechts auf Weiterbeschäftigung keine Rede sein[52].

Auch das LAG Frankfurt betonte in einer Entscheidung vom Februar 1949 die Verpflichtung des Arbeitnehmers zur unverzüglichen Rückmeldung[53]. Das LAG zog aus einer verzögerten Rückmeldung eines kranken Arbeitnehmers aber nicht die Folgerung, daß das Arbeitsverhältnis erloschen sei. Eine solche Folge zog das LAG nicht einmal in Betracht. Es führte lediglich aus, daß für den Zeitraum, in dem es an einer Rückmeldung fehle, auch keine Fortzahlung der Bezüge gemäß § 63 HGB verlangt werden könne[54].

Hingegen betonte etwa Kaufmann die Verpflichtung zur unverzüglichen Rückmeldung. Wenn eine alsbaldige Rückmeldung unterlassen werde, bestehe eine Vermutung für einen Verzicht des Heimkehrers auf Weiterbeschäftigung[55].Im Falle der Erkrankung des Rückkehrers hindere die Durchführung eines Heilverfahrens zur Wiederherstellung der Gesundheit nicht die Wiedereingliederung in

---

48 ArbG Pforzheim vom 13.6.1949, ArbR.i.St. III Ziff.840.
49 ArbG Offenbach vom 20.11.1947, WA 1948 Nr. 88.
50 ArbG Offenbach vom 20.11.1947, WA 1948 Nr. 88.
51 ArbG Marburg vom 4.8.1948, WA 1949 Nr. 88.
52 ArbG Marburg vom 4.8.1948, WA 1949 Nr. 88.
53 LAG Frankfurt a.M. vom 24.2.1949, WA 1949 Nr.233.
54 LAG Frankfurt a.M. vom 24.2.1949, WA 1949 Nr.233.
55 Kaufmann BB 1949, 230 (231).

den Betrieb bei rechtzeitiger Rückmeldung[56]. Auch Zeitler nahm das Erlöschen von Ansprüchen des Heimkehrers auf seinen alten Arbeitsplatz an, wenn sich dieser nicht rechtzeitig zurückmelde[57]. Wenn der Arbeitnehmer sich schuldhaft verspätet zurückmelde, so gebe er damit zu erkennen, daß er auf die durch die ArbRÄndVO ausschließlich in seinem berufsfürsorgerischen Interesse aufrechterhaltene Option auf den alten Arbeitsplatz keinen Wert lege. In der Regel werde damit durch schlüssige Handlung des Arbeitnehmers in stillschweigendem Einverständnis des Arbeitgebers das Beschäftigungsverhältnis gelöst[58].

Die Auffassungen, die zu einem Verzicht oder einer Verwirkung des Anspruchs auf Weiterbeschäftigung kommen, können im Ergebnis kaum überzeugen. Nur am Rande sei insoweit erwähnt, daß in den genannten Entscheidungen häufig von einem Anspruch auf Beschäftigung gesprochen wird, der aber nach der damals herrschenden Auffassung dem Arbeitnehmer nicht zugebilligt wurden. Die Auffassungen, die auf Grund verspäteter Rückmeldung eine Verwirkung des "Weiterbeschäftigungs-anspruchs" bejahen, können nicht überzeugen, wie etwa Neumann-Duesberg überzeugend nachgewiesen hat[59]. Eine Kündigungserklärung läßt sich in eine verspätete Rückmeldung nicht hinein interpretieren, zumindest würde es aber in den Fällen, in denen der Arbeitgeber von der Rückkehr in Unkenntnis ist, am Zugang einer solchen "Willenserklärung" fehlen. Auch eine Verwirkung läßt sich kaum annehmen, wenn der Arbeitgeber keine Kenntnis von der Rückkehr des Arbeitnehmers hat. Weiterhin dürften die in den meisten Entscheidungen genannten Zeiträume für die Annahme einer Verwirkung zu kurz bemessen sein. Überzeugend ist insoweit der Ansatz von Neumann-Duesberg, der bei einer schuldhaft verspäteten Rückmeldung eine Schadensersatzpflicht des Arbeitnehmers bejaht[60]. Zumindest dürfte dieser Pflichtverstoß für den Arbeitgeber die Möglichkeit einer Kündigung eröffnen.

6.6.2. Weitere Gründe zur Versagung des Weiterbeschäftigungsanspruchs

Das LAG Düsseldorf hatte in einer Entscheidung vom 24.11.1947 über das Verhältnis zwischen ArbRÄndVO und dem Erlaß des Generalbevollmächtigten für den Arbeitseinsatz vom 25.11.1944[61] zu befinden[62]. In Ziff. 15 dieses Erlasses war geregelt, daß das Arbeitsverhältnis erlösche, wenn der Betrieb aufgrund Fliegerschäden stillgelegt werden muß, die Stillegung eine Folge der Beschädigung ist und der Betrieb nach 14 Tagen noch nicht wieder aufgenommen wur-

[56] Kaufmann BB 1949, 230 (231).
[57] Siehe Zeitler RdA 1949, 446 (447).
[58] Zeitler RdA 1949, 446 (447).
[59] Neumann-Duesberg RdA 1948, 27.
[60] Neumann-Duesberg RdA 1948, 27.
[61] RArbBL 1944, 66 ff.
[62] LAG Düsseldorf vom 24.11.1947, NJW 1947/48, 638 ff.

de[63]. Der Betrieb der Beklagten hatte durch einen Großangriff zunächst keinen Schaden genommen, mußte aber aufgrund eines Räumungsbefehls am 21.11.1944 geräumt werden. Nach dieser Räumung traten nun durch direkte Kriegseinflüsse ganz erhebliche Schäden am Betrieb selbst ein, die eine direkte Weiterarbeit nicht ermöglichten[64]. Das LAG führte zunächst aus, daß der Erlaß vom 25.11.1944 sich trotz seines Wortlauts nicht nur auf Schäden durch Fliegerangriffe beziehe, sondern auch alle anderen Fälle von unmittelbarer Fremdeinwirkung, wie zum Beispiel Artilleriebeschuß erfasse. Solche Einwirkungen seien nur deshalb nicht vom Wortlaut erfaßt, weil bei Erlaß noch kein Teil des damaligen Reichsgebiets besetzt war. Das Gericht führt weiter aus, daß die Zwangsräumung des Betriebes gemäß der VO über das Fortbestehen des Arbeitsverhältnisses bei Räumung von gefährdeten Gebieten lediglich zu einem Ruhen des Arbeitsverhältnisses geführt habe[65]. Durch die spätere Zerstörung sei dann aber das Arbeitsverhältnis erloschen[66]. Die Heimkehr des Soldaten, nachdem der Betrieb wieder arbeite, ändere am Erlöschen des Arbeitsverhältnisses nichts. Der Erlaß von 1944 sei insoweit lex specialis[67].

Hinsichtlich der Beschäftigung bei früheren staatlichen Stellen stellte sich für die Gerichte mehrfach die Frage, ob Heimkehrer ihre Ansprüche auch gegen die neu entstandenen Länder durchsetzen können und damit die Frage, ob die Länder Rechts- oder Betriebsnachfolger von früheren Reichsbehörden sind. Das LAG Frankfurt hatte insoweit über Ansprüche eines früheren Arbeitnehmers der Bauleitung der Reichsautobahn gegenüber dem Autostraßenamt des Landes Hessen zu entscheiden. Das LAG lehnte Ansprüche des Arbeitnehmers ab. Zur Begründung führte das Gericht aus, daß man darauf abstellen müsse, ob der Betriebszweck des Autostraßenamtes im wesentlichen dem der früheren obersten Bauleitung der Reichsautobahn entspreche. Dies sei aber nicht der Fall, da das jetzige Autostraßenamt nur noch fertige Autobahnen zu unterhalten habe. Das Autostraßenamt des Landes sei damit weder Betriebs- noch Rechtsnachfolger.

Das ArbG Schleswig entschied in einem anders gelagerten Rechtsstreit, daß das Land Schleswig-Holstein nicht Rechtsnachfolger des Landes Preußen sei[68]. Das Land Schleswig-Holstein könne bestimmte Verbindlichkeiten des Preußischen Staates übernehmen, allerdings könne es hierüber einseitig entscheiden und sei nicht gezwungen, alle Angestellten des Landes Preußen, die früher im Bereich

[63] RArbBL 1944, 66 (70).
[64] LAG Düsseldorf vom 24.11.1947, NJW 1947/48, 638 (639).
[65] VO vom 9.4.1940, RGBL I 1940, 624.
[66] LAG Düsseldorf vom 24.11.1947, NJW 1947/48, 638 (639).
[67] LAG Düsseldorf vom 24.11.1947, NJW 1947/48, 638 (640).
[68] ArbG Schleswig vom 22.9.1948, WA 1949 Nr. 70.

des jetzigen Landes arbeiteten zu übernehmen. Hierfür spreche auch keine tatsächliche Vermutung[69].

6.7. Gesetzliche Regelung in der Bundesrepublik

Die Problematik der Heimkehrer wurde in der jungen Bundesrepublik dann im Gesetz über Hilfsmaßnahmen für Heimkehrer (Heimkehrergesetz) vom 10.6.1950 mit Durchführungsverordnung vom 13.7.1950 abschließend geregelt[70]. In § 7 des Heimkehrergesetz wurde die Sicherung des Arbeitsplatzes entsprechend der Regelung in der ArbRändVO getroffen, wobei hier festgelegt war, daß das Arbeitsverhältnis nur dann wieder auflebt, wenn sich der Heimkehrer nach seiner Rückkehr ohne schuldhaftes Zögern zur Wiederaufnahme der Arbeit beim Arbeitgeber zurückmeldet[71].

69 ArbG Schleswig vom 22.9.1948, WA 1949 Nr. 70.
70 Heimkehrergesetz BGBL I 1950, 221 ff; Durchführungsverordnung BGBL I 1950, 327 ff.
71 Siehe zum Regelungsinhalt des Heimkehrergesetzes Draeger, RdA 1950, 217 ff.

7. Deutsche Arbeitnehmer bei der Besatzungsmacht

7.1. Überblick über die Rechtslage in den einzelnen Zonen

Die Besatzungsmächte benötigten, um die sich ihnen stellenden Aufgaben erfüllen zu können Arbeitskräfte, wobei zur Deckung des Arbeitskräftebedarfs auch auf deutsche Arbeitnehmer zurückgegriffen werden mußte. Die rechtliche Einordnung dieser "Arbeitsverhältnisse" warf verschiedene Probleme auf, die die Arbeitsgerichte beschäftigten. Die Problematik zeigt sich etwa an dem vom LAG Hamburg in seiner Entscheidung vom 7.5.1947 zu beurteilendem Sachverhalt[1]. In dem vom LAG Hamburg zu entscheidenden Fall war der Kläger durch Vermittlung des Arbeitsamtes seit Anfang Mai 1946 bei der Reparations-, Delevries- and Restitution-Branch tätig. Dem Kläger wurde Anfang 1947 von einem englischen Funktionsoffizier mitgeteilt, daß seine Tätigkeit wegen Arbeitsmangel nicht mehr benötigt werde und daß das Arbeitsverhältnis sofort beendigt sei. Der Kläger erhob daraufhin Klage gegen das Landesarbeitsamt Hamburg, weil dieses ihn zu der Besatzungsmacht vermittelt hatte und gegen die Verwaltung der Stadt Hamburg, da diese als Lohnzahlstelle fungiert hatte. Für den klagenden Arbeitnehmer stellt sich bei dieser Konstellation unter anderem die Frage vor welchem Gericht Klage zu erheben ist, sowie die Frage der Passivlegitimation.

Diese Fragen wurden immer wieder von Gerichten der britischen Zone behandelt, während aus der amerikanischen Zone nur einige und aus der französischen Zone keine veröffentlichten Entscheidungen vorliegen. Entscheidend hierfür dürfte es vor allem sein, daß nach MRG Nr.2 Art. VI kein deutsches Gericht ohne ausdrückliche Ermächtigung der Militärregierung über Ansprüche gegen eine der Besatzungsmächte oder über Geldansprüche gegen eine deutsche Regierung entscheiden durfte. Während die britische Militärregierung solche Ermächtigungen relativ häufig erteilte, wurden diese von der amerikanischen und französischen Besatzungsmacht wohl nur selten erteilt[2].

Zur Rechtslage in der amerikanischen Zone ist auszuführen, daß durch Ausführungsverordnung Nr. 4 zum MRG Nr.2 seit dem 1.8.1948 die Zuständigkeit der Gerichte in den Ländern der amerikanischen Zone dahingehend erweitert wurde, daß den Gerichten die allgemeine Ermächtigung erteilt wurde, sich in allen Sachen betreffend Geldansprüche gegen eine deutsche Regierung oder ein deutsches Land für zuständig zu erklären, wobei diese allgemeine Ermächtigung dann nicht galt, wenn sich der Geldanspruch direkt oder indirekt auf die Alliierten Streitkräfte einschließlich der Militärregierungen oder deren Handlungen bzw. Anordnungen bezog. Das LAG Frankfurt entschied insoweit allerdings,

---

[1] Siehe LAG Hamburg vom 7.5.1947, MDR 1947, 193 ff.

[2] Siehe Beitzke RdA 1955, 83 ff.

daß Ansprüche von Beschäftigten bei der Besatzungsmacht nicht unter diese Ausnahmevorschrift fallen[3], weshalb für solche Klagen weiterhin eine Einzelermächtigung notwendig blieb.

In der US-Zone wurden Anfang 1948 zwischen den betroffenen deutschen Ländern und den Gewerkschaften Tarifverträge geschlossen, die die Rechtslage der Arbeitnehmer bei der Besatzungsmacht näher regelten. In diesen Tarifverträgen wurden die Länder als Arbeitgeber bezeichnet. Dieses ändert aber nach dem LAG Frankfurt nichts daran, daß Geldansprüche von Arbeitnehmern direkt oder indirekt von den Besatzungsmächten abhängen, weshalb für Klagen von Arbeitnehmern trotz der Tarifverträge weiterhin eine Einzelermächtigung notwendig war[4]. Durch eine Anweisung der Militärregierung vom 1.10.1948 wurden die neu errichteten Lohnzahlstellen angewiesen, diese Tarifverträge als US-Richtlinie zu verwenden[5]. Zum Teil wurde aus dem Abschluß dieser Tarifverträge gefolgert, daß zwischen den Arbeitnehmern und dem zuständigen Land ein privatrechtlicher Vertrag vorliegt[6]. In der Literatur gab es aber auch viele Stimmen, die es ablehnten, aus den Tarifverträgen Schlüsse auf einen privatrechtlichen Vertrag zwischen den Arbeitnehmern und dem Land herzuleiten. Insoweit wird darauf abgestellt, daß die Länder keine Arbeitgeberfunktionen wahrnehmen und daß man vom Abschluß der Tarifverträge nicht auf einen Verpflichtungswillen der deutschen Länder schließen darf[7]. Das LAG Frankfurt führte in einer Entscheidung vom 31.1.1951 aus, daß zwischen der Besatzungsmacht und dem Arbeitnehmer ein öffentlich-rechtliches Rechtsverhältnis auf Requisitionsgrundlage vorliege und zwischen dem deutschen Land und dem Arbeitnehmer ein zivilrechtlich zu beurteilender Vertrag sui generis vorliege[8].

In der französischen Zone wurde in der VO Nr. 31 unterschieden zwischen privatrechtlich angestellten Arbeitnehmern und sogenannten beschlagnahmten Arbeitnehmern. Die Einstellungsbedingungen wurden näher in der Verfügung vom 22.4.1947 geregelt, während die Lohn- und Arbeitsbedingungen durch von der Besatzungsmacht erlassene Tarifordnungen geregelt wurden. Die Lohnzahlungspflicht oblag gemäß der genannten Verfügung den Gemeinden[9]. Gerichtsentscheidungen aus der franz. Zone sind nicht veröffentlicht, wobei zu berücksichtigen ist, daß die Arbeitsgerichte in der französischen Zone erst wesentlich später als in den anderen Westzonen wieder eingerichtet wurden.

---

[3] LAG Frankfurt vom 3.3.1949, AP 50 Nr. 131.
[4] LAG Frankfurt vom 3.3.1949, AP 50 Nr. 131.
[5] Siehe hierzu Wiegleb RdA 1950, 302.
[6] Beitzke RdA 1948, 84 (87).
[7] Wiegleb RdA 1950, 302 (303).
[8] LAG Frankfurt a.M. vom 31.1.1951, AP 51 Nr. 214.
[9] Siehe zur Rechtslage in der französischen Zone Beitzke RdA 1948, 84 (84, 87 f).

Die folgenden Ausführungen beziehen sich damit lediglich auf die Rechtslage in der britischen Zone.

7.2. Die Rechtslage in der britischen Zone

7.2.1. Zuständigkeit der Arbeitsgerichte

Die Zuständigkeit der Arbeitsgerichte hing davon ab, wie man die rechtlichen Beziehungen zwischen dem betroffenen Arbeitnehmer, der Besatzungsmacht sowie der Lohn zahlenden deutschen Stelle einordnet. In Art. II KRG Nr. 21 war hinsichtlich der Zuständigkeit geregelt, daß die Arbeitsgerichte für Streitigkeiten zwischen Arbeitnehmern und Arbeitgebern aus dem Arbeitsverhältnis zuständig sind. Diese rechtliche Einordnung der Beziehung zwischen Arbeitnehmer und Besatzungsmacht sowie der Beziehung zwischen Arbeitnehmer und deutscher Zahlstelle waren umstritten. Insbesondere in der Literatur gab es viele Stimmen, die im Verhältnis zwischen deutschem Beschäftigten und Besatzungsmacht von einer Requisition ausgingen und damit von einem öffentlich-rechtlichen Rechtsverhältnis.

Das LAG Hamburg war in seiner für viele Fragen des Rechts deutscher Arbeitnehmer bei der Besatzungsmacht grundlegenden Entscheidung vom 7.5.1947 von einer Zuständigkeit der Arbeitsgerichte ausgegangen, ohne die Frage ausdrücklich zu problematisieren[10]. Die Zuständigkeit wurde letztlich aus der Annahme hergeleitet, daß zwischen Besatzungsmacht und deutschem Beschäftigten ein Arbeitsverhältnis bestehe[11]. Das LAG führte in seiner ausführlichen Begründung zunächst aus, daß ein Arbeitsvertrag in Form von zwei übereinstimmenden Willenserklärungen nur zwischen dem Kläger und der Militärregierung zustande gekommen sein könnte, da der Kläger dieser seine Arbeit angeboten habe und diese die Arbeitsleistung entgegengenommen habe. Durch einen solchen Vertrag könne aber eine Inanspruchnahme der beklagten Stadt nicht hergeleitet werden[12]. Ein Arbeitsvertrag mit dem Arbeitsamt bestehe offensichtlich nicht, da das Arbeitsamt bei der Zuweisung nicht den Willen gehabt habe, einen Vertrag zu Gunsten Dritter zu schließen. Im Zeitpunkt der Arbeitsaufnahme sei die Stadt Hamburg weiterhin noch gar nicht beteiligt gewesen, so daß auch insoweit kein Arbeitsvertrag vorliege. Das LAG bejaht in der Folge ein Arbeitsverhältnis zwischen der Militärregierung und dem einzelnen Arbeitnehmer[13]. Diese Arbeitsverhältnis sei durch die Aufnahme der Arbeit bei der Militärregierung abgeschlossen worden, der Abschluß eines Arbeitsvertrages sei hierfür

[10] LAG Hamburg vom 7.5.1947, MDR 1947, 193 f.
[11] LAG Hamburg vom 7.5.1947, MDR 1947, 193 (194).
[12] LAG Hamburg vom 7.5.1947, MDR 1947, 193 (194).
[13] LAG Hamburg vom 7.5.1947, MDR 1947, 193 (194).

nicht notwendig. Ein Arbeitsverhältnis könne auch durch Requisition begründet werden, wenn sich die Arbeit unter gleichmäßiger Bezahlung über einen längeren Zeitraum erstrecke und damit den offensichtlichen Charakter einer Dienstleistung nur für die Bedürfnisse des Besatzungsheeres im Sinne von Art. 52 der Haager Landkriegsordnung verliere[14]. Es spreche nichts gegen die Annahme, daß der Arbeitnehmer, der der Militärregierung zur Arbeit überwiesen werde, zur Besatzungsmacht in ein Arbeitsverhältnis trete.

Aus diesem Arbeitsverhältnis leitet das LAG dann wohl seine Zuständigkeit ab, obwohl die dem Kläger nach den Ausführungen des LAG zustehenden Anspruchsgrundlagen öffentlich-rechtlicher Natur sind. Insoweit führt das LAG aus, daß es ein anerkannter Satz des Völkerrechts sei, daß der besetzende Staat auch aus privaten Rechtsverhältnissen zu der Bevölkerung des besetzten Gebietes nicht dessen Gerichtsbarkeit unterliege. Gegenüber der Besatzungsmacht könne der Arbeitnehmer daher keine Rechte geltend machen. Es sei aber ein selbstverständlicher Satz des Kriegsvölkerrechts, daß die Feindseligkeiten nicht dem einzelnen, sondern ihm nur als Angehörigen eines Kriegsverbandes, also einer Gesamtheit gelten. Auf der anderen Seite dürften die Nachteile einer kriegerischen Besetzung damit aber auch nicht den einzelnen, sondern müßten die Gesamtheit treffen. Aus diesen Erwägungen ergebe sich die zwingende Folgerung, daß der unterlegene Staat in Ermangelung eines Besatzungsstatuts an die Stelle der Besatzungsmacht treten müsse. Eine Haftung ergebe sich damit aus öffentlich-rechtlichen Gesichtspunkten[15].

Die sich aufdrängende Frage, warum eine Zuständigkeit des Arbeitsgerichts bestehen soll, wenn zwischen den Parteien des Rechtsstreits nach Ansicht des Gerichts kein Arbeitsverhältnis besteht, wird vom LAG allerdings nicht beantwortet. Beitzke bejaht in einer Anmerkung zum Urteil des LAG Hamburg eine Zuständigkeit der Arbeitsgerichte deshalb, weil es offenbar dem Sinn der Arbeitsrechtsdirektive Nr. 11 (Industrial Relations Directive Nr. 11) entspreche, Arbeitnehmer bei der Besatzungsmacht so zu stellen, wie Arbeitnehmer bei deutschen Arbeitgebern[16]. Die Arbeitsrechtsdirektive Nr. 11 wurde von der britischen Militärregierung nicht veröffentlicht, sondern lediglich intern an die Arbeitsämter weitergegeben. Das LAG Hamburg zitiert Teile der Direktive wie folgt: "Die gegenwärtige Vereinbarung durch das Direktorat für Arbeit lautet, daß die Gehalts- und Lohnsätze von deutschen Behörden festgesetzt und bezahlt werden (The present arrangements made by Directorate of Labour are that the rates of pay and wages are fixed and paid by German authorities)"[17]. Nach dem LAG Hannover soll in Absatz 3 der Direktive weiterhin geregelt sein, daß

[14] LAG Hamburg vom 7.5.1947, MDR 1947, 193 (194).
[15] LAG Hamburg vom 7.5.1947, MDR 1947, 193 (195).
[16] Beitzke MDR 1947, 196 (197).
[17] Zitiert nach LAG Hamburg RdA 1949, 63 (64).

die Arbeitsämter das Erforderliche veranlassen werden zur Regelung von Zahlungen auf die wegen der Kündigung ein Anspruch bestehe[18].

Aufgrund der Anmerkung von Beitzke wurde in der Folge in vielen arbeitsgerichtlichen Entscheidungen auf die Direktive Nr. 11 der britischen Militärregierung abgestellt, um zu einer Zuständigkeit der Arbeitsgerichte zu gelangen. Das LAG Kiel führte in einer Entscheidung vom 29.10.1947 aus, die Annahme des LAG Hamburg in dem genannten Urteil sei unrichtig, daß zwischen dem Arbeitnehmer und der zuständigen deutschen Stelle ein öffentlich-rechtliches Verhältnis bestehe. Wenn dieses der Fall wäre, wäre das Arbeitsgericht gemäß Art. II ArbGG vom 6.3.1946 gar nicht zuständig[19]. Die privatrechtliche Haftung der deutschen Stelle ergebe sich vielmehr entsprechend der genannten Auffassung von Beitzke aus der Arbeitsrechtsdirektive Nr. 11 der britischen Militärregierung, in der bestimmt sei, daß die Arbeitnehmer hinsichtlich von Lohn und Tarif, wie auch hinsichtlich der Lohnansprüche der nach Kündigung dem Arbeitnehmer bei deutschen Arbeitgebern gleichzustellen sind. Damit habe die Besatzungsmacht die Lohnansprüche ihrer deutschen Arbeitnehmer selbst dem deutschen Recht unterstellt, so daß unbedenklich die Zuständigkeit der Arbeitsgerichte gegeben sei[20].

Auch das LAG Hannover stellte entscheidend auf die genannte Direktive ab. In einer Entscheidung vom 25.6.1948 führte es aus, daß die Besatzungsmacht zwar die Möglichkeit gehabt habe, die erforderlichen Arbeitskräfte durch Zwang zu rekrutieren[21]. Von dieser Möglichkeit habe die Militärregierung aber keinen Gebrauch gemacht, vielmehr habe sie bewußt den Weg der Einstellung von Arbeitskräften unter Einbeziehung der Arbeitsämter gewählt[22]. In der Direktive Nr. 11 habe die Besatzungsmacht klar zum Ausdruck gebracht, daß sie die Beschäftigungsverhältnisse als privatrechtlich ansehe, wobei in diesen Arbeitsverhältnissen die Besatzungsmacht Arbeitgeber sei. Der Direktive Nr. 11 komme auf Grund der Befugnisse der Militärregierung Gesetzeskraft zu[23].

Auch das LAG Hamm stellte zur Begründung der Zuständigkeit unter anderem auf die Arbeitsrechtsdirektive Nr.11 ab. Das LAG Hamm begründete die Zuständigkeit der Arbeitsgerichte in einer Entscheidung vom 22.12.1947 zunächst pauschal mit dem Hinweis, daß es sich um einen bürgerlich-rechtlichen Anspruch mit einer Dienststelle der Besatzungsmacht handele[24]. Es sei zwar zweifelsfrei, daß die Besatzungsmacht Arbeitsleistungen zunächst kraft des völker-

---

[18] Siehe LAG Hannover vom 25.6.1948, RdA 1949, 66.
[19] LAG Kiel vom 29.10.1947, RdA 1948, 147.
[20] LAG Kiel vom 29.10.1947, RdA 1948, 147.
[21] LAG Hannover vom 25.6.1948, RdA 1949, 66.
[22] LAG Hannover vom 25.6.1948, RdA 1949, 66.
[23] LAG Hannover vom 25.6.1948, RdA 1949, 66.
[24] LAG Hamm vom 22.12.1947, RdA 1948, 71 (72).

rechtlichen Requisitionsrechts forderte. Dieses würde aber keinesfalls ausschließen, daß schon kurze Zeit später Arbeitsverhältnisse mit der Besatzungsmacht entstanden seien. Anfangs hätten solche Arbeitsverhältnisse zwar eine starke öffentlich-rechtliche Prägung gehabt, es wäre jedoch schon bald deutlich geworden, daß die Besatzungsmacht den Arbeitsverhältnissen der bei ihr beschäftigten Hilfskräften einen zivilen Charakter geben wolle[25]. Diesen zivilen Charakter versucht das LAG Hamm an einer Reihe von Kriterien festzustellen. Zunächst verweist das Gericht auf Arbeitsdirektive Nr. 11, die zwar nicht veröffentlicht sei, die aber dem Landesarbeitsamt mitgeteilt worden sei und aus der sich eine Gleichbehandlung von bei der Besatzungsmacht Beschäftigten ergebe[26]. Eine "weitere Etappe" zu einem privatrechtlichen Arbeitsverhältnis sei die Direktive Nr. 27 vom 18.3.1946, in der die bei der Besatzungsmacht beschäftigten Arbeitnehmer solchen bei deutschen Behörden hinsichtlich der Sozialversicherung gleichgestellt werden[27]. Die Möglichkeit eines durch öffentlichen Zwang begründetes ziviles Arbeitsverhältnis ergebe sich aber auch schon durch die Verordnung der Militärregierung für die britische Zone Nr. 54 betreffend die Dienstverpflichtung. In dieser Verordnung sei geregelt, daß durch Kontrahierungszwang ein privatrechtliches Arbeitsverhältnis begründet werden könne. Wenn aber schon die Dienstverpflichtung, als der schwerste Eingriff zur Sicherstellung von Arbeitskräften nur im Rahmen von besonderen gesetzlichen Regelungen gelte und keineswegs durch die reine Macht der Besatzungsbehörde, so müsse dies erst recht für einen freien, nicht durch öffentlichen Zwang begründeten Dienstvertrag gelten. In beiden Fällen liege ein privatrechtlicher Vertrag vor[28]. Zwar wäre es so, daß die Besatzungsmacht kaum alle arbeitsrechtlichen Bindungen der bei ihr beschäftigten Arbeitnehmer akzeptiere. Diese liege aber in der Natur der Institution. Auf der anderen Seite übernehme die zuständige Einheit der Besatzungsmacht alle Funktionen eines Arbeitgebers. Insbesondere bestimme die Besatzungsmacht auch die Bezahlung, wenn sie allerdings auch von der deutschen Stelle ausgezahlt werde[29]. Im Ergebnis lägen zwar Merkmale des öffentlichen Rechts vor, allerdings würden die Elemente eines privatrechtlichen Verhältnisses so stark überwiegen, daß der Vertrag insgesamt dem bürgerlichen Recht unterstehe, weshalb die Arbeitsgerichtsbarkeit zuständig sei[30].

Auch das LAG Hamburg leitete in einer Entscheidung vom 14.7.1948 die Zuständigkeit aus der Arbeitsrechtsdirektive Nr. 11 ab[31]. Hierbei setzte es sich mit Angriffen von Butz gegen die bereits genannte Entscheidung vom 7.5.1947

[25] LAG Hamm vom 22.12.1947, RdA 1948, 71 (72).
[26] LAG Hamm vom 22.12.1947, RdA 1948, 71 (72).
[27] LAG Hamm vom 22.12.1947, RdA 1948, 71 (72).
[28] LAG Hamm vom 22.12.1947, RdA 1948, 71 (72).
[29] LAG Hamm vom 22.12.1947, RdA 1948, 71 (72).
[30] LAG Hamm vom 22.12.1947, RdA 1948, 71 (73).
[31] LAG Hamburg vom 14.7.1948, RdA 1949, 63 ff.

auseinander[32]. Entgegen der Ansicht von Butz könne man für die spätere Besatzungszeit nicht mehr von einer Requisition von Arbeit sprechen. Zwar könne man für die erste Zeit der Besatzung davon sprechen, daß die Anforderung der Arbeit kraft hoheitlichen Aktes erfolge. Bei der Einstellung des Klägers im Mai 1946 müsse man aber davon ausgehen, daß die Besatzungsmacht von der Anstellung zur freien Beschäftigung übergegangen sei[33]. Dieses bestätige auch der Wortlaut der vom Kläger beigebrachte Direktive Nr. 11[34]. Aus der Direktive ergebe sich ein dreiseitiges Verhältnis, indem nämlich der Arbeitnehmer der Besatzung Dienste leiste, diese mit den deutschen Behörden vereinbare, daß von ihnen die Löhne festzusetzen und zu bezahlen sind und sie auch die öffentlich-rechtlichen Verpflichtungen eines Arbeitgebers für die Tragung der Lohnsteuer und der Sozialversicherungsbeiträge zu erfüllen haben. Damit sei ein Anspruch gewährt, der keineswegs öffentlich-rechtlichen Charakter habe, weil die deutsche Stelle nicht kraft Hoheitsrechts eintrete, sondern die deutsche Stelle über eine getroffene Vereinbarung mit der englischen Stelle eingeschaltet wird, wodurch ein Arbeitsverhältnis mit der deutschen Stelle "fingiert" werde. Aus diesem Grund sei gemäß Art. II KRG Nr. 21 der Rechtsweg zu den Arbeitsgerichten eröffnet, weil es sich um Ansprüche zwischen Arbeitgeber und Arbeitnehmer aus einem rechtlich fingierten Arbeitsverhältnis handele[35].

An dieser Entscheidung des LAG Hamburg fällt auf, daß sie nur im Ergebnis an die frühere Entscheidung des LAG Hamburg anknüpft. Die Begründung unterscheidet sich grundlegend von den früheren Ausführungen. Zwar stellen beide Entscheidungen im Ausgangspunkt auf ein Arbeitsverhältnis zwischen Arbeitnehmer und Besatzungsmacht ab, allerdings wird der Anspruch des Arbeitnehmers gegen die deutsche Stelle unterschiedlich hergeleitet. In der Entscheidung aus dem Jahre 1947 wird von einem öffentlich-rechtlichen Anspruch gesprochen. In der Entscheidung vm14.7.1948 spricht das Gericht nun von einem fingierten Arbeitsverhältnis zwischen dem Arbeitnehmer und der deutschen Stelle. Diese Argumentation ist aber schon deshalb nicht haltbar, weil man von einer Vereinbarung zwischen Besatzungsmacht und der deutschen Zahlstelle kaum sprechen kann. Die deutsche Stelle wird vielmehr von der Besatzungsmacht einseitig verpflichtet, den Lohn zu zahlen, weshalb man zumindest die Beziehung zwischen der deutschen Stelle und der Besatzungsmacht als öffentlich-rechtlich im Sinne eines Über-/Unter-ordnungsverhältnisses verstehen muß. Neumann-Duesberg führte insoweit zutreffend an, daß die Besatzungsmacht

---

[32] Siehe Butz MDR 1948, 103 ff.
[33] LAG Hamburg vom 14.7.1948, RdA 1949, 63 (64).
[34] LAG Hamburg vom 14.7.1948, RdA 1948, 63 (64).
[35] LAG Hamburg vom 14.7.1948, RdA 1949, 63 (64); siehe auch ArbG Celle vom 14.10.1949; ArbR.i.St. III Ziff. 866; wo ebenfalls von der Fiktion eines Arbeitsverhältnisse ausgegangen wird.

befehle, daß die deutsche Stelle den Lohn zu zahlen habe, und sich nicht dazu "herablasse", auf gleicher Basis eine Vereinbarung zu treffen[36].

In einer Entscheidung vom 4.5.1948 stellte das LAG Kiel nicht mehr auf die Arbeitsrechtsdirektive Nr. 11 ab, sondern begründet seine Zuständigkeit über eine Rundverfügung des Präsidenten des Landesarbeitsamtes Schleswig-Holstein[37]. Das Gericht führte aus, der Präsident des Landesarbeitsamtes habe in der Rundverfügung Nr. 226 vom 24.4.1946 aufgrund der ihm bezüglich der Bediensteten der britischen Dienststellen insoweit erteilten Ermächtigung folgende Regelung getroffen:
"Deutsche Arbeitnehmer, die sich nach ihrer Entlassung von einer Dienststelle der britischen Militärregierung unverzüglich beim Arbeitsamt zur weiteren Verfügung melden, erhalten zur zahlungsmäßigen Einhaltung der Kündigungsfrist durch die bisher zuständig gewesene Lohnstelle bis zum Ablauf der tariflichen Kündigungsfrist bzw. bis zur Aufnahme der Arbeit an einem anderen Arbeitsplatz das ihnen zustehende Entgelt. Voraussetzung ist jedoch, daß kein Grund zur fristlosen Kündigung vorlag und der Arbeitsplatz nicht auf eigenen Wunsch aufgegeben wurde[38]."
Nach dem LAG Kiel folge aus der Rundverfügung, daß deutsche Arbeitnehmer bei britischen Dienststellen bezüglich ihrer Gehaltsansprüche sonstigen Arbeitnehmern gleichgestellt und ihnen für den Fall der Entlassung Ansprüche gegen die Lohnstelle zuerkannt werden müßten. Da es sich insoweit um arbeitsrechtliche Ansprüche handele, seien die Arbeitsgerichte zuständig[39].

Entgegen der genannten Entscheidungen lehnte das ArbG Osnabrück in einem Urteil vom Oktober 1948 eine Herleitung von Ansprüchen des Arbeitnehmers über die Arbeitsrechtsdirektive Nr. 11 ab[40]. Das ArbG erläuterte, daß es sich bei der Direktive Nr.11 lediglich um eine Anweisung für deutsche Behörden handele. Ansprüche könnten Arbeitnehmer aus dieser Direktive nicht herleiten. Wenn der Direktive von einigen Gerichten Gesetzesstatus zugebilligt werde, so liege ein eindeutiger Verstoß gegen Kontrollratsdirektive Nr. 51 dar[41]. In Kontrollratsdirektive 51 ist geregelt, daß Direktiven keine Akte der Gesetzgebung und für die deutsche Bevölkerung in ihrer Gesamtheit nicht binden sind, sondern nur für diejenigen Personen an die sie gerichtet sind. Das ArbG Osnabrück führt weiter aus, daß auch sonstige nicht gesetzliche Anweisungen der Militärregierung an die deutschen Behörden Maßnahmen des öffentlichen Rechts seien, aus denen privatrechtliche Ansprüche nicht hergeleitet werden könnten[42].

---

[36] Neumann-Duesberg RdA 1949, 64.
[37] LAG Kiel vom 4.5.1948, RdA 1948, 148.
[38] Rundverfügung Nr.226 zit. nach LAG Kiel vom 4.5.1948, RdA 1948, 148.
[39] LAG Kiel vom 4.5.1948, RdA 1948, 148.
[40] ArbG Osnabrück vom 12.10.1948, WA 1949 Nr. 98.
[41] ArbG Osnabrück vom 12.10.1948, WA 1949 Nr. 98.
[42] ArbG Osnabrück vom 12.10.1948, WA 1949 Nr. 98.

Auch das ArbG Oldenburg lehnte in einer Entscheidung vom 3.1.1949 privatrechtliche Ansprüche des Arbeitnehmers gegen die deutschen Stellen ab[43]. Durch die Arbeitsrechtsdirektive Nr. 11 sei den deutschen Stellen lediglich eine Weisung darüber gegeben worden, wie die deutschen Stellen aufgrund der timesheets (Zeitkarten über die Dauer der täglichen Beschäftigung) den Lohn zu berechnen haben. Damit würde aber kein privatrechtlicher Anspruch des deutschen Arbeitnehmers begründet. Ein solcher außervertraglicher Anspruch könne nur aufgrund eines gesetzgeberischen Aktes entstehen, die Arbeitsrechtsdirektive Nr. 11 stelle einen solchen Akt aber nicht dar[44].

Interessant an diesen Entscheidungen ist, daß die Arbeitsgerichte Osnabrück und Oldenburg entgegen der ganz überwiegenden Meinung der Landesarbeitsgerichte dem Arbeitnehmer zumindest hinsichtlich von Lohn keine privatrechtlichen Ansprüche zuerkennen. Bei diesem Ausgangspunkt hätte von den Arbeitsgerichten allerdings die Frage der Zuständigkeit erörtert werden müssen, da nach den Arbeitsgerichten lediglich Ansprüche aus öffentlichem Recht in Betracht kommen.Im Ergebnis erkennen die Arbeitsgerichte aber richtig, daß sich über die Arbeitsrechtsdirektive Nr. 11 und über die genannte Rundverfügung weder privatrechtliche Ansprüche der Arbeitnehmer noch die Zuständigkeit der Arbeitsgerichte herleiten lassen. Bei einer Direktive handelt es sich um eine verwaltungsinterne Regelung, die im Verhältnis zu einem einzelnen Beschäftigten kein Arbeitsverhältnis begründen kann[45]. Darüber hinaus kann man schon hinsichtlich des Wortlauts der Direktive erhebliche Zweifel haben, ob die Militärregierung hier eine Entscheidung über die Rechtsnatur der Beziehung zwischen Beschäftigten und Besatzungsmacht treffen wollte. Hinzu kommt noch, daß die Arbeitsrechtsdirektive von der Militärregierung noch nicht einmal veröffentlicht wurde, sondern lediglich intern an die Arbeitsämter weitergegeben wurde. Auch die Rundverfügung kann weder ein Arbeitsverhältnis begründen, noch kann sie zur Zuständigkeit der Arbeitsgerichte führen. Dieses ergibt sich schon daraus, daß sich die Direktive an die Arbeitsämter richtet und nicht an einzelne Arbeitnehmer oder die deutschen Stellen, die die Arbeitnehmer bezahlen. Darüber hinaus gibt der Wortlaut der Rundverfügung für eine Zuständigkeit der Arbeitsgerichte nichts her. Aus der Direktive Nr. 11 und der genannten Rundverfügung läßt sich vielmehr lediglich herleiten, daß die Beschäftigten bei der Besatzungsmacht intern den Arbeitnehmern bei zivilen Arbeitgebern gleichgestellt werden sollen, für die Begründung eines Arbeitsverhältnisses oder für die Zuständigkeit der Arbeitsgerichte für diese Streitigkeiten läßt sich aus den genannten Regelungen aber nichts entnehmen. Wenn das LAG Hannover der nicht veröffentlichten Direktive sogar Gesetzeskraft zuerkennt, zeigt

[43] ArbG Oldenburg i.O. vom 3.1.1949, ArbR.i.St. III Ziff. 42.
[44] ArbG Oldenburg i.O. vom 3.1.1949, ArbR.i.St. III Ziff. 42.
[45] So auch Beitzke RdA 1948, 149; Neumann-Duesberg RdA 1949, 64.

dieses, wie unsicher die Gerichte hinsichtlich ihrer Entscheidungskompetenz gegenüber der Besatzungsmacht waren[46].

In der Literatur wurde überwiegend ebenfalls von einer Zuständigkeit der Arbeitsgerichte ausgegangen. Neumann-Duesberg geht hierbei davon aus, daß zwischen der Besatzungsmacht und dem deutschen Arbeitnehmer entgegen der Rechtsprechung kein Arbeitsvertrag sondern ein öffentlich-rechtliches Verhältnis vorliege. Die Besatzungsmacht nehme die Dienste der deutschen Arbeitnehmer aufgrund von Art. 52 Haager Landkriegsordnung als Requisitionsgrundlage in Anspruch. Dieses liege für die Zeit unmittelbar nach dem Krieg auf der Hand, entgegen der Rechtsprechung habe sich an dieser Rechtslage aber nichts geändert. Allein die Tatsache, daß die Besatzungsmacht verschiedene Funktionen eines Arbeitgebers ausübe und unter anderem auch Urlaub gewähre, beruhe auf einem Entgegenkommen der Militärregierung und sei nicht auf Rechtsverbindlichkeit ausgerichtet[47]. Die Arbeitsgerichte seien für diese Streitigkeiten aber deswegen zuständig, weil zwischen den deutschen Stellen und den betroffenen Arbeitnehmern ein contractus sui generis bestehe, der zivilrechtlich zu beurteilen sei[48]. Die genannten Direktiven hätten für einen Vertragsschluß keine Bedeutung, sie zeigten aber den Verpflichtungswillen der deutschen Stellen. Ein Vertragsschluß zwischen den deutschen Behörden und den Arbeitnehmern komme durch konkludentes Verhalten der deutschen Stellen zustande. Die deutschen Stellen hätten in der Öffentlichkeit Werbung für Arbeiten bei der Besatzung gemacht. Die daraufhin eingestellten Arbeitnehmer hätten ihren Lohn stets von der deutschen Stelle erhalten, und es sei allgemein bekannt, daß man sich wegen des Lohns oder etwaiger Kündigungsstreitigkeiten an die deutsche Stelle zu halten habe. Hierbei müsse außerdem berücksichtigt werden, daß es sich um Massenverträge handele, an die man nicht die Anforderungen eines individualrechtlichen BGB-Vertrages anlegen dürfe. Der Inhalt dieses Vertrages gehe dahin, daß sich die deutschen Stelle verpflichteten alle Arbeitgeberpflichten zu erfüllen[49]. Im Ergebnis seien die Arbeitsgerichte aber unabhängig davon zuständig, ob zwischen der Besatzungsmacht und dem Arbeitnehmer ein Arbeitsvertrag oder ein öffentlich-rechtliches Verhältnis bestehe[50].

Auch Butz geht von einem öffentlich-rechtlichen Verhältnis zwischen Besatzungsmacht und deutschem Arbeitnehmer aus[51]. Die Inanspruchnahme der

---

[46] Siehe Neumann-Duesberg RdA 1949, 67.
[47] Neumann-Duesberg BB 1948, 555; siehe hierzu auch LAG Hannover vom 19.9.1949, ArbR.i.St. III Ziff. 720, dort schließt sich das LAG ausdrücklich der Rechtsansicht von Neumann-Duesberg an und verweist zur Begründung auf dessen Vorbringen.
[48] Neumann-Duesberg BB 1948, 555 f.
[49] Neumann-Duesberg BB 1948, 555 (556).
[50] Neumann-Duesberg BB 1948, 555 (556).
[51] Butz MDR 1948, 103 (104).

deutschen Arbeitnehmer beruhe auf Requisition, weshalb für die Annahme von privatrechtlichen Ansprüchen zwischen Besatzungsmacht und Arbeitnehmer kein Raum verbleibe[52]. Diese Ansprüche seien damit aber auch nicht ausnahmsweise vor den Arbeitsgerichten einklagbar[53]. Unmittelbare arbeitsrechtliche Beziehungen zu den deutschen Stellen würden aufgrund der Requsition grundsätzlich nicht entstehen. Ein Dienstvertrag zwischen den Arbeitnehmern und den deutschen Stellen sei aber durchaus denkbar. So habe etwa der Arbeitsminister mit Rundverfügung Nr. 3 vom 10.1.1947 an die Arbeitsämter angeordnet, daß für deutsche Arbeitnehmer, die bei der Militärregierung beschäftigt sind, grundsätzlich die Tarifordnung für Angestellte im öffentlichen Dienst gelte. Eine solche Anordnung könne aber nur den Sinn haben, die Dienstverhältnisse des deutschen Personals bei der Besatzungsmacht im deutschen Arbeitsrecht zu verankern. Um das zu bewirken, wolle die Arbeitsverwaltung mit den deutschen Beschäftigten in privatrechtliche Beziehungen nach Maßgabe des Tarifrechts treten[54].

Aus den genannten Literaturstellen läßt sich entnehmen, daß zumindest Einigkeit darüber bestand, daß Rechtsstreitigkeiten, die auf dem Verhältnis deutschen Personals mit der Besatzungsmacht beruhen, vor den Arbeitsgerichten verhandelt werden sollten. Auch die in der Literatur gefundenen Lösungen können hierbei allerdings nicht recht überzeugen, da weder Neumann-Duesberg noch Butz schlüssig nachweisen könnnen, wie ein Vertrag zwischen den deutschen Stellen und den Arbeitnehmern zustande kommen soll. Beide arbeiten letztlich lediglich mit Fiktionen von Willenserklärungen[55], wobei beide nicht näher darauf eingehen, wodurch der Arbeitnehmer das Vertragsangebot der deutschen Stellen annimmt. Allerdings war die Annahme einer Zuständigkeit der Arbeitsgerichte aufgrund des Sachzusammenhangs sicherlich sinnvoll und begrüßenswert.

7.2.2. Passivlegitimation

Mit der Frage der Zuständigkeit zusammenhängend stellte sich für die Arbeitsgerichte die Frage, gegen wen Arbeitnehmer ihre Ansprüche zu richten haben, d.h. wer passivlegitimiert ist. Die Arbeitsgerichte gingen insoweit einhellig da-

[52] Butz MDR 1948, 103 (104).
[53] Butz MDR 1948, 103 (105).
[54] Butz MDR 1948, 103 (106).
[55] Siehe insoweit Butz MDR 1948, 103 (105) der die Annahme eines Verpflichtungswilllens dem "Bereich der Fiktionen" zugehörig ansieht, während Neumann-Duesberg BB 148, 555 die Annahme eines Dienstvertrages als "künstliche Konstruktion" bezeichnet.

von aus, daß eine Inanspruchnahme der Besatzungsmacht selbst nicht in Betracht kommt[56].

Das LAG Hamburg sah in seiner Entscheidung vom 7.5.1947 die Stadt bzw. das Land Hamburg als passivlegitimiert an[57]. Die Übernahme solcher Kosten sei zwar vom Grundsatz her Sache des Reiches, allerdings müsse berücksichtigt werden, daß zum Zeitpunkt der Klage jegliche rechtliche Festlegung gefehlt habe. Die Verordnung Nr. 57, die die Gesetzgebungszuständigkeit der Länder umreißt, sowie die Anweisung Nr. 1, die die Verwaltungszuständigkeit entsprechend regelt, seien erst nach Klageeinreichung erlassen worden. Zur Zeit der Klage habe der Kläger aber gar keine andere Möglichkeit gehabt als sich an die Beklagte zu halten. Zumindest über § 242 BGB sei damit aber von einer Passivlegitimation auszugehen[58].

Das LAG Hamm ging im Ergebnis ebenfalls von einer Passivlegitimation des Landes aus. Das LAG führte aus, daß die Passivlegitimation aus der Art und Weise der Vertragsabwicklung und insbesondere der Bezahlung gewonnen werden müsse[59]. Die Bezahlung richtete sich nach einer finanztechnischen Anordnung der britischen Militärregierung[60]. Aus dieser Anordnung ergebe es sich, daß die beschäftigten Einheiten der Besatzungsmacht sogenannte timesheets, d.h. Zeitkarten, über die tägliche Dauer der Beschäftigung zu erstellen hätten. Diese würden über Vermittlung der Arbeitsämter der Besatzungsmacht an die deutschen Arbeitsämter weitergegeben, wobei diese die geltenden Lohnsätze festlegten. Das Arbeitsamt leite dann die Unterlagen an die auszahlende deutsche Dienststelle weiter, welche ihrerseits die Rückerstattungsforderung an die Kriegsschädenfeststellungsbehörde weitergebe[61]. Aus der Tatsache, daß die Bezahlung über das Arbeitsamt abgewickelt wurde, könne nach dem LAG Hamm allerdings keine Zuständigkeit des Landes begründet werden. Zwar handele es sich bei dem Arbeitsamt um eine staatliche und keine kommunale Behörde, allerdings gebe die auszahlende Stelle ihre Rückerstattungsforderung an die Kriegsschädenfeststellungsbehörde weiter[62]. Diese Behörden seien aber keine Landesbehörden im eigentlichen Sinne, sondern nach ihrer Funktion Rudimente des Deutschen Reichs. Aus diesem Umstand heraus könne man das Reich auch als passivlegitimiert ansehen. Das Deutsche Reich sei aber nur noch in Restfunktionen arbeitsfähig, weshalb das Reich im vorliegenden Fall von dem

[56] Siehe nur LAG Hamm vom 22.12.1947, RdA 1948, 71 (72 f); LAG Kiel vom 29.10.947, RdA 1948, 147 (148); LAG Hamburg vom 7.5.1947, MDR 1947, 193 (194), ArbG Göttingen vom 2.3.1948, ArbR.i.St I Ziff. 628.

[57] LAG Hamburg vom 7.5.1947, MDR 1947, 193 (195).

[58] LAG Hamburg vom 7.5.1947, MDR 1947, 193 (195).

[59] LAG Hamm vom 22.12.1947, RdA 1948, 71 (73).

[60] LAG Hamm vom 22.12.1947, RdA 1948, 71 (72).

[61] Siehe LAG Hamm vom 22.12.1947, RdA 1948, 71 (72).

[62] LAG Hamm vom 22.12.1947, RdA 1948, 71 (73).

Land repräsentiert werde, dessen Arbeitsämter die Bezahlung der time-sheets veranlaßt haben[63].

Auch das LAG Kiel ging in seiner Entscheidung vom 29.10.1947 von einer Passivlegitimation des Landes aus[64]. Zur Begründung stellte das Gericht, wie schon zur Begründung der Zuständigkeit der Arbeitsgerichte, auf die Arbeitsrechtsdirektive Nr. 11 und zusätzlich eine Weisung der Militärregierung an den Präsidenten des Landesarbeitsamtes vom 6.4.1946 ab. Durch Direktive und Weisung sei dem Präsidenten des Landesarbeitsamtes die Aufgabe übertragen worden, eine Angleichung der Lohnbedingungen zwischen deutschen Arbeitnehmern bei englischen Dienststellen und deutschen Arbeitgebern herbeizuführen. Mit dieser Aufgabe sei es auch verbunden, die Stelle zu bezeichnen, die die Ansprüche deutscher Arbeitnehmer zu erfüllen habe. Von dieser Vollmacht habe der Präsident auch Gebrauch gemacht, in dem er durch Rundverfügung vom 24.4.1946 bestimmt habe, daß die Stelle, die bisher Lohn gezahlt habe, diesen auch während der Kündigungsfrist zu zahlen habe[65]. Während der Zeit der Beschäftigung sei das Arbeitsentgelt von der Kreisfeststellungsbehörde gezahlt worden, weshalb diese nun auch zur Lohnzahlung verpflichtet sei. Da die Behörde aber keine selbständige Rechtspersönlichkeit sei, sondern im Auftrag der Landesfeststellungsbehörde handele, könne nur diese als Abteilung der Landesregierung in Anspruch genommen werden. Im Ergebnis seien Ansprüche also gegen das Land zu richten, welches insofern Reichsaufgaben wahrnehme und das Reich vertrete[66].

In einer weiteren Entscheidung des LAG Kiel vom 4.5.1948 wird ebenfalls auf die Rundverfügung vom 24.4.1946 Bezug genommen[67]. Allerdings geht das Gericht nun von einer Zuständigkeit des beklagten Landkreises aus. Lohn wurde während der Arbeit von der Kreisfeststellungsbehörde erbracht, weshalb das LAG wohl nun von einer Passivlegitimation des Landkreises ausging[68].Das LAG Kiel bejahte somit einmal die Passivlegitimation des Landes und einmal die des zuständigen Landkreises, ohne in seiner Entscheidung von 1948 die frühere Auffassung, daß die Kreisfeststellungsbehörde lediglich im Auftrag der Landesfeststellungsbehörde handele, überhaupt zu erwähnen[69].

Das LAG Hannover gelangte in seiner genannten Entscheidung vom 25.6.1948 ebenfalls zu einer Passivlegitimation des Landes, wobei zur Begründung auf die

[63] LAG Hamm vom 22.12.1947, RdA 1948, 71 (73).
[64] LAG Kiel vom 29.10.1947, RdA 1948, 147 f.
[65] LAG Kiel vom 29.10.1947, RdA 1948, 147 (148).
[66] LAG Kiel vom 29.10.1947, RdA 1948, 147 (148).
[67] LAG Kiel vom 4.5.1948, RdA 1948, 148.
[68] LAG Kiel vom 4.5.1948, RdA 1948, 148.
[69] Vgl. Beitzke RdA 1948, 149.

Arbeitsrechtsdirektive Bezug genommen wurde[70]. Aus der Arbeitsrechtsdirektive ergebe sich deutlich, daß die deutschen Stellen nicht nur Zahlstellen seien, sondern durchaus Arbeitgeberfunktionen wahrnehmen würden[71]. Die deutschen Stellen würden etwa eigenverantwortlich darüber entscheiden, ob Tarifsätze auf die Entlohnung anzuwenden sind und gegebenenfalls welche. Die Kriegsschädenfeststellungsbehörden seien insoweit zuständig. Diese Behörden würden aber Aufgaben wahrnehmen, die an sich vom Deutschen Reich zu erfüllen wären, die aber auf die einzelnen Länder übergegangen sind, weshalb die Passivlegitimation des beklagten Landes gegeben sei[72].

Die Begründungen der Arbeitsgerichte zur Passivlegitimation sind aus den gleichen Gründen anfechtbar wie die Ansatzpunkte zur Herleitung einer Zuständigkeit der Arbeitsgerichte. Auch hier versuchen die Gerichte über die Arbeitsrechtsdirektive Nr. 11 zu argumentieren. Allerdings stehen einer solchen Argumentation auch hier drei Punkte entgegen. Zum einen kann eine Direktive als Verwaltungsmaßnahme dem Arbeitnehmer keine Ansprüche gegen eine deutsche Stelle geben. Zweitens muß eine Anspruchsbegründung über die Direktive schon daran scheitern, daß diese Regelung nicht veröffentlicht wurde. Drittens läßt sich ein Anspruch des Arbeitnehmers schon aus dem Wortlaut der Direktive nicht entnehmen. Zu einer klaren Entscheidung in der Frage der Passivlegitimation hätte man aber nur gelangen können, wenn man zur Annahme eines Arbeitsverhältnisses zwischen deutscher Stelle und Beschäftigtem gelangt[73]. Ein Arbeitsverhältnis zwischen deutscher Stelle und dem Beschäftigten wurde aber von den Arbeitsgerichten allgemein abgelehnt, vor allem auch deshalb, weil durchgehend ein Arbeitsverhältnis zwischen Besatzungsmacht und deutschem Personal bejaht wurde[74]. Das LAG Hamburg geht in seiner Entscheidung vom Juli 1948 immerhin von einer Fiktion eines Arbeitsverhältnisses zwischen deutschem Beschäftigten und zuständiger deutscher Stelle aus. Leider geht aus dem veröffentlichten Teil der Entscheidung nicht hervor, ob das LAG Hamburg aus dieser Fiktion auch die Passivlegitimation begründet. Das LAG Hannover betonte in seiner Entscheidung vom 25.6.1948 zwar, daß die deutschen Behörden auch Arbeitgeberfunktionen wahrnehmen, aus der Entscheidung läßt sich aber nicht ersehen, ob diese "arbeitgeberähnliche Stellung" für die Annahme der Passivlegitimation ursächlich war.

In der Literatur finden sich zur Frage der Passivlegitimation unterschiedliche Ansatzpunkte. Neumann-Duesberg gelang die Begründung der Passivlegitima-

---

[70] LAG Hannover vom 25.6.1948, RdA 1949, 66 f.
[71] LAG Hannover vom 25.6.1948, RdA 1949, 66.
[72] LAG Hannover vom 25.6.1948, RdA 1949, 66 (67).
[73] Siehe hierzu ArbG Oldenburg vom 12.3.1948, ArbR.i.St. II Ziff. 35, wo die Annahme eines solchen Arbeitsverhältnisses als abwegig bezeichnet wird.
[74] Siehe z.B. ArbG Lübeck vom 23.3.1948, ArbR.i.St. II Nr. 35; ArbG Oldenburg vom 12.3.1948, ArbR.i.St. II Nr.37.

tion von seinem Ausgangspunkt her, daß zwischen deutscher Behörde und Arbeitnehmer ein Vertrag sui generis besteht. Von diesem Ausgangspunkt aus ist das Land passivlegitimiert als Vertragspartner, der sich verpflichtet, die einem Arbeitgeber obliegenden Pflichten zu übernehmen[75]. Beitzke bejahte ursprünglich die Passivlegitimation des Deutschen Reiches, da es sich beim Lohn von deutschen Beschäftigten bei der Besatzungsmacht um Besatzungskosten handele[76]. Seit der Beseitigung des zonalen Reichshaushalts in der britischen Zone durch Verordnung Nr. 142 sei die Zahlung der Besatzungskosten und damit auch die Entlohnung der Arbeitnehmer bei der Besatzungsmacht allerdings Landessache geworden, weshalb nun auch in der britischen Zone die Länder zuständig seien[77].

7.2.3. Kündigung durch die Besatzungsmacht

In den Entscheidungen der Gerichte war meist über Ansprüche von Arbeitnehmern zu unterscheiden, die von der Besatzungsmacht mit sofortiger Wirkung von der Arbeit freigestellt wurden und daraufhin Zahlungsansprüche für die Kündigungsfrist geltend machten.

7.2.3.1. Anwendbarkeit von deutschem Recht

Zur Feststellung von Zahlungsansprüchen mußten die Gerichte zunächst entscheiden, ob deutsches Recht Anwendung findet. Von den Arbeitsgerichten wurde hierbei durchgängig deutsches Recht angewandt, wobei die Anwendbarkeit nur selten diskutiert wurde[78].

Das LAG Hamburg nahm in seiner Entscheidung vom 7.5.1947 zu dieser Frage Stellung. Nach seiner Auffassungmüsse grundsätzlich auf private Rechtsverhältnisse des besetzenden Staates zu der Bevölkerung des besetzten Gebietes das Recht der Besatzungsmacht Anwendung finden, wobei sich dieses schon aus der überragenden Stellung des besetzenden Staates ergebe[79]. Hier könne es aber nicht angehen, daß sich die deutsche Behörde auf englisches Recht berufe. Zwar würde die deutsche Stelle hier anstatt der Besatzungsmacht in Anspruch genommen, allerdings erfolge diese Inanspruchnahme nicht aufgrund von zivilrechtlichen Ansprüchen, sondern aufgrund einer dem öffentlichen Recht angehörigen und damit selbständigen Rechtsgestaltung. Die deutsche Stelle würde aufgrund einer aus dem Völkerrecht erwachsenden Verantwortlichkeit in Anspruch genommen. Würde man englisches Recht im Verhältnis der Parteien an-

---

[75] Neumann-Duesberg RdA 1949, 64 (66) und RdA 1949, 67.
[76] Beitzke MDR 1947, 196 (197).
[77] Beitzke RdA 1948, 149.
[78] Siehe ArbG Flensburg vom 23.12.1948, ArbR.i.St. II Ziff. 873; ArbG Oldenburg vom 12.3.1948, ArbR.i.St. II Ziff. 37.
[79] LAG Hamburg vom 7.5.1947, MDR 1947, 193 (195).

wenden, so würden in Wahrheit Rechte des Siegers aus der Niederlage hergeleitet, was im Verhältnis des besetzten Staates zu seiner Bevölkerung nicht gebilligt werden könne[80].

Das LAG Hamm gelangte in seiner Entscheidung vom 22.12.1947 zur Anwendung von deutschem Recht über die Arbeitsrechtsdirektive Nr. 11 und die Sozialversicherungsdirektive Nr.27 [81]. Zwar könne man wohl keinen Vertragswillen der Arbeitsvertragsparteien dahingehend unterstellen, daß der Arbeitsvertrag in jeder Hinsicht dem deutschen Recht unterliegen soll. Aus der Arbeitsrechtsdirektive Nr.11 und der Sozialversicherungsdirektive Nr. 27 könne aber gefolgert werden, daß die der Besatzungsmacht lästigen und deshalb auf deutsche Stellen abgewälzte Ansprüche nach deutschem Recht zu beurteilen sind[82]. Das LAG Kiel führte in seiner Entscheidung vom 29.10.1947 zu dieser Frage lediglich aus, daß die Ansprüche durch Arbeitsrechtsdirektive Nr.11 dem deutschen Recht unterstellt wurden[83].

7.2.3.2. Kündigung und Prüfungsrecht der Arbeitsgerichte

In der Entscheidung des LAG Hamburg vom 7.5.1947 hatte der Kläger in der ersten Instanz beantragt, festzustellen, daß eine am 27.1.1947 erfolgte fristlose Beendigung des Arbeitsverhältnisses rechtsunwirksam sei. Das erstinstanzliche Gericht hatte insoweit festgestellt, daß ein Arbeitsverhältnis zwischen Kläger und der Stadt Hamburg besteht[84]. Zur materiellen Seite der Problematik führte das LAG Hamburg lediglich aus, daß es nicht zweifelhaft sein könne, daß der Anspruch des Klägers gerechtfertigt sei. Die fristlose Kündigung könne nur aus einem wichtigen Grund erfolgen, wobei ein solcher nicht vorliege. Allerdings könnten die Feststellungen des erstinstanzlichen Gerichts, daß zwischen Kläger und der Stadt Hamburg ein Arbeitsverhältnis bestehe nicht aufrecht erhalten werden, weshalb das Gericht lediglich feststellte, daß die am 27.1.1947 ausgesprochene fristlose Entlassung unwirksam sei[85].
Beitzke befand den Tenor der Entscheidung des LAG Hamburg als "wenig glücklich"[86]. Nach seiner Ansicht war das Arbeitsverhältnis aufgrund des beherrschenden Rechts der Besatzungsmacht zu jeder Zeit kündbar. Nur hinsichtlich der die deutschen Stellen treffenden Lohnzahlungspflicht könne man die Entlassung nach deutschem Recht beurteilen. Insoweit sei die fristlose Kündi-

---

[80] LAG Hamburg vom 7.5.1947, MDR 1947, 193 (195).
[81] LAG Hamm vom 22.12.1947, RdA 1948, 71 (73).
[82] LAG Hamm vom 22.12.1947, RdA 1948, 71 (73).
[83] LAG Kiel vom 29.10.1947, RdA 1948, 147 (148).
[84] siehe LAG Hamburg vom 7.5.1947, MDR 1947, 193.
[85] LAG Hamburg vom 7.5.1947, MDR 1947, 193 (196).
[86] Beitzke MDR 1947, 196 (197).

gung zwar unwirksam, aber mit den Wirkungen einer fristgerechten Kündigung ausgestattet[87].

Das LAG Hamm hatte in seiner genannten Entscheidung vom Dezember 1947 unter anderem darüber zu befinden, ob die Besatzungsmacht Rechtsnachfolgerin der Wehrmacht sein könne[88]. Der Kläger war nämlich vor der Kapitulation über Jahre in einer der Wehrmacht zugehörigen Druckerei beschäftigt, wobei die Druckerei nach einigen Wochen Unterbrechung von britischen Einheiten übernommen und weitergeführt wurde. Später stellte die Militärregierung dann den Betrieb der Druckerei ein und kündigte dem Kläger fristlos. Der Kläger machte nun Zahlungsansprüche gegen das Land geltend und stützte sich unter anderem auf das Gesetz über die Fristen für die Kündigung von Angestellten vom 9.7.1926 nach dem Arbeitnehmern, die mindestens fünf Jahre beim Arbeitgeber oder dessen Rechtsnachfolger beschäftigt waren, längere Kündigungsfristen zugebilligt werden[89]. Nach dem LAG Hamm ist das Kündigungsschutzgesetz von 1926 auf diesen Fall nicht anwendbar, da die Besatzungsmacht nicht Rechtsnachfolgerin der Wehrmacht sei. Selbst bei einer grundsätzlich anzunehmenden weiten Auslegung des Begriffes "Rechtsnachfolge" könne eine solche zwischen Wehrmacht und Besatzungsmacht nicht angenommen werden[90]. Nach dem KRG Nr. 34 sei die Wehrmacht völlig liquidiert worden, weshalb auch etwaige Kündigungsschutzansprüche gegen die Wehrmacht untergegangen seien. Durch die Auflösung der Wehrmacht sei ein Vakuum eingetreten. Wenn die Besatzungsmacht die Druckerei als Beutegut auf völkerrechtlicher Grundlage übernehme, könne darin keine Rechtsnachfolge gesehen werden[91]. Der Kläger habe aber auch keine Zahlungsansprüche während des Laufs der ordentlichen Kündigungsfrist. Die Kündigung wäre zwar ganz offensichtlich, wenn sie von einem deutschen Arbeitgeber ausgesprochen würde, als fristlose Kündigung unwirksam und müßte deshalb in eine fristgemäße Kündigung umgedeutet werden. Allerdings hätte sich die Besatzungsmacht das Recht zur fristlosen Kündigung bei Schließung der Dienststelle, Versetzung oder ähnlichem ausdrücklich vorbehalten. Dieses sei dem deutschen Beschäftigten aber meist schon bei Abschluß des Arbeitsvertrages klar und sie würden sich dem unterwerfen. Damit sei aber stillschweigend jegliche Kündigungsfrist ausgeschlossen oder der Vertrag nur für eine bestimmte Zeit, nämlich solange die Besatzungsmacht den Arbeitnehmer benötige, abgeschlossen[92]. Nach dem LAG Hamm sei

[87] Beitzke MDR 1947, 196 (197).

[88] LAG Hamm vom 22.12.1947, RdA 1948, 71 ff.

[89] Siehe LAG Hamm vom 22.12.1947, RdA 1948, 71.

[90] LAG Hamm vom 22.12.1947, RdA 1948, 71 (73).

[91] LAG Hamm vom 22.12.1947, RdA 1948, 71 (73); a.A aber LAG Hannover vom 19.9.1949, ArbR.i.St. III Ziff. 720: Die Wehrmacht habe zwar aufgehört zu existieren, was aber am Bestand der Betriebe nichts ändere. Im übrigen sei es anerkannt, daß auch ein "toter" Betrieb übernommen werden könne.

[92] LAG Hamm vom 22.12.1947, RdA 1948, 71 (73).

der Anspruch aber selbst dann ausgeschlossen, wenn man dem Kläger die ordentliche Kündigungsfrist zubilligen würde. Jeder Anspruch auf Zahlung einer Vergütung sei derzeit durch die finanztechnische Anweisung (Fdti 75) ausgeschlossen. Nach dieser Anweisung könnten Zahlungen nur dann und in der Höhe erfolgen, wie sie durch das time-sheets-Verfahren festgelegt werden[93]. Nach dem LAG Hamm scheidet damit ein Zahlungsanspruch aber schon deshalb aus, weil während dem Lauf der Kündigungsfrist keine Zeitkarten ausgefüllt werden.

Im Gegensatz zu dieser Entscheidung billigte etwa das LAG Kiel in seiner Entscheidung vom 29.10.1947 Arbeitnehmern Lohnansprüche während der Kündigungsfrist zu und leitet den Anspruch aus der Arbeitsrechtsdirektive Nr. 11 ab[94]. Auch das LAG Hamburg sprach dem Kläger in seiner Entscheidung vom 14.7.1948 einen Lohnanspruch für die Kündigungsfrist zu, ohne allerdings die Anspruchsgrundlage näher herzuleiten[95].

In seiner Entscheidung vom Mai 1948 leitete das LAG Kiel dann Zahlungsansprüche aus der Rundverfügung Nr. 226 des Landesarbeitsamtes vom 24.4.1946 ab[96]. Nach dieser Rundverfügung würden Ansprüche aber nur dann bestehen, wenn kein Grund zur fristlosen Kündigung vorlag[97]. In diesem Fall sei aber eine fristlose Kündigung durch die Militärregierung ausgesprochen worden. Die britische Dienststelle habe in diesem Fall nicht nur - wie sonst üblich - auf die weiteren Dienst des Klägers verzichtet, sondern bewußt aus wichtigem Grund eine fristlose Kündigung ausgesprochen. Alleine aus diesem Grunde könne der Kläger keine Zahlungsansprüche für die Dauer der Kündigungsfrist geltend machen. Die getroffene Entscheidung sei für die deutschen Stellen bindend. Eine Überprüfung darüber, ob eine Berechtigung zur fristlosen Kündigung vorliege, müsse und könne von einem deutschen Gericht nicht durchgeführt werden[98]. Trotz dieser Feststellungen beginnt das LAG Kiel in der Folge aber doch eine Prüfung darüber, ob ein Grund zur fristlosen Kündigung vorliegt. Zum einen habe der Kläger unstreitig seinen Personalfragebogen bewußt unrichtig ausgefüllt, in dem er die Frage "Sind Sie jemals auf Anordnung einer der Alliierten Regierungen oder der Militärbehörde irgendeines Postens enthoben worden oder an einer Berufsausübung oder Beschäftigung verhindert oder davon ausgeschlossen worden ?" mit "Nein" beantwortet habe, obwohl er in Gruppe III eingestuft wurde[99]. Außerdem habe der Kläger bei der Militärregierung eine lei-

---

[93] LAG Hamm vom 22.12.1947, RdA 1948, 71 (73).
[94] LAG Kiel vom 29.10.1947, RdA 1948, 147 (148).
[95] LAG Hamburg vom 14.7.1948, RdA 1949, 63 (64); siehe auch LAG Hannover vom 25.6.1948, RdA 1949, 66 (67).
[96] Siehe LAG Kiel vom 4.5.1948, RdA 1948, 148 mit Zitat der Rundverfügung Nr. 226.
[97] LAG Kiel vom 4.5.1948, RdA 1948, 148.
[98] LAG Kiel vom 4.5.1948, RdA 1948, 148 (149)
[99] Zur Eingruppierung siehe unter Kapitel 8

tende Tätigkeit inne gehabt, die ihm als Angehörigem der Gruppe III untersagt ist. Nach deutschem Recht würde das Arbeitsverhältnis damit aber gegen ein gesetzliches Verbot verstoßen und sei deshalb nichtig[100].

Auch das ArbG Flensburg lehnt Lohnansprüche für den Lauf der Kündigungsfrist ab, wenn die Besatzungsmacht ausdrücklich eine fristlose Kündigung erklärt hat[101]. Zwar bestehe kein Zweifel daran, daß deutsche Arbeitskräfte bei englischen Dienststellen nach deutschem Arbeitsrecht zu beurteilen seien, weshalb ihnen für den Fall der Entlassung die Gewährung einer Kündigungsfrist zustehe[102]. Das Gericht könne aber nicht nachprüfen, ob eine fristlose Kündigung berechtigt sei, weil Einheiten der Besatzungsmacht außerhalb der deutschen Gerichtsbarkeit stünden. Es sei durchaus möglich, daß nach deutschem Recht ein Grund zur fristlosen Kündigung nicht bestehe, dies könne aber nicht überprüft werden, weshalb die fristlose Kündigung hingenommen werden müsse[103].

Die überwiegende Zahl der Gerichtsentscheidungen bejaht damit zumindest im Grundsatz Lohnansprüche der Arbeitnehmer für den Lauf der Kündigungsfrist. Von den Gerichten werden aber Lohnansprüche abgelehnt, wenn die Besatzungsmacht offensichtlich von einem Grund zu einer fristlosen Kündigung ausgeht und aus diesem Grund heraus die Kündigung ausspricht[104]. Die Auffassung des LAG Kiel und des ArbG Flensburg, daß das Vorliegen eines Kündigungsgrundes von der deutschen Stelle in diesen Fällen nicht überprüft werden kann, erscheint nachvollziehbar, belegt aber gleichzeitig die Unsicherheit der Arbeitsgerichte bei der Beurteilung von Entscheidungen der Besatzungsmächte[105]. Die Frage, ob die Besatzungsmacht bei Ausspruch der Kündigung lediglich unbefristet auf die weitere Arbeit des Beschäftigten verzichtet oder bewußt eine fristlose Entlassung ausgesprochen habe, oblag aber auch nach dem LAG Kiel der Entscheidungskompetenz der Arbeitsgerichte. Das LAG Kiel verhielt sich in seiner Entscheidung aber inkonsequent, wenn es zunächst feststellte, daß die Frage eines Kündigungsgrundes i.S.v. § 626 BGB von einem deutschen Gericht nicht überprüft werden könne, um dann in der Folge gerade diese Prüfung vorzunehmen[106].

---

100 LAG Kiel vom 4.5.1948, RdA 1948, 148

101 ArbG Flensburg vom 23.12.1948, ArbR.i.St. II Ziff. 873

102 ArbG Flensburg vom 23.12.1948, ArbR.i.St. II Ziff. 873

103 ArbG Flensburg vom 23.12.1948, ArbR.i.St. II Ziff. 873

104 LAG Kiel vom 4.5.1948, RdA 1948, 148 f

105 Siehe auch LAG Hannover vom 29.9.1949, ArbR.i.St. III Ziff. 480, dort wird eine Kompetenz der Arbeitsgerichte zur Überprüfung der Kündigungsgründe bejaht, da ansonsten ein Widerspruch zu den Direktiven Nr. 11 und 27 bestehen würde, in denen die Gleichstellung ausdrücklich vorgesehen sei.

106 Vgl. auch Beitzke RdA 1948, 149.

Während die Entscheidung des LAG Kiel vom 4.5.1948 noch auf der gleichen Linie mit der Rechtsprechung der meisten anderen LAG lag, wich das LAG Hamm von dieser Rechtsprechung grundsätzlich ab, indem es dem Arbeitnehmer im Ergebnis keine Lohnansprüche für den Lauf der Kündigungsfrist zubilligte[107]. Die Entscheidung des LAG Hamm ist in seiner Herleitung widersprüchlich. Einmal stellte das Gericht bei der Begründung der Zuständigkeit der Arbeitsgerichte auf die Arbeitsrechtsdirektive Nr. 11 ab, nach der die bei der Besatzungsmacht Beschäftigten auch hinsichtlich der Lohnansprüche nach einer Kündigung den Arbeitnehmern bei deutschen Arbeitgebern gleichgestellt seien. Bei der materiellen Begründung des Anspruchs führt das LAG dann aber aus, daß in diesen Arbeitsverhältnissen stillschweigend jede Kündigungsfrist ausgeschlossen sei. Wenn aber jede Kündigungsfrist ausgeschlossen ist, kann es keine Gleichbehandlung mit Beschäftigten bei zivilen Arbeitgebern geben. Darüber hinaus dürfte der stillschweigende Verzicht auf jede Kündigungsfrist eine reine Fiktion sein, wobei das Gericht zumindest hätte überprüfen müssen, ob ein solcher Verzicht auf alle Kündigungsfristen mit deutschem Arbeitsrecht, das nach Ansicht des LAG Hamm Anwendung zu finden habe, zu vereinbaren ist[108]. Die Auffassung des LAG Hamm dazu, daß Lohnansprüche der Beschäftigten schon deshalb ausgeschlossen seien, weil nach der Entlassung keine sogenannten time-sheets geführt werden, wird ebenfalls von keinem anderen Gericht geteilt. Diese Ansicht erscheint aus mehreren Gründen anfechtbar, zum einen unterstellt sie der Besatzungsmacht ein widersprüchliches Verhalten. Die Besatzungsmacht würde nämlich über die Arbeitrechtsdirektive etwas zusprechen, was sie durch die genannte finanztechnische Anweisung sogleich wieder entzieht. Außerdem handelte es sich bei der time-sheets-Anweisung lediglich um eine verwaltungsinterne Maßnahme, die die Gerichte nicht band. Weiterhin dürfte der Aushändigung des Stundenzettels kein rechtsbegründendes Moment innewohnen[109].

7.3. Gesetzliche Regelung

Von den Arbeitsgerichten konnten auch nach der Gründung der Bundesrepublik in den genannten Streitpunkten keine einheitlichen Rechtsprechungsgrundsätze entwickelt werden. Die Frage der Passivlegitimation wurde etwa beim LAG Düsseldorf in verschiedenen Kammern unterschiedlich beurteilt. Während eine Kammer eine Zuständigkeit des Landes ablehnt, weil die Arbeitsrechtsdirektive

---

[107] LAG Hamm vom 22.12.1947, RdA 1948, 71 ff.

[108] Siehe zu dieser Frage Beitzke RdA 1948, 73 (74).

[109] So auch Neumann-Duesberg RdA 1949, 64 (66); widersprüchlich sind insoweit die Ausführungen von Beitzke, der in RdA 1948, 76 (77) und RdA 1948, 84 (88) Lohnansprüche aufgrund der time-sheets-Anweisung ablehnt, um diese Ansprüche in RdA 1948, 149 aufgrund der Bindung an deutsches Arbeitsrecht bejaht.

Nr. 11 keine Gesetzeskraft habe[110], wurde von einer anderen Kammer die Zuständigkeit ausdrücklich bejaht[111]. Das LAG Hamm konstatierte in einer Entscheidung vom 3.2.1950, daß bezüglich der Rechtsstellung der bei der Besatzungsmacht Beschäftigten dieselbe Rechtsunsicherheit herrsche wie vor 2 oder 3 Jahren[112].

Von den Arbeitsgerichten wurde neben den genannten Punkten in der Folge insbesondere auch diskutiert, ob die Kündigungsschutzgesetze der Länder und insbesondere das Kündigungsschutzgesetz des Bundes von 1951 auch auf Arbeitnehmer bei der Besatzungsmacht Anwendung finden, wobei die wohl überwiegende Auffassung eine Anwendung des KSchG ablehnte[113].

Eine einheitliche Regelung für alle Besatzungszonen wurde am 1.2.1955 durch einen Tarifvertrag zwischen dem Bundesministerium der Finanzen und den Gewerkschaften erzielt[114]. Eine gesetzliche Regelung der Problematik der Arbeitnehmer bei der Besatzungsmacht wurde dann erst durch Art. 44, 45 des Vertrages über die Rechte und Pflichten ausländischer Streitkräfte und ihrer Mitglieder in der Bundesrepublik Deutschland (Truppenvertrag), in der gemäß Liste II zum Pariser Protokoll vom 23.10.1954 über die Beendigung des Besatzungsregimes in der Bundesrepublik Deutschland geänderten Fassung[115], geschaffen. Für die Beschäftigung bei den Streitkräften galten gemäß Art. 44 II Truppenvertrag die für die deutschen Bundesbehörden maßgeblichen Vorschriften. Gemäß Art. 44 VIII des Truppenvertrages richteten sich die Ansprüche der Arbeitnehmer gegen die Bundesrepublik Deutschland, wobei Rechtsstreitigkeiten der deutschen Arbeitsgerichtsbarkeit unterliegen. Auf Kündigungen ist das KSchG anwendbar, es sei denn, es handelt sich um Kündigungen aus Sicherheitsgründen gemäß Art. 44 VIII des Truppenvertrags.

---

[110] LAG Düsseldorf vom 15.6.1951, AP 52 Nr. 51.
[111] LAG Düsseldorf vom 29.6.1951, AP 52 Nr. 172.
[112] LAG Hamm vom 3.2.1950, ArbR.i.St. IV Ziff. 698.
[113] Siehe BAG vom 29.9.1955, AP Nr. 12 zu § 1 KSchG; LAG Kiel vom 24.8.1950, AP 51 Nr. 56; Beitzke RdA 1955, 83 (87); a.A. LAG Hamburg vom 24.3.1952 AP 53 Nr. 8.
[114] Siehe hierzu Beitzke RdA 1955, 83 ff
[115] BGBL 1955 II, S. 321 ff (367).

8. Entnazifizierung und Arbeitsrecht

8.1. Überblick über die gesetzliche Regelung

Die Alliierten hatten sich zum Ziel gesetzt, die Ideen und Strukturen des Nationalsozialismus in Deutschland zurückzudrängen und zu beseitigen. Deutschland sollte vom Nationalsozialismus gesäubert werden. Zur Erreichung dieses Zieles wurden zunächst alle nationalsozialistischen Vereinigungen beseitigt und auf rechtlichem Gebiet alle Gesetze für aufgehoben erklärt, die nationalsozialistisches Gedankengut enthielten. Auf der anderen Seite sollten aber auch die verantwortlichen Personen aus den einflußreichen Stellungen in Verwaltung und Wirtschaft entfernt werden[1].

Auf Kontrollratsebene wurde dieses Ziel zunächst durch die KRDir. Nr. 24 und Nr. 38 verfolgt. Zur Durchführung des Entnazifizierungsverfahrens wurde die Bevölkerung in fünf Gruppen eingeordnet und zwar als Hauptschuldige, Belastete, Minderbelastete, Mitläufer und Unbelastete[2]. In der KRDir. Nr. 24 wurde in Ziff. 1 die Entfernung aller Mitglieder der NSDAP, die aktiv mitgewirkt haben, und all derjenigen Personen, die den Bestrebungen der Alliierten feindlich gegenüberstehen, aus öffentlichen und halböffentlichen Ämtern und aus verantwortlichen Stellungen in bedeutenden privaten Unternehmen angeordnet[3]. Diese Regelung war bereits im Gesetz Nr. 8 der amerikanischen Militärregierung vom 26.9.1945 für die US-Zone zu einem umfassenden Arbeitsverbot mit Ausnahme der sogenannten gewöhnlichen Arbeit für alle Mitglieder der NSDAP und ähnlicher Organisationen ausgeweitet worden und wurde so in Art. 58 der Befreiungsgesetze der Länder der amerikanischen Zone übernommen[4]. In der britischen Zone wurde die Regelung in der KRDir. Nr. 24 lediglich in eine Zonenverordnung übernommen. In der französischen Zone wurde ähnlich verfahren, wobei neben einer Zonenverordnung hier auch Ländergesetze erlassen wurde. Im Rahmen dieser Arbeit soll allerdings auf die im Detail unterschiedlichen Regelungen nicht eingegangen werden[5].

Für die arbeitsrechtliche Lage entscheidend war, daß der Arbeitgeber jeweils von der Militärregierung bzw. der insoweit zuständigen Stellen aufgefordert wurde, Arbeitnehmer zu entlassen, die in eine der drei ersten Gruppen einge-

---

[1] Vgl. zum Ablauf des Entnazifizierungsverfahrens Streich, Die Entwicklung des Arbeitsrechts in der amerikanischen Besatzungszone (1973), S. 37 ff.

[2] Vgl. Kontrollratdirektive Nr. 38 vom 12.10.1946, Abl.KR. 1946, 184.

[3] Kontrollratdirektive Nr. 24 vom 12.1.1946, ABl.KR. 1946, 98.

[4] Gesetz zur Befreiung von Nationalsozialismus und Militarismus vom 5.3.1946, abgedruckt u.a. GVBl Hessen 1946, 57. Das Befreiungsgesetz wurde in allen Ländern der amerikanischen Zone am 5.3.1946 als Landesgesetz erlassen.

[5] Vgl. zur Gesetzeslage in den einzelnen Zonen etwa Bettermann BlfStSozArbR 1949, 263 sowie Gutachten BB 1949, 41.

ordnet worden waren. Die Einstufung in eine der fünf Gruppen konnte von dem Betroffenen in den sogenannten Spruchkammern einer rechtlichen Kontrolle unterzogen und durch diese gegebenenfalls korrigiert werden.

8.2. Wirkung des Entlassungsbefehls

Für die Arbeitsgerichte stellte sich aufgrund von diesem Verfahren zunächst die Frage, ob der Entlassungsbefehl der Militärregierung das Arbeitsverhältnis unmittelbar beendet, oder aber, ob dieser Befehl lediglich die Aufforderung an den Arbeitgeber enthielt, den Arbeitnehmer aus seiner Stellung zu entfernen. Diese Frage wurde von den Arbeitsgerichten unterschiedlich beurteilt.

8.2.1. Unmittelbare Beendigung des Arbeitsverhältnisses

Das ArbG Offenbach ging in seiner Entscheidung vom 20.11.1947 von einer direkten Beendigung des Arbeitsverhältnisses durch den Befehl der Militärregierung aus. Nach dem amerikanischen MRG Nr. 8 sei die Beschäftigung eines Mitglieds der NSDAP gesetzeswidrig, weshalb das Beschäftigungsverhältnis einer solchen Person automatisch kraft Gesetzes erlösche[6]. Beim automatischen Erlöschen des Arbeitsverhältnisses bedürfe es auch keiner Zustimmung des Arbeitsamtes nach der ArbPlWVO in Verbindung mit Art. 16 KRBef. Nr. 3[7]. Auch für heimkehrende Kriegsteilnehmer und Schwerbeschädigte bestehe keine Ausnahme vom Beschäftigungsverbot des MRG Nr. 8 und des Befreiungsgesetzes. In der gesetzlichen Rangordnung würden das MRG Nr. 8 sowie das Befreiungsgesetz über der Arbeitsrechts-änderungsverordnung vom 1.9.1939 stehen[8].

Auch das LAG Düsseldorf ging in seiner Entscheidung vom 15.3.1949 von einer direkten Beendigung des Arbeitsverhältnisses aus[9]. Der Befehl der Militärregierung ein Arbeitsverhältnis zu beenden, stelle einen Hoheitsakt der Besatzungsmacht dar, wobei sich deren Kompetenz aus dem Besatzungsrecht ergebe. Durch diesen Hoheitsakt werde das Arbeitsverhältnis zwischen den Parteien

---

[6] ArbG Offenbach vom 20.11.1947, WA 1948 Nr. 87; ebenso ArbG Bremen vom 2.5.1947, ArbR. Entscheidungen 1947 Nr. 2, wobei diese Entscheidung durch die unten genannte Entscheidung des LAG Bremen vom 18.6.1947, ArbR. Entscheidungen 1947 Nr. 44 aufgehoben wurde.

[7] ArbG Offenbach vom 20.11.1947, WA 1948 Nr. 87. Die Problematik der ArbPlWVO wird ausführlich im Kapitel "Kündigung und Arbeitsplatzwechselverordnung" behandelt.

[8] ArbG Offenbach vom 20.11.1947, WA 1948 Nr. 87. Die Arbeitsgerichte versuchten in anderen Konstellationen, einen möglichst weitreichenden Schutz der Kriegsheimkehrer zu erzielen, vgl. hierzu das Kapitel "Heimkehrer und alter Arbeitsplatz".

[9] LAG Düsseldorf vom 15.3.1949, SAE 1949 Nr. 28.

gelöst[10]. In der Aushändigung des Befehls und der Entfernung des Arbeitnehmers von seinem Arbeitsplatz werde der Arbeitgeber als ausführendes Organ der Militärregierung tätig. Die Militärregierung habe die Entlassung auf Grund ihres Hoheitsrechts auch selbst aussprechen können, wobei dem die Beauftragung des Arbeitgebers mit der Durchführung der Entlassung gleichkomme[11]. Das Arbeitsamt habe bei der Entlassung nicht beteiligt zu werden brauchen, da Befehle der Besatzungsmacht die Zustimmung des Arbeitsamtes ersetzen. Dieses ergebe sich schon daraus, daß sich das Arbeitsamt einem Befehl der Militärregierung nicht widersetzen könne[12].

8.2.2. Entlassungsbefehl als Aufforderung an den Arbeitgeber

Die herrschende Auffassung ging allerdings dahin, dem Entlassungsbefehl der Militärregierung keinen direkten Einfluß auf das Arbeitsverhältnis zuzubilligen. Es bedürfe vielmehr einer Kündigungserklärung des Arbeitgebers, um das Arbeitsverhältnis zu lösen, wobei hier durchgehend davon ausgegangen wurde, daß der Befehl der Militärregierung den Arbeitgeber zur fristlosen Kündigung des Arbeitsverhältnisse berechtige.

Das LAG Bremen versuchte, dieses Ergebnis in seiner Entscheidung vom 18.6.1947 über die Interessenlage der Militärregierung zu begründen. Das Interesse der Militärregierung gehe lediglich dahin, die von ihr benannten Personen wegen ihrer politischen Belastung von der Tätigkeit in der deutschen Wirtschaft auszuschließen, um eine unerwünschte Beeinflussung des demokratischen Wiederaufbaus zu verhindern[13]. Dies ergebe sich schon daraus, daß das Beschäftigungsverbot der Militärregierung gegenüber selbständigen Geschäftsleuten deren privatrechtliche Verbindung zu ihren Firmen nicht beeinflusse. Das Interesse der Militärregierung liege vielmehr ausschließlich auf tatsächlichem Gebiet. Bei einem politisch Belasteten habe der Arbeitgeber ohne weiteres die Möglichkeit, das Arbeitsverhältnis fristlos zu kündigen. Wenn der Arbeitgeber von dieser Möglichkeit nicht Gebrauch mache, bestehe der Arbeitsvertrag als solcher fort, wenn auch die Vertragserfüllung zeitweilig unmöglich werde[14]. Daraus folge, daß die gegenseitigen Rechte und Pflichten aus dem Arbeitsverhältnis sofort wieder auflebten, wenn der Arbeitnehmer rechtsgültig entnazifiziert werde[15].

---

[10] LAG Düsseldorf vom 15.3.1949, SAE 1949 Nr. 28; so auch ArbG Rendsburg vom 5.4.1948, ArbR. Entscheidungen 1948 Nr. 118.
[11] LAG Düsseldorf vom 15.3.1949, SAE 1949 Nr. 28.
[12] LAG Düsseldorf vom 15.3.1949, SAE 1949 Nr. 28.
[13] LAG Bremen vom 18.6.1947, ArbR. Entscheidungen 1947 Nr. 44.
[14] LAG Bremen vom 18.6.1947, ArbR. Entscheidungen 1947 Nr. 44.
[15] LAG Bremen vom 18.6.1947, ArbR. Entscheidungen 1947 Nr. 44.

Diese herrschende Auffassung wurde auch vom LAG Hamburg in ständiger Rechtsprechung vertreten[16]. In seiner frühen Entscheidung vom 17.12.1947 führte das LAG Hamburg zur Begründung aus, daß dem deutschen Arbeitsrecht die Auflösung eines Arbeitsverhältnisses ohne Mitwirkung der Parteien durch hoheitsrechtliche Handlung grundsätzlich fremd sei[17]. Wenn ein solcher direkter Einfluß auf das Arbeitsverhältnis gewollt sei, hätte es dafür einer durch die Militärregierung selbst zu schaffenden gesetzlichen Grundlage bedurft. Für den Bestand des Arbeitsverhältnisses käme es somit darauf an, welche Folgerungen der Arbeitgeber aus der Anweisung, einen Arbeitnehmer zu entlassen, ziehe, d.h. ob er der Anweisung nur tatsächlich nachkomme und den Arbeitnehmer nicht beschäftige und entlohne, oder die Anweisung zum Anlaß nehme, rechtsgestaltend in das Arbeitsverhältnis einzugreifen[18]. Wenn fristlos gekündigt werde, stelle sich die Frage, ob ein wichtiger Grund vorliege. Dieser wichtige Grund liege schon in der Entlassungsverfügung selbst. Dem Arbeitgeber könne nämlich nicht zugemutet werden, das Arbeitsverhältnis mit einem Arbeitnehmer rechtlich fortzusetzen, der auf Dauer an seiner Arbeit tatsächlich gehindert sei. Die Ausnahmen, welche für Wehrdienst und Dienstverpflichtungen geschaffen wurden, seien Sonderregelungen, die nicht ohne gesetzliche Bestimmungen auf diese Fälle übertragen werden könnten[19].

Auch das LAG Hamm kam in seiner Entscheidung vom 5.4.1949 zu diesem Ergebnis, wobei die Entscheidung auch deshalb interessant ist, da sie belegt, daß die Entnazifizierung anfangs von den Militärregierungen sehr scharf gehandhabt wurde und daß das Interesse der Militärregierungen an diesen Verfahren relativ rasch abnahm[20]. Die ausgesprochene Kündigung sei wirksam, da der Arbeitgeber dem Befehl der Militärregierung als Besatzungsmacht und damit der im Herbst 1945 faktisch und rechtlich alleinigen Trägerin der staatlichen Hoheitsgewalt im Bereich der britischen Zone, unverzüglich nachkommen mußte. Es habe, insbesondere wenn die Arbeitgeberin eine staatliche Behörde sei, nicht nur eine Berechtigung hierzu bestanden, sondern auch eine Verpflichtung[21]. Die Frage, ob der Entlassungsbefehl zu Recht ergangen sei, sei vom Arbeitgeber nicht zu überprüfen gewesen. Entsprechende Befehle seien für den Adressaten

---

[16] Vgl. LAG Hamburg vom 14.6.1947, ArbR. Entscheidungen 1947 Nr. 17; vom 17.12.1948, SAE 1948 Nr. 49; vom 23.3.1949, AP 50 Nr. 152; vom 20.5.1949, AP 50 Nr. 153.

[17] LAG Hamburg vom 17.12.1948, SAE 1948 Nr. 49.

[18] LAG Hamburg vom 17.12.1948, SAE 1948 Nr. 49.

[19] LAG Hamburg vom 17.12.1948, SAE 1948 Nr. 49.

[20] LAG Hamm vom 5.4.1949, AP 50 Nr. 50; vgl. auch LAG München vom 22.6.1949; RdA 1950, 116, dort wird ausgeführt, daß die anfängliche Durchführung der Entnazifizierung mit vielen Härten verbunden gewesen sei, durch die auch Unrecht habe entstehen können, vor allem bei einer sozialrechtlichen Betrachtungsweise. Die neuere Auffassung sehe ihre Aufgabe darin, Härten und Unrecht nach Grundsätzen menschlicher und sozialer Gerechtigkeit zu heilen.

[21] LAG Hamm vom 5.4.1949, AP 50 Nr. 50.

grundsätzlich bindend. Grundsätzlich könnten die lockereren Entnazifizierungsmaßstäbe des Jahres 1949 nicht für die Wirksamkeit einer im November 1945 ausgesprochenen Kündigung maßgeblich sein, sondern die damals geltenden strengeren Auffassungen. Im Ergebnis komme es aber für die Wirksamkeit der fristlosen Kündigung auf den Grad der politischen Belastung gar nicht an. Das Beschäftigungsverbot der Militärregierung selbst sei nämlich ein genügend wichtiger Grund zur fristlosen Kündigung gewesen[22]. Dem Arbeitgeber habe weder zugemutet werden können, diesem Befehl entgegen zu handeln, noch, angesichts der im Herbst 1945 von der Militärregierung eingeschlagenen Entnazifizierungspolitik, bei dieser vorstellig zu werden, um eine Abänderung des Befehls oder eine Befristung zu verlangen. Dem Arbeitgeber habe auch nicht zugemutet werden können, lediglich eine Suspendierung des Arbeitsverhältnisses vorzunehmen. Zum einen sei es schon zweifelhaft, ob der Entlassungsbefehl der Militärregierung im Jahre 1945 nicht als echter Entlassungsbefehl gedacht gewesen sei und zum anderen würde eine solche Suspendierung den Arbeitgeber hinsichtlich des Einsatzes seiner Arbeitnehmer erheblich behindern[23].

8.2.3. Differenzierende Auffassungen

Das LAG Frankfurt differenzierte in seiner Rechtsprechung nach der Rechtsgrundlage, auf die die Entlassungsverfügung der Militärregierung gestützt wurde. Nach Ansicht des LAG Frankfurt führe das Beschäftigungsverbot des MRG Nr. 8 und der Befreiungsgesetze grundsätzlich zu keiner automatischen Beendigung des Arbeitsverhältnisses[24]. Das Beschäftigungsverbot bedeute vielmehr die Weisung an den Arbeitgeber, als Vollstrecker der gesetzlichen Untersagung die bisherige Betätigung durch Lösung des Arbeitsverhältnisses zu beenden. Eine direkte Beendigung des Arbeitsverhältnisses könne aber dann eintreten, wenn die Militärregierung das Arbeitsverhältnis durch Hoheitsakt für gelöst und beendigt erkläre. Die Weisung der Militärregierung müsse deshalb jeweils dahingehend ausgelegt werden, ob die Weisung zu einer direkten Beendigung des Arbeitsverhältnis führe, oder ob der Arbeitgeber lediglich angewiesen werde, das Arbeitsverhältnis aufzulösen[25]. So führe der Militärregierungsbefehl vom 17.7.1945 zu einer direkten Auflösung des Arbeitsverhältnisses[26]. Die amtliche deutsche Übersetzung "zu entlassen" könne zwar so gedeutet werden, daß eine

---

[22] LAG Hamm vom 5.4.1949, AP 50 Nr. 50.

[23] LAG Hamm vom 5.4.1949, AP 50 Nr. 50.

[24] LAG Frankfurt a.M. vom 20.7.1948, WA 1948 Nr. 246; so auch LAG Frankfurt a.M. vom 2.3.1948, WA 1948 Nr. 164.

[25] LAG Frankfurt a.M. vom 20.7.1948, WA 1948 Nr. 246.

[26] Bei dem Militärregierungsbefehl vom 17.7.1945 handelte es sich um eine Anweisung an alle Finanz-institute, die in der amtlichen deutschen Übersetzung wie folgt lautet: Es ist vorgeschrieben, daß alles Personal , welches zur Zeit beschäftigt ist, und das der NSDAP vor dem 1.5.1937 beigetreten ist, sofort von seinem Amt zu entlassen ist (vgl. ArbR.i.St. II Nr. 157).

besondere Willenserklärung des Arbeitgebers notwendig sei. Allerdings sei die amtliche Übersetzung nicht maßgebend, sondern der englische Orginaltext. Aus einer wortlautgetreuen Übersetzung müsse aber gefolgert werden, daß die Arbeitnehmer entlassen sind. Diese ergebe sich schon daraus, daß es in dem Befehl weiter laute, daß kein Beamter oder Angestellter einer belasteten Kategorie zu seinem betreffenden Institut mehr Zutritt haben dürfe[27]. Dieser Befehl sei damit aber zum einem weitergehender als das MRG Nr. 8, da er die sofortige Entlassung anordne und nicht nach der Art der Beschäftigung differenziere. Andererseits richte sich der betreffende Befehl nicht allgemein an die Wirtschaft, sondern nur an alle Bankinstitute. Die Militärregierung habe hier offensichtlich mit Rücksicht auf die Bedeutung, welche sie den Bankinstituten zubillige, eine besondere Regelung treffen wollen und insbesondere die Entscheidung, ob im Einzelfall der Beamte beschäftigungswürdig sei, nicht dem Unternehmer überlassen, sondern grundsätzlich selbst treffen wollen[28]. Hieraus ergebe es sich, daß das Arbeitsverhältnis des Klägers aufgrund des genannten Befehls beendet sei. Die ArbRändVO vom 1.9.1939 könne hieran nichts ändern, da der spätere Erlaß der Militärregierung in das durch den Wehrdienst ruhende Arbeitsverhältnis eingreife[29].

8.2.4. Folgerungen aus den verschiedenen Auffassungen

Die unterschiedlichen Entscheidungen zur Frage, ob es bei einer Anweisung der Militärregierung noch einer ausdrücklichen Willenserklärung des Arbeitgebers zur Entlassung des Arbeitnehmers bedürfe, spielten im Ergebnis dann keine Rolle, wenn der Arbeitgeber die Anweisung zum Anlaß nahm, daß Arbeitsverhältnis fristlos zu kündigen. Es wurde nämlich einhellig davon ausgegangen, daß die Anweisung der Militärregierung zur fristlosen Kündigung berechtige. Weiterhin ist zu berücksichtigen, daß in einigen Entscheidungen die Ansicht vertreten wurde, daß alleine die Übersendung des Entlassungsbefehls der Militärregierung vom Arbeitgeber an den betroffenen Arbeitnehmer eine Kündigungserklärung darstelle[30].

Die unterschiedliche Sichtweise der Rechtsprechung wurde dann aber bedeutend, wenn der Arbeitgeber den Arbeitnehmer nicht fristlos entließ, sondern ihm etwa lediglich mitteilte, er könne ihn aufgrund der Anweisung der Militärregie-

---

[27] LAG Frankfurt a.M. vom 20.7.1948, WA 1948 Nr. 246.

[28] LAG Frankfurt a.M. vom 20.7.1948, WA 1948 Nr. 246; a.A. wohl Poelmann, DB 1949, 287, der einem Befehl der Militärregierung grundsätzlich keinen direkten Einfluß auf das Arbeitsverhältnis zubilligte; so auch Galperin, DB 1949, 335. Bertermann, BlfStSozArbR 1949, 263, stimmt der Entscheidung des LAG Frankfurt hingegen zu.

[29] LAG Frankfurt a.M. vom 20.7.1948, WA 1948 Nr. 246.

[30] Vgl. etwa LAG Hamm vom 15.3.1949, AP 50 Nr. 51.

rung zur Zeit nicht beschäftigen[31]. In diesen Fällen gelangte nämlich die herrschende Auffassung, die eine Kündigungserklärung für erforderlich hielt, zum Ruhen des Arbeitsverhältnis und damit im Falle der Rehabilitierung zum sofortigen Aufleben des Arbeitsverhältnisses[32]. Für die entgegengesetze Ansicht stellte sich in diesem Fall die Frage, ob dem Arbeitnehmer ein Wiedereinstellungsanspruch zusteht. Mit dieser Frage mußte sich die herrschende Auffassung nur auseinandersetzen, wenn der Arbeitgeber eine fristlose Kündigung ausgesprochen hatte.

8.3. Wiedereinstellungsanspruch des Arbeitnehmers

8.3.1. Im Grundsatz kein Anspruch auf Wiedereinstellung

In der amerikanischen Zone bestimmte Art. 64 des Befreiungsgesetzes, daß der Betroffene aus der Entscheidung der Spruchkammern im Entnazifizierungsverfahren, die ihn zum Minderbelasteten, Mitläufer oder Entlasteten erklärten, keine Ansprüche auf Wiedereinstellung oder Schadensersatz habe. Eine solche gesetzgeberische Regelung fehlte in der britischen und französischen Zone, wobei allerdings auch hier die ganz herrschende Ansicht einen Anspruch auf Wiedereinstellung unabhängig von der Spruchkammerentscheidung im Grundsatz ablehnte[33].

Zur Begründung dieser Ansicht beschränkte sich etwa das LAG Düsseldorf lediglich auf den Hinweis, daß sich ein Wiedereinstellungsanspruch nicht aus dem Arbeitsverhältnis ergeben könne, da dieses erloschen sei[34]. Für einen Anspruch auf Wieder- bzw. Neueinstellung fehle jegliche gesetzliche Handhabe. Auch wenn der Arbeitgeber andere Arbeitnehmer nach ihrer Rehabilitierung wieder eingestellt habe, folge daraus kein Anspruch auf Wiedereinstellung, da die Vornahme einer solchen Einstellung dem Belieben des Arbeitgebers überlassen bleibe[35].

Gerichtsentscheidungen, die trotz einer fristlosen Kündigung des Arbeitgebers einen allgemeinen Anspruch des Arbeitnehmers auf Wiedereinstellung bzw.

---

[31] Vgl. insoweit den Sachverhalt LAG Heidelberg vom 15.12.1949, AP 50 Nr. 207 und LAG Bremen vom 18.6.1947, ArbR. Entscheidungen 1947 Nr. 44.

[32] Vgl. Poelmann DB 1949, 287; Bertermann BlfStSozArbR 1949, 263 (264); ArbG Bremen vom 16.8.1949, WA 1948 Nr. 30; ArbG Gießen vom 24.11.1948, WA 1949 Nr. 47..

[33] Vgl. Bettermann BlfStSozArbR 1949, 263 (265); Poelmann DB 1949, 287; Galperin DB 1949, 335; Hilger BB 1949, 471; LAG Frankfurt a.M. vom 3.3.1948, WA 1948 Nr. 164; LAG Stuttgart vom 27.10.1948, WA 1949 Nr. 110; LAG Hamburg vom 14.5.1949, WA 1949 Nr. 197; zweifelnd allerdings Paehler BB 1949, 372.

[34] LAG Düsseldorf vom 15.3.1949, SAE 1950 Nr. 28.

[35] LAG Düsseldorf vom 15.3.1949, SAE 1950 Nr. 28.

Weiterbeschäftigung annahmen, blieben vereinzelt und konnten dogmatisch nicht überzeugen. So nahm etwa das ArbG Braunschweig in seiner Entscheidung vom 25.9.1949 an, daß der Arbeitgeber den Arbeitnehmer aufgrund des Entlassungsbefehls zwar fristlos entlassen müsse, damit sei aber das Arbeitsverhältnis nicht fristlos erloschen[36]. Es bestehe vielmehr weiter, solange noch eine Nachprüfungsmöglichkeit bestehe. Ergebe sich im Berufungsverfahren, daß der Entlassungsbefehl aufgehoben werde, so habe ein Grund zur fristlosen Kündigung nicht bestanden, so daß diese als nichtig anzusehen sei[37].

Das LAG Hamburg hatte im Gegensatz zum ArbG Braunschweig schon in seiner Entscheidung vom 14.6.1947 zu Recht erkannt, daß es für die Frage, ob ein wichtiger Grund zur fristlosen Kündigung vorliege, auf den Zeitpunkt der Kündigung ankomme[38]. Der Gedanke einer nachträglichen Beseitigung des wichtigen Grundes sei schon an sich widerspruchsvoll. Es sei allerdings möglich, daß die Kündigung selbst unter der auflösenden Bedingung ausgesprochen werde, daß der Arbeitnehmer rehabilitiert werde oder aber sich der Arbeitgeber verpflichte, den Betroffenen nach seiner Rehabilitierung wieder einzustellen[39]. Eine solche Bedingung oder Verpflichtung könne allerdings nur angenommen werden, wenn konkrete Anhaltspunkte für einen solchen Willen des Arbeitgebers vorlägen. Im Grundsatz müsse davon ausgegangen werden, daß die Kündigung unbedingt und durch keine Verpflichtung eingeschränkt sei. Eine andere Ansicht würde dem tatsächlichen Willen des Arbeitgebers und den ihn begleitenden Umständen einen nicht zu vertretenden Auslegungszwang antun[40].

8.3.2. Anspruch auf Wiedereinstellung in gewissen Fallgruppen

Die herrschende Ansicht, die einen Wiedereinstellungsanspruch des Arbeitnehmers grundsätzlich ablehnte, entwickelte allerdings einzelne Fallgruppen, in denen ausnahmsweise ein Wiedereinstellungsanspruch bejaht wurde. Die Reichweite und Abgrenzung dieser Ausnahmetatbestände wurde allerdings nicht einheitlich gesehen, weshalb auch auf diesem Gebiet eine erhebliche Rechtsunsicherheit herrschte. Bei der Entwicklung dieser Ausnahmetatbestände trat insbesondere die Rechtsprechung des LAG Hamburg hervor, die den beschriebenen Grundsatz vor allem im Bereich der öffentlichen Verwaltung nicht unerheblich einschränkte.

---

[36] ArbG Braunschweig vom 25.9.1949, BB 1949, 105.
[37] ArbG Braunschweig vom 25.9.1949, BB 1949, 105.
[38] LAG Hamburg vom 14.6.1947, ArbR.i.St. I Ziff. 63.
[39] LAG Hamburg vom 14.6.1947, ArbR.i.St. I Ziff. 63.
[40] LAG Hamburg vom 14.6.1947, ArbR.i.St. I Ziff. 63.

In seiner Entscheidung vom 20.5.1949 leitete das LAG Hamburg einen Anspruch auf Wiedereinstellung aus dem Grundsatz der Gleichbehandlung ab[41]. Eine besondere Beurteilung würden die Fälle beanspruchen, in welchem der Arbeitgeber eine Behörde sei, welche gleichzeitig Beamte und Angestellte beschäftige. Die Unterscheidung zwischen Beamten und Angestellten in der Frage der Wiedereinstellung nach durchgeführter Entnazifizierung sei in der Rechtsprechung des ArbG Hamburg immer wieder als ungerechtfertigt eingestuft worden. Nachdem das hamburgische Verwaltungsgericht den Beamten einen Anspruch auf Wiedereinstellung zugebilligt habe[42], hätte der Senat der Stadt Hamburg durch einen Beschluß seinen in Kategorie V und IV ohne Berufsbeschränkung eingestuften öffentlichen Bediensteten ein Recht auf Wiedereinstellung zugestanden. Entsprechendes ergebe auch eine Verfügung des Personalamts des Senats nach der die Bezüge grundsätzlich vom Tage der Entscheidung des Berufungsausschusses an zu zahlen seien, wenn die Bediensteten sich unverzüglich nach dem Bescheid bei der ehemaligen Dienststelle melde. Damit habe sich der Senat zur Fürsorgepflicht und zur Gleichbehandlung als arbeitsrechtlichen Grundsätzen bekannt[43]. Zwar habe das Personalamt seinen Standpunkt später geändert, allerdings sei es erheblich, daß der Senat ursprünglich zu erkennen gegeben habe, in welcher Weise er gegenüber seinen öffentlichen Bediensteten zu handeln gedenke. An diese Ordnung, die der Senat sich damit gegeben habe und nach welcher die Hansestadt eine Zeitlang verfahren sei, sei dieser aber gebunden gewesen und habe eine andere Verfahrensweise nicht einführen können[44].

Auch das LAG Stuttgart sah in seiner Entscheidung vom 10.6.1949 einen gröblichen Verstoß gegen die Grundsätze der Gleichbehandlung als einen möglichen Grund für einen Wiedereinstellungsanspruch des Arbeitnehmers, wobei das LAG Stuttgart insoweit nicht zwischen privaten und öffentlichen Betrieben unterschied. Der Ansatzpunkt der Gleichbehandlung wurde auch in der Literatur immer wieder als ein Grund für einen Wiedereinstellungsanspruch des rehabilitierten Angestellten angenommen[45].

Der herangezogenen Grundsatz der Gleichbehandlung erscheint als durchaus geeignet, um einen Anspruch auf Wiedereinstellung zu rechtfertigen. Gleichwohl kann die genannte Entscheidung des LAG Hamburg, wie Jellinek zu Recht feststellt[46], nicht überzeugen. Es kann nämlich nicht angehen, dem Senat der

---

[41] LAG Hamburg vom 20.5.1949, AP 50 Nr. 153; so auch schon LAG Hamburg vom 23.3.1949, AP 50 Nr. 152.
[42] Vgl. VG Hamburg vom 10.6.1948, MDR 1948, 261 (262 f).
[43] LAG Hamburg vom 20.5.1949, AP 50 Nr. 153.
[44] LAG Hamburg vom 20.5.1949, AP 50 Nr. 153; so schon LAG Hamburg vom 9.3.1949, ArbR.i.St. III Ziff. 289.
[45] Vgl. etwa Bertermann BlfStSozArbR 1949, 263 (265); Hilger BB 1949, 471 (472)
[46] Jellinek, Anm. zu LAG Hamburg vom 20.5.1949, AP 50 Nr. 153.

Stadt Hamburg das Recht abzusprechen, seine Richtlinien abzuändern. Der Grundsatz der Gleichbehandlung kann lediglich die Schlechterstellung eines einzelnen Arbeitnehmers verbieten und nicht auf Dauer eine Änderung der aufgestellten Grundsätze ausschließen.

Weiterhin nahm das LAG Hamburg einen Wiedereinstellungsanspruch in ständiger Rechtsprechung in den Fällen an, in denen die Entlassungsanordnung der Militärregierung auf haltloser Denunzierung des Arbeitnehmers beruhe und Arbeitskräfte seiner Art im Betrieb weiter gebraucht würden, wobei in den Entscheidungen dieser Punkt jeweils nicht entscheidungserheblich war[47].

8.4. Abnehmende Bedeutung der Entnazifizierung nach Erlaß des Grundgesetzes

Nach Erlaß des Grundgesetzes nahm die Zahl der zu diesem Bereich ergangenen Gerichtsentscheidungen rasch ab, da nach Übernahme der Entnazifizierung durch deutsche Behörden die Rechtslage insoweit geändert wurde, daß Rechtsmitteln gegen den Einstufungsbescheid aufschiebende Wirkung zukam[48]. Für die öffentliche Verwaltung entfaltete Art. 131 GG in diesem Bereich Wirkung und schloß Rechtsansprüche von Angestellten bis zum Erlaß einer gesetzlichen Regelung aus. Für Prozesse dieser Art, die beim Erlaß der Grundgesetzes schon anhängig waren, war es umstritten, ob die Verfahren als zur Zeit unbegründet abzuweisen oder aber auszusetzen seien[49]. In einigen Ländern wurde einer bundeseinheitlichen Regelung vorgegriffen und die Wiedereinstellungsansprüche gesetzlich geregelt[50]. Eine bundeseinheitliche Regelung wurde dann durch das Gesetz zur Regelung der Rechtsverhältnisse der unter Art. 131 GG fallenden Personen vom 11.5.1951 getroffen.

---

[47] LAG Hamburg vom 14.6.1947, ArbR.i.St. I Ziff. 63; vom 17.12.1947, SAE 1948 Nr. 49; vom 19.4.1949, BB 1949, 372; zust. LAG Stuttgart vom 10.6.1949, ArbR.i.St. III Ziff. 362; Hilger BB 1949, 471. Vgl. auch Bertermann BlfStSozArbR 1949, 363 (365) unter Hinweis darauf, daß es eine grobe Unbilligkeit bedeuten würde, einen solchen Arbeitnehmer so zu behandeln, wie denjenigen, bei dem durch Zugehörigkeit in der NSDAP oder einer ihrer Organisationen eine formelle Belastung gegeben sei. In diesen Fällen sei es dem Arbeitgeber zuzumuten den Arbeitnehmer wieder einzustellen.

[48] Vgl. Paehler BB 1949, 372 (373).

[49] Vgl. für Aussetzung etwa LAG Hamburg vom 25.6.1949, ArbR.i.St. III Ziff. 155 und für Abweisung etwa LAG Kiel vom 17.8.1949, ArbR.i.St. III Ziff. 472.

[50] Vgl. etwa Gesetz zur Durchführung und zum Abschluß der Entnazifizierung im Lande Schleswig-Holstein, siehe hierzu ArbG Lübeck vom 26.9.1949, ArbR.i.St. IV Ziff. 58.

9. Währungsreform

9.1. Bedeutung für die Arbeitsgerichte und Überblick über die gesetzliche Regelung

Die Währungsreform vom Juni 1948 brachte eine Vielzahl von arbeitsrechtlichen Problemen mit sich, die die Arbeitsgerichte in außerordentlich hohem Maße beschäftigten. Das Jahr 1948 kam es etwa vor den hessischen Arbeitsgerichten zu einer Zunahme der Rechtsstreitigkeiten um 226,1 %, wobei die starke Zunahme in der Hauptsache auf die durch die Geldneuordnung bedingte starke Beunruhigung in den Arbeitsverhältnissen zurückzuführen war[1].

Die Militärgouverneure und obersten Befehlshaber der britischen, der amerikanischen und französischen Zone waren übereingekommen, in den Westzonen die deutsche Reichsmark durch eine neue Währung zu ersetzen, um "die Folgen der durch den Nationalsozialismus herbeigeführten Währungszerüttung" zu beseitigen[2].

Die Währungsumstellung wurde durch insgesamt drei Gesetze zur Neuordnung des Geldwesens durchgeführt, wobei die Gesetze gleichlautend in den drei Besatzungszonen erlassen wurden[3]. In diesen drei Gesetzen enthielt das erste Gesetz (WähG) in § 5 WähG und das dritte Gesetz (UmstG) mit den §§ 18, 27 UmstG wichtige arbeitsrechtliche Regelungen.

Im allgemeinen wurden Reichsmarkforderungen und Verbindlichkeiten gemäß § 16 UmstG in einem Verhältnis von 10 : 1 umgestellt, d.h. 10 RM entsprachen lediglich einer DM. Für Löhne und Gehälter wurde aber in § 18 UmstG eine Sonderregelung getroffen, nach der auf Reichsmark lautende Gehälter, die nach dem 20.6.1948 fällig geworden waren oder fällig wurden, im Verhältnis 1: 1 in DM zu zahlen waren. Weiterhin enthielt § 5 WähG noch eine Nachzahlungsregelung mit dem Inhalt, daß an Lohn- und Gehaltsberechtigte unter gewissen Voraussetzungen eine Nachzahlung in Deutscher Mark zu leisten war. § 27 UmstG gab dem Arbeitgeber dann die Möglichkeit, bestimmte langfristige Arbeitsverhältnisse mit einer verkürzten Kündigungsfrist zu kündigen.

---

[1] Vgl. Engler "Kommentar zum BRG für das Land Hessen" S. 350 f.

[2] Vorwort zum ersten Gesetz zur Neuordnung des Geldwesens (Währungsgesetz).

[3] Vgl. MRG Nr. 61: Erstes Gesetz zur Neuordnung des Geldwesens (Währungsgesetz), VOBl. brit. Zone 1948, 139; MRG Nr. 62 : Zweites Gesetz zur Neuordnung des Geldwesens (Emissiongesetz), VOBl. brit. Zone 1948, 147; MRG Nr. 63: Drittes Gesetz zur Neuordnung des Geldwesens (Umstellungsgesetz), VOBl. brit. Zone 1948, 149.

9.2. Die Problematik der §§ 16, 18 I UmstG

In den Währungsgesetzen wurden Reichsmarkforderungen grundsätzlich nur zu einem Verhältnis von 10 : 1 umgewandelt, während Lohnzahlungen, die erst nach dem 20.6.1948 zu zahlen sind, in einem Verhältnis von 1 : 1 umgestellt wurden. Hieraus resultierten für die Arbeitsgerichte vor allem zwei miteinander in Zusammenhang stehende Fragen; zum einen die Frage, wie der Fälligkeitszeitpunkt zu bestimmen war und zum anderen die Frage, wie es sich auswirkte, wenn Zahlungen, die üblicherweise erst nach dem 20.6.1948 ausgezahlt wurden, gerade wegen der kommenden Währungsumstellung zu einem früheren Zeitpunkt in Reichsmark ausbezahlt worden waren.

9.2.1. Fälligkeit im Sinne der Währungsgesetze

Das LAG Bremen vertrat in seiner Entscheidung vom 4.8.1948 die Ansicht, daß vor dem Fälligkeitszeitpunkt gezahlte Gehaltszahlungen in RM am Fälligkeitstermin nichts ändern können[4]. Im vom LAG Bremen entschiedenen Fall bezog die Klägerin ihr Gehalt jeweils zum Ende eines Monats. Die Klägerin nahm für die Zeit vom 14.6 bis 19.6.1948 Urlaub, woraufhin der Arbeitgeber ihr das gesamte Junigehalt vor Urlaubsbeginn in RM auszahlte. Die geltende Tarifordnung enthielt insoweit die Regelung, daß der auf die Urlaubszeit entfallende Gehaltsteil vor Urlaubsantritt zu zahlen ist. Die Klägerin verlangte nun Zahlung ihres gesamten Junigehaltes in DM unter Anrechnung des in RM gezahlten Lohns im Verhältnis 10 : 1[5].
Das LAG Bremen hat der Klage in vollem Umfange stattgegeben. Das Gericht stellte zunächst fest, daß für den Arbeitgeber weder eine gesetzliche noch eine tarifvertragliche Verpflichtung bestanden habe, auch die Gehaltsteile für die Zeiträume außerhalb des Urlaubs im voraus zu zahlen, wobei der Arbeitgeber allerdings über § 271 II BGB berechtigt gewesen sei, auch diese Gehaltsteile im voraus zu entrichten[6]. Diese Zahlung ändere aber nichts an der Verpflichtung, gemäß § 18 I UmstG Reichsmarkverbindlichkeiten in DM auszuzahlen. Der Anspruch der Klägerin hänge deshalb ausschließlich von der Fälligkeit ab, wobei Fälligkeitstermin für den gesamten Lohn der 30.6.1948 gewesen sei. Die Regelung in der Tarifordnung habe für die entsprechenden Gehaltsteile zu keiner Vorverlegung der Fälligkeit geführt. Der Währungsgesetzgeber habe lediglich die regelmäßigen Fälligkeitstermine im Auge gehabt, also hier den 30.6.1948. Die Regelung in der Tarifordnung bestimme hingegen lediglich eine Vorleistungspflicht des Arbeitgebers, nicht aber eine Vorverlegung der Fällig-

[4] LAG Bremen vom 4.8.1948, DRZ 1948, 492 f.
[5] LAG Bremen vom 4.8.1948, DRZ 1948, 492 (493).
[6] LAG Bremen vom 4.8.1948, DRZ 1948, 492 (493).

keit[7]. Aus § 5 WähG und § 18 I UmstG ergebe es sich, daß der Arbeitnehmer nach der Währungsreform so gestellt werden solle, daß sein Lebensunterhalt bis zum nächsten Zahlungstermin gesichert sein solle. § 5 WähG lasse deutlich erkennen, daß Vorauszahlungen des Arbeitgebers an dieser Sicherung nichts ändern sollen. Es sei nicht einzusehen, daß die Beurlaubung eines Arbeitnehmers an dieser Sicherung des Lebensunterhalts etwas ändern können soll[8].

Das LAG Bremen hielt an dieser Rechtsprechung in seiner Entscheidung vom 15.9.1948 fest und führte aus, der Arbeitnehmer könne sein Ende Juni 1948 fälliges Gehalt auch dann in DM fordern, wenn das Junigehalt auf Grund gesetzlicher Bestimmungen bei Urlaubsantritt vor dem 20.6. in Reichsmark ausbezahlt wurde[9]. Im Falle der Vorauszahlung auf das an sich nach dem 20.6.1948 fällige Arbeitsentgelt könne sich der Arbeitgeber trotz § 362 BGB nur dann auf § 13 III UmstG berufen, wenn eine ausdrückliche Vereinbarung zwischen den Parteien getroffen wurde, daß mit der Zahlung des RM-Betrages alle Ansprüche endgültig erledigt sein sollen[10]. Die Vorauszahlung in DM sei deshalb lediglich im Verhältnis 10 : 1 anzurechnen[11].

Das LAG Mannheim gelangte in seiner Entscheidung vom 8.11.1948 zu gleichen Ergebnissen wie das LAG Bremen. Während allerdings das LAG Bremen ohne Begründung für die Vorschrift des § 18 UmstG einen vom BGB abweichenden Fälligkeitsbegriff anwendete, versuchte das LAG Mannheim diesen "neuen Fälligkeitsbegriff" zu begründen[12]. Das LAG Mannheim führt zunächst aus, daß kein Zweifel daran bestehen könne, daß durch eine tarifliche Regelung, die anordnet, daß die Urlaubsvergütung am Anfang des Urlaubs zu zahlen ist, eine echte Fälligkeit der Forderung zum Zeitpunkt des Urlaubsantritts begründet werde, da Fälligkeit immer schon in dem Zeitpunkt vorliege, an dem die

---

7 LAG Bremen vom 4.8.1948, DRZ 1948, 492 (493), zweifelhaft unter Fälligkeit versteht man grds. den Zeitpunkt, ab dem der Gläubiger die Leistung verlangen kann - vgl. Palandt/Heinrichs § 271 Rdnr.1 - nach der Tarifordnung konnte der ArbN aber Zahlung vor Urlaubsantritt verlangen, siehe auch LAG Düsseldorf vom 7.12.1948, SAE 1948 Nr. 60, unter Bezugnahme auf eine allgemeine Bekanntmachung des Reichstreuhänders für Arbeit vom 9.4.1938 sowie Sturm DRZ 1948, 493 unter Verweis auf die Rspr. des LAG Frankfurt a.M.; krit. auch Jüttner, RdA 1948, 104 f, der zutreffend darauf hinweist, daß der Begriff der Fälligkeit hier der üblichen Auslegung unterliegen muß.

8 LAG Bremen vom 4.8.1948, DRZ 1948, 492 (493); diese Argumentation kann nicht belegen, daß die soziale Sicherung des ArbN gerade über § 18 UmstG zu erfolgen hat.

9 LAG Bremen vom 15.9.1948, DB 1948, 496.

10 § 13 III S.2 UmstG legt fest, daß auf bereits erloschene RM-Verbindlichkeiten das UmstG nicht anwendbar ist.

11 LAG Bremen vom 15.9.1948, DB 1948, 496.

12 LAG Mannheim vom 8.11.1948, RdA 1949, 110 f.

Leistung zu erfüllen war[13]. Die Vorschrift des § 18 UmstG könne aber nicht in diesem Sinne verstanden werden. Die Auslegung des § 18 UmstG müsse in Verbindung mit den §§ 5, 6 WähG gesehen werden, da die Vorschriften ohne Zweifel eine Einheit bildeten. Die Währungsgesetze wollten die soziale Sicherung des Arbeitnehmers für die Zeit bis zum nächsten Zahlungstermin und zwar unabhängig davon, wann der Lohn verdient wurde. Die Gesetze wollten ohne Zweifel dem Arbeitnehmer neben dem sog. Kopfgeld des § 6 WähG weitere wirtschaftliche Sicherungen zukommen lassen.. Als solche Regelung würde § 5 WähG unbestritten aufgefaßt, wobei aber auch die Regelung des § 18 UmstG nichts anderes darstelle[14]. Bei dem ausbezahlten Urlaubsgeld handele es sich seiner Natur nach um einen erst nach dem Währungsstichtag fälligen Lohn, also um einen Anspruch, der nach den Währungsgesetzen dazu bestimmt sei, den Arbeitnehmer bis zum nächsten Lohnzahlungstermin zu sichern. Durch die Zahlung in RM habe damit der Arbeitgeber aber der in § 18 UmstG angeordneten Versorgungspflicht gegenüber dem Arbeitnehmer nicht genügen können[15]. Weiterhin dürfe bei der Auslegung der genannten Vorschriften der Währungsgesetze nicht übersehen werden, daß sie zur Regelung der Auswirkungen einer öffentlich-rechtlichen Angelegenheit auf die privatrechtlichen Verhältnisse erlassen wurden. Diese öffentlich-rechtlichen Gesichtspunkte müßten zu einer Auslegung führen, die die gleichmäßige Behandlung aller anstrebe und eine Benachteiligung einzelner vermeide. Die durch die §§ 5, 6 WähG, 18 UmstG gewollte soziale Vergünstigung würde bei Anwendung der bürgerlichrechtlichen Regelung in eine Benachteiligung des sozial Schwächeren umgewandelt werden. Aber auch der Arbeitgeber, der nicht spekuliert hätte, wäre dem Spekulanten gegenüber im Nachteil. Eine solche Auslegung könne aber einem demokratischen Gesetzgeber nicht unterstellt werden. Es müsse deshalb davon ausgegangen werden, daß auch bei der Urlaubsvergütung für die Beurteilung der Frage der Bezahlung in DM nur ihre Fälligkeit als Lohn das entscheidende Kriterium sei[16]. Bei dieser grundlegenden Regelung des § 18 UmstG könne auch der Einwand der Erfüllung gemäß § 362 BGB nicht durchgreifen, da infolge der Leistung von RM anstatt von DM ein aliud geleistet worden sei[17].

In seiner Entscheidung vom 19.7.1948, der ein nahezu gleicher Sachverhalt zugrunde lag, gelangte auch das ArbG Göttingen zu einer Nachzahlungsver-

---

[13] LAG Mannheim vom 8.11.1948, RdA 1949, 110 (111); das LAG erkennt zutreffend, daß mit dem Fälligkeitsbegriff des BGB das vom Gericht gewünschte Ergebnis nicht zu begründen ist.

[14] LAG Mannheim vom 8.11.1948, RdA 1949, 110 (111).

[15] LAG Mannheim vom 8.11.1948, RdA 1949, 110 (111); vgl. hierzu Erdmann, RdA 1949, 111 (112), der schlüssig nachweist, daß diese Rechtskonstruktion weder in den Währungsgesetzen noch im Arbeitsrecht sein Begründung findet.

[16] LAG Mannheim vom 8.11.1948, RdA 1949, 110 (111).

[17] LAG Mannheim vom 8.11.1948, RdA 1949, 110 (111).

pflichtung des Arbeitgebers[18]. Das ArbG Göttingen führte zur Begründung aus, daß die vorzeitige Zahlung des Junigehalts in der Absicht, sich den Auswirkungen der Währungsreform zu entziehen, selbstverständlich gegen Treu und Glauben verstoßen würde[19]. Aber auch wenn dem Arbeitgeber keine Arglist zur Last fiele, ändere dieses nichts am Anspruch des Klägers auf Zahlung des Junigehalts in DM. Trotz vorbehaltloser Annahme des Reichsmarkbetrages sei deshalb die geschuldete Leistung (§ 362 BGB) nicht bewirkt worden[20]. Diese Rechtsauffassung würde auch durch den Grundsatz gestützt, daß ein Arbeitnehmer während seines Urlaubs nicht mehr und somit auch nicht weniger verdienen solle, als wenn er gearbeitet hätte. Wenn der Kläger allerdings gearbeitet hätte, würde kein Zweifel daran bestehen, daß ihm am 30.6.1948 das Junigehalt in DM zustehen würde[21].

Das LAG Kiel stützte in seiner Entscheidung vom 13.10.1948 einen Zahlungsanspruch ausschließlich auf den Grundsatz, daß der Arbeitnehmer im Urlaub so gestellt sein müsse, wie wenn er gearbeitet hätte[22]. Auch in dieser Entscheidung hatte der Arbeitnehmer im Juni 1948 Urlaub genommen und die Vergütung für diesen Zeitraum gemäß der tarifvertraglichen Regelung vor Urlaubsbeginn erhalten. Das LAG Kiel führte zunächst aus, daß kein Zweifel daran bestehen könne, daß das Urlaubsgeld vor dem 20.6.1948 fällig wurde. Eine Forderung sei dann fällig, wenn sie zu zahlen sei. Man könne nicht von einem besonderen Fälligkeitsbegriff der Währungsgesetze ausgehen. Es sei zwar richtig, daß nach dem Sinn der Währungsgesetze dem Arbeitnehmer am ersten Zahltag nach der Währungsreform der volle Monatslohn gewährleistet sein soll, wobei dieser den Währungsgesetzen zugrunde liegende Rechtsgedanke nicht dazu führen könne, den in unserem Recht ausgeprägten Begriff der Fälligkeit bei Anwendung der Währungsgesetze in anderem, vom übrigen Zivilrecht abweichenden Sinne auszulegen[23]. Der Anspruch des Klägers folge allerdings aus dem in Rechtsprechung und Lehre ausgeprägtem Grundsatz des deutschen Arbeitsrechts, daß der Arbeitnehmer im Urlaub so gestellt sein solle, wie wenn er gearbeitet hätte. Die Bestimmung, daß der für die Urlaubszeit zu zahlende Lohn im voraus bezahlt werden soll, beruhe auf der Erwägung, daß der Kläger unter allen Umständen in die Lage versetzt sein soll, seinen Urlaub für Erholungszwecke zu nutzen. Diese Bestimmung solle dem Arbeitnehmer damit eine zusätzliche Hilfe gewähren,

---

[18] ArbG Göttingen vom 19.7.1948, BB 1948, 360.
[19] ArbG Göttingen vom 19.7.1948, BB 1948, 360.
[20] ArbG Göttingen vom 19.7.1948, BB 1948, 360.
[21] ArbG Göttingen vom 19.7.1948, BB 1948, 360; so auch ArbG Heidelberg 8.9.1948, zit. bei Endemann, BlfStSozArbR 1949, 47 (48); a.A. aber zu Recht LAG Stuttgart vom 13.11.1948, DB 1949, 96, unter Verweis darauf, daß der "Gleichbehandlungsgrundsatz" auch nach der Rechtsprechung des RAG nur für die Berechnung der Höhe des Urlaubsgeldes am Fälligkeitstag gelte.
[22] LAG Kiel vom 13.10.1948, RdA 1948, 186 (187).
[23] LAG Kiel vom 13.10.1948, RdA 1948, 186 (187).

ihn aber keinesfalls benachteiligen. Dieser Grundsatz sei auch in den neuen Urlaubsgesetzen der Länder enthalten und müsse aber auch unabhängig von einer gesetzlichen Festlegung als ein auf Gewohnheitsrecht beruhender Rechtssatz des deutschen Arbeitsrechts gelten. Der Kläger müsse so gestellt werden, wie wenn er gearbeitet hätte und könne deshalb eine Zahlung in DM beanspruchen[24].

Auch das Oberste ArbG in Neustadt bejahte in einer seiner wenigen veröffentlichten Entscheidungen einen Zahlungsanspruch in DM, wobei das Gericht insoweit wohl von einer Lücke im Umstellungsgesetz ausging[25]. Der Kläger habe vor Urlaubsantritt seine Bezahlung für den Urlaubszeitraum verlangen können, da der Anspruch zu diesem Zeitpunkt fällig gewesen wäre. Dem stehe auch der sogenannte Gleichstellungsgrundsatz nicht entgegen, denn das Urlaubsgeld entspreche zwar regelmäßig der Höhe nach dem durchschnittlichen Arbeitsentgelt, seine Besonderheit liege aber darin, daß es nicht während der Urlaubszeit, sondern bei Antritt des Urlaubs fällig werde[26]. Allerdings gehe die Währungsgesetzgebung davon aus, daß vom Währungsstichtag ab die Löhne in voller Höhe in DM zu zahlen seien. Der Währungsgesetzgeber hätte daher, wenn er den Fall, daß ein Arbeitnehmer gerade über den Währungsstichtag in Urlaub war, geregelt hätte, auch diesem beurlaubten Arbeitnehmer einen Nachzahlungsanspruch in DM gegeben und ihm für die "Entblößung von Unterhaltsmitteln" einen entsprechenden Ersatz gewährt[27]. Dieser Ersatz könne allerdings im Überbrükkungsgeld gemäß § 5 WähG nicht gefunden werden, denn diese Vorschrift sei eher gedacht für Arbeitnehmer mit längeren Lohnzahlungsabschnitt und damit regelmäßig höherer Vergütung. Der beurlaubte Arbeitnehmer solle aber wirtschaftlich so gestellt werden, als ob er während der Urlaubszeit gearbeitet hätte. Die durch den Urlaubszweck gebotene Vorverlegung der Fälligkeit komme daher für den hier in Frage stehenden Zweck nicht in Betracht. Auch der Arbeitnehmer, der sich in Urlaub befunden habe, habe damit einen Anspruch auf Zahlung in DM[28].

---

[24] LAG Kiel vom 13.10.1948, RdA 1948, 186 (187); Poelmann, RdA 1948, 187 (188), merkt insoweit zutreffend an, daß es nicht angehen könne, die Sondernormen der Währungsgesetze aus sozialen Erwägungen heraus zu verbiegen. Die Währungsgesetze hätten keinen sozialen Charakter, sondern vorwiegend währungstechnische Ziele. Aus Gründen der Rechtssicherheit müßten die Härten von den Betroffenen hingenommen werden.

[25] Oberstes ArbG Neustadt a. d. Hardt vom 25.2.1949, WA 1949 Nr. 120.

[26] Oberstes ArbG Neustadt a. d. Hardt vom 25.2.1949, WA 1949 Nr. 120; an dieser Stelle hätte das Gericht m.E. die Klage in der Hauptsache abweisen und erörtern müssen, ob ein Zahlungsanspruch nach § 5 WähG besteht.

[27] Oberstes ArbG Neustadt a. d. Hardt vom 25.2.1949, WA 1949 Nr. 120.

[28] Oberstes ArbG Neustadt a. d. Hardt vom 25.2.1949, WA 1949 Nr. 120; die Ausführungen sind widersprüchlich, daß Gericht erörtert zunächst, daß der Gleichstellungsgrundsatz hier nicht greift und der Zahlungsanspruch vor dem 20.6.1948 fällig war, um den Anspruch dann doch über diesen Grundsatz und einen anderen Fälligkeitsbegriff zu bejahen.

Auch das ArbG Hannover hatte sich in seiner Entscheidung vom 3.8.1948 damit auseinanderzusetzen, wann Zahlungen im Sinne des UmstG fällig wurden[29]. Im Fall des ArbG Hannover wurden Gehaltsabrechnungen jeweils am 10. des folgenden Monats erstellt, wobei aber am 10., 20. und 30. des laufenden Monats jeweils Abschlagszahlungen erbracht wurden. Für den Monat Juni 1948 erstellte der Arbeitgeber aber nur zwei Abrechnungen, nämlich eine bis zum 17.6. und eine für die Zeit danach. Nach Auffassung des ArbG Hannover sind die dekadenweisen Abschlagszahlungen nicht als endgültige Fälligkeitstermine aufzufassen. Es handele sich vielmehr nur um eine Bevorschussung im Hinblick auf die folgende Abrechnung. Weiterhin lägen auch keine regelmäßigen Lohnzahlungen im Sinne von § 134 II GewO vor, weil hierzu ein schriftlicher Beleg erforderlich sei[30]. Letztlich habe die Beklagte gegen Treu und Glauben verstoßen, wenn sie dem Kläger am 18.6.1948 die Annahme einer Abschlagszahlung zumutete, weil an diesem Tag bereits der Termin der Währungsreform festgestanden habe. An diesem Verstoß ändere es nichts, wenn früher Abschlagszahlungen gegeben wurden[31].

Die genannten Entscheidungen leiten einen Zahlungsanspruch in DM daraus ab, daß übliche und zum Teil durch Tarifordnung oder Tarifvertrag festgelegte Zahlungstermine nicht als Fälligkeitstermine angesehen werden. Die Entscheidungen nahmen damit aber für die Währungsgesetze aus reinen Billigkeitserwägungen einen Fälligkeitsbegriff an, der mit dem Fälligkeitsbegriff des BGB nicht zu vereinbaren ist. Das LAG Kiel hat dieses in der oben genannten Entscheidung klar dargelegt und schlüssig gezeigt, daß dieser Weg systematisch nicht gangbar ist. Im Falle des Urlaubs wurde versucht, einen Anspruch auf eine Zahlung in DM zusätzlich oder ausschließlich darüber zu begründen, daß es im deutschen Arbeitsrecht den Grundsatz gebe, daß ein Arbeitnehmer im Urlaub so behandelt werden müsse, wie wenn er in diesem Zeitpunkt gearbeitet hätte. Beide Ansatzpunkte erscheinen sehr zweifelhaft und wurden von anderen Gerichten ausdrücklich abgelehnt.

Das LAG Hannover etwa gab einer Berufung gegen das oben genannte Urteil des ArbG Hannover statt, weil es die regelmäßigen Zahlungen als die Zahlung

---

[29] ArbG Hannover vom 3.8.1948, WA 1948 Nr. 226.

[30] ArbG Hannover vom 3.8.1948, WA 1948 Nr. 226; die Begründung kann nicht überzeugen; in § 134 II GewO ist vorgesehen, daß bei der regelmäßigen Lohnzahlung ein Beleg vorzulegen ist, daraus kann aber nicht gefolgert werden, daß bei Nichtvorlage eines Belegs keine regelmäßige Zahlung vorliegt.

[31] ArbG Hannover vom 3.8.1948, WA 1948 Nr. 226; das ArbG Hannover scheint allerdings eine Zahlung in RM im Gegensatz zum ArbG Göttingen, WA 1948 Nr.207, als Erfüllung anzusehen, weil sonst die Ausführungen zu § 242 BGB nicht notwendig gewesen wären.

verdienten Lohns und nicht als einen reinen Vorschuß auffaßte[32]. Der Kläger habe einen einklagbaren Anspruch auf Zahlung zum 10., 20. und 30. eines jeden Monats, da die Zahlungen in ständiger Übung und unter Billigung des Betriebsrats zu diesen Zeitpunkten erfolgten. Für den Lohn des Arbeitnehmers hätten damit drei Fälligkeitstermine bestanden, so daß zunächst die Zahlung am 10.6.1948 den bis zu diesem Zeitpunkt entstandenen Lohnanspruch erlöschen ließ[33]. Die Rate vom Sonntag, den 20.6.1948, sei auch nicht erst am Montag, den 21.6.1948 - also nach dem Stichtag fällig geworden -, da im Betrieb die Übung bestanden hätte, den Lohn am vorhergehenden Tag zu zahlen, wenn der 10, 20 oder 30. eines Monats auf einen Sonn- oder Feiertag fiel. Die Beklagte habe durch Aushang vom 7.12.1948 auf diese Regelung hingewiesen. Die Auszahlung des Lohns am Freitag den 18.6.1948 liege lediglich daran, daß am Samstag nicht gearbeitet wurde, ein Verstoß gegen § 242 BGB liege damit aber nicht vor[34].

Das LAG Frankfurt betonte in ständiger Rechtsprechung, daß die im UmstG genannten Begriffe und Termine wörtlich ausgelegt werden müßten und lehnte eine Verwässerung aus Billigkeitserwägungen ausdrücklich ab[35].

In seiner Entscheidung vom 19.10.1948 betonte das LAG, daß die Währungsgesetze, insbesondere auch die Übergangsnormen des § 18 UmstG, mit offenbar bewußter Härte eine individuelle Besserstellung einzelner Gläubiger alter Schulden zu Gunsten einer schematischen Herabsetzung abgelehnt und das ganze Problem der Währungsumstellung in der Weise gelöst hätten, daß sie durch eine formale Lösung eine Regelung treffen wollten, bei der das Ordnungsprinzip das Billigkeitsprinzip zurückgedrängt habe. Aus diesem Grunde könne eine Auslegung nach Zumutbarkeitsgesichtspunkten nicht in Betracht gezogen werden[36]. Es müsse - entgegen anders lautender Entscheidungen - deshalb auch außer Betracht bleiben, daß die Urlaubsvergütung der Bestreitung des Urlaubs diene.
Im Fall des LAG Frankfurt war der Urlaub für die Zeit vom 21. - 26.6.1948 gewährt worden, wobei die Vergütung bereits am letzten Werktag vor dem Urlaubsantritt, dem 18.6.1948, ausbezahlt wurde. Nach dem LAG Frankfurt ist die Urlaubsvergütung am ersten Urlaubstag fällig. Wenn auch im allgemeinen Ur-

---

32 LAG Hannover vom 22.10.1948, SAE 1949 Nr. 11; so auch LAG Frankfurt a.M. vom 25.11.1948, WA 1949 Nr. 44 unter Verweis auf die Rechtsprechung des RG und des RAG, nach der Vorschuß- und Abschlagszahlungen als Vorauszahlungen auf die Vertragsschuld aufzufassen sind und darauf, daß die Parteien die Fälligkeitstermine bewußt und gewollt vorverlegt hätten.

33 LAG Hannover vom 22.10.1948, SAE 1948 Nr. 11.

34 LAG Hannover vom 22.10.1948, SAE 1948 Nr. 11.

35 Siehe LAG Frankfurt vom 19.10.1948, WA 1949 Nr.1; vom 26.10.1948, WA 1949 Nr. 16 und vom 25.11.1948, WA 1949 Nr. 44.

36 LAG Frankfurt vom 19.10.1948, WA 1949 Nr.1.

laubsvergütungen nicht genau am 1. Urlaubstag gezahlt zu werden pflegen, sondern schon am vorausgegangenen letzten Arbeitstag, so geschehe dies nur aus technischen Gründen, ohne daß die Fälligkeit davon berührt werde[37]. Durch die Auszahlung des Urlaubsgeldes sei also eine Vorauszahlung erfolgt, deren Wirkung davon abhängig sei, ob sie geeignet gewesen sei, den Anspruch zu erfüllen. An sich seien Schulden zwar gemäß § 271 II BGB auch vor Fälligkeit schon erfüllbar, weil im Normalfall ein Interesse des Gläubigers nicht entgegenstehe. Mit Rücksicht auf die anstehende Währungsreform werde indessen § 271 II BGB insoweit durch die Umstände ausgeschlossen, als der Schuldner zur Zahlung noch nicht fälliger Schulden in RM nicht berechtigt gewesen sei. Es stehe hier auch fest, daß die Zahlung nicht vorbehaltlos angenommen worden sei. Der Kläger müsse sich allerdings die Zahlung in RM im Verhältnis 10 : 1 anrechnen lassen, obwohl er das Geld der Beklagten am 21.6. wieder zur Verfügung gestellt habe. Der Beklagte habe die Rücknahme abgelehnt, wobei eine Rückzahlung zu diesem Zeitpunkt auch nicht mehr möglich gewesen sei, da RM zu diesem Zeitpunkt kein Zahlungsmittel mehr gewesen seien. Daher habe der Kläger die RM-Zahlung nicht mehr rückgängig machen können[38].

In seiner Entscheidung vom 26.10.1948 lehnte das LAG Frankfurt einen Lohnanspruch über den Gleichbehandlungsgrundsatz zwischen Urlaub und Arbeitszeit ausdrücklich ab[39]. Das LAG Frankfurt betonte, daß es für die Frage, ob eine Zahlung in RM oder DM zu erbringen sei, lediglich auf die Fälligkeit ankomme. Wenn die Zahlung von Urlaubsvergütung vor dem 20.6. fällig geworden sei, könne keine Zahlung in DM mehr verlangt werden. Selbst wenn sich aus dem Hess. Urlaubsgesetz ergeben würde, daß die Urlaubsvergütung in DM zu erbringen sei, weil der Lohn, wenn gearbeitet worden wäre, in DM ausbezahlt würde, könne dies in diesem Fall keine Beachtung finden, weil das UmstG als Gesetz der Militärregierung das Hess. Urlaubsgesetz insoweit außer Kraft setze[40]. Die Art der gesetzlichen Regelung schließe jede Betrachtung im Einzelfall, welche auf Billigkeitserwägungen hinauslaufe, aus. Die im Währungsgesetz festgelegten Stichtage und Begriffe seien wörtlich auszulegen und dürften nicht durch Fragen der Zumutbarkeit abgeändert werden. Verfehlt sei es deshalb

---

[37] LAG Frankfurt vom 19.10.1948, WA 1949 Nr.1; a.A. LAG Hamburg vom 19.1.1949, WA 1949 Nr. 130, die Formulierung im Tarifvertrag, daß die Urlaubsvergütung vor Antritt des Urlaubs zu zahlen ist, bedeute, daß sie spätestens am Tage vor dem Urlaub bezahlt werden muß und damit fällig sei. Das LAG Hamburg lehnte damit einen Zahlungsanspruch in DM ab, obwohl der Urlaub ebenfalls am 21.6. angetreten wurde. Auch das LAG Stuttgart (vom 12.4.1949, WA 1949 Nr. 167) sieht in der Formulierung "bei Urlaubsantritt" in einer Urlaubsvereinbarung den dem Urlaub vorangehenden letzten Arbeitstag.

[38] LAG Frankfurt a.M. vom 19.10.1949, WA 1949 Nr. 1.

[39] LAG Frankfurt a.M. vom 26.10.1948, WA 1949 Nr. 16; a.A. etwa Erdmann RdA 1948, 172 (174) u. BlfStSozArbR 1948, 149 (151).

[40] LAG Frankfurt a.M. vom 26.10.1948, WA 1949 Nr. 16.

auch, wenn man dem Begriff der Fälligkeit innerhalb der Währungsgesetze eine andere Bedeutung beimesse, als dies sonst üblich sei[41].

Auch das LAG Frankfurt hatte über einen Fall zu entscheiden, in dem der Lohn einmal im Monat abgerechnet wurde, wobei auf diesen Lohn vorab eine Abschlagszahlung in der Monatsmitte erbracht wurde[42]. In diesem Fall wurde die Abschlagszahlung für den Monat Juni regulär am 18.6.1948 ausbezahlt und bei der Monatsabrechnung vom 10.7. in voller Höhe in DM angerechnet. Das LAG Frankfurt hielt diese Verfahrensweise für zulässig. Nach dem LAG müsse man unterscheiden zwischen Lohnberechnung, Lohnzahlung und Lohnbemessungszeitraum. Im Betrieb habe die monatliche Lohnabrechnung gegolten, wobei allerdings noch nichts über die Fälligkeit gesagt sei, sondern lediglich bestimmt sei, daß eine Abrechnung des Lohns innerhalb eines jeweils wiederkehrenden monatlichen Zeitraums zu erfolgen habe. Weiter habe im Termin aber eine Vereinbarung gegolten, aus der sich ergab, zu welchen Zeitpunkten Lohnraten zu zahlen sind. Durch diese Bestimmung werde die Fälligkeit geregelt[43]. Die am 18.6. erbrachte Leistung stelle damit die Gegenleistung für die in der Zeit vom 1. - 15.6. erbrachte Arbeitsleistung dar und sei somit geeignet, die Lohnzahlungspflicht zu erfüllen. Die zu diesem Zeitpunkt bestehende Verbindlichkeit in RM sei damit aber erloschen, da sie zur richtigen Zeit erfüllt wurde[44].

9.2.2. Vorbehaltlose Annahme einer Reichsmarkzahlung

Innerhalb der Ansicht, die zutreffend auf die Währungsgesetze den Fälligkeitsbegriff des BGB anwandte und auch einen Zahlungsanspruch im Urlaubsfall über den sogenannten Gleichstellungsgrundsatz ablehnte[45], war es umstritten, wie eine auf Grund der Währungsreform vereinbarte Vorverlegung der Fälligkeit oder eine Zahlung des Arbeitgebers vor Fälligkeit zu beurteilen ist, wenn der Arbeitnehmer die Zahlung vorbehaltslos entgegennahm.

Das LAG Hannover vertrat insoweit einen eher arbeitnehmerfreundlichen Standpunkt und judizierte, daß eine einmalige Vereinbarung über den Fällig-

---

[41] LAG Frankfurt vom 26.10.1948, WA 1949 Nr. 16 unter ausdrücklicher Ablehnung der Entscheidung des LAG Bremen vom 4.8.1948, WA 1948 Nr. 243; siehe auch LAG Hamburg vom 19.1.1949, WA 1949 Nr. 130, ebenfalls unter Ablehnung der Rechtsprechung des LAG Bremen.

[42] LAG Frankfurt a.M. vom 14.9.1948, RdA 1948, 184 f.

[43] LAG Frankfurt a.M. vom 14.9.1948, RdA 1948, 184 (185).

[44] LAG Frankfurt a.M. vom 14.9.1948, RdA 1948, 184 (185); zust. Erdmann, RdA 1948, 185 (186), der zu Recht darauf verweist, daß der Fall anders liege als die Fälle, in denen der Arbeitgeber vor Fälligkeit zahlt.

[45] Die Härte, die in dieser Rechtsprechung lag, wurde zum Teil durch eine "großzügige" Handhabung von § 5 WähG ausgeglichen, vgl. insoweit die Entscheidung des LAG Stuttgart vom 13.11.1948, WA 1949 Nr.122.

keitstermin oder die schlichte Annahme der Zahlung durch den Arbeitnehmer an einem Zahlungsanspruch in DM nichts ändern könne[46]. In dem zu entscheidenden Rechtsstreit wäre der Lohn nach der im Betrieb üblichen zweiwöchigen Lohnperiode am 23.6.1948 fällig geworden. Nach Verhandlungen mit dem Betriebsrat zahlte der Arbeitgeber den Lohn allerdings schon am 19.6.1948 aus, wobei zwischen den Parteien strittig blieb, ob eine Einigung zwischen Betriebsrat und Arbeitgeber zustande kam[47]. Nach dem LAG Hannover sei es unerheblich, ob eine Einigung erzielt worden sei, denn es stehe fest, daß die Belegschaft den Lohn am 19.6.1948 ausbezahlt bekommen habe. Hierbei habe es sich aber lediglich um einen Einzelfall gehandelt, weshalb es nicht möglich sei, aus diesen Umständen einen anderen Fälligkeitstermin abzuleiten. Eine solche Auslegung würde allen gesetzlichen und tariflichen Vereinbarungen widersprechen. Es könne höchstens angenommen werden, daß die Beklagte mit Zustimmung der Arbeitnehmer ausnahmsweise vor dem Fälligkeitstermin Zahlung geleistet habe[48].

Die entgegengesetzte Ansicht wurde zunächst in ständiger Rechtsprechung vom LAG Düsseldorf vertreten. In seiner Entscheidung vom 24.8.1948, der ein ähnlicher Sachverhalt zugrunde lag, vertrat es die Ansicht, daß ein Arbeitnehmer, der eine Zahlung in RM angenommen habe, keine Zahlung in DM mehr beanspruchen könne[49]. Im vom LAG Düsseldorf entschiedenen Fall war allerdings unstreitig keine Einigung zwischen Betriebsrat und Arbeitgeber über eine Zahlung vor dem 20.6.1948 getroffen worden und der Arbeitgeber hatte deshalb der Belegschaft anheim gestellt, das Gehalt schon am 18.6.1948 in Empfang zu nehmen. Der Kläger, der die Zahlung in RM entgegengenommen hatte, verlangte nun Zahlung in DM[50]. Nach dem LAG Düsseldorf ist für die Umrechnung von Lohn- und Gehaltsansprüchen der Fälligkeitszeitpunkt maßgeblich. Als Zeitpunkt der Fälligkeit im Sinne der Währungsgesetze sei der Zeitpunkt anzunehmen, an dem der Arbeitgeber auf Grund einer gesetzlichen Bestimmung oder einer Vereinbarung den Lohn zu zahlen hat. Da der Kläger den Lohn hier in jeder Woche Dienstags ausbezahlt erhielt, sei hier der 22.6.1948 der Fällig-

---

[46] LAG Hannover vom 15.10.1948, WA 1948 Nr. 269.
[47] LAG Hannover vom 15.10.1948, WA 1948 Nr. 269.
[48] LAG Hannover vom 15.10.1948, WA 1948 Nr. 269. Meines Erachtens wäre die Frage einer Betriebsvereinbarung durchaus erheblich gewesen. Bei einer Einigung zwischen BR und Arbeitgeber dahingehend, daß der Lohn schon am 19.6 zu zahlen ist, wäre wohl ein einklagbarer und damit fälliger Anspruch des Arbeitnehmers zum 19.6.1948 entstanden, wenn man davon ausgeht, daß eine solche Betriebsvereinbarung nach dem damals geltenden Recht wirksam gewesen wäre, was allerdings umstritten war. Man hätte dann erörtern müssen, ob eine Berufung des Beklagte auf diese Vereinbarung gegen § 242 BGB verstößt.
[49] LAG Düsseldorf vom 19.10.1948, SAE 1948 Nr. 52.
[50] LAG Düsseldorf vom 19.10.1948, SAE 1948 Nr. 52.

keitszeitpunkt[51]. Grundsätzlich sei die Vergütung damit aber im Verhältnis 1 : 1 in DM zu entrichten gewesen. Eine Vorauszahlung in RM sei aber in voller Nennhöhe auf den geschuldeten Betrag anzurechnen, wenn die Vorauszahlung vereinbart oder der bisherigen Übung entsprach oder wenn die Zahlung als ordnungsgemäße Erfüllung angenommen worden sei[52]. Eine Vereinbarung habe hier nicht vorgelegen, allerdings habe der Kläger dem Empfang des Geldes in keiner Weise widersprochen noch irgendeinen Vorbehalt geltend gemacht. Damit habe der Kläger aber zu erkennen gegeben, daß er die Vorauszahlung als ordnungsgemäße Erfüllung seines Zahlungsanspruchs anerkannt habe[53].

Auch das LAG Hamm vertrat in seiner Entscheidung vom 9.9.1948 die Ansicht, daß eine vorbehaltlose Annahme des Gehalts zur Erfüllung des Lohnanspruchs geführt habe, weshalb eine DM-Zahlung nicht mehr beansprucht werden könne[54]. In diesem Fall war durch Betriebsvereinbarung geregelt worden, daß die Urlaubsvergütung vor Urlaubsantritt bezahlt wird. Das LAG Hamm führte aus, daß der Betriebsrat die von der Belegschaft gewählte und von dem Vertrauen der Betriebsmehrheit getragene Interessenvertretung der Arbeitnehmer im Betrieb sei. Zu ihren Befugnissen gehöre es, Vereinbarungen über Betriebsferien und über Vorauszahlung der Urlaubsvergütung zu treffen. Selbst wenn man aber der Ansicht sei, daß die Vereinbarungen des Betriebsrats für den einzelnen Arbeitnehmer unverbindlich seien, so habe der Kläger keinen Anspruch auf eine Zahlung in DM[55]. Der Kläger habe den Geldbetrag widerspruchslos angenommen und sich damit mit der vereinbarten Regelung einverstanden erklärt. Der Kläger müsse deshalb die RM-Zahlung als Erfüllung gegen sich gelten lassen[56].

---

[51] LAG Düsseldorf vom 19.10.1948, SAE 1948 Nr. 52; vgl. auch LAG Düsseldorf vom 7.12.1948, SAE 1948 Nr. 60 und vom 9.11.1948, SAE 1948 Nr. 61. In der Annahme wird man keine Vereinbarung über eine Vorverlegung der Fälligkeit sehen können, weshalb die Entscheidung m.E. davon hätte abhängen müssen, ob man die Leistung in RM als ordnungsgemäße Erfüllung (§ 362 BGB) ansieht. Erdmann, RdA 1948, 172 (173) verweist insoweit zutreffend darauf, daß im Zweifel der Schuldner die Leistung auch vor Fälligkeit erbringen dürfe, wobei diese Auslegungsregel hier nicht greife, da der ArbN ein berechtigtes Interesse an der Zahlung erst zum Fälligkeitstermin habe. Wenn der ArbN die Leistung annehme, würde trotzdem die Verpflichtung nicht erlöschen, da die Leistung nicht im geschuldeten Sinne bewirkt worden sei.

[52] LAG Düsseldorf vom 19.10.1948, SAE 1948 Nr. 52, nach LAG Düsseldorf vom 9.11.1948, SAE 1948 Nr.61 ändert auch ein Vorbehalt des Gläubigers bei der Annahme nichts, wenn die Fälligkeit durch jahrelange Übung auf den Urlaubsantritt vorverlegt wurde.

[53] LAG Düsseldorf vom 19.10.1948, SAE 1948 Nr. 52, gemäß § 363 BGB kann der Gläubiger allerdings auch nach Annahme der Leistung diese nicht als Erfüllung gelten lassen. § 363 BGB ändert insoweit lediglich die Beweislast. Das LAG hätte damit aber darüber entscheiden müssen, ob es sich bei der Zahlung in RM um die geschuldete Leistung handelt.

[54] LAG Hamm vom 9.9.1948, WA 1949 Nr. 6.

[55] LAG Hamm vom 9.9.1948, WA 1949 Nr. 6.

[56] LAG Hamm vom 9.9.1948, WA 1949 Nr. 6; ebenso LAG Hamm vom 2.9.1948, BB 1948, 512.

Das LAG Düsseldorf entschied die vom LAG Hamm offengelassene Frage der Regelungsbefugnis des Betriebsrats in seiner Entscheidung vom 23.11.1948 im Sinne einer sehr weitgehenden Regelungsbefugnis[57]. Der Kläger habe unstreitig monatlich im nachhinein seinen Lohn erhalten, so daß Fälligkeitstermin grundsätzlich der 30.6.1948 gewesen sei, allerdings habe der Betriebsrat mit dem Arbeitgeber eine Betriebsvereinbarung dahingehend geschlossen, daß der Lohn für die Zeit vom 1. - 20.6.48 in alter Währung zu zahlen sei. Durch diese Regelung sei die Fälligkeit verbindlich nach vorne verlegt worden. Der Betriebsrat sei die von der Belegschaft gewählte und vom Vertrauen der Betriebsangehörigen gewählte Interessenvertretung der Arbeitnehmer der Beklagten. Nach Art. V Abs. II KRG Nr. 22 bestimme der Betriebsrat selbst seinen Aufgabenkreis im einzelnen. Der Betriebsrat würde insofern die gesamte Belegschaft vertreten, ohne Rücksicht auf den Willen des einzelnen Arbeitnehmers[58]. Der mögliche Inhalt einer Betriebsvereinbarung werde im KRG Nr. 22 sehr unbestimmt umschrieben und damit sachlich sehr weit gefaßt, weshalb Betriebsvereinbarungen nur höchst selten einen unzulässigen Inhalt haben werden. Es sei gerade Sinn der Stellung des Betriebsrats, daß die von ihm mit dem Arbeitgeber geschlossenen Vereinbarungen für alle Belegschaftsmitglieder bindend seien. Die Fälligkeit der Lohnforderung sei damit bindend nach vorne verlegt worden, weshalb der Lohn der Klägers im Verhältnis 10 : 1 umzustellen gewesen wäre[59].

In seiner Entscheidung vom 11.3.1949 sprach das LAG Düsseldorf zwar einen Vergütungsanspruch zu, ohne allerdings von den in der Entscheidung vom 19.10.1948 entwickelten Grundsätzen abzuweichen[60]. Auch in dieser Entscheidung ging es um die Urlaubsvergütung, die ebenfalls vor Urlaubsbeginn gezahlt wurde. Die Besonderheit in diesem Fall lag allerdings darin, daß der Beklagte nach einer Rücksprache mit dem ältesten Arbeiter vom 16.6.1948 Betriebsferien ab dem 17.6.1948 angeordnet hatte. Dieser Arbeitnehmer hatte zuvor mit seinen Kollegen Rücksprache gehalten, wobei Einverständnis hinsichtlich des Betriebsurlaubs ab dem 17.6.1948 erzielt wurde. Der Kläger befand sich zu diesem Zeitpunkt allerdings nicht im Betrieb, sondern auf einer vom Arbeitgeber genehmigten "Hamsterfahrt" und war mit dem Betriebsurlaub nicht einverstanden, wobei er dem Arbeitgeber Rückzahlung der Urlaubsvergütung angeboten hatte[61]. Das LAG Düsseldorf führte zunächst aus, daß nach dem bestehenden Tarifvertrag die Urlaubsvergütung bei Urlaubsbeginn fällig wäre, wobei es hier allerdings an einem Urlaub fehle. Der Kläger sei zum Zeitpunkt der Besprechung zwischen dem Arbeitgeber und dem ältesten Arbeiter abwesend gewesen. Da im Betrieb kein Betriebsrat bestehe und der genannte Arbeiter auch nicht

---

[57] LAG Düsseldorf vom 23.11.1948, WA 1949 Nr. 72.

[58] LAG Düsseldorf vom 23.11.1948, WA 1949 Nr. 72.

[59] LAG Düsseldorf vom 23.11.1948, WA 1949 Nr. 72; a.A. etwa LAG Bremen vom 27.10.1948, WA 1949 Nr.11.

[60] LAG Düsseldorf vom 11.3.1949, SAE 1949 Nr. 23.

[61] LAG Düsseldorf vom 11.3.1949, SAE 1949 Nr. 23.

berufen gewesen sei, für die gesamte Belegschaft Vereinbarungen abzuschließen, fehle eine solche Vereinbarung hinsichtlich des Betriebsurlaubs. Der Arbeitgeber habe vielmehr lediglich mit jedem einzelnen Arbeitnehmer eine Vereinbarung über den Urlaub treffen können, wobei eine Stellvertretung zwar möglich sei, aber im Falle des Klägers nicht vorliege[62]. Bei dem am 16.6.1948 ausbezahlten Geld habe es sich damit aber nicht um eine Urlaubsvergütung gehandelt, weshalb es beim üblichen Fälligkeitstermin am Ende des Monates verbleibe und der Kläger eine Zahlung in DM beanspruchen könne[63].

Auch in seiner Entscheidung vom 18.3.1949 hatte sich das LAG Düsseldorf zum Teil mit Urlaubsvergütung zu beschäftigen, wobei das LAG in dieser Entscheidung eine wirksame Urlaubsnahme deshalb ablehnte, weil nach dem Tarifvertrag der Urlaub eine Woche vor der Gewährung anzukündigen sei, woran es hier fehle[64]. In dieser Entscheidung wich das Gericht aber zu Recht von seiner Ansicht in der Entscheidung vom 19.10.1948 ab und hielt bei einer vorzeitigen Zahlung des Arbeitgebers die vorbehaltlose Annahme des Arbeitnehmers nicht mehr für eine Anerkennung der ordnungsgemäßen Erfüllung, die einen Anspruch in DM des Arbeitnehmers ausschließe. In diesem Fall hatte der Arbeitgeber erstmals im Monat der Währungsreform den Lohn nicht mehr am Ende des Monats gezahlt, sondern schon am 11.6.1948[65]. Das LAG Düsseldorf führte aus, daß durch die Zahlung am 11.6.1948 weder eine Vorverlegung des Fälligkeitstermins erfolgt sei, noch eine Tilgung der Forderung der Klägerin gesehen werden könne. Die Klägerin habe nie daran gedacht, diese Zahlung als Erfüllung ihrer Ansprüche gegen die Beklagte zu sehen. Wenn dem so wäre, hätte die Beklagte ein Musterbeispiel für die Abwälzung des Betriebsrisikos, nämlich Verlust bzw. Entwertungsgefahr auf die Klägerin geliefert. Das bloße Schweigen könne keinesfalls so ausgelegt werden, daß es als Zustimmung oder Einverständniserklärung zur Erfüllung der Verbindlichkeit der Beklagten gelte. Ge-

---

[62] LAG Düsseldorf vom 11.3.1949, SAE 1949 Nr.23; die Ansicht des LAG Düsseldorf ist verfehlt. Grundsätzlich steht es dem Arbeitgeber zu, Urlaub anzuordnen. Aus einer Anm. zum Urteil ergibt es sich, daß hinsichtlich der Urlaubnahme eine tarifvertragliche Regelung bestand, nach der die Werksleitung im Einvernehmen mit dem Betriebsrat über den Urlaubsbeginn entscheidet, wobei ein Betriebsrat hier nicht bestand. In einem solchen Fall muß es dann aber bei der Alleinentscheidung der Werksleitung verbleiben. Die Annahme der Anmerkung, der Kläger habe sich der Belegschaft beugen müssen, weil es demokratischen Gedanken entspreche, daß sich der Einzelne der Mehrheit füge, ist verfehlt. Es unterscheidet gerade den demokratischen vom nationalsozialistischen Staat, daß der Einzelne auch vor der Mehrheit geschützt wird und sich dieser nur beugen muß, wenn es hierfür eine gesetzliche Grundlage gibt.

[63] LAG Düsseldorf vom 11.3.1949, SAE 1949 Nr. 23.

[64] LAG Düsseldorf vom 18.3.1949, SAE 1949 Nr. 24.

[65] LAG Düsseldorf vom 18.3.1949, SAE 1949 Nr. 24.

mäß § 18 UmstG sei deshalb der Lohn im Verhältnis 1:1 in DM an die Klägerin zu zahlen[66].

Auch das LAG Frankfurt lehnte in einer Entscheidung vom Januar 1949 eine wirksame Erfüllung bei einer Zahlung vor dem Fälligkeitstermin ab[67]. Die §§ 16, 18 UmstG stellten nicht auf den Zeitpunkt der tatsächlichen Lohnzahlung ab, sondern auf den Zeitpunkt der Fälligkeit. Wenn seit Jahren im Betrieb der Beklagten der Lohn jeweils am Ende der folgenden Kalenderwoche gezahlt werde, so sei damit nicht allein der Zahlungstag, sondern auch der Fälligkeitstag eindeutig festgelegt. Es sei abwegig in einem solchen Fall zwischen Zahlungs- und Fälligkeitstermin zu unterscheiden[68]. Nach dem LAG Frankfurt wäre es aber denkbar, daß sich der Kläger mit dieser Art der Lohnzahlung einverstanden erklärt und die vorzeitig gewährte Lohnzahlung als Erfüllung angenommen habe. Insoweit müsse allerdings berücksichtigt werden, daß die Verhältnisse am Tage der Währungsreform unklar gewesen seien und man von einem einfachen Arbeiter nicht erwarten könne, daß er rechnerische Erwägungen anstelle und Probleme entscheide, die erst Wochen später jedermann klar wurden. Wenn man davon ausgehe, daß der Kläger von dieser Verfahrensweise vollkommen überrumpelt war und nicht gewußt habe, was er damit anfangen solle, könne man aus dieser aufgenötigten Zahlung nicht folgern, daß der Kläger die Zahlung als Erfüllung seiner Lohnforderung angenommen habe[69].

Auch das LAG Frankfurt hatte einen Fall zu entscheiden, in dem im Monat der Währungsreform die im Betrieb übliche Zahlung des Lohns auf die Mitte des Monats vorverlegt wurde[70]. Die Besonderheit der Entscheidung des LAG Frankfurt lag hierbei darin, daß nach der geltenden Betriebsordnung eine Zahlung zur Mitte des Monats festgeschrieben war und entgegen dieser Vorschrift in jahrelanger Übung jeweils zum Monatsende gezahlt wurde. Das LAG Frankfurt entschied, daß auch die jahrelange Zahlung zum Monatsende an der Fälligkeit des Lohns zur Monatsmitte nichts ändern könne. Nach dem LAG Frankfurt wäre es zwar grundsätzlich möglich, aus einer jahrelangen Übung eine schlüssige Vertragsänderung zu entnehmen. Allerdings wäre eine einzelvertragliche Änderung des Fälligkeitstermins zwischen den Parteien des Einzelarbeitsvertrages entgegen der TOA nicht möglich gewesen. Bei der Bestimmung des Fällig-

---

[66] LAG Düsseldorf vom 18.3.1949, SAE 1949 Nr. 24; mit ablehnender Anm. von Walb, RdA 1949, 62, nach dem im Zeitpunkt der Leistung ausschließlich eine Zahlung in RM geschuldet gewesen sei und diese Schuld durch Zahlung erloschen sei. Vgl. aber auch Erdmann, RdA 1948, 172 (173), der zu Recht darauf verweist, daß die Auslegungsregel des § 271 II BGB hier nicht greife und die Schuld deshalb nicht vor Fälligkeit habe beglichen werden dürfen.

[67] LAG Frankfurt a.M. vom 13.1.1949, WA 1949 Nr. 64.

[68] LAG Frankfurt a.M. vom 13.1.1949, WA 1949 Nr. 64.

[69] LAG Frankfurt a.M. vom 13.1.1949, WA 1949 Nr. 64.

[70] LAG Frankfurt a.M. vom 25.5.1949, RdA 1949, 421.

keitstermins handele es sich um eine den Inhalt des Arbeitsvertrages regelnde Vorschrift, die als Mindestbedingung insoweit unabdingbar sei, als sie eine Vertragsänderung zuungunsten des Arbeitnehmers ausschließe[71]. Nun enthalte aber eine Verlagerung der Fälligkeit vom Monatsende auf die Monatsmitte ohne Zweifel eine den Arbeitnehmer ungünstigere Regelung, weil der Arbeitnehmer so erst seine Arbeitsleistung voll erbringen müsse, bis er Lohnzahlung beanspruchen könne. Hierbei könnten die speziellen Folgen, die sich aufgrund der Währungsreform ergeben hätten, nicht berücksichtigt werden, da hier festgestellt werden müsse, ob die vor dem UmstG getroffene Vertragsänderung eine günstigere oder ungünstigere Vertragsbedingung geschaffen habe. Die Verlegung des Zahlungstermins auf das Monatsende bedeutete hier aber eine Schlechterstellung und sei deshalb nichtig, weshalb die Lohnzahlung schon zur Mitte des Monats fällig gewesen sei[72].

9.2.3. Sonderprobleme der §§ 16, 18 UmstG

Das ArbG Bremen hatte sich in seiner Entscheidung vom 20.9.1948 mit der Frage zu beschäftigen, ob unter die Begriffe "Löhne oder Gehälter" und "sonstige regelmäßig wiederkehrende Leistungen" in § 18 I Nr. 1 UmstG auch eine Bezahlung durch Provisionen fällt. Der Kläger war ursprünglich fest bezahlt worden, wobei seine Bezahlung wohl kurze Zeit vor der Währungsreform von einem festen Gehalt auf Provisionen umgestellt wurde[73]. Das Gericht führte aus, daß es für die Entscheidung des Falles entscheidend darauf ankäme, ob der Kläger als Handlungsgehilfe oder freier Provisionsvertreter anzusehen sei. Alleine die Umstellung des Gehalts ändere aber am Arbeitnehmerstatus des Klägers nichts. Außer der Änderung in der Bezahlung seien keine Veränderungen im Verhältnis zum Beklagten eingetreten, was sich auch daraus ergebe, daß sich der Beklagte den Zahlungsbetrag gemäß § 17 WähG für den Arbeitnehmer habe geben lassen. Der Kläger sei damit Handlungsgehilfe gemäß § 59 HGB gewesen und da sein Entgelt postnumerando abgerechnet wurde, stehe dem Kläger das Entgelt für den Monat Juni in DM zu[74]. Es könne für die Anwendung des Gesetzes keinen Unterschied machen, ob die Vergütung für einen Arbeitnehmer in einem festen Gehalt gezahlt oder als Provision abgerechnet werde. Das Umstellungsgesetz wolle allen Arbeitnehmern die Vergünstigung zuteil werden lassen, das am 30.6 fällige Entgelt im Verhältnis 1 : 1 in DM zu erhalten. Diesem Gesichtspunkt gegenüber hätten Erwägungen, die darauf beruhen, daß im Falle

---

[71] LAG Frankfurt a.M. vom 25.5.1949, RdA 1949, 421.

[72] LAG Frankfurt a.M. vom 25.5.1949, RdA 1949, 421; mit zustimmender Anm. von Koselke, RdA 1949, 421 (422); a.A. LAG München vom 20.7.1949, WA 1949 Nr. 217 unter Zugrundelegung eines anderen Fälligkeitsbegriffs; siehe auch LAG Frankfurt vom 2.12.1948, DB 1949, 108, wo die Vereinbarung einer monatlichen nachträglichen Vergütung gegenüber einer wöchentlichen Vergütung günstiger sein soll.

[73] ArbG Bremen vom 20.9.1948, SAE 1949 Nr. 5.

[74] ArbG Bremen vom 20.9.1948, SAE 1949 Nr. 5.

einer Provisionsabrede auch ein Risiko für den Angestellten bestehe, zurückzutreten[75].

Das LAG Bremen nahm in einer Entscheidung vom 1.12.1948 an, daß die Vorschrift des § 18 I Nr.1 UmstG eng auszulegen sei[76]. Das Gericht hatte darüber zu befinden, ob eine für eine Beschäftigung außerhalb des Wohnorts des Arbeitnehmers gezahlte Auslösung zu den Leistungen iSd. § 18 UmstG gehört. Das LAG führte aus, daß es sich bei der Auslösung zwar um eine regelmäßig wiederkehrende Leistung handele, dies genüge allerdings noch nicht für die Anwendung von § 18 I Nr.1 UmstG. Aus dem Vergleich mit den in der Vorschrift genannten Beispielen ergebe es sich, daß lediglich solche Leistungen bei der Umstellung privilegiert sein sollten, auf die ein unverrückbar regelmäßiger Anspruch besteht, der sich aus dem Wesen der zugrundeliegenden Rechtsbeziehung selbst ergebé. Bei der Auslösung handle es sich aber um keine Normalleistung aus dem Arbeitsvertrag, sondern um eine Leistung, die immer wieder aufgrund des Bestehens oder der Fortdauer gewisser Sonderverhältnisse entstehe, wobei das Vorliegen dieser Sonderverhältnisse stets neu zu prüfen sei. Die Auslösung sei damit aber im Verhältnis 10 : 1 in DM umzustellen gewesen[77].

Auch das ArbG Göttingen hatte in einer Entscheidung vom September 1948 darüber zu befinden, an welche Voraussetzungen das Vorliegen einer regelmäßig wiederkehrende Leistung geknüpft ist[78]. Zwischen dem Kläger und seinem Arbeitgeber wurde vor der Währungsreform eine Vereinbarung getroffen, nach der der Kläger seine Arbeit bei der Beklagten sofort einzustellen und für die Zeit von April 1948 bis einschließlich Juni 1948 einen Anspruch auf Abfindung in Höhe von 1000,- RM erhielt, die am Monatsende ausgezahlt werden sollte[79].

---

[75] ArbG Bremen vom 20.9.1948, SAE 1949 Nr. 5; aus der Entscheidung läßt sich nicht entnehmen, ob das Gericht die Provision unter den Begriff "Löhne und Gehälter" einstuft oder als eine sonstige regelmäßig wiederkehrende Leistung. Die Annahme, die Provision sei Lohn oder Gehalt dürfte kaum zu vertreten sein, weshalb das Gericht den Begriff "sonstige wiederkehrende Leistung" hätte auslegen müssen.

[76] LAG Bremen vom 1.12.1948, SAE 1948 Nr. 10; siehe auch LAG Düsseldorf vom 25.1.1949, WA 1949 Nr. 78, dort werden Spesen weder als Lohn, noch als sonstige regelmäßig wiederkehrende Leistung eingestuft.

[77] LAG Bremen vom 1.12.1948, SAE 1948 Nr. 10 mit zust. Anm. von Stenzel, RdA 1949, 230 f; ebenso ArbG Essen vom 20.10.1948; DB 1948, 496,; ArbG Dortmund vom 25.8.1948, ArbR.i.St. II Ziff.573; a.A ArbG Hamburg vom 2.12.1948, ArbR.i.St. II Ziff. 576 unter Verweis darauf, daß die Auslösung Teil des Lohnes sei sowie vom 24.2.1949, ArbR.i.St. Ziff. 781, mit der Begründung, daß es sich zwar nicht um einen Teil des Lohnes handele, die Auslösung diene aber wie der Lohn der Bestreitung der Lebensunterhaltungskosten; a.A. auch LAG München vom 24.2.1949, WA 1949 Nr. 215, dort wird die Auslösung auf Grund der von vornherein festgelegten Kontinuität als wiederkehrende Leistung eingestuft

[78] ArbG Göttingen vom 10.9.1948, WA 1948 Nr. 244.

[79] ArbG Göttingen vom 10.9.1948, WA 1948 Nr. 244.

Nach dem ArbG Göttingen handele es sich zunächst nicht um eine Gehaltszahlung iSd. § 18 UmstG. Nach § 133 BGB sei bei der Auslegung vom wirklichen Willen auszugehen. Der Kläger habe sich nach dem Verlauf der Streitigkeiten, die zu der Vereinbarung führten, darüber klar sein müssen, daß eine Weiterzahlung des Gehalts abgelehnt würde. Bei der Zahlung handele es sich deshalb um eine in Raten zu zahlende Abfindung, Die monatlich Zahlung sei wohl aus steuerlichen Gründen erfolgt; die geschlossene Vereinbarung gehe aber offensichtlich von einer sofortigen Beendigung der vertraglichen Beziehungen aus. Die Zahlung falle somit nicht unter den Begriff "Gehalt". Es liege aber auch keine regelmäßig wiederkehrende Leistung vor, da es sich um eine einmalige Abfindung handele, deren Charakter sich durch die ratenweise Zahlung nicht verändere. Die Umstellung einer derartigen Forderung erfolge aber gemäß § 16 UmstG im Verhältnis 10 : 1[80].

Das LAG Hamburg hatte darüber zu befinden, ob das Bedienungsgeld des Kellners unter den Begriff "Lohn" im Sinne des § 18 I UmstG fällt[81]. Im Betrieb des Beklagten galt die Regelung, daß den Kellnern zusammen 10 % des Umsatzes zustanden, wobei die von den Kellnern eingezogenen Beträge zunächst vollständig an den Beklagten abgeführt wurden und dieser dann in den ersten Tagen des nächsten Monats 10 % des Umsatzes an die Kellner verteilte. Das LAG Hamburg war der Ansicht, daß es sich bei diesem Bedienungsgeld um echten Lohn handele, da § 18 I UmstG keinen Unterschied mache zwischen bestimmtem und erst zu bestimmendem Lohn[82]. Für das LAG Hamburg stellte sich in der Folge nun aber das Problem, daß es sich bei dem beklagten Betrieb um eine "Luxus-Gaststätte" mit auf Grund der Inflation extrem hohen Preisen handele, so daß auch dem Kellner ein sehr hoher DM-Betrag zugesprochen werden müßte. Das LAG Hamburg sah infolge dieser Lage die Forderung des Klägers als eine unrichtige Rechtsausübung. Wenn der Kläger die damaligen Preise seiner Forderung zugrunde legen wolle und die Umstellung seines Lohns im Verhältnis 1 : 1 verlange, so verstoße er gegen Treu und Glauben mit Rücksicht auf die Verkehrssitte, wenn er nicht sogar arglistig handele. Die Forderung würde nämlich dazu führen, daß der Kläger für das Verbringen einer Sektflasche 30,- DM beanspruchen könne. Für eine solche Forderung bestehe aber allgemein insbesondere mit Rücksicht auf die ansonsten gestoppten Löhne und Gehälter keinerlei Verständnis[83]. Die Forderung verstoße aber auch innerhalb des Vertragsverhältnisses gegen Treu und Glauben, denn der Arbeitnehmer mache sich die formale Vorschrift des Gesetzes in einer mißbilligenswerten Art zunutze, welche von den Parteien weder bedacht, noch vom Gesetz beabsichtigt gewesen

---

[80] ArbG Göttingen vom 10.9.1948, WA 1948 Nr. 244.
[81] LAG Hamburg vom 18.10.1948, WA 1948 Nr. 77.
[82] LAG Hamburg vom 18.10.1948, WA 1948 Nr. 77; vgl. ArbG Kassel vom 28.9.1948, WA 1949 Nr. 79, dort wird Bedienungsgeld als regelmäßig wiederkehrende Leistung eingestuft.
[83] LAG Hamburg vom 18.10.1948, WA 1948 Nr. 77.

sei. Hauptgrundsatz der Währungsgesetze sei die Existenz des Arbeitnehmers für die nächste Versorgungsperiode gewesen. Dieser Gesichtspunkt werde hier aber zum Ausgangspunkt reißender Gewinne gemacht[84]. Den Einwand, daß die Beklagte selbst die extremen Preise verlangt habe, ließ das LAG Hamburg auf Grund hoher Unkosten der Beklagten nicht zu. Im Ergebnis müsse es sich der Kläger gefallen lassen, daß seine "Prozente auf einen legal reduzierten Umsatz zurückgeführt werden", was einen Herabsetzung des Lohns im Verhältnis 10 : 1 entspreche[85].

Abschließend sei auf ein Sonderproblem des Baugewerbes hingewiesen. Nach den geltenden tariflichen Bestimmungen erhielt der Arbeitnehmer einen monatlichen Gehaltszuschlag von 2 % des Lohns als Urlaubsgeld. Aufgrund von betrieblichen Vereinbarungen wurde dieser Betrag aber in der Regel vom Arbeitgeber einbehalten und erst bei Antritt des Urlaubs für die laufende Urlaubsperiode ausbezahlt. Für die Gerichte stellte sich die Frage, ob die einbehaltenen 2 % für die Monate vor der Währungsreform bei einer späteren Urlaubsnahme im Verhältnis 1 : 1 in DM oder aber lediglich im Verhältnis 10 : 1 in DM auszubezahlen waren.

Das LAG Kiel plädierte für eine Auszahlung für den Zeitraum vor Juni 1948 lediglich im Verhältnis 10 : 1. Ein Umwandlungsverhältnis 1 : 1 greife nur, soweit Urlaubsgelbeträge für die Zeit nach dem 1.6.1948 einbehalten wurden[86]. Gemäß § 18 II UmstG greife die Umstellung im Verhältnis 1 : 1 nicht für Forderungen, die für einen vor dem 1.6.1948 liegenden Zeitraum geschuldet werden. Die Gelder würden zwar regelmäßig erst bei Urlaubsnahme oder Ausscheiden aus dem Betrieb ausbezahlt, geschuldet seien sie aber für die Arbeitswochen, für die sie in Form eines 2 % Lohnzuschlags gutgeschrieben wurden. § 18 II UmstG stelle nicht auf den wirtschaftlichen Zweck der Leistungen ab, sondern darauf, für welche Arbeitsperiode sie als Gegenleistung erwachsen seien[87]. Auch der Grundsatz, daß Arbeitnehmer während dem Erholungsurlaub so zu stellen seien, als wenn sie gearbeitet hätten, würde hier nicht greifen, da im

---

[84] LAG Hamburg vom 18.10.1948, WA 1948 Nr. 77; die Ansicht des LAG erscheint zweifelhaft. M.E. beansprucht der Kläger lediglich das, was ihm nach den Währungsgesetzen zusteht. Das LAG Hamburg hat in anderen Entscheidungen Ansprüche von Arbeitnehmern, trotz einer gewissen Härte, zurückgewiesen, da Billigkeitserwägungen auszuscheiden hätten, siehe LAG Hamburg vom 19.1.1949, WA 1949 Nr. 130. Hier aber stützt sich das LAG ausschließlich auf Billigkeitserwägungen, um eine zwingende Folge der Währungsgesetze zu umgehen.

[85] LAG Hamburg vom 18.10.1948, WA 1948 Nr. 77; das LAG Hamburg kommt damit aber über § 242 BGB zur Regelung des § 16 UmstG.

[86] LAG Kiel vom 27.11.1948, WA 1949 Nr. 5.

[87] LAG Kiel vom 27.11.1948, WA 1949 Nr. 5, ebenso LAG Düsseldorf vom 3.12.1948, WA 1948 Nr. 121.

Baugewerbe eine Sonderregelung dahingehend bestehe, daß klar zwischen Freizeitanspruch und Urlaubsfinanzierung unterschieden werde[88].

Die gegenteilige Auffassung wurde vom LAG Stuttgart in seiner Entscheidung vom 23.3.1949 vertreten[89]. Das LAG Stuttgart führte aus, daß nach den geltenden Urlaubsvereinbarungen die Urlaubsgelder nicht mehr ausbezahlt, sondern dem einzelnen Arbeitnehmer gutgeschrieben werden. Durch diese Regelung würde die Fälligkeit des Urlaubsvergütungsanspruchs mit dem Zeitpunkt der Gutschrift nicht begründet. Es sei rechtlich durchaus möglich, daß durch die Gutschrift auch eine erst später fällig werdende Forderung anerkannt werde[90]. Die Umstellung im Verhältnis 1 : 1 verstoße aber auch nicht gegen die Bestimmung § 18 II UmstG, da die Urlaubsgelder nicht für einen vor dem 1.6.1948 liegenden Zeitpunkt geschuldet werden. Die Urlaubsbeträge würden nach den Grundsätzen des Urlaubsrechts nämlich für die Urlaubszeit geschuldet. Die Urlaubszeit trete insoweit an die Stelle der Arbeitsperiode, so daß die Urlaubsvergütung als Gegenleistung für diesen Zeitraum geschuldet werde[91].

9.3. Die Problematik des § 5 WähG

Gemäß § 5 WähG stand Arbeitnehmern eine Nachzahlung in DM zu, wenn der erste Zahlungstermin von Löhnen und Gehältern nach dem 20.6. auf einen späteren Tag als den 29.6.1948 fiel. Nachzuzahlen waren nach § 5 S. 2 WähG 70 % desjenigen Teils, des beim letzten Zahlungstermins empfangenen Netto-Reichsmarkbetrages, der dem Anteil des am 30.6. beginnenden und am nächsten planmäßigen Zahlungstermin endenden Zeitraums der gesamten Zahlungsperiode entspricht. Gemäß § 5 S. 3 WähG ist dieser Betrag am 3.7.1948 fällig und unterliegt weder Lohn- und Kirchensteuer noch den Beiträgen zur Sozialversicherung.

Auch die Auslegung dieser Vorschrift beschäftigte die Arbeitsgerichte häufig, wobei zunächst im Vordergrund die Frage stand, ob die Nachzahlung nach § 5 WähG nur für praenumerando (sog. Aufwertungstheorie) oder auch für postnumerando Zahlungen (sog. Überbrückungstheorie) eingriff.

Das LAG Düsseldorf vertrat in seiner Entscheidung vom 7.12.1948 die Auffassung, daß eine Nachzahlung nach § 5 WähG nur für praenumerando gezahlte Löhne in Betracht komme[92]. § 5 WähG beziehe sich nur auf die Fälle, in denen

---

[88] LAG Kiel vom 27.11.1948, WA 1949 Nr. 5.
[89] LAG Stuttgart vom 23.3.1949, WA 1949 Nr. 230.
[90] LAG Stuttgart vom 23.3.1949, WA 1949 Nr. 230.
[91] LAG Stuttgart vom 23.3.1949, WA 1949 Nr. 230.
[92] LAG Düsseldorf vom 7.12.1948, SAE 1949 Nr. 4.

Löhne und Gehälter vor dem 20.6. für einen Zeitraum bezahlt worden seien, der über den 29.6.1948 hinausgehe. Wenn das Junigehalt ganz oder zum Teil rechtswirksam vor der Währungsreform ausbezahlt worden sei, so erleide der Betriebsangehörige eine Einbuße, wobei dieser Gesichtspunkt dort nicht gelten könne, wo das Junigehalt bereits in DM ausbezahlt worden sei. Aufgrund dieser Überlegung finde auch der Ausdruck "Nachzahlung" seine Berechtigung[93]. Eine andere Auslegung wirke nicht nur sachlich, sondern auch im übrigen befremdlich. Auch die Berechnung des Nachzahlungbetrages spreche für diese Auffassung, da die Berechnung von einem schon im voraus erbrachten Betrag ausgehe. Wenn man einer anderen Auffassung sei, so müsse man zugeben, daß § 5 WähG eine in unser Rechtsordnung völlig neuartige Regelung darstelle. Diese Bestimmung würde dann nämlich innerhalb eines bestehenden Vertragsverhältnisses ohne den Willen der Vertragsparteien einen Anspruch um 70 % erhöhen, ohne das auf der anderen Seite eine erhöhte Leistung stehen würde[94]. Der Arbeitnehmer würde also anstatt 100 % Entlohnung 170 % Entlohnung erhalten. Dieses Ergebnis sei nicht nur dem deutschen Arbeitsrecht fremd, sondern auch volkswirtschaftlich nicht haltbar. Der Wortlaut des § 5 WähG spreche also für die Aufwertungstheorie, weshalb der Kläger, der seinen Lohn für die Zeit vom 15. - 30.6.1948 am 3. Juli in DM erhielt, keinen Nachzahlungsanspruch geltend machen könne[95].

Das LAG Frankfurt vertrat hingegen in ständiger Rechtsprechung die sog. Überbrückungstheorie. In seiner grundlegenden Entscheidung vom 14.9.1948 führte das LAG zur Begründung aus, daß die Ansicht die § 5 WähG nur auf Lohn- oder Gehaltsvorauszahlungen anwenden wolle, auf einer lediglich äußerlichen Betrachtungsweise beruhe, die nicht auf den Kernpunkt des § 5 WähG eingehe[96]. Wenn der Gesetzgeber des § 5 WähG wirklich nur diese Fälle hätte behandeln wollen, so hätte nichts näher gelegen, als dieses im Wortlaut der Vorschrift klar zum Ausdruck zu bringen. Das Gesetz enthalte aber eine solche Festlegung nicht, sondern stelle, ohne von Vorauszahlungen zu sprechen, auf den Zeitpunkt zweier nach der Währungsreform liegender Zahlungstermine ab und regele die Geldumstellung durch Zubilligung einer zusätzlichen Zahlung unter gewissen Voraussetzungen. Der Gesetzgeber sei insoweit davon ausgegangen, daß am 20.6. vorhandene Sparguthaben wertlos geworden seien, so daß für die Bestreitung des Lebensunterhaltes anders gesorgt werden müsse. Diesem Zweck diene zunächst die Kopfquote, die man mit RM habe erwerben können, von der der Lebensunterhalt bis zum 29.6. habe bestritten werden sollen. Am 30.6. mußten dem Arbeitnehmer damit aber zusätzliche Mittel zur Verfügung

---

[93] LAG Düsseldorf vom 7.12.1948, SAE 1949 Nr. 4; ebenso ArbG Siegen vom 18.9.1948, BB 1948, 513.
[94] LAG Düsseldorf vom 7.12.1948, SAE 1949 Nr. 4.
[95] LAG Düsseldorf vom 7.12.1948, SAE 1949 Nr. 4; so Harmening NJW 1947/48, 401, der irrtümlich annimmt, diese Auffassung habe sich allgemein durchgesetzt.
[96] LAG Frankfurt a.M. vom 14.9.1948, RdA 1948, 184 (185).

stehen, um den Zeitraum bis zur nächsten Gehaltszahlung zu überbrücken[97]. Diese Überbrückungshilfe sein nun nicht dem Staat, sondern den Arbeitgebern auferlegt worden, wobei es für den Sinn der Vorschrift nicht darauf ankomme, ob die letzte Zahlung in RM für Vergangenheit oder Zukunft geleistet wurde. Wirtschaftlich sei dies auch gleichgültig, denn der Lohn habe erfahrungsgemäß immer die Funktion, den Lebensunterhalt in einem Zeitraum zu bestreiten, der nach der Zahlung liege[98]. Das Gericht sei sich bewußt, daß die Zuerkennung der Nachzahlung nicht nur für die Beklagte, sondern für die gesamte Wirtschaft und auch auf das Geldwesen Auswirkungen haben könne. Diese Auswirkungen ergäben sich jedoch aus dem Gesetz und könnten keinen Anlaß für eine einschränkende Auslegung geben[99]. Hinsichtlich der Berechnung schloß sich das Gericht den Ausführungen des Klägers an. Der Kläger erhielt zuletzt am 18.6. eine Zahlung in Höhe von 100,- RM, wobei im Betrieb geregelt war, daß am 20. Tag eines jeden Monats eine Abschlagszahlung für die Zeit vom 1.-15. zu erbringen war und am 10. Tag des folgenden Monats die Zahlung des restlichen Lohns für den Vormonat. Der Kläger beanspruchte so eine Nachzahlung für 11 Tage (30.6.- 10.7.) und berechnete diese Nachzahlung in Höhe von 70 % der Abschlagszahlung anteilig auf 11 Tage, also 11/15 von 70 DM[100]. Den sich so errechnenden Betrag in Höhe von 51, 26 DM sprach das LAG Frankfurt zu[101].

Das LAG Hamm mochte in seiner Entscheidung vom 18.12.1948 keiner der vertretenen Theorien im vollen Umfang folgen, wobei die Auffassung des LAG Hamm sich nur in einem Punkt von der sogenannten Überbrückungstheorie unterschied[102]. Nach Ansicht des LAG Hamm beinhalte § 5 WähG sowohl Überbrückungs- als auch Aufwertungstendenzen. Die Funktion des § 5 WähG sei es, allen Arbeitnehmern den Anschluß an die nächste DM-Zahlung zu erleichtern. Die Überbrückungsaufgabe folge schon daraus, daß sich die Bestimmung im ersten Währungsgesetz und nicht im Umstellungsgesetz befinde. Aus dem Wortlaut könne nichts Gegenteiliges entnommen werden, denn eine Nachzahlung erfordere lediglich eine "vorausgegangene Zahlung", nicht aber eine Vorauszahlung. Gegen die Aufwertungstheorie spreche es auch, daß Löhne nur zu einem geringen Teil nicht postnumerando gezahlt würden, weshalb § 5 WähG nach der Aufwertungstheorie nur einen sehr kleinen Anwendungsbereich habe, was nicht gewollt sein könne[103]. Nach Ansicht des LAG Hamm hing die Nach-

---

[97] LAG Frankfurt a.M. vom 14.9.1948, RdA 1948, 184 (185); so auch die Auffassung Währungsabteilung der Bank Deutscher Länder, genannt im Urteil des LAG Düsseldorf vom 7.12.1948, SAE 1949 Nr. 4.

[98] LAG Frankfurt a.M. vom 14.9.1948, RdA 1948, 184 (185); so auch Reinicke MDR 1948, 194 und MDR 1948, 321 (323) m.w.N.

[99] LAG Frankfurt a.M. vom 14.9.1948, RdA 1948, 184 (185).

[100] LAG Frankfurt a.M. vom 14.9.1948, RdA 1948, 184.

[101] LAG Frankfurt a.M. vom 14.9.1948, RdA 1948, 184 (185).

[102] LAG Hamm vom 18.12.1948, SAE 1949 Nr. 31.

[103] LAG Hamm vom 18.12.1948, SAE 1949 Nr. 31.

zahlungspflicht aber auch damit zusammen, für welchen Zeitraum die letzte RM-Zahlung erbracht wurde. Die Anwendbarkeit des § 5 WähG habe nämlich eine Grenze, die sich aus einer Gegenüberstellung mit § 18 UmstG ergebe, wobei die Bestimmungen als Einheit ausgelegt werden müßten[104]. Der Grundgedanke des UmstG sei es, daß zum einen Junigehälter in vollem Umfange in DM zu zahlen sind, daß auf der anderen Seite Vorauszahlungen in RM im Verhältnis 1 : 1 anzurechnen sind. Grundgedanke des § 5 WähG sei es demgegenüber, daß für den Zeitraum bis zum üblichen Zahlungstermin im Juli, eine für Juni bereits erfolgte Zahlung in gewissem Umfang zugunsten des Arbeitnehmers ausgeglichen werde. Die letzte RM-Zahlung müsse sich also überhaupt auf den Monat Juni bezogen haben. Liege der nicht sehr häufige Fall vor, daß die ganzen Bezüge für den Monat nachträglich erst im neuen Monat gezahlt würden, wenn sich also die letzte RM-Zahlung im Juni überhaupt nicht auf Junilohn bezog, sondern lediglich die im Monat Mai erbrachte Arbeit vergüte, so sei eine Anwendung des § 5 nicht begründet, da für den Mailohn nach § 18 UmstG nichts nachzuzahlen sei[105]. Im vorliegenden Fall hat das LAG Hamm eine Nachzahlungspflicht nach § 5 WähG angenommen, da sich die letzte RM-Zahlung auf den Monat Juni bezog. Bei der Berechnung der Tage bis zum nächsten Zahlungstermin will das LAG Hamm allerdings den 30.6. nicht mit einbeziehen. Der Nachzahlungstermin würde so berechnet, daß er am 30.6. beginne und am nächsten planmäßigen Zahlungstermin ende. Für den Fall einer Zahlung am 30.6. könne sich dann aber keine Zahlungspflicht ergeben, da nicht angenommen werden könne, daß ein Zeitabschnitt, der zu einem anderen in Bezug gesetzt werde, am gleichen Tag beginnen und enden kann. Sei bei der ersten DM-Zahlung am 30.6. keine Nachzahlung zu leisten, so könne aber, falls der erste Zahlungstermin der 1.7. sei, nur ein Tag - und nicht zwei Tage - der Nachzahlung zugrundegelegt werden[106].

Obwohl die Bedenken des LAG Hamm gegen eine reine Überbrückungstheorie nicht von der Hand zu weisen waren, setzte sich in der Folge die Überbrükkungstheorie in Rechtsprechung und Literatur durch[107]. Insbesondere das LAG Düsseldorf, daß - soweit ersichtlich - als einziges Landesarbeitsgericht der Aufwertungstheorie folgte, gab diese Auffassung in seiner Entscheidung vom 9.2.1949 ausdrücklich auf und folgte der Überbrückungstheorie[108]. In dieser Entscheidung führte das LAG Düsseldorf aus, die Nachzahlung sei nicht als

---

[104] LAG Hamm vom 18.12.1948, SAE 1949 Nr. 31, auch nach LAG Mannheim vom 8.11.1948, RdA 1949, 110 (111) müssen die Vorschriften einheitlich ausgelegt werden.

[105] LAG Hamm vom 18.12.1948, SAE 1949 Nr. 31.

[106] LAG Hamm vom 18.12.1948, SAE 1949 Nr. 31; a.A aber die h.M., siehe etwa Harmening NJW 1947/48, 401; Reinicke MDR 1948, 194; Poelmann RdA 1948, 22 (23).

[107] Vgl. etwa LAG Hamburg vom 10.11.1948, RdA 1949, 145; LAG Stuttgart vom 13.11.1948, ArbR.i.St. III Ziff. 208; Reinicke MDR 1948, 194 und MDR 1948, 321 (323); Erdmann RdA 1948, 172 Anm. 4 m.w.N.

[108] LAG Düsseldorf vom 9.2.1949, RdA 1948, 143 f

Aufwertung bereits empfangener RM-Löhne gedacht, sondern als Überbrükkung. Es sei vom Sinn und Zweck der Vorschrift auszugehen, der ergebe, daß für die Zeit vom 20. - 29.6.1948 die Kopfquote den Lebensunterhalt sichern solle, wobei für die Zeit danach eine weitere Sicherung erforderlich sei. Insoweit sei es aber gleichgültig, ob der Lohn pränumerando oder postnumerando ausbezahlt werde. In beiden Fällen sei nämlich der Lohn der Arbeitnehmers nicht als gesichert anzusehen, wenn die erste planmäßige Gehaltszahlung in DM erst nach dem 29.6. erfolge[109]. Man könne dem auch nicht entgegenhalten, daß es zu Doppelzahlungen von Löhnen und Gehältern komme. Die Zahlung gemäß § 5 WähG würde nämlich vom Gesetzgeber nicht als normale Lohnzahlung verstanden, weil sie sonst nicht steuerfrei gestellt worden wäre und weiterhin handele es sich vom Charakter der Zahlung her nicht um eine Nachzahlung, sondern um eine Überbrückung der sonst unweigerlich eintretenden wirtschaftlichen Schwierigkeiten[110].

Das LAG Hannover sprach hinsichtlich der Anwendung der Überbrückungtheorie in seiner Entscheidung vom 17.10.1949 dann auch von der "jetzt einhelligen Rechtsprechung der Landesarbeitsgerichte"[111].

Im Zusammenhang mit der Bestimmung des § 5 WähG stellte sich weiterhin die Frage, ob eine "Nachzahlung" auch dann in Betracht kommt, wenn das Arbeitsverhältnis zum 30.6.1948 endete. Diese Frage wurde von den Gerichten unterschiedlich beurteilt. Das LAG Stuttgart billigte in seiner Entscheidung vom 1.7.1949 einen solchen Anspruch zu[112]. Zur Begründung führte das Gericht aus, daß der Wortlaut des § 5 WähG unklar sei. Die Vorschrift stelle unter anderem auf den nächsten planmäßigen Zahlungstermin nach dem 30.6.1948 ab. Echte Zahlungstermine gebe es aber nach Beendigung des Arbeitsverhältnisses nicht mehr. Man könne die Vorschrift allerdings auch so auffassen, daß der Termin gemeint sei, an dem bei einem fortbestehenden Arbeitsverhältnis die nächste planmäßige Zahlung erfolgen würde[113]. § 5 WähG sei ein Ausfluß der Fürsorgepflicht des Arbeitgebers. Ohne diesen Gedanken wäre es nicht zu verstehen, warum gerade der Arbeitgeber den Arbeitnehmer bis zum nächsten Zahlungstermin über Wasser halten solle. Die Fürsorgepflicht des Arbeitgebers reiche aber in besonderen Fällen über das Ende des Arbeitsverhältnisses hinaus, was man auch in diesem Falle annehmen müsse[114]. Es sei nicht einzusehen, warum ein Arbeitnehmer durch seine Entlassung diesen für ihn so wichtige Härteausgleich verlieren solle. Man könne den Arbeitnehmer aber auch nicht auf einen neuen Arbeitgeber verweisen, da § 5 WähG von einer "Nachzahlung" spreche.

---

[109] LAG Düsseldorf vom 9.2.1949, RdA 1948, 143.
[110] LAG Düsseldorf vom 9.2.1949, RdA 1948, 143 (144).
[111] LAG Hannover vom 19.10.1949, ArbR.i.St. III Ziff. 837.
[112] LAG Stuttgart vom 7.1.1949, WA 1949 Nr. 131.
[113] LAG Stuttgart vom 7.1.1949, WA 1949 Nr. 131.
[114] LAG Stuttgart vom 7.1.1949, WA 1949 Nr. 131.

Außerdem sei es nicht ersichtlich, warum ein Arbeitgeber für Härten einstehen solle, die dem Arbeitnehmer im vorangehenden Arbeitsverhältnis entstanden seien. Weiterhin sei mit einem solchen Anspruch den Arbeitnehmern nicht geholfen, die nicht sofort eine neue Beschäftigung gefunden haben[115]. Man müsse allerdings eine Ausnahme von der Nachzahlungspflicht dann annehmen, wenn der Arbeitnehmer selbst zum 30.6.1948 gekündigt habe oder durch sein Verhalten Grund zur fristlosen Kündigung gegeben habe[116].

Das LAG Kiel lehnte diese Ansicht hingegen ab[117]. Das Gesetz verlange zunächst einen ersten Zahlungstermin nach dem 20.6.1948. Einen solchen Zahlungstermin habe es hier aber nicht gegeben, da das Arbeitsverhältnis zum 30.6.1948 sein Ende gefunden habe, ohne daß Zahlungen nach dem genannten Termin erfolgt seien[118]. Weiterhin ergebe sich aus § 5 S. 2 WähG, daß eine Nachzahlung nur an den Arbeitnehmer erfolgen solle, der Gehalt für die Zeit vom 30.6. bis zum nächsten planmäßigen Zahlungstermin zu bekommen habe. Nach dem 30.6. sei der Kläger aber nicht mehr Gehaltsberechtigter gewesen[119]. Die Zahlung nach § 5 WähG sei auch keine Aufwertung des früheren Gehalts, sondern lediglich eine Überbrückungshilfe. Für den Kläger sei aber, da kein Zahlungstermin nach dem 20.6. bestand, nichts zu überbrücken gewesen. Das Gesetz beruhe auf der Fürsorgepflicht des Arbeitgebers, welche aber zusammen mit dem Arbeitsverhältnis ende[120].

9.4. Verkürzte Kündigungsfrist gemäß § 27 UmstG

Während die Arbeitsgerichte in den ersten Monaten nach der Währungsreform vornehmlich mit der Umstellung von Reichsmark in D-Mark beschäftigt waren, trat später die erleichterte Kündigungsmöglichkeit des § 27 UmstG in den Vordergrund des Interesses[121].

Die Vorschrift des § 27 UmstG warf für die Gerichte eine Vielzahl von Fragen auf, die in erster Linie auf dem unklaren Wortlaut der Vorschrift beruhten. Sinn der Vorschrift war es, Arbeitsverhältnisse mit langer Kündigungsfrist im Hin-

---

115 LAG Stuttgart vom 7.1.1949, WA 1949 Nr. 131.

116 LAG Stuttgart vom 7.1.1949, WA 1949 Nr. 131;Vgl. LAG Stuttgart vom 13.1.1949, WA 1949 Nr. 178.

117 LAG Kiel vom 18.5.1949, WA 1949 Nr. 166.

118 LAG Kiel vom 18.5.1949, WA 1949 Nr. 166; vgl. auch LAG Frankfurt vom 25.11.1948, WA 1949 Nr. 63, wo für einen Anspruch gemäß § 5 WähG auf das rechtliche Ausscheiden aus dem Arbeitsverhältnis abgestellt wird.

119 LAG Kiel vom 18.5.1949, WA 1949 Nr. 166, vgl. auch LAG Düsseldorf vom 18.3.1949, WA 1949 Nr. 150 mit inhaltlich gleicher Begründung

120 LAG Kiel vom 18.5.1949, WA 1949 Nr. 166.

121 Vgl. Gramm MDR 1948, 465.

blick auf die Währungsreform zu einem früheren Zeitpunkt kündigen zu können. Solche langen Kündigungsfristen konnten in erster Linie auf dem Angestelltenkündigungsschutzgesetz von 1926 und tariflichen Regelungen beruhen.

Hinsichtlich des Anwendungsbereichs von § 27 UmstG stellte sich zunächst die Frage, ob sich die Vorschrift lediglich auf ordentlich kündbare Arbeitsverhältnisse beziehe oder auch auf "unkündbare" und befristete Arbeitsverhältnisse anwendbar sei. Der Wortlaut der Vorschrift knüpfte allerdings unzweifelhaft an Kündigungsfristen an, weshalb eine Anwendung auf nicht ordentlich kündbare Arbeitsverhältnisse mit dem Wortlaut der Vorschrift nicht zu vereinbaren war. Zum Teil gab es allerdings insbesondere in der Literatur Stimmen, die über den Sinn der Vorschrift die Anwendbarkeit zumindest auch auf befristete Arbeitsverhältnisse bejahten. Erdmann vertrat etwa die Ansicht, daß das formale Abstellen auf den Wortlaut dem Sinn der Vorschrift nicht gerecht werde[122]. Im Hinblick auf den wirtschaftlichen Zweck der Vorschrift, nämlich dem Arbeitgeber die Kündigung langfristiger arbeitsrechtlicher Bindungen zu ermöglichen, bestehe zwischen befristeten und kündbaren Arbeitsverhältnissen nicht der geringste Unterschied. Eine Ausnahmestellung der befristeten Arbeitsverhältnisse sei damit aber weder durch soziale noch durch wirtschaftliche Gesichtspunkte gerechtfertigt[123]. Auch Poelmann meinte, lediglich diese, über den Wortlaut hinausgehende Ansicht dem Sinn des Gesetzes entspreche. Seiner Ansicht nach waren gemäß § 27 UmstG alle befristeten Arbeitsverhältnisse, deren Endzeitpunkt nach dem 31.3.1949 lag, zu diesem Zeitpunkt mit einer Kündigungsfrist von sechs Wochen kündbar. Arbeitsverhältnisse, bei denen die Befristung allerdings vor diesem Zeitpunkt ausliefe, könnten vom Arbeitgeber nicht vorzeitig gekündigt werden[124].

Die Rechtsprechung hielt entgegen der genannten Stimmen am Wortlaut der Vorschrift fest und wandte § 27 UmstG nicht auf befristete Arbeitsverhältnisse an. Das LAG Bremen führte etwa in seinem Urteil vom 8.12.1948 zu dieser Frage aus, daß sich § 27 UmstG lediglich auf regelmäßig kündbare Arbeitsverträge beziehe[125]. Die Vorschrift habe keineswegs eine neue und besondere Kündigungsmöglichkeit schaffen wollen. Es sei ausgeschlossen die Ausnahmevorschrift des § 27 UmstG in diesem Sinne erweiternd auszulegen[126]. Diese wortlautgetreue Auslegung wurde auch vom LAG Frankfurt in ständiger Rechtsprechung vertreten. In seiner Entscheidung vom 29.4.1949 stellte das LAG Frankfurt fest, daß § 27 UmstG nach herrschender Ansicht auf befristete Arbeitsverhältnisse keine Anwendung finden könne[127]. Nun gebe es aber auch Arbeitsver-

[122] Erdmann BlfStSozArbR. 1948, 225 (226).
[123] Erdmann BlfStSozArbR. 1948, 225 (226).
[124] Poelmann RdA 1948, 22 (23).
[125] LAG Bremen vom 8.12.1948, SAE 1949 Nr. 18.
[126] LAG Bremen vom 8.12.1948, SAE 1949 Nr. 18.
[127] LAG Frankfurt a.M. vom 27.4.1949, WA 1949 Nr. 204.

hältnisse der Art, daß ein zunächst kündbarer Vertrag nach einiger Zeit unkündbar werde oder umgekehrt. In diesen Fällen sei der Arbeitsvertrag nach der Phase zu beurteilen, in der er sich zum Kündigungstermin gerade befinde. Für den Zeitraum der Befristung greife § 27 UmstG deshalb nicht ein[128].

Auch das LAG Hannover lehnte eine über den Wortlaut hinausgehende Auslegung von § 27 UmstG ab. In seiner Entscheidung vom 14.12.1948 schloß sich das Gericht einem Rechtsgutachten von Knur an, daß im Urteil wörtlich wiedergegeben wird[129]. Knur führte aus, daß der Wortlaut von § 27 UmstG eindeutig nur auf ordentlich kündbare Verträge anwendbar sei. Dem Arbeitnehmer eines befristeten Arbeitsverhältnisse werde eine Garantie auf den Bestand des Arbeitsverhältnisses bis zum Ablauf der Befristung gegeben, diese Garantie könne man ihm nicht einfach nehmen[130]. Weiter sei es zwar richtig, daß die Möglichkeit der richterlichen Vertragshilfe nach § 21 UmstG sich gemäß § 21 III UmstG nicht auf die Herabsetzung von Löhnen und Gehältern beziehe, dieses besage aber nichts über die Unzulässigkeit andersartiger Eingriffe in das Arbeitsverhältnis im Wege der Vertragshilfe. Wenn sich in § 21 III UmstG die Regelung finde, daß die Herabsetzung von Löhnen und Gehältern aufgrund der Währungsreform unzulässig sei, so könne daraus nicht gefolgert werden, daß über § 21 UmstG auch eine vorzeitige Beendigung eines Arbeitsverhältnisses nicht möglich sei[131]. Weiterhin sei auch über § 626 BGB eine befriedigende Regelung zu erreichen. Wenn ein langfristiges Arbeitsverhältnis den Arbeitgeber wirklich entscheidend belaste, so liege darin ein Grund zur fristlosen Kündigung[132].

Die Vorschrift des § 27 UmstG warf weiter die Frage auf, auf welchen Endtermin eine vorzeitige Kündigung nach § 27 UmstG zulässig sei. § 27 I 1 UmstG erlaubte eine vorzeitige Kündigung "bereits zu dem Zeitpunkt der zwischen dem zulässigen frühesten Kündigungstermin und dem 30.9.1948 liegt, auf jeden Fall jedoch zum 31.3.1949 mit einer Frist von sechs Wochen". Ausgangspunkt war somit der nächst mögliche Kündigungstermin, wobei im Gesetz nicht klar

---

[128] LAG Frankfurt a.M. vom 27.4.1949, WA 1949 Nr. 204; siehe auch LAG Frankfurt a.M. vom 3.2.1949, WA 1949 Nr. 135, für ein auf Grund tariflicher Regelung "unkündbares" Arbeitsverhältnis.

[129] LAG Hannover vom 14.12.1948, RdA 1949, 149.

[130] Knur zit. bei LAG Hannover vom 14.12.1948, RdA 1949, 149 (150).

[131] Knur zit. bei LAG Hannover vom 14.12.1948, RdA 1949, 149 (150); diese Ansicht dürfte kaum haltbar sein, denn wenn eine Vertragsauflösung über § 21 UmstG möglich wäre, würde die Regelung in § 27 UmstG keinen Sinn machen.

[132] Knur zit. bei LAG Hannover vom 14.12.1948, RdA 1949, 149 (150); krit. insoweit zu Recht Erdmann, RdA 1949, 151 (152), der ausführt, daß die Möglichkeit einer fristlosen Kündigung wegen der Währungsreform mit der Vorschrift des § 27 UmstG nicht zu vereinbaren ist; vgl. ArbG Göttingen vom 10.9.1948, WA 1948 Nr. 245, nach dem in § 27 UmstG der Wille des Gesetzgebers zu erkennen sei, die Währungsreform nicht als wichtigen Grund iSd. § 626 BGB anzuerkennen.

geregelt war, ob Anknüpfungspunkt für diesen Termin der Erlaß des Umstellungsgesetzes am 27.6.1948 oder aber der Zeitpunkt des Kündigungsausspruchs war.

In der Rechtsprechung wurde insoweit nahezu durchgängig auf den Erlaß des Gesetzes abgestellt. Das LAG Düsseldorf begründete diese Ansicht in seiner Entscheidung vom 25.2.1949 damit, daß bei Auslegung vom Sinn und Zweck des UmstG ausgegangen werden müsse. Sinn des UmstG sei aber die Sicherung der wirtschaftlichen Existenz des Arbeitgebers, die durch die Währungsreform bedroht gewesen sei[133]. Zur Verfolgung dieses Zweckes solle aber § 27 UmstG dem Arbeitgeber die Möglichkeit geben, sich von Arbeitskräften zu lösen, die aufgrund der Währungsreform nicht mehr benötigt oder wirtschaftlich getragen werden könnten. Bei der Auslegung des § 27 UmstG müßten die sozialen Gedanken in den Hintergrund treten, da hauptsächlich wirtschaftliche Momente bei der Abfassung des § 27 maßgebend gewesen seien[134]. Mit Rücksicht auf die wirtschaftlichen Folgen des Währungsreform kürze § 27 UmstG die langen Kündigungsfristen auf 6 Wochen ab. Der Arbeitgeber könne aber nur dann den Kündigungstermin nach § 27 UmstG sicher einschätzen, wenn man als Ausgangspunkt der Berechnung auf den Tag des Inkrafttretens des Gesetzes abstelle. Wenn man für die Berechnung - wie das erstinstanzliche Gericht - auf den Tag der Kündigung abstelle, so würde in allen Fällen einer Kündigung vor dem 31.3.1949 und einer Kündigungsfrist von 4 - 6 Monaten die Innehaltung einer Kündigungsfrist von 6 Wochen illusorisch sein[135]. Diese Ansicht werde aber auch vom Wortlaut des Gesetzes gestützt. Das Wort "bereits" bringe zum Ausdruck, daß man auf den Erlaß des UmstG abstellen müsse, und hätte keinerlei Bedeutung, wenn man auf den Kündigungstermin abstelle[136].

Auch das ArbG Osnabrück begründete ein Abstellen auf den Erlaß des Gesetzes über den Wortlaut von § 27 UmstG. Im Gegensatz zum LAG Düsseldorf stellte es in seiner Entscheidung vom 14.12.1949 allerdings nicht auf das Wort "bereits" ab, sondern auf die Formulierung "von Arbeitsverhältnissen, die erst zu einem späteren Zeitpunkt als dem 30.9.1948 kündbar sind"[137]. Nach dem ArbG Osnabrück sei bei einem Abstellen auf den Kündigungszeitpunkt § 27 UmstG auf alle Arbeitsverhältnisse anwendbar, da von einem bestimmten Zeit-

---

[133] LAG Düsseldorf vom 25.2.1949, SAE 1949 Nr. 16.
[134] LAG Düsseldorf vom 25.2.1949, SAE 1949 Nr. 16.
[135] LAG Düsseldorf vom 25.2.1949, SAE 1949 Nr. 16; vgl. Gramm MDR 1948, 165 (166), der an einem Beispiel nachweist, daß bei Abstellen auf den Kündigungstermin die Kündigungsfrist regelmäßig deutlich länger als 6 Wochen wäre.
[136] LAG Düsseldorf vom 25.2.1949, SAE 1949 Nr. 16; vgl. ArbG Braunschweig vom 10.1.1949, RdA 1949, 146 mit gleicher Begründung.
[137] ArbG Osnabrück vom 14.12.1948, WA 1949 Nr. 134.

punkt an kein Arbeitsverhältnis mehr zum 30.9.1948 kündbar gewesen sei, was nach dem Wortlaut der Vorschrift nicht bezweckt sein könne[138].

Umstritten war hingegen die Frage, ob der Arbeitgeber von der Möglichkeit des § 27 UmstG unverzüglich nach Erlaß des Gesetzes Gebrauch machen mußte, oder ob er, nachdem er frühere Kündigungstermine verstreichen lies noch später, insbesondere noch am 17.2.1949 zum 31.3.1949, mit verkürzter Frist kündigen konnte.

Das LAG Düsseldorf vertrat in seiner oben genannten Entscheidung vom 25.2.1949 die Auffassung, daß der Arbeitgeber auch noch zu einem späteren Zeitpunkt kündigen könne[139]. Dem Arbeitgeber müsse zugebilligt werden, daß er mit der nach § 27 UmstG auszusprechenden Kündigung solange warte, bis sich die Auswirkungen der Währungsreform übersehen und beurteilen ließen. Wenn man aus § 27 UmstG den Zwang zu einer sofortigen Kündigung herleite, so könne sich dieses auch zum Nachteil des Arbeitnehmers auswirken, da der Arbeitgeber in diesem Falle vielfach zu vorzeitigen und voreiligen Kündigungen genötigt werde[140].

Diese Auffassung wurde auch vom LAG Kiel in seiner Entscheidung vom 13.7.1949 vertreten, wobei das LAG zur Begründung insbesondere darauf abstellte, daß der Gesetzgeber zwischen Arbeitsverhältnissen mit einem Lohn von über 800,- DM und solchen mit einem geringeren Lohn unterschied[141]. Der Gesetzgeber sei offensichtlich von der Überlegung ausgegangen, daß der Arbeitgeber schon kurz nach der Währungsreform überblicken konnte, ob sein Betrieb in Zukunft in der Lage sein werde, die hoch bezahlten Arbeitskräfte mit einem Lohn von über 800,- DM weiter zu beschäftigen. Da es sich bei diesen Arbeitskräften nur um wenige gehandelt habe, sei es dem Arbeitgeber zuzumuten, diese Erwägungen kurzfristig direkt nach der Währungsreform anzustellen[142]. Im Gegensatz dazu könne ein Arbeitgeber bei den weit häufiger vorkommenden Arbeitsverhältnisse mit einem Gehalt von weniger als 800,- DM nicht so schnell überblicken, welche dieser Arbeitskräfte er weiterhin behalten könne. Das Gesetz gebe deshalb dem Arbeitgeber in diesen Fällen die Möglichkeit, auf jeden Fall nochmals zum 31.3.1949 zu kündigen. Sonst wäre der Arbeitgeber häufig

---

[138] ArbG Osnabrück vom 14.12.1948, WA 1949 Nr. 134; vgl. ArbG Hildesheim vom 23.2.1949, WA 1949, Nr. 83. Auch in der Literatur wurde ganz überwiegend auf den Erlaß des UmstG abgestellt, vgl. Gramm MDR 1948, 165 (166); Erdmann BlfStSozArbR 1948, 225 (226); Bulla RdA 1949, 148; Buchholz BB 1948, 361.

[139] LAG Düsseldorf vom 25.2.1949, SAE 1949 Nr. 16.

[140] LAG Düsseldorf vom 25.2.1949, SAE 1949 Nr. 16.

[141] LAG Kiel vom 13.7. 1949, WA 1949 Nr. 216.

[142] ArbG Göttingen vom 17.2.1949, WA 1949 Nr. 95.

zu Kündigungen gedrängt worden, die sich später als unnötig herausgestellt hätten[143].

Die gegenteilige Auffassung wurde vom ArbG Göttingen vertreten, daß über die Kündigung eines Arbeitsverhältnisses mit 6-monatiger Kündigungsfrist zum Vierteljahresabschluß zu entscheiden hatte[144]. Nach dem ArbG Göttingen habe der Arbeitgeber die verkürzte Kündigungsfrist des § 27 UmstG nur einmal eingeräumt bekommen. In § 27 UmstG werde von einem Zeitpunkt gesprochen, "der in der Mitte zwischen dem zulässigen frühesten Kündigungstermin und dem 30.9. liegt". Man müsse davon ausgehen, daß die Fristen vom Tage der Verkündung des Gesetzes aus zu berechnen seien, so daß die Kündigung des Arbeitnehmers, die normal erst zum 31.12.1948 möglich gewesen wäre, einmalig mit einer Frist von 6 Wochen schon zum 15.11.1948 zulässig gewesen sei[145]. Aus dem Nachsatz "auf jeden Fall jedoch zum 31.3.1949" dürfe nicht gefolgert werden, daß eine Kündigung zu diesem Zeitpunkt mit einer Frist von 6 Wochen zulässig sei, wenn die erste Möglichkeit zur ordentlichen Kündigung versäumt wurde. Wenn der Gesetzgeber dieses gewollt hätte, hätte er eine viel einfachere Formulierung gewählt[146]. Der Stichtag 31.3.1949 könne deshalb nur als Terminsmitte auch für solche Verträge aufgefaßt werden, bei denen die rechnerische Mitte zwischen dem 30.9.1948 und dem frühesten Kündigungstermin nach diesem Zeitpunkt liege[147].

Auch das ArbG Braunschweig gewährte in seiner gut begründeten Entscheidung vom 13.1.1949 nur eine einmalige Kündigungsmöglichkeit nach § 27 UmstG[148]. Das Gericht führte zunächst aus, daß Arbeitsverhältnisse mit einer Kündigungsfrist von bis zu drei Monaten überhaupt nicht unter die Vorschrift des § 27 UmstG fielen, da § 27 eindeutig von Verträgen spreche, die erstmals nach dem 30.9.1948 kündbar seien. Bei Verträgen mit einer Kündigungsfrist von vier Monaten habe der Arbeitgeber damit aber die Möglichkeit gehabt, mit der Kündigung bis zum 31.8.1948 zu warten[149]. Je länger damit aber die im Vertrag vorgesehenen Kündigungsfristen seien, um so länger werde auch die Bedenkzeit des Arbeitgebers. Da der Arbeitgeber auch die Möglichkeit habe, eine vorsorgliche Kündigung auszusprechen, könne von einer übereilten Kündigungsfrist keine Rede sein[150]. Damit sei dem Arbeitgeber aber nicht die Möglichkeit gegeben, in jedem Fall zum 31.3.1949 kündigen zu können. Zwar sei der Wortlaut der Vorschrift nicht eindeutig, allerdings ergebe sich nach dem

---

143 ArbG Göttingen vom 17.2.1949, WA 1949 Nr. 95.
144 ArbG Göttingen vom 17.2.1949, WA 1949 Nr. 95.
145 ArbG Göttingen vom 17.2.1949, WA 1949 Nr. 95.
146 ArbG Göttingen vom 17.2.1949, WA 1949 Nr. 95 mit Formulierungsvorschlag.
147 ArbG Göttingen vom 17.2.1949, WA 1949 Nr. 95.
148 ArbG Braunschweig vom 10.1.1949, RdA 1949, 146 f.
149 ArbG Braunschweig vom 10.1.1949, RdA 1949, 146 f.
150 ArbG Braunschweig vom 10.1.1949, RdA 1949, 146 (147).

Zweck des Gesetzes eine Unterteilung nach Verträgen mit einer Kündigungsfrist bis zu drei Monaten, die überhaupt nicht unter § 27 UmstG fallen, langfristigen Verträgen, die nach dem 30.9.1948 bis zum 31.3.1949 kündbar seien, Verträgen, die erst nach dem 30.9.1949 kündbar seien und Verträgen mit einem Gehalt von über 800,-DM. Bei Verträgen mit einem Gehalt von über 800,- DM bestehe aber eindeutig nur eine Kündigungsmöglichkeit, woraus gefolgert werden müsse, daß auch für Verträge mit einem Gehalt bis zu 800,- DM nur eine Kündigungsmöglichkeit gegeben sein solle[151].

Im Bezug auf die Vorschrift des § 27 UmstG entwickelten die Gerichte eine interessante Einschränkung der Anwendbarkeit. Die Arbeitsgerichte gingen nämlich überwiegend davon aus, daß § 27 UmstG nur dann Anwendung finden könne, wenn die Kündigung auch auf der Währungsreform beruhe. Das LAG Bremen nahm in seinem auch im Bezug auf den allgemeinen Kündigungsschutz interessanten Urteil vom 21.1.1949 eine solche Einschränkung des Anwendungsbereiches von § 27 UmstG vor[152]. In dem zugrunde liegenden Fall hatte das Unternehmen einem leitenden Angestellten gekündigt, da das persönliche Vertrauen abhanden gekommen war, wobei die Währungsreform mit der Kündigung in keinem Zusammenhang gestanden hatte. Das LAG führte aus, daß sich die beklagten Unternehmen mit § 27 I 2 UmstG auf eine gesetzliche Bestimmung berufen würden, deren Sinn und Zweck offensichtlich ein ganz anderer gewesen sei. Der Währungsgesetzgeber wolle den durch die Währungsreform in Schwierigkeiten gekommenen Arbeitgebern die Möglichkeit geben, sich drückenden Zahlungsverpflichtungen aus langfristigen Arbeitsverhältnissen kurzfristig zu entziehen[153]. Die Bestimmung sei aber nicht geschaffen worden, um Arbeitgebern ganz allgemein die Möglichkeit zu eröffnen, lästig gewordene Arbeitsverträge ohne Rücksicht auf vertragliche Bindungen zu zerreißen. Ein solches Verhalten stelle eine gegen die Treue- und Fürsorgepflicht des Arbeitgebers verstoßende, unzulässige Rechtsausübung dar[154].

Auch das LAG Hamburg nahm eine solche Einschränkung des Anwendungsbereichs von § 27 UmstG vor. Nach dem LAG Hamburg sei es Voraussetzung für die Anwendbarkeit von § 27 UmstG, daß die Kündigung in ursächlichem Zusammenhang mit der Währungsreform stehe[155]. Es handele sich bei § 27 UmstG um einen außerordentlichen Rechtsbehelf im Zusammenhang mit der Gesetzesregelung der Währungsreform, welcher eng auszulegen sei. Die Bestimmung

---

[151] ArbG Braunschweig vom 10.1.1949, RdA 1949, 146 (147); so auch Erdmann BlfStSozArbR 1948, 225 (227), der allerdings der Auffassung ist, daß der Wortlaut des § 27 UmstG insoweit eindeutig sei.
[152] LAG Bremen vom 21.1.1949, WA 1949 Nr. 152.
[153] LAG Bremen vom 21.1.1949, WA 1949 Nr. 152.
[154] LAG Bremen vom 21.1.1949, WA 1949 Nr. 152.
[155] LAG Hamburg vom 1.8.1949, WA 1949 Nr. 286.

gebe dem Arbeitgeber deshalb nicht schlechthin die Befugnis zur vorzeitigen Kündigung eines langjährigen Angestellten[156].

Weiterhin vertrat das LAG München diese Ansicht in seiner Entscheidung vom 15.11.1948[157]. Zur Begründung stützte sich das LAG München auf die Überschrift von § 27 UmstG. Die Vorschrift trage die Überschrift "Anpassungsmaßnahmen auf dem Gebiet des Arbeitsrechts und des Beamtenrechts". Dieses belege deutlich genug, daß die weitgehende Abkehr von den Vorschriften des Kündigungsrechts nur solche Kündigungen im Auge habe, die sich tatsächlich aus der Währungsumstellung heraus als notwendig erweisen[158].

9.5. Zusammenfassung

Die genannten Entscheidungen geben lediglich einen Überblick über die kaum zu überschauende arbeitsgerichtliche Rechtsprechung zu Rechtsproblemen der Währungsreform. Aufgrund des einmaligen Charakters der Währungsreform ebbte die Flut der Verfahren in diesen Angelegenheiten allerdings schon Ende 1949 deutlich ab und aus dem Jahre 1950 gibt es kaum mehr Entscheidungen, die sich mit diesem Problembereich beschäftigen.

Während die Gerichte zu den meisten Problemen des § 27 UmstG eine einheitliche Linie vertraten, fand sich zu den Rechtsproblemen der §§ 5, 18 WähG in kaum einem Punkt eine einheitliche Rechtsprechung und damit eine erhebliche Rechtsunsicherheit. Interessant sind insbesondere die vielen strittigen Fragen zu § 18 UmstG. Bei vielen Entscheidungen zu § 18 WähG fällt auf, daß aus reinen Gerechtigkeitserwägungen heraus Positionen vertreten wurden, die mit den Fälligkeitsregelungen des BGB nicht zu vereinbaren sind. Die Härten, die die Gerichte versuchten, durch diese Entscheidungen zu umgehen, hätten sich zum Teil aber auch über § 5 WähG auffangen lassen.

Die Vielzahl der Streitfragen zu den Bestimmungen des WähG belegt aber auch, daß es den gesetzlichen Grundlagen an der notwendigen Klarheit und Verständlichkeit fehlte. Unbestreitbar dürfte es allerdings sein, daß gerade die vielen Härten, die die Währungsreform für die Bevölkerung mit sich brachte, auch dafür sorgten, daß die DM von Anfang an zu einer stabilen Währung wurde, die etwa auch durch die Aufhebung des Lohnstops nicht unter Druck geriet. Die Währungsreform hatte damit aber einen nicht zu unterschätzenden Anteil am Wiederaufbau der entstehenden Bundesrepublik.

---

[156] LAG München vom 15.11.1948, WA 1949 Nr. 155.
[157] LAG München vom 15.11.1948, WA 1949 Nr. 155.
[158] LAG München vom 15.11.1948, WA 1949 Nr. 155.

10. Betriebsräterecht

10.1. Entwicklung des Betriebsräterechts

Die Weimarer Reichsverfassung proklamierte in Art. 165, daß die Arbeiter und Angestellten dazu berufen sind, gleichberechtigt in Gemeinschaft mit den Unternehmern an der Regelung der Lohn- und Arbeitsbedingungen sowie an der gesamten wirtschaftlichen Entwicklung der produktiven Kräfte mitzuwirken. Das Betriebsrätegesetz vom 4.2.1920[1] brachte die Durchführung des in diesem Sinne ausgestalteten Rätegedankens und damit erstmals eine Betriebsverfassung. Nach Engler handelte es sich bei diesem Gesetz zum einen um ein "Abbild deutscher Gründlichkeit", zum anderen aber auch um ein "Beispiel deutscher Schwerfälligkeit"[2].

Im BRG 1920 war geregelt, daß eine Reihe von betrieblichen Angelegenheiten nicht mehr vom Arbeitgeber allein entschieden werden konnten, sondern nur unter Mitwirkung des Betriebsrats. Dazu gehörten die Vereinbarung einer Arbeitsordnung oder sonstiger Dienstvorschriften, die Festsetzung der Arbeitszeit, die Urlaubsregelung, die Einführung neuer Entlohnungsmethoden sowie die Verwaltung von betrieblichen Wohlfahrtseinrichtungen[3]. Auch bei der Einstellung und Entlassung einzelner Arbeitnehmer hatte das BRG 1920 Mitwirkungsrechte des Betriebsrats vorgesehen. Einstellungen von Arbeitnehmern konnten gemäß § 78 Ziff. 8 BRG 1920 nur im Rahmen von zwischen Arbeitgeber und Betriebsrat vereinbarten Richtlinien erfolgen, wobei der Arbeitgeber im Rahmen dieser Richtlinien die unbeschränkte Entscheidungskompetenz hatte. Lediglich bei einem Verstoß gegen die vereinbarten Richtlinien konnte der Betriebsrat gemäß §§ 82, 83 BRG 1920 Einspruch erheben, über den im arbeitsgerichtlichen Schlichtungsverfahren endgültig entschieden wurde. Gegen eine Entlassung konnte der betroffenen Arbeitnehmer unter gewissen Voraussetzungen Einspruch einlegen, über den nach Einschaltung des Betriebsrats ebenfalls im Schlichtungsverfahren entschieden wurde. Das BRG 1920 enthielt allerdings keine Mitwirkungsrechte des Betriebsrats in wirtschaftlichen Angelegenheiten. In diesem Bereich hatte der Betriebsrat gemäß §§ 71, 72 BRG 1920 lediglich einige Informations- und Beratungsrechte.

Durch das Gesetz zur Ordnung der nationalen Arbeit wurde dann das gesamte kollektive Arbeitsrecht und damit auch die Betriebsverfassung beseitigt. Im AOG war zwar mit den Vertrauensräten eine "Betriebsvertretung" vorgesehen.

---

[1] RGBl I 1920, 147.

[2] Engler, BRG Hessen (1949), Einleitung XVI; die Kritik bezieht sich auf die "Unsumme" von Betriebsvertretungen mit sich zum Teil überschneidenden Zuständigkeiten.

[3] Vgl. §§ 66, 78 BRG 1920, siehe auch MünchArbR/Richardi § 3 Rdnr. 12, wo insbesondere die Mitwirkung bei der Vereinbarung einer Arbeitsordnung hervorgehoben wird.

Die Vertrauensräte waren aber mit den Betriebsräten der Weimarer Republik nicht zu vergleichen und hatten lediglich beratende Funktion, was sich schon daran zeigt, daß der Arbeitgeber - dem Führerprinzip entsprechend - den Vorsitz im Vertrauensrat innehatte[4]. Durch die nationalistische Machtübernahme wurde damit aber die Entwicklung der Betriebsverfassung unterbrochen[5].

Nach der Kapitulation bestand damit im Bezug auf das Betriebsverfassungsrecht eine zu schließende Lücke[6]. Diese Lücke wurde vom Kontrollrat erst am 10.4.1946 durch den Erlaß des KRG Nr. 22 geschlossen. Gemäß Art. I KRG Nr. 22 wurde die Errichtung und Tätigkeit von Betriebsräten in ganz Deutschland "offiziell" gestattet. Es war allerdings schon in der regelungslosen Zeit in vielen großen Betrieben zu Gründungen von Betriebsräten gekommen, wobei hierfür häufig auf das BRG 1920 abgestellt wurde[7].

Das KRG Nr. 22 stellte nun keine umfassende Regelung des Betriebsverfassungsrechts dar, sondern lediglich eine knappe Regelung, die auf dem Grundgedanken beruhte, daß Arbeitgeber und Betriebsrat ihr Verhältnis zueinander durch Vereinbarungen regeln sollten[8]. Art. V KRG Nr. 22 beschränkte sich insoweit damit, eine Reihe von Aufgaben des Betriebsrats zu benennen und den Betriebsrat darauf zu verweisen, mit dem Arbeitgeber Vereinbarungen zu treffen oder ihm Vorschläge zu machen. Lediglich in Art. VI KRG wurden dem Betriebsrat echte Informationsrechte gegenüber dem Arbeitgeber sowie das Recht, Zusammenkünfte im Betrieb durchzuführen, zuerkannt, wobei allerdings auch hier hinsichtlich der näheren Ausgestaltung auf ein Übereinkommen zwischen Betriebsrat und Arbeitgeber verwiesen wurde. Das KRG Nr. 22 schränkte damit aber die Rechte des Betriebsrats gegenüber dem BRG 1920 deutlich ein.

Die Frage, inwieweit die Regelung des KRG Nr. 22 etwa durch landesgesetzliche Vorschriften erweitert oder verändert werden konnte, war in der Literatur

---

[4] Vgl. Arnold, Die Entstehung des BetrVG 1952, S. 16 f; vgl. auch Dietz, Dt.ArbR 1934, 101 (104), daß die Aufgaben des Vertrauensrats wesentlich andere seien, als die des Betriebsrats.

[5] Vgl. Arnold, Die Entstehung des BetrVG 1952, S. 15; siehe auch Engler, Komm. zum BRG Hessen, Vorb. XVII; der zutreffend von der zweiten Unterbrechung spricht, da innerhalb der Revolution von 1918 Arbeiter- und Soldatenräte in den Betrieben vorübergehend die politische und wirtschaftliche Macht übernahmen und die Arbeiterausschüsse zum Rücktritt zwangen.

[6] Vgl. Schell, Das Arbeitsrecht der Westzonen, S. 138.

[7] Vgl. Klempien, RdA 1949, 293, der darauf hinweist, daß die gewählten Betriebsräte gewissermaßen illegal gewesen seien und daß die Besatzungsmächte vielfach versucht hätten, die Betriebsräte zu beseitigen. Die meisten Betriebsräte seien aber bestehen geblieben und hätten in schwerster Zeit erfolgreich gearbeitet und für die Arbeitnehmer segensreich gewirkt.

[8] Vgl. Schell, Das Arbeitsrecht der Westzonen, S. 139.

äußerst umstritten. Die wohl herrschende Meinung sah in KRG Nr. 22 ein Rahmengesetz, d.h. man hielt eine nähere Ausgestaltung durch den Landesgesetzgeber für zulässig[9]. Vor allem Fitting vertrat hingegen die Ansicht, daß der Kontrollrat mit diesem Gesetz die Materie des Betriebsverfassungsrechts abschließend habe regeln wollen[10]. Eine freie deutsche Gesetzgebung sei nur auf den Gebieten zulässig, in denen die Betriebsräte an sich schon tätig werden könnten, d.h. auf den rein sozialpolitischen Gebieten[11]. Eine Gesetzgebung über Organisationsfragen und solche, die Befugnisse der Betriebsräte über den durch KRG Nr. 22 gegebenen Rahmen ausweite, sei mit KRG Nr. 22 nicht zu vereinbaren[12]. Im Gegensatz hierzu stufte Drath das KRG Nr. 22 als ein bloßes Richtliniengesetz ein, das lediglich Prinzipien, aber keine Schranken aufstelle[13].

Die Diskussion über den Charakter des KRG Nr. 22 hatte auf die Praxis keinen Einfluß, die Länder in der amerikanischen und französischen Zone erließen in der Folge Regelungen auf dem Gebiet der Betriebsverfassung, die zum Teil eindeutig nicht nur den Rahmen des Kontrollratsgesetzes ausfüllten, sondern über diesen Rahmen hinausgingen. So wurde etwa in § 2 I Hess.BRG und § 1 BRVO Rheinland-Pfalz die Bildung von Betriebsräten verpflichtend vorgeschrieben, während Art. I KRG Nr. 22 lediglich die Bildung von Betriebsräten gestattete. Ein anderes Beispiel bietet die Bay. Wahlordnung für die Wahl von Betriebsräten[14], die in ihrer Bestimmung über die Wahl der Betriebsräte gegen Art. IV KRG Nr. 22 verstieß. Die Wahlordnung sah vor, daß die Betriebsratswahl nach den Vorschriften der Wohlordnung durchzuführen ist, wenn die Belegschaft nicht ausdrücklich eine andere Regelung vorsieht, während in Art. IV KRG Nr.22 geregelt war, daß die Belegschaft in jedem Fall der anzuwendenden Wahlordnung zustimmen muß[15].

Obwohl die genannten Regelungen den Rahmen des KRG Nr. 22 verließen, wurden sie von den Militärregierungen genehmigt, wobei in dieser Genehmi-

---

[9] Vgl. Reuscher SJZ 1947 Sp. SJZ 1947, 25 (26); Oppler SJZ 1947, 169 (171); Kassmann RdA 1948, 93; Gros RdA 1948, 126 (127); so auch Engler RdA 1948, 14 (15) unter Verweis auf ein Schreiben des amerikanischen Government Regional Coordinating Office zu Stuttgart an den Generalsekretär des Länderrats.

[10] Fitting RdA 1948, 89.

[11] Fitting RdA 1948, 89 (92) unter Verweis auf das bay. KSchG, daß mit KRG Nr. 22 zu vereinbaren sei; zustimmend Reuscher SJZ 1947 Sp. 249 (250) FN. 6

[12] Fitting RdA 1948, 89 (92); insoweit ist es aber fraglich, ob Fitting nicht gerade das beschreibt, was etwa Reuscher, SJZ 1947 Sp. 249 (250), unter einem Rahmengesetz versteht

[13] Drath RdA 1948, 130 (132); Drath erinnert in seinem Aufsatz daran, daß Thüringen schon am 10.10.1945 ein Gesetz über die Bildung vorläufiger Betriebsräte erlassen habe und beschäftigt sich mit der Frage, ob dieses Gesetz durch KRG Nr. 22 aufgehoben wurde. Im Ergebnis vertritt Drath die Auffassung, daß die thüringische Regelung neben dem KRG Nr. 22 fortbestehe.

[14] Bay. Wahlordnung für die Wahl von Betriebsräten vom 6.12.1946, Bay. GVBl. 1947, 86.

[15] Vgl. Fitting RdA 1948, 89 (92).

gung zum Teil eine Heilung des Verstoßes gegen das KRG Nr. 22 gesehen wurde[16]. Da die Militärregierungen Vorschriften zuließen, die den Rahmen des KRG Nr. 22 ausfüllten und zum Teil überschritten, beschäftigte die Frage inwieweit solche Regelungen mit KRG Nr. 22 zu vereinbaren waren, die Praxis nicht. So ist zum Beispiel keine Gerichtsentscheidung bekannt, die eine landesgesetzliche Regelung wegen einem Verstoß gegen KRG Nr. 22 nicht angewandt oder diese Problematik nur erörtert hätte.

10.2. Die Rechtsprechung zu den Bestimmungen des KRG Nr. 22

In der Folge soll auf Probleme des KRG Nr. 22 und der Betriebsrätegesetze der Länder eingegangen werden, die die Rechtsprechung in besonderem Maße beschäftigen.

10.2.1. Die Betriebsrätewahl

Die Gerichte beschäftigten sich mehrfach mit der Frage, welche Anforderungen an eine ordnungsgemäße Betriebsratswahl gestellt werden müssten. In Art. III KRG Nr. 22 war insoweit lediglich geregelt, daß die Wahl der Betriebsratsmitglieder unter Anwendung demokratischer Grundsätze und mittels geheimer Abstimmung zu erfolgen habe.

Das LAG Hamburg hatte sich in seiner Entscheidung vom 7.4.1948 mit einer Betriebsratswahl zu befassen, bei welcher die Stimmen offen abgegeben wurde[17]. Das Gericht führte aus, es seien unbestritten offene Wahlzettel verwandt worden, welche zum Teil nicht persönlich, sondern durch Arbeitskollegen beim Wahlleiter abgegeben wurden. Hierbei hätten die Stimmzettel sogar von der Werkstatt zum Lager getragen werden müssen, so daß der Überbringer die Möglichkeit gehabt hätten, freie Einsicht in die Stimmen zu nehmen. Die Stimmzettel seien dann offen vom Wahleiter in eine Schublade gelegt worden, so daß es auch diesem möglich gewesen wäre, einzelne Stimmen bestimmten Arbeitern zuzuordnen[18]. Dieses Verfahren entspreche aber nach dem LAG Hamburg nicht einmal den Mindestanforderungen, die an eine geheime Wahl gestellt werden müßten. Der "gewählte" Kläger habe deshalb weder Amt noch

[16] Vgl. Fitting RdA 1948, 89 (92) unter Verweis auf die Proklamation Nr. IV der amerikanischen Militärregierung; in diese Richtung auch Meves, RdA 1949, 441 (442); a.A. wohl zu Recht Reuscher SJZ 1947 Sp. 249 (250), ebenfalls unter Bezugnahme auf Proklamation Nr. 4; so auch Schell, Das Arbeitsrecht der Westzonen, S. 143 f.
[17] LAG Hamburg vom 7.4.1948, WA 1948 Nr. 216.
[18] LAG Hamburg vom 7.4.1948, WA 1948 Nr. 216.

Eigenschaft einer Betriebsvertretung erworben, weshalb für ihn aus Art. IX KRG Nr. 22 kein Kündigungsschutz hergeleitet werden könne[19].

Auch das LAG Kiel hatte in einem Kündigungsrechtsstreit als Vorfrage über die Gültigkeit einer Betriebsratswahl zu entscheiden[20]. In diesem Fall hatte jeder Wähler einen kleinen Zettel erhalten, auf welchem er die Wahlkandidaten bezeichnen und durch Streichungen auf fünf zu wählende Kandidaten beschränken sollte. Die Ausfüllung der Wahlzettel erfolgte im selben Raum unter Anwesenheit aller Wähler, wobei hinsichtlich der Geheimhaltung keine Vorkehrungen getroffen wurden. Die Wahlvorschläge selbst erfolgten durch Zuruf und in gleicher Weise wurde der Wahlvorstand bestellt, der die Wahlzettel zu prüfen und das Ergebnis zu verkünden hatte[21]. Das Gericht führte aus, daß nach Art. III KRG Nr. 22 die Wahl nach demokratischen Grundsätzen erfolgen und geheim sein müsse. Demokratischen Grundsätzen entspreche eine Wahl, wenn sie ungehindert und frei ausgeübt werden könne und insbesondere nicht dem Einfluß von Behörden oder Organisationen unterliegt. Es sei nicht bestritten worden, daß die Wahl in diesem Sinne unbeeinflußt erfolgt sei[22]. Es habe aber auch eine geheime Abstimmung stattgefunden. Im Gegensatz zur geheimen Wahl stehe die offene Wahl, d.h. die Stimmabgabe durch Zuruf oder durch öffentliche Stimmabgabe, bei der die Wähler zur allgemeinen Kenntnisnahme ihre Person und ihre Wahl offenlegen. Von einer solchen offenen Wahl könne hier aber nicht gesprochen werden. Zwar seien die Wahlvorschläge und der Wahlvorstand durch Zuruf bestimmt worden, dieses widerspreche aber nicht den gesetzlichen Bestimmungen, da diese eine bestimmte Wahlordnung nicht vorschrieben. Es stehe der Gültigkeit einer Wahl nicht entgegen, wenn der Kann-Vorschrift des Art. IV KRG Nr. 22 nicht genügt worden sei[23]. Der Wahlausschuß habe weiterhin nicht die Möglichkeit gehabt, in die Wahlzettel Einblick zu nehmen, da diese gefaltet abgegeben worden seien. Nur die Wahlhandlung selbst hätte, wenn man dieses gewollt hätte, bei einzelnen Wählern beobachtet werden können. Diese Möglichkeit müsse aber wegen der kleinen Zettel, dem verwendeten Schreibmaterial als auch der Eigenart der persönlichen Schrift als so klein eingestuft werden, daß man auch die Wahlhandlung als geheim einstufen könne[24]. Bei der Auslegung müsse berücksichtigt werden, daß der Gesetzgeber für die Wahl keine besonderen Wahlvorschriften erlassen habe. Man

---

[19] LAG Hamburg vom 7.4.1948, WA 1948 Nr. 216; zur Problematik eines Kündigungsschutzes aus Art. IX KRG Nr. 22 vgl. die ausführliche Darstellung im Kapitel "Kündigung und Kündigungsschutz".
[20] LAG Kiel vom 17.5.1949, RdA 1950, 199 f.
[21] LAG Kiel vom 17.5.1949, RdA 1950, 199.
[22] LAG Kiel vom 17.5.1949, RdA 1950, 199.
[23] LAG Kiel vom 17.5.1949, RdA 1950, 199.
[24] LAG Kiel vom 17.5.1949, RdA 1950, 199; zustimmend Bührig, RdA 1950, 200, der verlangt, daß die Sicherung, daß die Stimmabgabe geheim vor sich gehe, gegeben sein müsse, was hier noch der Fall sei.

müsse daraus schließen, daß die Erfüllung der Kriterien des Art. III KRG Nr. 22 nur von Mindestbedingungen abhängig gemacht werden dürfe, zumal in kleineren Betrieben in der Regel nicht die Möglichkeit bestehe, die Wahlhandlung abgeschlossen von der Außenwelt auszuführen. Es hieße den Bogen überspannen, wolle man an eine Betriebsratswahl, die nur für einen beschränkten Personenkreis von Bedeutung sei, dieselben Anforderungen stellen wie an die das ganze Volk betreffende Wahl zu politischen Körperschaften. Die Wahl sei damit gültig, weshalb der Kläger als gewähltes Betriebsratsmitglied über Art. IX KRG Nr. 22 Kündigungsschutz genieße[25].

Das ArbG Darmstadt hatte über die Gültigkeit einer Betriebsratswahl im sogenannten Blocksystem zu entscheiden[26]. Die Belegschaft hatte beschlossen, daß getrennt in einzelnen Betriebsblocks gewählt werden sollte und die in den einzelnen Blocks gewählten Betriebsangehörigen dann den Betriebsrat wählen sollten. Der Wahlausschuß lehnte eine Wahl unter diesem Modus ab, weshalb ein Arbeitnehmer den Wahlvorstand verklagte, die Wahl in diesem Modus abzuhalten. Demgegenüber erhob ein anderer Arbeitnehmer Feststellungsklage dahingehend, daß der geplante Wahlmodus gegen Art. III KRG Nr. 22 sowie gegen die vom FGB Hessen beschlossenen Richtlinien verstoße und daher ungesetzlich sei. Mit diesem Antrag erhob der beklagte Wahlausschuß Widerklage, während der Arbeitgeber dem Rechtsstreit auf Seiten des zuerst genannten Arbeitnehmers beitrat[27]. Das ArbG Darmstadt begründete zunächst seine Zuständigkeit unter Verweis auf Art. II Ziff. 3 KRG Nr. 22, es liege eine Streitigkeit zwischen Arbeitnehmern aus gemeinsamer Arbeit vor[28]. In der Sache ent-

---

[25] LAG Kiel vom 17.5.1949, RdA 1950, 199.

[26] ArbG Darmstadt vom 16.9.1948, RdA 1949, 73 f.

[27] ArbG Darmstadt vom 16.9.1948, RdA 1949, 73.

[28] ArbG Darmstadt vom 16.9.1948, RdA 1949, 73; krit. Kaßmann, RdA 1949, 74, der die Ausführungen des ArbG Darmstadt zur Zuständigkeit als "abwegig" einstuft und zutreffend darauf verweist, daß auch die Parteifähigkeit des Wahlausschusses hätte geprüft und im Ergebnis verneint werden müssen. In diesem Fall wäre wohl nur ein Schichtungsverfahren nach KRG Nr. 35 in Betracht gekommen, wobei die Durchführung dieses Verfahrens der Zustimmung beider Parteien bedurft hätte. Der Kritik von Kaßmann ist zuzustimmen, schon die Zuständigkeit der Arbeitsgerichte war hier äußerst problematisch und ließ sich nicht mit dem pauschalen Hinweis auf Art. II KRG Nr. 21 begründen. Vgl. schon LAG Hamm vom 13.3.1947, ArbR. Entscheidungen 1947 Nr. 6 dort werden die Arbeitsgerichte in Streitigkeiten aus Betriebsratswahlen für unzuständig erklärt, da es an einer bürgerl.-rechtl. Streitigkeit fehle, da die Anfechtung einer Betriebsratswahl seit jeher eine öffentl.-rechtl. Angelegenheit dargestellt habe. Weiter sei für das Beschlußverfahren die gesetzliche Grundlage entfallen und die §§ 1025 ZPO seien nicht anwendbar. Es bestand Einigkeit darüber, daß ein Beschlußverfahren im KRG Nr. 21 (Deutsches Arbeitsgerichtsgesetz) nicht vorgesehen war (vgl. LAG Frankfurt vom 29.6.1948, WA 1948 Nr. 228; LAG Hamm vom 8.7.1949, SAE 1949 Nr. 63; Ingendaay RdA 1948, 60 (63); Kaßmann RdA 1948, 93 (94)). Nach Art. II Nr. 5 KRG Nr. 21 bestand lediglich eine Zuständigkeit der Arbeitsgerichte für die Auslegung von Vereinbarungen zwischen Betriebsrat und Arbeitgeber. Die Arbeitsgerichte der amerikanischen Zone erließen zwar eigenen Arbeitsgerichtsgesetze, die

schied das Gericht, daß eine Betriebsratswahl im sogenannten Blocksystem ungesetzlich sei. Es liege zwar kein Verstoß gegen KRG Nr. 22 vor, aber ein Verstoß gegen Art. 37 der Hessischen Verfassung (HV). Das Gericht führte aus, daß es sich bei denen durch Urabstimmung festgelegten Richtlinien um einen Wahlmodus handele, an dessen Wortlaut der Wahlvorstand gemäß Art. IV KRG Nr. 22 grundsätzlich gebunden sei. Der Wahlausschuß wäre danach an sich verpflichtet gewesen, die Wahl nach diesem Modus durchzuführen[29]. Der Wahlmodus verstoße aber gegen Art. 37 HV, der eindeutig besage, daß Arbeiter, Angestellte, und Beamte in allen Betrieben gemeinsame Betriebsvertretungen erhalten, die in allgemeiner, gleicher, freier, geheimer und unmittelbarer Wahl von den Arbeitnehmern zu wählen sind. Nach dem geplanten Wahlmodus entstehe aber ein Betriebsrat, der sich erst aus den Vertretern der einzelnen Blöcke zusammensetze, weshalb man nicht von einer unmittelbaren Wahl sprechen könne[30]. Hingegen würden die von der Belegschaft beschlossenen Richtlinien in vollem Umfange den Vorschriften der Art. III, IV KRG Nr. 22 entsprechen. Die vom FGB Hessen erlassenen Richtlinien vom 20.7.1948 hätten rein informatorischen Charakter und könnten nicht als authentische Interpretation von des KRG Nr. 22 aufgefaßt werden. Wenn auch Art. IV KRG Nr. 22 vorschreibe, daß anerkannte Gewerkschaften an der Bildung von vorbereitenden Ausschüssen und an der Organisation von Wahlen teilnehmen, so gehe dieser Beteiligung der Gewerkschaften doch gemäß Art. IV Abs. 1 der bekundete Mehrheitsbeschluß der Arbeiter und Angestellten vor und könne nur deshalb keine Berücksichtigung finden, da er gegen Art. 37 HV verstoße[31].

---

allerdings in Anlehnung an KRG Nr. 21 kein Beschlußverfahren vorsahen. Im Gegensatz hierzu wurde im ArbGG Rheinland-Pfalz ein Beschlußverfahren wieder eingeführt (vgl. hierzu Ingendaay RdA 1948, 60 ff). Zum Teil wurde allerdings versucht das fehlende Beschlußverfahren durch eine Ausweitung des Urteilsverfahrens auszugleichen (vgl. ArbG Bremen vom 25.8.1947, ArbR.i.St. I Ziff 240; ArbG Wiesbaden vom 7.2.1947, ArbR.i.St. I Ziff. 243). Diese Linie wurde in ständiger Rechtsprechung vom LAG Frankfurt a.M vertreten, daß eine grundsätzliche Zuständigkeit der Arbeitsgerichte für die Entscheidung arbeitsrechtslicher Streitigkeiten annahm Rechtsprechung (vgl. LAG Frankfurt vom 11.3.1947, insoweit zit. in Betriebsräterecht S. 36; vom 2.4.1948, WA 1948 Nr.201; vom 29.6.1948, WA 1948 Nr. 228).

[29] ArbG Darmstadt vom 16.9.1948, RdA 1949, 73.

[30] ArbG Darmstadt vom 16.9.1948, RdA 1949, 73; es erscheint zweifelhaft, ob hier die Unmittelbarkeit der Wahl verletzt worden wäre. Ein solcher Verstoß würde in erster Linie dann vorliegen, wenn die Arbeitnehmer den Kandidaten nicht direkt wählen würden, sondern ein weiterer freier Wille dazwischen geschaltet würde - vgl. Maunz in Maunz/Dürig § 38 Rdnr. 43 -, was bei einer Wahl in diesem System allerdings nicht der Fall ist. Vgl. auch Kaßmann, RdA 1949, 74 (75), der zu Recht darauf verweist, daß hier lediglich eine "Einteilung in Wahlbezirke" vorliege.

[31] ArbG Darmstadt vom 16.9.1948, RdA 1949, 73 (74); das ArbG legt die Vorschrift des Art. IV Abs. 2 KRG Nr. 22 zu weit aus, allgemeine Wahlrichtlinien der Gewerkschaften können über Art. IV Abs. 2 nicht "Gesetzeskraft" für die einzelnen Betriebe erlangen. Die Wahlordnungen des FGB stellten bloße Richtlinien dar, deren Geltung für den jeweiligen Betrieb vereinbart werden mußte, vgl. Schell "Das Arbeitsrecht der Westzonen" S. 147.

Auch das LAG Hamm hatte sich in seiner interessanten und gut begründeten Entscheidung vom 8.7.1949 mit der Gültigkeit einer Betriebsratswahl zu beschäftigen[32]. Ausgangspunkt war eine Lohnklage zweier Angestellter, die für die Zeit ihrer Betriebsratstätigkeit ihre Entlohnung verlangten. Der Arbeitgeber respektierte grundsätzlich den Anspruch von Betriebsratsmitgliedern auf Lohn für die Zeit, in der Betriebsratsmitglieder für die Belegschaft tätig waren. Der Arbeitgeber bezweifelte aber die ordnungsgemäße Wahl der Kläger. Bei den beiden Klägern handelte es sich um Angestellte, die von der Mehrheit der Angestellen in einer Gruppenwahl gewählt wurden. Die Wahl war allerdings deshalb zweifelhaft, da im Betrieb gleichzeitig eine Gemeinschaftswahl durchgeführt wurde, in der zwei andere Angestellte in den Betriebsrat gewählt wurden. Im Betrieb bestand ursprünglich eine Vereinbarung dahingehend, daß eine Gruppenwahl erfolgen sollte. Auf einer Belegschaftsversammlung setzte sich aber ein Vertreter der IG Metall nachdrücklich für eine Gemeinschaftswahl ein, was dazu führte, daß ein Großteil der Angestellten die Versammlung verließ, während die Arbeiter und die übrigen Angestellten die Durchführung einer Gemeinschaftswahl beschlossen. In der Folge wurden zwei Betriebsratswahlverfahren durchgeführt, wobei die Kläger bei der Gruppenwahl ordnungsgemäß als Kandidaten bestellt und auch gewählt wurden. Bei der Gemeinschaftswahl wurden hingegen zwei andere Angestellte gewählt, die allerdings nicht von der Mehrheit der Angestellten zur Wahl vorgeschlagen worden waren[33].

Das Gericht bestätigte zunächst den Lohnanspruch von Betriebsratsmitgliedern, um dann auf die entscheidende Frage einzugehen, ob es sich bei den Klägern um Betriebsratsmitglieder handelte. Die Frage, ob die Kläger Betriebsratsmitglieder seien, lasse sich aus allgemein verbindlichen positiven Bestimmungen nicht herleiten. Das KRG Nr. 22 enthalte keine Bestimmungen darüber, welche Anforderungen im einzelnen an eine ordnungsgemäße Wahl zu stellen sind und wer als gewählt gelte, insbesondere fehlten Vorschriften darüber, welches Verfahren einzuschlagen sei, wenn die ordnungsgemäße Wahl in Zweifel gezogen werde. Die von den Gewerkschaften ausgearbeiteten Wahlordnungen setzten kein verbindliches Recht. Zudem sei die Mitwirkung der Gewerkschaften an der Vorbereitung der Wahl mehr als problematisch geworden, seitdem sich der Gegensatz zwischen DAG und den Industriegewerkschaften sich gerade auf die Wahl und Organisation der Betriebsräte erstrecke. Die Entscheidung in diesem Fall könne somit nur aus allgemeinen Erwägungen gewonnen werden[34]. Art. III KRG Nr. 22 bestimme, daß die Wahl nach demokratischen Grundsätzen zu erfolgen habe. Es widerspreche aber allen demokratischen Grundsätzen, wenn eine Gruppe von Arbeitnehmern, wie hier die Arbeiterschaft des Betriebes, entgegen der ursprünglichen Vereinbarung einer Gruppenwahl lediglich aufgrund ihrer Mehrheit die Durchführung einer Gemeinschaftswahl durchsetze und hier-

[32] LAG Hamm vom 8.7.1949, SAE 1949 Nr. 63.
[33] LAG Hamm vom 8.7.1949, SAE 1949 Nr. 63.
[34] LAG Hamm vom 8.7.1949, SAE 1949 Nr. 63.

bei auf die Wahlliste der Angestellten Kandidaten setze, die zwar das Vertrauen der Arbeiterschaft besäßen, aber nur von einer verschwindenden Minderheit der Angestellten in ihrer Kandidatur unterstützt würden. Ein solches Verfahren laufe auf die völlige Entrechtung der Minderheit hinaus[35]. Man könne demgegenüber auch nicht einwenden, die Arbeitnehmerschaft sei ein Ganzes. Gerade dieser Prozeß belege, daß man nicht von einer einheitlichen Gruppe ausgehen könne. Wenn schon die zu wählenden Kandidaten in Gemeinschaftswahl bestimmt werden sollten, so müsse es aber zumindest jeder Gruppe überlassen bleiben, die Kandidaten ihres Vertrauens normieren zu können. Es erscheine aber auch schon zweifelhaft, ob die Mehrheit der Arbeiterschaft in zulässiger Weise die Durchführung einer Gemeinschaftswahl erzwingen könne, wenn die Minderheitengruppe unzweifelhaft den Willen zur Gruppenwahl bekundet habe. Art. IV KRG Nr. 22 schreibe keineswegs zwingend vor, daß hierüber Arbeiter und Angestellte gemeinschaftlich zu befinden hätten. Gerade unter Berücksichtigung von Art. III müsse die Regelung so verstanden werden, daß es auf die Mehrheit der einzelnen Gruppe ankomme[36]. Das in den Wahlordnungen der Gewerkschaften vorgesehen interne Anfechtungsverfahren komme hier nicht in Betracht, da die unterschiedlichen Wahlordnungen der DAG und der IG-Metall jeweils für die eigene Gewerkschaft das Recht in Anspruch nähmen über eine Wahlanfechtung zu entscheiden. Alleine dieses beweise, daß der Streit zwischen den Gewerkschaften für den ganzen Betrieb negative Folgen haben könne[37]. Das Gericht müsse hier aber die Gültigkeit der Wahl als eine Vorfrage beantworten, so daß es auf die Anfechtbarkeit der Wahl nicht ankomme[38]. Die Wahl der Kläger zu Betriebsräten sei aber gültig gewesen, da eine Gemeinschaftswahl entgegen dem Willen der Mehrheit einer Gruppe nicht habe erzwungen werden können. Die Gruppenwahl sei aber immer dann geeignet die Wahl unter Wahrung demokratischer Grundsätze zu sichern, wenn hinsichtlich der Gemeinschaftswahl keine Einigung erzielt werden könne[39]. Selbst wenn man sich auf den Standpunkt stelle, die Gruppenwahl sei unwirksam, weil sie gegen den Willen der Mehrheit der Arbeitnehmer erfolgte, würde dies am Ergebnis nichts ändern. Die Kläger seien schon vor der Neuwahl Betriebsratsmitglieder gewesen und hätten in diesem Fall ihr Amt nicht verloren. Zwar sehe

---

[35] LAG Hamm vom 8.7.1949, SAE 1949 Nr. 63.

[36] LAG Hamm vom 8.7.1949, SAE 1949 Nr. 63.

[37] LAG Hamm vom 8.7.1949, SAE 1949 Nr. 63; der Streit zwischen DAG und IG-Metall wird dokumentiert in den Stellungnahmen von Klempien, RdA 1949, 293 ff, und Stenzel, RdA 1949, 295, zu den Lehren aus den Betriebsratswahlen.

[38] LAG Hamm vom 8.7.1949, SAE 1949 Nr. 63; in den §§ 19 - 21 WahlO zum BRG 1920 (RGBl. 1920, 175) war die Anfechtung der Wahlen vorgesehen, diesem Vorbild folgten zu meist auch die WahlO in den Ländern der französischen und der amerikanischen Zone. In der brit. Zone wurde - soweit dies möglich war - die WahlO des DGB angewandt, die ebenfalls eine Anfechtungsmöglichkeit vorsah; vgl. zu den WahlO ausführlich Schell, Das Arbeitsrecht der Westzonen, S. 145 ff.

[39] LAG Hamm vom 8.7.1949, SAE 1949 Nr. 63.

Art. III S.2 KRG Nr. 22 die Wahl für ein Jahr vor, allerdings müsse angenommen werden, daß das Amt der alten Betriebsratsmitglieder so lange bestehen bleibe, bis eine ordnungsgemäße Neuwahl durchgeführt wurde. Es würde dem Sinn des Betriebsräterechts entgegenstehen, wenn für den Arbeitnehmer zwischen der Tätigkeit des alten und neuen Betriebsrats eine vertretungslose Lücke entstehe. Es sei dem Arbeitgeber auch zuzumuten, bis zu einer Klärung des Sachverhalts die Kläger als rechtsgültige Vertreter der Angestellten anzusehen[40].

10.2.2. Stellung des Betriebsratsvorsitzenden

In § 28 BRG 1920 war geregelt, daß der Betriebsratsvorsitzende und sein Stellvertreter gegenüber dem Arbeitgeber, Schlichtungseinrichtungen und Arbeitsgerichtsbehörden zur Vertretung des Betriebsrats befugt seien. Allerdings war schon damals umstritten, ob mit dieser Regelung dem Betriebsratsvorsitzenden eine echte Vertreterstellung eingeräumt wurde. Die herrschende Ansicht ging insoweit dahin, daß eine Vermutung dafür bestehe, daß der Vorsitzende aufgrund einer Ermächtigung des Betriebsrats handele. Lediglich wenn Anhaltspunkte dafür vorlägen, daß der Vorsitzende über seine Befugnisse hinausginge oder aber ein Betriebsratsbeschluß nicht vorliege, ging die herrschende Meinung davon aus, daß der Betriebsratsvorsitzende nicht rechtsverbindlich für den Betriebsrat handeln könne[41]. Im KRG Nr. 22 fehlte hingegen jegliche Regelung zur Stellung des Betriebsratsvorsitzenden, nach dem Wortlaut der Regelung war eine solche Position noch nicht einmal vorgesehen. Die Betriebsräte wählten nun durchgängig Betriebsratsvorsitzende, wobei sich für die Gerichte die Frage stellte, ob die gewählten Betriebsratsvorsitzenden Vertretungsmacht für den Betriebsrat zukam.

Das LAG Hannover lehnte in seiner Entscheidung vom 2.11.1948 Vertretungsmacht des Betriebsratsvorsitzenden ab[42]. Der Entscheidung lag zugrunde, daß im Betrieb eine Betriebsvereinbarung bestand, nach der vor einer Kündigung eines Betriebsratsmitglieds die Zustimmung des Betriebsrats zu dieser Maßnahme eingeholt werden mußte und bei einer ordentlichen Kündigung der Betriebsrat vor Ausspruch der Kündigung angehört werden mußte. Der Arbeitgeber hatte nun ein Betriebsratsmitglied gekündigt, wobei der Betriebsratsvorsitzende vorab seine Zustimmung erklärt hatte und der Betriebsrat nachträglich zustimmte[43]. Das LAG Hannover hielt die Kündigung für unwirksam. Die Zustimmung des Betriebsratsvorsitzenden könne nicht als Zustimmung des Be-

[40] LAG Hamm vom 8.7.1949, SAE 1949 Nr. 63.

[41] Vgl. etwa RAG vom 31.5.1930, ARS 9, 206; Mansfeld Anm. 2 a zu § 28. Nach Mansfeld bestehe eine gesetzliche Vermutung dafür, daß die notwendigen Betriebsratsbeschlüsse tatsächlich vorlägen.

[42] LAG Hannover vom 2.11.1948, BB 1949, 211.

[43] LAG Hannover vom 2.11.1948, BB 1949, 211.

triebsrats gewertet werden. Der Betriebsratsvorsitzende sei lediglich Wortführer und ausführendes Organ des Betriebsrats, er könne nicht alleine aus eigenem Ermessen heraus eine Entscheidung treffen[44]. Die erforderliche Zustimmung habe vom Betriebsrat in seiner Gesamtheit erklärt werden müssen. Die nachträgliche Zustimmung könne diesen Fehler auch nicht heilen. Nachdem sich der Betriebsratsvorsitzende durch seine Zustimmung festgelegt habe, hätte die Möglichkeit bestanden, daß die anderen Mitglieder in ihrem freien Ermessen beeinträchtigt seien. Außerdem habe aber auch die Zustimmung des Gesamtorgans vor der Kündigung vorliegen müssen[45].

Auch das LAG Stuttgart lehnte eine Vertretungsmacht des Betriebsratsvorsitzenden ab. Im zu entscheidenden Fall hatte der Betriebsratsvorsitzende eine "Betriebsvereinbarung" mit dem Arbeitgeber über die Fälligkeitstermine der Lohnzahlung getroffen[46]. Das LAG Stuttgart hielt die Vereinbarung für unwirksam. Der Vorsitzende des Betriebsrats als eines wirtschaftlich-parlamentarischen Organs besitze nicht die materiellen Rechte des Gesamtorgans, sondern habe nur geschäftsführende Befugnisse. Er sei nur Übermittler des Betriebsratswillens, der stets in einer ordentlichen Sitzung zu bilden sei. Die Position sei damit der eines Parlamentspräsidenten ähnlich[47]. Nur der Betriebsrat in seiner Gesamtheit sei Träger der ihm kraft Gesetzes übertragenen Rechte und Pflichten. Eine wirksame Betriebsvereinbarung habe damit aber einen gutheißenden Beschluß des Betriebsrats verlangt. Eine solcher Beschluß habe aber nicht vorgelegen, was der Arbeitgeber auch gewußt habe. Der Betriebsratsvorsitzende habe damit aber die Vereinbarung für den Arbeitgeber erkennbar nicht im Rahmen seiner Vertretungsbefugnis abgeschlossen und diese entfalte deshalb keine Wirksamkeit[48]

Beide Entscheidungen nehmen zur Diskussion der Befugnisse des Betriebsratsvorsitzenden unter Geltung des BRG 1920 keine Stellung, was allerdings aufgrund der fehlenden Regelung im KRG Nr. 22 nahegelegen hätte. Beide Entscheidungen halten sich im Ergebnis aber durchaus an die herrschende Ansicht zum BRG 1920. Zwar betonte das LAG Stuttgart zunächst die schwache Stellung des Betriebsratsvorsitzenden, um seine Entscheidung dann aber doch davon abhängig zu machen, ob es für den Arbeitgeber erkennbar gewesen sei, daß ein Betriebsratsbeschluß zu dieser Frage nicht vorlag. Das LAG Hannover beschäftigte sich mit der Zustimmung des Betriebsrat zur Kündigung eines seiner Mitglieder und damit mit einem Sachverhalt, der in den Anwendungsbereich von § 96 BRG 1920 gefallen wäre. Für § 96 BRG 1920 war es allerdings aner-

[44] LAG Hannover vom 2.11.1948, BB 1949, 211.
[45] LAG Hannover vom 2.11.1948, BB 1949, 211 f.
[46] LAG Stuttgart vom 3.11.1948, BB 1949, 212.
[47] LAG Stuttgart vom 3.11.1948, BB 1949, 212; so auch LAG Frankfurt a.M. vom 22.6.1949, ArbR.i.St. III Ziff. 446.
[48] LAG Stuttgart vom 3.11.1948, BB 1949, 212.

kannt, daß die rechtliche Wirksamkeit der Zustimmungserklärung voraussetzte, daß die Beschlüsse in einer ordnungsgemäßen Betriebsratssitzung zustande kamen[49].

Im Gegensatz zu den genannten Entscheidungen knüpfte das LAG Frankfurt in seiner Entscheidung vom 22.6.1949 an die Rechtslage unter der Geltung des BRG 1920 an[50]. Das LAG führte aus, daß die herrschende Meinung zu § 28 BRG 1920 dahin gegangen sei, daß der Betriebsrat als Ganzes seine Aufgaben zu erfüllen habe und der Betriebsratsvorsitzende nur geschäftsführende Befugnisse habe. Es würde dem Grundgedanken des Betriebsrats als einer Gesamtvertretung der Interessen der Belegschaft widersprechen, wenn der Vorsitzende in der Lage wäre, über die Rechte des gesamten Organs zu verfügen[51]. Die Zustimmung zur Kündigung sei vielmehr in einem Beschluß auszusprechen, der zumindest erkennen lasse, daß der Betriebsrat auf Grund einer Beratung zu einer Willensbildung gekommen sei[52]. In den §§ 19 und 22 BRG Hessen seien im einzelnen Verfahrensvorschriften erlassen, nach denen sich die Arbeitsweise des Betriebsrats bestimme. Aus diesen Vorschriften gehe hervor, daß der Betriebsrat seine Beschlüsse in einem formellen Verfahren zu fassen habe. Zwar könne die Gültigkeit eines Betriebsratsbeschlusses nicht von der Einhaltung aller Verfahrensvorschriften abhängig gemacht werden, allerdings müsse zumindest das Vorhandensein eines konkreten Beschlusses des Betriebsrats gefordert werden[53].

Die Stellung und Entscheidungskompetenz des Betriebsratsvorsitzenden wurde damit aber in der arbeitsgerichtlichen Rechtsprechung in den Westzonen einheitlich beurteilt, wobei durchgängig eine Orientierung an Rechtsprechung und Lehre zum BRG 1920 zu erkennen war, auch wenn in den Entscheidungen des LAG Hannover und des LAG Stuttgart eine ausdrückliche Bezugnahme fehlt.

---

[49] Vgl. RG vom 23.10.1925, RGZ 111, 412 (414); Mansfeld § 28 Anm. 2 a sowie § 96 Anm. 2 c mit ausführlicher Begründung.

[50] LAG Frankfurt a.M. vom 22.6.1949, ArbR.i.St. III Ziff. 446, 451.

[51] LAG Frankfurt a.M. vom 22.6.1949, ArbR.i.St. III Ziff. 446. Die h.M. zu §28 BRG 1920 ging entgegen der Schilderung des LAG Frankfurt von einer Vermutung der Ermächtigung durch den Betriebsrat aus. Lediglich bei der Zustimmung zur Kündigung wurde eine Vertretungsmacht durch den Betriebsratsvorsitzenden durchgängig abgelehnt.

[52] LAG Frankfurt a.M. vom 22.6.1949, ArbR.i.St. III Ziff. 451.

[53] LAG Frankfurt a.M. vom 22.6.1949, ArbR.i.St. III Ziff. 451; so auch die einhellige Auffassung zu § 96 BRG 1920. Das LAG Frankfurt geht allerdings auf die Bestimmung des § 16 II 2 BRG Hessen, nach der der Betriebsrat gegenüber dem Arbeitgeber grundsätzlich in seiner Gesamtheit auftritt, nicht ein.

10.2.3. Beamte und Betriebsrat

Das KRG Nr. 22 enthielt keine eindeutige Umgrenzung seines Anwendungsbereichs in personeller Hinsicht. In Art. I KRG Nr. 22 hieß es lediglich, daß zur Wahrnehmung der beruflichen, wirtschaftlichen und sozialen Interessen der Arbeiter und Angestellten die Errichtung und Tätigkeit von Betriebsräten in den einzelnen Ländern gestattet werde. Ausgehend von der hergebrachten Unterscheidung zwischen Beamten auf der einen Seite und Arbeitern und Angestellten auf der anderen Seite hätte man aus dieser Regelung folgern können, daß das KRG Nr. 22 auf Beamte nicht anwendbar sei[54]. Allerdings war es sicherlich nicht der Zweck von Art. I KRG Nr. 22 den Anwendungsbereich des Gesetzes festzulegen. Mit dieser Regelung sollte vielmehr offensichtlich lediglich proklamiert werden, daß der Bildung von Betriebsräten keinerlei Bedenken entgegenstehen. Weiterhin muß auch bei der Auslegung dieser Vorschrift nicht von der deutschen Übersetzung, sondern von den Orginaltexten in englischer, französischer und russischer Sprache ausgegangen werden.

An diesen Punkt knüpfte das LAG Frankfurt in seiner Entscheidung vom 8.10.1947 an und kam zur Überzeugung, daß das Gesetz auch auf Beamte anwendbar sei, da die deutsche Übersetzung die alliierten Texte zu sehr einschränke[55]. Im entschiedenen Fall war in einem hessischen Ministerium ein Betriebsrat gewählt worden und ein gewähltes Betriebsratsmitglied wehrte sich gegen eine ausgesprochene Versetzung, die ihm die Möglichkeit nehme, weiterhin als Betriebsratsmitglied tätig zu werden. Das LAG Frankfurt führte aus, daß die übliche deutsche Übersetzung der einleitenden Vorschrift des KRG Nr. 22 zwar an die Begriffe "Arbeiter" und "Angestellte" anknüpfe, allerdings übersehe die Ansicht, die daraus die Nichtanwendbarkeit des Gesetzes auf Beamte folgere, daß lediglich die alliierten Texte Gesetzeskraft hätten und nur sie einer Betrachtung zugrunde gelegt werden könnten[56]. Bei einer solchen Betrachtung müsse man feststellen, daß die alliierten Texte wesentlich weiter gingen als die deutsche Übersetzung. Nach der Bekundung eines philologischen Sachverständigen umfasse der englische Begriff "employees", der französische Begriff "employes" und auch der russische Begriff "sluschaschtschij" die deutschen Begriffe "Arbeiter, Angestellte und Beamte". Somit ergebe sich aber schon aus den Orginaltexten eindeutig, daß auch Beamte an der Institution Betriebsrat teilnehmen und somit das aktive und passive Wahlrecht zum Betriebsrat hät-

[54] Vgl. Schell, Das Arbeitsrecht der Westzonen, S. 155, der aufgrund von Art I KRG Nr. 22 Zweifel an der Nichtanwendbarkeit des Gesetzes auf Beamte für "erstaunlich" hält, ohne allerdings auf die unklare Übersetzung der Vorschrift einzugehen.

[55] LAG Frankfurt a.M. vom 8.10.1947, RdA 1948, 151 f.

[56] LAG Frankfurt a.M. vom 8.10.1947, RdA 1948, 151 unter Ablehnung der Ansicht von Heimrich BB 1947, 277 ff.

ten[57]. Weiterhin gehe die Rechtspraxis dahin, daß auch Beamte am Betriebsräterecht teilnehmen, wobei diese Praxis nicht möglich wäre, wenn sie nicht von den Militärregierungen zumindest stillschweigend geduldet würde[58]. Weiterhin sei auch die Zuständigkeit des Arbeitsgerichtes gegeben, weil zur Zuständigkeit der Arbeitsgerichte sämtliche echten arbeitsrechtlichen Streitigkeiten gehörten. Eine zusammenfassende Betrachtung der Zuständigkeitsvorschriften des Art. II KRG Nr. 21, die allein den Willen des Gesetzgebers eindeutig erkennen lasse, ergebe, daß die Erledigung von arbeitsrechtlichen Streitigkeiten überhaupt den Arbeitsgerichten obliegen solle[59]. In der Sache selbst führt das LAG aus, daß mit der Anwendung von KRG Nr. 22 auf Beamte auch die Schutzvorschriften des Gesetzes Anwendung finden müßten. Insbesondere Art. IX KRG Nr. 22 sei auch auf Beamte anwendbar, da die Vorschrift die besondere Stellung des Betriebsrats absichern und garantieren solle, wobei hier kein Unterschied zwischen beamteten und nichtbeamteten Betriebsratsmitgliedern bestehe[60]. Die Versetzung würde damit aber gegen Art. IX KRG Nr. 22 verstoßen, weil der ganze Betriebsrat durch sie in Mitleidenschaft gezogen und damit gestört würde. Wenn einem Betriebsratsmitglied die Ausübung seiner Tätigkeit unmöglich gemacht werde, liege immer auch eine Benachteiligung vor[61].

Die Geltung des KRG Nr. 22 für Behörden war unumstritten. Zur Begründung sei lediglich auf eine Entscheidung des LAG Frankfurt vom 9.6.1948 verwiesen[62]. Das LAG führte aus, daß im Gesetz zwar von "Betrieb" die Rede und auch die ausländischen Begriffe würden in der Regel nicht für Behörden verwandt, allerdings sei es auch nicht ausgeschlossen, daß die jeweiligen fremdsprachlichen Begriffe auch einmal auf Behörden angewandt würden. Weiter spreche auch Art. V Abs. 1 e KRG Nr. 22 für die Geltung auf Behörden. Wenn die Betriebsräte bei der Entnazifizierung auch der öffentlichen Betriebe mitwir-

---

[57] LAG Frankfurt a.M. vom 8.10.1947, RdA 1948, 151; Engler, BRG Hessen, S. 19 f, hält eine Ausdehnung des Begriffs "Angestellter" nach dem Wortlaut der alliierten Gesetze für möglich, stellt aber entscheidend auf den Zweck der Vorschrift ab, einen möglichst großen Personenkreis unter das Betriebsräterecht zu fassen. Auch Fitting, RdA 1949, 152, stimmt der Entscheidung insoweit zu.

[58] LAG Frankfurt a.M. vom 8.10.1947, RdA 1948, 151.

[59] LAG Frankfurt a.M. vom 8.10.1948, RdA 1948, 151 (152); so auch LAG Frankfurt a.M. vom 29.6.1948, WA 1948 Nr. 228; a.A. wohl zu Recht Fitting, RdA 1948, 152; der ausführt, daß gemäß eine Zuständigkeit des Arbeitsgerichts in solchen Fällen gemäß Art. II Ziff. 5 nur die Auslegung von Vereinbarungen zwischen Betriebsrat und Arbeitgeber umfasse. Das vom LAG behauptete Monopol der Arbeitsgerichte für alle Streitigkeiten, die im Zusammenhang mit KRG Nr. 22 stehen, sei solange nicht geltendes Recht, als das Beamtenrecht nicht Bestandteil des Arbeitsrechts sei. Vgl. zur Zuständigkeitsproblematik schon FN. 28.

[60] LAG Frankfurt a.M. vom 8.10.1948, RdA 1948, 151.

[61] LAG Frankfurt a.M. vom 8.10.1947, RdA 1948, 151 (152) unter ausdrücklicher Bestätigung seiner Rechtsprechung zum Kündigungsschutz von Betriebsratsmitgliedern.

[62] LAG Frankfurt a.M. vom 29.6.1948, RdA 1949, 30 ff.

ken sollten, so könnten das nur die Betriebsräte sein, die in den öffentlichen Behörden bestünden[63]. Weiterhin seien nach 1945 auch in Behörden unangefochten Betriebsräte eingerichtet worden, weshalb man insoweit schon von Gewohnheitsrecht sprechen könne[64].

In den Betriebsrätegesetzen der Länder wurde die Anwendbarkeit auf Beamte unterschiedlich geregelt. In Hessen, Rheinland-Pfalz und Bremen galten auch die Beamten als Arbeitnehmer[65], während in Baden und Württemberg-Baden die Beamten grundsätzlich nicht unter das Betriebsräterecht fielen[66]. Die Problematik wurde in weiteren veröffentlichten Gerichtsentscheidungen - soweit ersichtlich - nicht erörtert.

10.2.4. Mitwirkungs- und Mitbestimmungsrechte des Betriebsrats

Es wurde bereits beschrieben, daß sich das KRG Nr. 22 in weiten Teilen darauf beschränkte, lediglich Aufgaben des Betriebsrats zu normieren und ihn auf Vereinbarungen mit dem Arbeitgeber zu verweisen. Nach der Gesetzeslage mußte sich der Betriebsrat echte Mitbestimmungsrechte erst über Vereinbarungen mit dem Arbeitgeber sichern[67], wobei dieser dem Abschluß solcher Vereinbarungen erwartungsgemäß nur sehr zurückhaltend gegenüberstand.

Die Arbeitnehmer versuchten deshalb zum Teil, Betriebsvereinbarungen durch Arbeitsniederlegungen zu erzwingen. Bekannt wurde insoweit der Bode - Panzer - Streik in Hannover bei dem am 21.4.1946 mehr als 320 Arbeitnehmer ihre Arbeit niederlegten. Die Arbeitnehmer erkämpften hier nach 23 Tagen Streik eine Betriebsvereinbarung, nach der ihnen Mitbestimmungsrechte bei Einstellungen, Entlassungen und Eingruppierungen gewährt wurden und weiterhin

---

[63] LAG Frankfurt a.M. vom 29.6.1948, RdA 1949, 30 (31)..

[64] LAG Frankfurt a.M. vom 29.6.1948, RdA 1949, 30 (31 f). Die Begründung erscheint angreifbar, da lediglich die Bildung von Betriebsraten nicht ausreichen kann, um von Gewohnheitsrecht zu sprechen.

[65] Vgl. § 4 BRG Hessen, § 5 BRVO Rheinland-Pfalz, § 4 BRG Bremen; vgl. zur hessischen Regelung auch Engler RdA 1948, 15 (16), der die Einbeziehung der Beamten in die Betriebsverfassung im Aufbau des Gesetzes für die wichtigste Neuerung hält.

[66] Vgl. § 3 II b BRG Baden, eine Ausnahme galt allerdings für Beamte in Betrieben wirtschaftlicher Art der öffentlichen Hand (§ 26 I BRG Baden). In Behörden und Verwaltungen des öffentlichen Dienstes waren allerdings Personalräte zu bilden (§ 27 I BRG Baden). In Württemberg-Baden ergibt sich die Nichtanwendbarkeit schon aus dem Titel des Gesetze - Gesetz über die Beteiligung der Arbeitnehmer an der Verwaltung und Gestaltung der Betriebe in der Privatwirtschaft -; vgl. Meves RdA 1949, 441 (442) sowie Gros RdA 1948, 126 (128).

[67] Vgl. LAG Frankfurt a.M. vom 29.6.1948, SAE 1948 Nr. 51; so auch Schell, Das Arbeitsrecht der Westzonen, S.169, 171. Eine Ausnahme bildete allerdings Art. V Abs. 1 a KRG Nr. 22 über die Schaffung und Leitung von sozialen Einrichtungen, dort wird dem Betriebsrat ein Mitwirkungsrecht eingeräumt.

dem Betriebsrat ein Informationsrecht über betriebliche Vorgänge zugebilligt wurde[68]. In der Folge wurden in von den Arbeitgeberverbänden und den Gewerkschaften Muster für Betriebsvereinbarungen vorgelegt. Im Wege des Kompromisses zwischen beiden Entwürfen kamen in der Zeit vom 1.1.1947 bis zum Herbst 1947 insgesamt 21 Kollektivvereinbarungen zwischen örtlichen Arbeitgeberverbänden und Gewerkschaften zustande[69]. Zu einer großen Streikbewegungen zur Durchsetzung von Betriebsvereinbarungen kam es aber nicht, wobei die wirtschaftliche Situation dafür gesorgt haben dürfte, daß die Arbeitnehmer dem Ausbau der Mitbestimmungsrechte wenig Interesse schenkten[70]. Weiter muß allerdings auch bezweifelt werden, ob es im Interesse von Arbeitgebern und Gewerkschaften gelegen hat, solche Auseinandersetzungen in den Betrieben zu führen, statt sie den Verbänden zu überlassen[71].

Das KRG Nr. 22 führte damit aber dazu, daß echte Mitbestimmungsrechte des Betriebsrats erst durch eine Betriebsvereinbarung entstehen konnten, weshalb dieses Rechtsinstitut Gegenstand einer Vielzahl von Abhandlungen wurde[72]. Auch die Arbeitsgerichte beschäftigten sich in einer Reihe von Entscheidungen mit der Betriebsvereinbarung.

10.2.4.1. Wirkung einer Betriebsvereinbarung

Für die Arbeitsgerichte stellte sich zunächst die grundsätzliche Frage der Wirkungsweise einer Betriebsvereinbarung. Nahezu einhellig wurde in Rechtsprechung und Literatur nach 1945 angenommen, daß die Bestimmungen einer Betriebsvereinbarung normative Wirkung haben können und insoweit an die herrschende Lehre vor 1945 angeknüpft. Diese normative Wirkung wurde allerdings nur selten in Entscheidungen der Arbeitsgerichte hergeleitet und begründet.

Das LAG Bremen setzte sich in seiner für Fragen der Betriebsvereinbarung wesentlichen und grundlegenden Entscheidung vom 27.10.1948 auch mit dieser

[68] Vgl. Arnold, Die Entstehung des BetrVG 1952, S. 20 f unter wörtlicher Wiedergabe der geschlossenen Betriebsvereinbarung

[69] Vgl. die Auflistung der geschlossenen Betriebsvereinbarungen bei Zigan "Betriebsvereinbarungen nach KRG Nr. 22" S. 70 f, wobei auf den S. 77 ff die Betriebsvereinbarungen im Wortlaut abgedruckt sind.

[70] Vgl. Arnold "Die Entstehung des BetrVG 1952" S. 23

[71] Vgl. Schmidt "Die verhinderte Neuordnung" S. 94

[72] Vgl. Reuscher SJZ 1947 Sp. 249 ff; Herschel RdA 1948, 47 ff; Dietz RdA 1949, 161 ff; Citron RdA 1949, 241 ff; Fitting RdA 1949, 374 ff; Galperin DB 1948, 495; Zigan, Betriebsvereinbarungen nach KRG Nr. 22 (1947). Zigan, Betriebsvereinbarungen nach KRG Nr. 22, S. 77 ff zitiert verschiedene sog. Kollektivbetriebsvereinbarungen im Wortlaut.

Frage auseinander[73]. Das LAG Bremen führte aus, daß ein wesentliches Kennzeichen des Arbeitsvertrages die kollektive Bindung sei, weshalb Arbeitsverhältnis und Arbeitsvertrag nicht getrennt gesehen werden könnten und in ständiger, unmittelbarer Wechselwirkung zueinander stehen würden. Eine Änderung der Arbeitsverfassung verändere deshalb stets auch das einzelne Arbeitsverhältnis der Betriebsangehörigen unmittelbar. Daraus folge aber, daß eine wirksam zustande gekommene Betriebssatzung normative Wirkung habe. Dies sei seit langem deutsche Rechtsüberzeugung und daran habe sich auch nach 1945 nichts geändert[74]. Nach dem Außerkrafttreten des AOG gebe es aber keinerlei Gesetzesbestimmungen über Wesen, Form oder Wirksamkeit der Betriebsvereinbarung. Das KRG Nr. 22 enthalte solche Regelungen nicht. Lediglich in Art. V Abs. 1 b werde die Befugnis der Betriebsvertretungen zum Abschluß von "Vereinbarungen" mit dem Arbeitgeber erwähnt. Dieses bedeutet aber nicht nur die generelle Gestattung von Betriebsvereinbarungen, sondern auch daß der alte und demokratische Ordnungstatbestand der Betriebsvereinbarung so wiederhergestellt werden solle, wie er bis zum Erlaß des nationalsozialistischen AOG bestanden hätte[75].

An einer anderen Stelle der Entscheidung sieht das LAG Bremen die Grundlage der normativen Wirkung der Betriebsvereinbarung in der rechtliche Ordnungsbefugnis der Betriebsgemeinschaft als einer vom Gesetz anerkannten sozialen Gruppe. Die rechtliche Wirklichkeit des Betriebes als sozialem Ordnungsgefüge beruhe auf der "Stabilität und Anziehungskraft der Produktionsgemeinschaft" als einem sozialrechtlichem Tatbestand. Diesem sozialem Ordnungsgefüge wohne die Fähigkeit zur Selbstorganisation schon wesensmäßig inne. Dies bilde die letzte Begründung dafür, daß der Betrieb eine der Rechtserzeugung fähige Gemeinschaft sei[76].

---

[73] LAG Bremen vom 27.10.1948, SAE 1949 Nr. 38, BB 1948, 609, DRZ 1949, 256. Im vom LAG Bremen zu entscheidenden Fall begehrte der Kläger sein Gehalt für Juni 1948 sowie für Juli 1948. Die Beklagte hat die grundsätzliche Berechtigung der Forderung nicht bestritten und auch die Umrechnung der Forderung in DM nicht angegriffen, sondern sich lediglich auf eine mit dem Betriebsrat geschlossene Stundungsvereinbarung vom 6.8.1948 berufen. In dieser Vereinbarung war ein Teilerlaß und eine Stundung der Lohnansprüche geregelt worden. Das LAG Bremen gab der Klage im Ergebnis statt, da es die Betriebsvereinbarung für unwirksam erachtete.

[74] LAG Bremen vom 27.10.1948, SAE 1949 Nr. 38 unter Bezugnahme auf RAG vom 1.11.1930, ARS 10, 408, RAG vom 17.4.1937, ARS 31, 173, RAG vom 11.6.1938, ARS 33, 284. Bei der Wiedergabe der Urteile trennt das LAG Bremen deutlich zwischen den vor und nach 1933 ergangenen Urteilen.

[75] LAG Bremen vom 27.10.1948, SAE 1949 Nr. 38; zust. LAG Frankfurt vom 9.6.1949, SAE 1950 Nr. 13; a.A. Fitting, RdA 1949, 374, der darauf verweist, daß es immer gefährlich sei, Gesetze der Besatzungsmacht ohne weiteres den Kriterien der deutschen Rechtslehre zu unterwerfen.

[76] LAG Bremen vom 27.10.1948, SAE 1949 Nr. 38.

Das LAG Frankfurt schloß sich hinsichtlich der normativen Wirkung einer Betriebsvereinbarung der Auffassung des LAG Bremen an[77]. Es bestehe in Schrifttum und Rechtsprechung nahezu Einhelligkeit darüber, daß die Rechtsfigur der Betriebsvereinbarung mit ihrer unmittelbar normativen Wirkung auf die von ihr erfaßten Arbeitsverhältnisse, welche sich in Arbeitsrechtslehre und Schrifttum bis 1933 entwickelt habe, dadurch wieder eine gesetzliche Grundlage gefunden habe, daß Art. V KRG Nr. 22 Vereinbarungen zwischen Betriebsrat und Arbeitgeber für zulässig erachte[78].

Die Arbeitsgerichte gingen allerdings in den meisten Entscheidungen lediglich von einer normativen Wirkung der Betriebsvereinbarung aus, ohne diese Wirkung zu begründen[79]. So war in vielen Betriebsvereinbarungen geregelt, daß der Betriebsrat einer Kündigung zustimmen müsse, wobei einer solchen Regelung durchgehend normative Wirkung zugebilligt wurde[80]. Umstritten war hingegen die Frage, ob eine Betriebsvereinbarung neben solchen normativen Bestimmungen auch obligatorische Bestimmungen enthalten kann. Die Gerichte beschäftigten sich mit dieser Frage kaum, wobei allerdings davon ausgegangen werden kann, daß die Mehrzahl der Gerichte annahm, daß auch obligatorische Vereinbarungen möglich sind. Nach 1945 wurde die Problematik der obligatorischen Wirkung einer Betriebsvereinbarung von Herschel problematisiert, der im Ergebnis die Möglichkeit einer obligatorischen Wirkung einer Betriebsvereinbarung verneinte[81]. Herschel stützt seine These, daß eine Betriebsvereinbarung lediglich normative Bestimmungen enthalten könne, darauf, daß sich die Schaffung von Betriebsnormen nicht durch Kontrahieren vollziehe, sondern durch das parallele Tätigwerden zweier Organe der Betriebes. Die "Betriebssatzung" sei in Wahrheit keine Vereinbarung, sondern ein übereinstimmender Beschluß zweier verfassungsmäßiger Organe, nämlich des Arbeitgebers und des Betriebsrats[82]. Es handele sich damit aber nicht um eine Vereinbarung, sondern um einen Rechtssetzungsakt, der keine schuldrechtlichen Bestimmungen enthalten könne[83].

Diese Ansicht ist, meines Erachtens zu Recht, in der Literatur nahezu durchgängig auf Ablehnung gestoßen. Dietz verweist etwa zutreffend darauf, daß etwas gleichzeitig Verfassungsbestimmung und obligatorische Abrede sein könne. So sei zum Beispiel die Verabredung in einem Gesellschaftsvertrag über die

---

[77] LAG Frankfurt a.M. vom 1.6.1949, RdA 1949, 266 ff.
[78] LAG Frankfurt a.M. vom 1.6.1949, RdA 1949, 266 (268).
[79] Vgl. LAG Stuttgart vom 22.11.1948, WA 1949 Nr. 142; LAG Düsseldorf vom 23.11.1948, WA 1949 Nr. 72; LAG Hamburg vom 28.6.1949, WA 1949 Nr. 248
[80] Vgl. LAG Hannover vom 2.1.1948, ArbR. Entscheidungen 1948 Nr. 105; LAG Frankfurt vom 4.8.1949, WA 1949 Nr. 296.
[81] Herschel RdA 1948, 47 ff.
[82] Herschel RdA 1948, 47 (49).
[83] Herschel RdA 1948, 47 (49 f).

Beitragsleistung der Gesellschafter sowohl Teil der Gesellschaftsverfassung wie obligatorische Abrede zwischen den Gesellschaftern[84]. Entscheidend dürfte weiterhin die Regelung in Art. VI Abs. 3 KRG Nr. 22 sein, nach der Betriebsrat und Arbeitgeber eine Vereinbarung über den Inhalt der dem Betriebsrat zu unterbreitenden Berichte treffen. Diese Norm zielt offenbar auf einen rein obligatorischen Vertrag, der zwischen Betriebsrat und Arbeitgeber zu schließen ist[85].

Die Auffassung von Herschel wurde allerdings vom LAG Frankfurt in seinem Urteil vom 4.8.1949 aufgegriffen[86]. Das LAG führte aus, daß es unter Geltung des BRG 1922 übereinstimmende Auffassung gewesen sei, daß eine Betriebsvereinbarung normative und obligatorische Regelungen mit schuldrechtlichen Pflichten enthalten könne. Nach heutiger Auffassung enthalte allerdings die Betriebsvereinbarung stets nur normative Bestimmungen, da schuldrechtlich verpflichtende Bestimmungen dem Wesen der Betriebsvereinbarung widersprächen[87].

Diese Frage wurde, soweit ersichtlich, in anderen Entscheidungen nicht aufgegriffen, was allerdings daran liegen kann, daß ohne Zweifel die normativen Bestimmungen einer Betriebsvereinbarung im Mittelpunkt standen[88].

10.2.4.2. Förmliche Voraussetzungen einer wirksamen Betriebsvereinbarung

Im KRG Nr. 22 waren keine Regelungen hinsichtlich der förmlichen Anforderungen an einen Betriebsratsbeschluß sowie an eine Betriebsvereinbarung enthalten, so daß diese Frage mehrfach die Gerichte beschäftigte, die allerdings durchgehend versuchten, an die Formvorschriften im BRG 1920 anzuknüpfen.

Das LAG Bremen beschäftigte sich auch mit dieser Frage in seiner oben genannten Entscheidung vom 27.10.1948. Nach dem LAG Bremen seien Arbeitgeber und die Arbeitnehmerschaft Partner einer Betriebsvereinbarung, wobei die Arbeitnehmer durch die gewählte Betriebsvertretung als demjenigen Organ vertreten würden, das ausschließlich zur Verhandlung über Betriebsangelegenheiten befugt sei. Diesen Rechtsgrundsatz habe KRG Nr. 22 aus dem alten BRG übernommen. Dieses bedeute aber, daß eine Betriebsvereinbarung nur dann zustandekommen könne, wenn der Betriebsrat einen rechtsgültigen Beschluß hierüber fasse. Nach § 32 I BRG 1920 habe ein solcher Beschluß nur gefaßt werden können, wenn alle Mitglieder unter Mitteilung des Beratungsgegenstandes wenigstens geladen worden waren. Diese Voraussetzung stelle auch gegenwärtig

---

[84] Dietz RdA 1949, 161 (165).
[85] Ebenso Dietz RdA 1949, 161 (165).
[86] LAG Frankfurt a.M. vom 4.8.1949, WA 1949 Nr. 296.
[87] LAG Frankfurt a.M. vom 4.8.1949, WA 1949 Nr. 296.
[88] Vgl. Herschel, RdA 1948, 47 (50), der auf diesen Punkt zutreffend hinweist.

ein Mindesterfordernis dar[89]. Die Beweisaufnahme habe aber ergeben, daß drei Betriebsratsmitglieder weder zur Sitzung geladen noch erschienen waren, da sie mit der Betriebsvereinbarung nicht direkt zu tun gehabt hätten. Der Beklagten könne nicht darin gefolgt werden, daß es bei einer Trennung der Arbeitsgebiete innerhalb des Betriebes genügen müsse, wenn alle diejenigen Betriebsratsmitglieder geladen und erschienen wären, die der jeweils unmittelbar betroffenen Arbeitnehmergruppe angehörten[90]. Der Betriebsrat habe seine Aufgabe als Gesamtvertretung und Organ des ganzen Betriebes zu erfüllen, nicht aber als eine Sondervertretung einzelner Interessengruppen. Dieser Gedanke müsse deshalb stärker betont werden, da das neue Betriebsverfassungsrecht entgegen der früheren Bestimmungen auch die Scheidung in Gruppenräte der Angestellten und Arbeiter nicht kenne. Die getroffenen Betriebsvereinbarung sei damit unwirksam[91]. An diesem Ergebnis könne auch die sogenannte Betriebsversammlung nichts ändern, da zum einen nicht die gesamte Arbeitnehmerschaft anwesend war und zum anderen fehle es der Betriebsversammlung an jeglicher gesetzlicher Befugnis zur rechtsgültigen Beschlußfassung über Belange des Betriebes und seiner Angehöriger[92].

Auch das LAG Frankfurt knüpfte in seiner Entscheidung vom 9.6.1949 an § 32 BRG 1920 an[93]. In § 32 BRG 1920 sei geregelt gewesen, daß ein gültiger Beschluß des Betriebsrats voraussetze, daß alle Mitglieder des Betriebsrats unter Mitteilung des Beratungsgegenstandes geladen werden. Die Grundsätze, die § 32 BRG 1920 aufstellt habe, müßten aber weiter als geltendes Recht angesehen werden, da sie dem allgemeinen Vereinsrecht entsprächen und sich aus dem Wesen der Beschlußfassung von solchen Organen ergeben würden, die aus mehreren Mitgliedern bestünden. Auch nach der ausdrücklichen Bestimmung des § 195 Ziff. 1 AktG 1937 stelle ein wesentlicher Mangel bei der Hauptversammlung einen absoluten Nichtigkeitsgrund dar[94]. Es sei zwar nach früherem Recht umstritten gewesen, inwieweit das Gericht den Mangel in der Beschlußfassung nachzuprüfen habe. Es sei aber jedenfalls anerkannten Rechts, daß die Gerichte verpflichtet seien, wenigstens nachzuprüfen, ob überhaupt ein gültiger

---

[89] LAG Bremen vom 27.10.1948, SAE 1949 Nr. 38.

[90] LAG Bremen vom 27.10.1948, SAE 1949 Nr. 38; die Beklagte bestand aus einem Operetten- und einem Gaststättenbetrieb, wobei die Stundungsvereinbarung nur für den Operettenbetrieb galt, weshalb nur Betriebsratsmitglieder aus diesem Teil an der Sitzung teilnahmen. Citron, DRZ 1949, 259 (260), merkt insoweit an, es könne sich um zwei besondere Betriebe iSv. § 9 a BRG 1920 handeln, die eigene Betriebsräte wählen müßten.

[91] LAG Bremen vom 27.10.1948, SAE 1949 Nr. 38.

[92] LAG Bremen vom 27.10.1948, SAE 1949 Nr. 38; a.A. Gutachten des BB 1948, 609 (611), in dem aus der Befugnis einen Tätigkeitsbericht entgegenzunehmen (Art. VIII KRG Nr. 22), ein Recht zur Genehmigung fehlerhafter Betriebsratsbeschlüsse gefolgert wird.

[93] LAG Frankfurt a.M. vom 9.6.1949, SAE 1950 Nr. 13.

[94] LAG Frankfurt a.M. vom 9.6.1949, SAE 1950 Nr. 13.

Beschluß gefaßt worden sei[95]. Es spreche auch gegen die Gültigkeit des Betriebsratsbeschlusses, daß bei der Betriebsratssitzung eine Niederschrift nicht aufgenommen worden sei, obwohl § 20 II BRG Hessen dieses zwingend vorschreibe. Weiterhin sei der Beschluß, der einen Gegenstand des Mitbestimmungsrechts betroffen habe, entgegen § 33 BRG Hessen nicht in einem Buch mit fortlaufenden Seitenzahlen eingetragen worden[96].

Während die genannten Entscheidungen die Wirksamkeit des Betriebsratsbeschlusses schon auf der Ebene der Beschlußfassung scheitern ließen, beschäftigte sich das LAG Schleswig-Holstein in seiner Entscheidung vom 22.6.1948 mit der Frage, ob eine Betriebsvereinbarung zu ihrer Wirksamkeit der Schriftform bedürfe[97]. Es führte insoweit aus, daß für Betriebsvereinbarungen grundsätzlich keine allgemeinen Formbestimmungen bestünden. Etwas anderes gelte aber, wenn eine Betriebsvereinbarung normative Bestimmungen, insbesondere eine Betriebsordnung zum Gegenstand habe. In diesem Fall bedürfe die Vereinbarung zu ihrer Wirksamkeit der Schriftform[98]. Zwar seien die entsprechenden Vorschriften des AOG weggefallen, allerdings entspreche der Grundsatz der Schriftform einem seit Jahrzehnten anerkannten arbeitsrechtlichen Grundsatz, denn schon § 134 a GewO habe die Schriftform für die Arbeitsordnung vorgeschrieben ,und auch in § 26 AOG sei die Schriftlichkeit ausdrücklich festgelegt gewesen[99].

Das LAG München verlangte ebenfalls die Schriftform für die Gültigkeit einer Betriebsvereinbarung. Es räumte hierbei zwar ein, daß es im geltenden Recht keine Formvorschrift für eine Betriebsvereinbarung gebe. Allerdings sei mit

---

[95] LAG Frankfurt a.M. vom 9.6.1949, SAE 1950 Nr. 13; so auch Müller RdA 1950, 206 (212).

[96] LAG Frankfurt a.M. vom 9.6.1949, SAE 1950 Nr. 13; vgl. aber LAG Frankfurt vom 11.5.1949, AP 50 Nr. 316, dort wird vertreten, daß nur die Frage, ob tatsächlich ein Beschluß in einer vom Vorsitzenden einberufenen äußerlich fehlerfreien Sitzung gefaßt wurde, wesentlich sei. Andere Mängel, wie zum Beispiel solche der Einladung oder der Niederschrift, könnten hingegen nicht gerichtlich überprüft werden.

[97] LAG Schleswig-Holstein vom 22.6.1948, WA 1948 Nr. 225.

[98] LAG Schleswig-Holstein vom 22.6.1948, WA 1948 Nr. 225.

[99] LAG Schleswig-Holstein vom 22.6.1948, WA 1948 Nr. 225; so auch LAG Hamburg vom 27.10.1948, ArbR.i.St. II Ziff. 486. Galperin - BB 1949, 274 (275) - bestreitet, daß es den von den Gerichten behaupteten Grundsatz der Schriftform gebe, stimmt den Entscheidungen allerdings im Ergebnis zu, da man von einer Betriebssatzung nur sprechen könne, wenn die Betriebsnormen unverrückbar und unmißverständlich festgelegt sind. Zigan - "Betriebsvereinbarungen nach KRG Nr. 22" S. 22 f - hingegen vertrat die Ansicht, daß lediglich die Betriebsordnung der Schriftform bedürfe, während Loppuch - Komm. zum BRG S. 77 - sowie Dietz RdA 1949, 161 (162) überhaupt keine Schriftform verlangen. Vgl. auch LAG Frankfurt a.M. vom 29.6.1948, SAE 1948 Nr.51, wo der Abschluß einer Betriebsvereinbarung durch konkludente Handlung für möglich gehalten wird.

Rücksicht auf die der Betriebsvereinbarung zukommende Normwirkung der Ansicht der Vorzug zu geben, die Schriftform verlange[100].

10.2.4.3. Zulässiger Regelungsinhalt einer Betriebsvereinbarung

Die Arbeitsgerichte hatten sich in einer Reihe von Entscheidungen mit der Frage des möglichen Regelungsinhalts einer Betriebsvereinbarung zu befassen, wobei hierbei zwei Fragen im Vordergrund standen. Hierbei handelte es sich zum einen um die Frage, ob durch eine Betriebsvereinbarung in einzelvertragliche Rechte des einzelnen Arbeitnehmers eingegriffen werden könne, und zum anderen um die Frage, ob durch eine Betriebsvereinbarung tarifliche Ansprüche abgeändert werden können.

Das LAG Bremen beschäftigte sich in seiner Entscheidung vom 27.10.1948 auch mit diesen Fragen und führte aus, daß sich die Unwirksamkeit der Betriebsvereinbarung nicht nur aus formbedingten, sondern auch aus materiellen Überlegungen ergebe[101]. Bei der Auslegung der Zuständigkeitsgrenzen der Betriebsräte werde man davon ausgehen müssen, daß Betriebsvereinbarungen rechtswirksam auch zur Regelung der allgemeinen Arbeitsbedingungen abgeschlossen werden könnten, allerdings schließe der Einleitungssatz von Art. V KRG Nr. 22 diese Befugnis aus, "soweit diese Angelegenheit durch Vorschriften geändert oder Beschränkungen unterworfen ist, die Gesetzeskraft haben". Nach der wörtlichen Übersetzung müsse es sich damit nicht um gesetzliche Bestimmungen handeln, wie es in der amtlichen Übersetzung heiße. Dieses bedeute, daß Betriebsvereinbarungen dort nicht zulässig seien, wo eine tarifliche Regelung erfolgt sei[102]. Es habe stets deutscher Rechtsüberzeugung entsprochen, daß der allgemeinen Tarifordnung der Vorrang vor der Betriebsvereinbarung zukomme. Die Lohn- und Arbeitsbedingungen hätten hier aber unstreitig einem Tarifvertrag unterstanden, in dem die Bemessung und Zahlung des Arbeitsentgelts genau geregelt gewesen sei. Eine Stundung der Löhne habe damit aber nicht über eine Betriebsvereinbarung geregelt werden können[103]. Die Unwirksamkeit der Betriebsvereinbarung ergebe sich aber noch aus einem weiteren Grund. Durch Betriebsvereinbarung könne nur geregelt werden, was die Ordnung des Betriebes als eines Ganzen angehe, d.h. es fehle sowohl eine Regelungsbefugnis nach außen, als auch eine hinsichtlich der zweiseitigen Ver-

[100] LAG München vom 16.3.1949, ArbR.i.St. III Ziff. 452; a.A. ArbG Göttingen vom 16.10.1947, ArbR.i.St. I Ziff. 538.

[101] LAG Bremen vom 27.10.1948, SAE 1949 Nr. 38.

[102] LAG Bremen vom 27.10.1948, SAE 1949 Nr. 38; so auch LAG Heidelberg vom 30.1.1950, SAE 1950 Nr. 28; a.A. etwa Oehmann, RdA 1950, 457 (460).

[103] LAG Bremen vom 27.10.1948, SAE 1949 Nr. 38; vgl. auch Dietz, RdA 1949, 161 (164); der dem Tarifvertrag ebenfalls den Vorrang in dem Sinne zubilligt, daß die Betriebsvereinbarung nicht zuungunsten des Arbeitnehmers von den Regeln des Tarifvertrages abweichen dürfe.

tragsansprüchen aus den Einzelarbeitsverträgen der Betriebsangehörigen. Nur die Betriebsordnung im weitesten Sinne, d.h. alle Fragen, die sich aus der inneren Partnerschaft und Schaffensgemeinschaft der Betriebsangehörigen ergeben, könnten kollektiv und normativ geregelt werden[104]. Es würde dem Grundrecht der Vertragsfreiheit widersprechen, wollte man der Mehrheit der Arbeitnehmer eines Betriebes die Befugnis einräumen, über den Kopf des einzelnen Arbeitnehmers hinweg seine privatrechtlichen Ansprüche zu bestimmen. Dieses würde eine Vergewaltigung des einzelnen durch das Kollektiv bedeuten. Eine Beeinflussung der Rechtsstellung des einzelnen durch die Mehrheit könne in einem demokratischen Gemeinwesen nur in zwei Fällen zugelassen werden. Zum einen, wenn der Eingriff in die Rechtsstellung des einzelnen im Rahmen der allgemeinen stattlichen Ordnung und in den verfassungsmäßigen Grenzen durch Gesetz erfolge und zum anderen, wenn sich der einzelne freiwillig einem sozialen Verband angeschlossen und unterstellt habe. Dieser zweite Fall sei zum Beispiel die Begründung für die weitgehende normative Wirkung des Tarifvertrages[105]. Beide Fälle lägen aber bei der Betriebsvereinbarung gerade nicht vor und es könne auch nicht angenommen werden, daß der Kontrollrat dem Betriebsrat so weitgehende normative Befugnisse habe einräumen wollen. Die Fassung von Art. V KRG Nr. 22 spreche eindeutig gegen die Befugnis zum Eingriff in privatrechtliche Ansprüche[106]. Die im vorliegenden Fall getroffene Regelung stelle damit aber eine unzulässige Überschreitung der Befugnisse der Betriebsrats und der Betriebsversammlung dar, die nicht zugelassen werden könne. Eine Regelung der Gehaltszahlungstermine könne man vielleicht noch als Ausfluß betrieblichen Ordnungsfunktion ansehen. Hier aber werde in verdiente und fällige Zahlungsansprüche eingegriffen, was durch Betriebsvereinbarung nicht erfolgen könne. Derartige Befugnisse könne eine demokratische Rechtsordnung einer sozialen Gruppe auch dann nicht zuerkennen, wenn der Eingriff in die Rechte des einzelnen aus wohlgemeinten Gründen erfolge[107]. Das Gericht müsse in Zeiten der wirtschaftlichen und sozialen Wandlung Hüter der Grundgedanken der Rechtsordnung seien, mit deren Anerkennung oder Nichtachtung diese stehe und falle. Zu diesen Grundgedanken gehöre aber auch der Satz, daß niemand ohne ausdrückliche gesetzliche Befugnis die Persönlich-

---

[104] LAG Bremen vom 27.10.1948, SAE 1949 Nr. 38; a.A. Dietz, RdA 1949, 161 (164), nach dem durch Betriebsvereinbarung normativ alle den Inhalt des Arbeitsverhältnisses gestaltende Bestimmungen getroffen werden können. Auch Citron, RdA 1949, 241 (243), hält eine weitergehende Regelung durch BV für möglich, wobei ein Eingriff in schon verdiente Ansprüche allerdings nicht möglich sei, weshalb er dem LAG Bremen im Ergebnis zustimmt..

[105] LAG Bremen vom 27.10.1948, SAE 1949 Nr. 38.

[106] LAG Bremen vom 27.10.1948, SAE 1949 Nr. 38, mit ausführlicher Begründung dazu, daß keine der in Art.V KRG Nr. 22 genannten Angelegenheiten privatrechtliche Ansprüche einzelner Arbeitnehmer betreffen

[107] LAG Bremen vom 27.10.1948, SAE 1949 Nr. 38; vgl. Ftting, RdA 1949, 374 (375), der dem Betriebsrat ebenfalls das Recht zur Vereinbarung von Löhnen abspricht.

keit, Freiheit oder Habe eines Rechtsgenossen beeinträchtigen dürfe[108]. Rechte und Pflichten des Arbeitnehmers ergäben sich allerdings nur aus dem Arbeitsvertrag, wobei eine andere Auffassung mit dem geltenden Recht nicht zu vereinbaren sei und auch im geltenden Recht keine Grundlage finde. Spätestens bei der Erfassung bereits fälliger oder sonstwie konkreter subjektiver Ansprüche müsse damit aber die kollektive Bindung des einzelnen enden[109].

Die Auffassung des LAG Bremen, daß eine Betriebsvereinbarung zumindest nicht zu Ungunsten des Arbeitnehmers in tarifliche Rechte eingreifen dürfe, wurde in der Rechtsprechung einheitlich verfolgt. So vertrat etwa das Arbeitsgericht Tuttlingen in seiner Entscheidung vom 16.3.1949 die Auffassung, daß eine solche für den Arbeitnehmer ungünstigere Betriebsvereinbarung den Zweck einer jeglichen tarifvertraglichen Bindung, eine Mindestlohngrenze für und gegen alle zu sichern, durchbreche. Das Tarifrecht würde dadurch aber ausgehöhlt[110].

Das LAG Frankfurt lehnte in seiner Entscheidung vom 9.6.1949 die Zulässigkeit einer Betriebsvereinbarung ab, obwohl deren Vereinbarung für die Arbeitnehmer günstiger war als die tarifliche Regelung ist[111]. Zur Begründung seiner Entscheidung stützte sich das LAG Frankfurt allerdings in erster Linie auf das BRG für das Land Hessen und meinte - im Gegensatz zu den oben genannten Entscheidungen - diese inhaltliche Beschränkung für Betriebsvereinbarungen sei reichsrechtlich aufgehoben worden. Nach dem LAG Frankfurt können grundsätzlich Betriebsvereinbarungen über Lohn- und Arbeitsbedingungen mit verpflichtender Wirkung für alle Angestellten abgeschlossen werden. Auch die Beschränkung, daß Betriebsvereinbarungen über Arbeitsbedingungen nur insoweit zulässig seien, als ein Tarifvertrag nicht bestehe, sei reichsrechtlich aufgehoben, denn die Regelung des § 78 Ziff. 2 BRG 1920 sei nicht in das KRG Nr. 22 übergegangen[112]. Dieselbe Einschränkung des sachlichen Geltungsbereichs

---

[108] LAG Bremen vom 27.10.1948, SAE 1949 Nr. 38.

[109] LAG Bremen vom 27.10.1948, SAE 1949 Nr. 38; a.A Gutachten des BB 1948, 609 (611), nach dem ein gesunder Solidaritätsgedanke es erfordere, daß sich der einzelne der Arbeitnehmer einer von der Belegschaft abgeschlossenen BV über die Stundung von Löhnen fügen müsse; krit. hierzu zu Recht Citron, DRZ 1949, 259 (260 Fn. 1).

[110] ArbG Tuttlingen vom 16.3.1949, WA 1949 Nr. 127.

[111] LAG Frankfurt a.M. vom 9.6.1949, SAE 1950 Nr. 14.

[112] LAG Frankfurt a.M. vom 9.6.1949, SAE 1950 Nr. 14; vgl. Dietz, RdA 1949, 161 (164 f), der aus dem Unabdigbarkeitsgrundsatz der tariflichen Regelung folgert, daß eine Vereinbarung zuungunsten der Arbeitnehmer nicht möglich sei, was sich aus dem Unabdingbarkeitsgrundsatz der tariflichen Regelung ergebe. Das LAG Heidelberg vertritt hingegen in seiner Entscheidung vom 30.1.1950, SAE 1950 Nr. 28 die Auffassung,, daß bei korrekter Übersetzung Art. V KRG Nr. 22 besage, daß durch eine Betriebsvereinbarung nicht geregelt werden könne, was durch Tarifvertrag geregelt sei; krit. hierzu Oehmann, RdA 50, 457, nach dem es sich bei der Ansicht des LAG Heidelberg nicht um eine Übersetzung, sondern um eine sehr weitgehende Auslegung handele.

einer Betriebsvereinbarung sei aber in § 34 BRG Hessen enthalten. Hier liege nun aber eine tarifvertragliche Regelung vor, so daß für eine Betätigung des Betriebsrats auf diesem Gebiet kein Raum verbleibe. Es ergebe sich bereits aus dem Prinzip der Unabdingbarkeit, daß Betriebsvereinbarungen nicht zu Ungunsten des Arbeitnehmers in Tarife eingreifen dürften. Dasselbe gelte aber auch für Regelungen zu Gunsten des Arbeitnehmers, was letzten Endes eine Rechtsfolge aus der Tatsache des Vorrangs der Gewerkschaften vor den Betriebsräten sei[113]. Die Zulassung von Betriebsvereinbarungen auf diesem Gebiet würde dazu führen, daß die Gewerkschaften vollkommen aus der Lohnbewegung ausgeschaltet würden, was zu einer Schaffung von verschiedenen Lohn- und Gehaltsbedingungen in den einzelnen Betrieben führe. Dieses zu verhindern sei die Aufgabe von § 34 BRG Hessen, der inhaltlich der Regelung des § 78 BRG 1920 entspreche. Nach hessischem Recht könne damit aber eine Betriebsvereinbarung weder zu Gunsten noch zu Ungunsten des Arbeitnehmers in eine tarifvertragliche Regelung eingreifen[114].

Während die Abgrenzung zwischen Tarifvertrag und Betriebsvereinbarung in Rechtsprechung und Lehre zumindest im Ergebnis einheitlich gesehen wurde, wurde die Frage, inwieweit Betriebsvereinbarungen in Rechte aus dem Einzelarbeitsvertrag eingreifen können, unterschiedlich gesehen. Die enge Linie, die das LAG Bremen in der genannten Entscheidung vertrat, wurde in der übrigen Rechtsprechung kaum vertreten. Das LAG Stuttgart mußte in seinem Urteil vom 22.11.1948 darüber entscheiden, ob eine Vorverlegung der Fälligkeit von Lohnforderungen durch Betriebsvereinbarung möglich ist[115]. Im Fall des LAG Stuttgart war der Lohnzahlungstermin vorverlegt worden, wodurch den Arbeitnehmern aufgrund der Währungsreform ein Nachteil entstanden war. Das LAG Stuttgart sah eine solche Betriebsvereinbarung als wirksam an und billigte Betriebsvereinbarungen einen deutlich weiteren Anwendungsbereich als das LAG Bremen zu. Das LAG Stuttgart führte in seinem Urteil aus, daß man zwar zunächst meinen könne, das in Art. V Abs. 1 b KRG Nr.22 verwendete Wort "Arbeitsbedingungen" sei nur ganz eng im Sinne von rein technischen Arbeitsbedingungen zu verstehen. Eine solche enge Auslegung habe man aber im Sommer 1948 nicht mehr ernsthaft vertreten können, da sowohl Betriebsräte als auch Arbeitgeber den genannten Begriff stets in einem umfassenden Sinn verstanden hätten. Die meisten nach 1946 abgeschlossenen Betriebsvereinbarungen hätten in erster Linie die Lohnbedingungen betroffen. Dieser Rechtsauffassung der Beteiligten müßten die Gerichte bei der Auslegung Folge leisten[116]. Gegenstand einer Betriebsvereinbarung könnte nicht nur eine zeitlich unbegrenzte

[113] LAG Frankfurt a.M. vom 9.6.1949, SAE 1950 Nr. 14.
[114] LAG Frankfurt a.M. vom 9.6.1949, SAE 1950 Nr. 14.
[115] LAG Stuttgart vom 22.11.1948, SAE 1949 Nr. 41; das LAG Bremen stufte diese Konstellation als einen Grenzfall ein, ließ aber eine Entscheidung offen.
[116] LAG Stuttgart vom 22.11.1948, SAE 1949 Nr. 41.

Vielzahl von Fällen sein, sondern auch ein Einzelfall, wobei "Einzelfall" nicht im Sinne des Anliegens eines Arbeitnehmers zu verstehen sei, sondern im Sinne eines Einzelanliegens der ganzen Belegschaft. Die Befugnis des Betriebsrats zum Abschluß von Betriebsvereinbarungen müsse allerdings insoweit eingeschränkt werden, daß der Betriebsrat ohne besondere Ermächtigung nicht über fällige Ansprüche einzelner Arbeitnehmer verfügen könne[117]. Solche Eingriffe in bereits verdiente Lohnansprüche würden nach dem allgemeinen Sprachgebrauch nicht mehr unter den Begriff "Regelung der Arbeitsbedingungen" fallen[118]. Eine Stundung bereits fälliger Löhne würde deshalb wohl über die Befugnisse des Betriebsrats hinausgehen. Eine Vereinbarung über die Vorverlegung der Fälligkeit habe aber unproblematisch auch im Falle der Währungsreform vereinbart werden können[119].

Das LAG Düsseldorf sah in seiner schon genannten Entscheidung vom 23.11.1948 den möglichen Inhalt einer Betriebsvereinbarung ebenfalls in sehr weitem Umfang als zulässig an[120]. In dieser Entscheidung führte das LAG Düsseldorf aus, daß der Betriebsrat die Stellung eines gleichberechtigten Vertragspartners gegenüber dem Arbeitgeber habe, weshalb von ihm abgeschlossene Vereinbarungen den einzelnen Arbeitnehmer binden würden. Voraussetzung für diese Bindungswirkung sei allerdings das ordnungsgemäße Zustandekommen der Betriebsvereinbarung. Es müsse also etwa die Wahl des Betriebsrats gültig gewesen sein und die Betriebsvereinbarung einen zulässigen Inhalt haben[121]. Art. V KRG Nr. 22 umschreibe allerdings den möglichen Inhalt einer Betriebsvereinbarung sehr weit, weshalb eine solche Vereinbarung nur höchst selten einen unzulässigen Inhalt haben werde. Praktisch könnten in einer Betriebsvereinbarung also alle Fragen geregelt werden, die überhaupt Inhalt des einzelnen Arbeitsverhältnisses und Inhalt einer betrieblichen Arbeitsordnung sein könnten[122].

Die Mehrzahl der Arbeitsgerichte billigte damit aber einer Betriebsvereinbarung einen weitergehenden Rahmen zu, als das LAG Bremen in seiner Entscheidung vom 27.10.1948. Allerdings wurde meist die Grenze einer Betriebsvereinbarung dort gesehen, wo in konkrete Ansprüche eines Arbeitnehmers eingegriffen wird.

---

[117] LAG Stuttgart vom 22.11.1948, SAE 1949 Nr. 41; ebenso in der Reichweite einer Betriebsvereinbarung Citron, RdA 1949, 241 (243).

[118] LAG Stuttgart vom 22.11.1948, SAE 1949 Nr. 41; während das LAG Bremen diese Einschränkung für eine Betriebsvereinbarung aus allgemeinen Erwägungen heraus erzielt, meint das LAG Stuttgart, die notwendige Einschränkung schon aus dem Wortlaut von Art. V KRG Nr. 22 gewinnen zu können.

[119] LAG Stuttgart vom 22.11.1948, SAE 1949 Nr. 41.

[120] LAG Düsseldorf vom 23.11.1948, RdA 1949, 192 f.

[121] LAG Düsseldorf vom 23.11.1948, RdA 1949, 192 (193).

[122] LAG Düsseldorf vom 23.11.1948, RdA 1949, 192 (193); so auch LAG Hamm vom 9.9.1948, WA 1949 Nr. 6.

In der Literatur wurden die Grenzen einer Betriebsvereinbarung unterschiedlich gesehen. Einheitlich wurde die Ansicht vertreten, daß durch eine Betriebsvereinbarung eine tarifliche Regelung zumindest nicht zuungunsten des Arbeitnehmers verändert werden dürfe[123], wobei allerdings Zigan meint eingestehen zu müssen, daß das KRG Nr. 22 durchaus die Möglichkeit konkurrierender Bestimmungen zwischen Tarifvertrag und Betriebsvereinbarung offenlasse und eine primäre Regelung durch Tarifvertrag nicht vorgesehen sei[124]. Seiner Ansicht nach solle man aber aus praktischen und wirtschaftlichen und vor allem aus Gründen der Rechtseinheit am Primat des Tarifvertrages festhalten[125].

Das Verhältnis zwischen Betriebsvereinbarung und einzelvertraglichen Rechten wurde unterschiedlich bewertet. Während Loppuch die Auffassung vertrat, daß arbeitsvertragliche Regelungen grundsätzlich nicht in eine Betriebsvereinbarung gehörten[126], billigte die wohl herrschende Meinung Betriebsvereinbarungen zu, auch arbeitsvertragliche Rechte zu regeln. So vertrat etwa Citron die Auffassung, daß eine Regelung zulässig sei, die von vorn herein vorsehe, daß der Betriebsrat im Falle künftiger Betriebsnot mit dem Arbeitgeber die zur Vermeidung des Erliegens des Betriebs notwendigen Maßnahmen vereinbaren könne. Bei einer solchen Regelung unterfielen die bis zum Ablauf der Kündigungsfrist laufenden, noch mit einer Arbeitsverpflichtung verbundenen Gehaltsansprüche einer Regelung zwischen Betriebsrat und Arbeitgeber, auch wenn es sich um einzelvertragliche Rechte handele[127]. Forderungen, die auf schon erbrachter Arbeit beruhten, könnten hingegen nicht durch eine Betriebsvereinbarung eingeschränkt werden[128]. Auch Galperin sieht die Grenzen einer Betriebsvereinbarung als erreicht an, wenn in bereits entstandene Vermögensrechte des einzelnen Arbeitnehmers eingegriffen werde[129]. Solche Eingriffe seien mit dem Grundsatz der Freiheit des Einzelnen nicht zu vereinbaren. Die Ausführungen von Galperin legen es allerdings nahe, daß dieser die Grenzen einer Betriebsvereinbarung enger zieht und nach seiner Ansicht etwa auch eine Einschränkung von noch zu erwerbenden Gehaltsansprüchen durch eine Betriebsvereinbarung als unzulässig einzustufen wäre[130].

Die Rechtsprechung hatte sich allerdings nicht nur mit der Frage zu beschäftigen, inwieweit die arbeitsvertraglichen oder tarifvertraglichen Rechte des Ar-

---

123 Vgl. etwa Dietz RdA 1949, 161 (169); Loppuch "Komm. zum BRG" S. 74 f; Citron RdA 1949, 241 (243); Fitting RdA 1949, 374 (375); Galperin BB 1949, 374 (377); allerdings mit zum Teil grundlegend verschiedenen Begründungsansaätzen.

124 Zigan, Betriebsvereinbarungen nach KRG Nr. 22, S. 28.

125 Zigan, Betriebsvereinbarungen nach KRG Nr. 22, S. 28.

126 Loppuch Komm. zum BRG S. 69.

127 Citron RdA 1949, 241 (243).

128 Citron RdA 1949, 241 (243).

129 Galperin BB 1949, 374 (376).

130 Vgl. Galperin BB 1949, 374 (376).

beitnehmers durch eine Betriebsvereinbarung beeinflußt werden können, sondern auch mit der Frage, ob etwa das Recht des Arbeitgebers zur fristlosen Kündigung gemäß § 626 BGB durch Betriebsvereinbarung eingeschränkt werden kann. Das LAG Kiel hatte sich in seiner Entscheidung vom 9.2.1949 mit einer Betriebsvereinbarung zu beschäftigen, nach der jede Personalveränderung der Zustimmung des Betriebsrats bedurfte[131]. Der Arbeitgeber wollte nun dem Betriebsratsvorsitzenden wegen beleidigender Äußerungen fristlos kündigen, wobei der Betriebsrat der Kündigung nicht zustimmte. Das LAG Kiel entschied, daß die Kündigung nicht wegen Verstoß gegen die Betriebsvereinbarung unwirksam sei. Die Bestimmungen der Betriebsvereinbarung stünden einer fristlosen Kündigung nicht entgegen, da § 626 BGB nach einhelliger Auffassung zwingendes Recht sei, weshalb jede Erschwerung des Rechts zur fristlosen Kündigung unzulässig sei[132]. Ebenso wie es unzulässig sei, die fristlose Kündigung von der Zustimmung des Kündigungsgegners abhängig zu machen, verstoße es gegen die Vorschrift des § 626 BGB, durch Betriebsvereinbarung eine Entlassung aus wichtigem Grunde an die Zustimmung des Betriebsrats zu binden. Hierbi sei auch zu berücksichtigen, daß der Betriebsrat bei Entlassungen von Betriebsratsmitgliedern in eigener Sache handele, die Entscheidung über die Zustimmung hier also nicht bei einer neutralen Stelle, sondern beim sozialen Gegenspieler liege[133].

Im Ergebnis ist der Entscheidung ohne Zweifel zuzustimmen, da es kein Verfahren gab, um die fehlende Zustimmung des Betriebsrats etwa über das Arbeitsgericht zu ersetzen.

10.2.5. Mitbestimmungsrechte bei fehlender Betriebsvereinbarung

Die Arbeitsgerichte versuchten zum Teil, trotz der oben beschriebenen Regelung im KRG Nr. 22, auch ohne Betriebsvereinbarung Mitbestimmungsrechte des Betriebsrats herzuleiten, wobei zum Teil, gestützt auf KRG Nr. 22, zumindest eine Einschränkung der Alleinentscheidungsbefugnisse des Arbeitgebers angenommen wurde.

---

[131] LAG Kiel vom 9.2.1949, RdA 1949, 279 (280).

[132] LAG Kiel vom 9.2.1949, RdA 1949, 279 (280); zust. Hueck RdA 1949, 280. Die Aussage, daß jede Erschwerung des Kündigungsrechts unzulässig sei, erscheint als zu weitgehend, da dann auch eine Regelung, nach der der Betriebsrat vor jeder Kündigung anzuhören ist, unzulässig wäre.

[133] LAG Kiel vom 9.2.1949, RdA 1949, 279 (280).

10.2.5.1. Mitbestimmungsrechte aus Bestimmungen der Länderverfassungen

Die Problematik, ob Mitbestimmungsrechte des Betriebsrats direkt aus der Länderverfassung hergeleitet werden können, wurde von den Gerichten zu Art. 37 der Hessischen Verfassung (HV), Art. 47 der Bremischen Verfassung und Art. 23 der Württemberg-Badischen Verfassung entschieden. Hierbei wurde lediglich Art. 37 HV als unmittelbar geltendes Recht eingestuft, aus dem sich konkrete Mitbestimmungsrechte des Betriebsrat herleiten lassen.

Gemäß Art. 37 II HV sind die Betriebsräte dazu berufen, im Benehmen mit den Gewerkschaften gleichberechtigt mit den Unternehmern in sozialen, personellen und wirtschaftlichen Fragen des Betriebes mitzubestimmen, wobei allerdings gemäß Art. 37 III HV hinsichtlich der näheren Regelung auf eine einfachgesetzliche Regelung verwiesen wird.

Das ArbG Wiesbaden führte in seiner Entscheidung vom 20.12.1946 zu dieser Verfassungsbestimmung aus, daß es keinen Zweifeln unterliege, daß bereits jetzt die Betriebsvertretungen dazu berufen seien, in personellen Fragen des Betriebes mitzubestimmen[134]. Es könne unmöglich dem Volkswillen entsprechen, daß bis zum Erlaß näherer Gesetze eine Art Schwebezustand entstehe. Es sei gerade die Funktion der Verfassung diesen Schwebezustand zu überbrükken[135]. Die Verfassung sei schließlich "die Untermauerung des Gebäudes der zukünftigen Gesetzgebung und weiteren Entwicklung des Landes Hessen zu einem Sozialstaat innnerhalb Deutschlands"[136].

Die Entscheidung des ArbG Wiesbaden wurde in der Berufung vom LAG Frankfurt bestätigt, wobei das LAG Frankfurt in seiner Berufungsentscheidung vom 11.3.1947 ausführte, daß Art. 37 HV schon zum damaligen Zeitpunkt geltendes Recht gewesen sei[137]. Die Bestimmung sei im Grundrechtsteil der Verfassung enthalten, wobei es eine Verkennung diesen Teils der Verfassung darstellen würde, wenn man die Vorschriften lediglich als sogenanntes "Zukunftsrecht" auffassen wolle. Die Verfassung bilde eine Grundlegung für ein bestimmtes gesellschaftliches Gebiet, weshalb Art. 37 III HV lediglich bedeute, daß der in der Verfassung festgeschriebene Grundsatz schon ausgeführt werde und lediglich das Nähere in einem möglichst bald zu erlassenden Gesetz geregelt werden solle[138]. Der Betriebsrat habe deshalb auch bei der Einstellung eines Mitdirektors einer Filiale des Unternehmens mitzubestimmen, obwohl der Mitdirektor in dieser Filiale die Stellung eines Unternehmers habe. Träger des

---

[134] ArbG Wiesbaden vom 22.12.1946; zit. in ArbR.i.St I Ziff. 49.
[135] ArbG Wiesbaden vom 22.12.1946; zit. in ArbR.i.St I Ziff. 49.
[136] ArbG Wiesbaden vom 22.12.1946; zit. in ArbR.i.St I Ziff. 49.
[137] LAG Frankfurt a.M. vom 11.3.1947, WA 1948 Nr. 10.
[138] LAG Frankfurt a.M. vom 11.3.1947, WA 1948 Nr. 10.

Mitbestimmungsrechts bei der Einstellung eines Filialdirektors könne allerdings nicht der Betriebsrat der Filiale sein, sondern nur ein Betriebsrat für alle Filialen. Falls ein solcher Betriebsrat noch nicht bestehe, müsse er gebildet werden[139]. Der Unternehmer könne aber zunächst bei unüberwindlichen Divergenzen seine Entscheidung zunächst durchsetzen, dieses sei ein Gebot der wirtschaftlichen Notwendigkeit. Je nachdem, ob es sich um eine echte Rechtsfrage oder ein Ermessensfrage handele, könne dann das Arbeitsgericht oder ein Schiedsgericht angerufen werden[140].

Das ArbG Darmstadt knüpfte in seinem Urteil vom 5.9.1947 an die Rechtsprechung des LAG Frankfurt an und setzte sich, ein Mitbestimmungsrecht des Betriebsrats voraussetzend, mit den Grenzen dieses Mitbestimmungsrechts auseinander[141]. Das Mitbestimmungsende des Betriebsrats müsse dort sein Ende finden, wo sich seine Entscheidung trotz sachlicher Berechtigung im Einzelfall zu

---

[139] LAG Frankfurt a.M. vom 11.3.1947, WA 1948 Nr. 10; das LAG fordert in seiner Entscheidung damit die Bildung eines Gesamtbetriebsrats und billigt diesem Entscheidungskompetenzen zu. Nach dem LAG, insoweit ArbR.i.St. I Ziff. 69, zeuge der Standpunkt, daß ein Gesamtbetriebsrat nicht tätig sein könne, da er nicht gesetzlich vorgesehen sei, von einem ähnlich unhaltbaren Positivismus wie die Ansicht das ein Grundrechtssatz der Verfassung lediglich ein programmatisches Recht sei. Diese Einschätzung der Rechtslage überrascht, da zumindest im KRG Nr. 22 die Bildung eines Gesamtbetriebsrats nicht vorgesehen war. Von der herrschenden Ansicht wurde die Bildung von Gesamtbetriebsräten als zulässig angesehen, allerdings wurden den Gesamtbetriebsräten keine Kompetenzen zugebilligt, bzw. Einstimmigkeit gefordert, vgl. Loppuch, Komm. zum BRG (1948), S. 31 f, Gericke RdA 1949, 238, LAG Stuttgart vom 9.2.1949, ArbR.i.St. II Ziff. 1030, ArbG Braunschweig vom 16.5.1949, ArbR.i.St. III Ziff. 67. Das ArbG Hamburg, RdA 1949, 237 f, sah einen Gesamtbetriebsrat allerdings sogar als parteifähig an. Zumindest die vom LAG Frankfurt aufgestellte Pflicht zur Bildung eines Gesamtbetriebsrats dürfte aber eindeutig nicht mit KRG Nr. 22 zu vereinbaren sein.

[140] LAG Frankfurt a.M. vom 11.3.1947, insoweit zit. in Betriebsräterecht S. 36, mit ausführlicher Begründung der Zuständigkeit.

[141] ArbG Darmstadt vom 5.9.1947, WA 1948 Nr. 82. Dem Rechtsstreit zwischen Betriebsrat und Arbeitgeber lag zugrunde, daß der Arbeitgeber die Kündigung eines Arbeitnehmers wegen politischer Belastung zurückgenommen hatte, nachdem festgestellt wurde, daß der Arbeitnehmer nicht Mitglied der NSDAP war. Der Betriebsrat widersprach der Wiedereinstellung aus nicht politischen Gründen. Als der Arbeitgeber die Einstellung dennoch vornahm, kam es im Betrieb zu einem Sitzstreik, woraufhin der betroffene Arbeitnehmer sich beurlauben ließ. Der Arbeitgeber erhob Feststellungsklage dahingehend, daß er zur Wiedereinstellung berechtigt sei. Der Sachverhalt ähnelt der häufig vorkommenden Konstellation, daß der Betriebsrat vom Arbeitgeber die Kündigung eines bestimmten Mitarbeiters verlangt. Die Rechtsprechung vertrat hier nahezu durchgehend die Auffassung, daß dem Betriebsrat insoweit kein Mitbestimmungsrecht zusteht, vgl. LAG Hamm vom 30.6.1947, BB 1949, 232, LAG München vom 22.11.1948, WA 1949 Nr. 128, LAG Düsseldorf vom 6.5.1949, BB 1949, 600, ArbG Köln vom 16.3.1949, WA 1948 Nr. 155; a.A. wohl ArbG Limburg vom 29.4.1947, Betriebsräterecht S. 30 f, dort wurde dem Betriebsrat über die HV das Recht zugebilligt, die Weiterbeschäftigung eines früheren Nationalsozialisten zu verhindern.

einem nicht vertretenden Schaden für den Betrieb auswirke. Für die wirtschaftliche Existenz des Betriebs sei die Geschäftsleitung nach innen und außen bürgerlich- und handelsrechtlich allein verantwortlich, wobei sich auch eine innerbetriebliche Entscheidung insofern auswirken könne. Hinsichtlich der Begründetheit der Feststellungsklage sei zu überprüfen gewesen, ob die Entscheidung des Betriebsrats sachlich gerechtfertigt gewesen und mit den wirtschaftlichen Interessen des Betriebes in Einklang zu bringen gewesen sei[142]. Im Ergebnis entschied das Arbeitsgericht, daß die Beschluß des Betriebsrats zur Auflösung des Arbeitsverhältnisses mit dem Meister unbeachtlich sei und begründete seine Entscheidung damit, daß der Betriebsrat in einem Großbetrieb nicht gleich habe die Entlassung verlangen dürfen, da etwa die Versetzung in eine andere Abteilung ein anderer Ausweg gewesen sei[143].

Das LAG Frankfurt leitete in seiner Entscheidung vom 3.2.1948 aus Art. 37 II HV in Verbindung mit dem KRG Nr. 22 die Verpflichtung des Arbeitgebers her, den Betriebsrat vor einer Kündigung zu hören[144]. Nach dem LAG Frankfurt sei der Arbeitgeber nicht verpflichtet gewesen, vor der Kündigung die Zustimmung des Betriebsrats einzuholen. Diese Verpflichtung ergebe sich weder aus der Verfassung noch aus dem KRG Nr. 22. Der Betriebsrat sei allerdings nach Art. 37 HV in Verbindung mit Art. V Abs. 1 b und Art. VI KRG Nr. 22 verpflichtet den Betriebsrat zur Kündigung zu hören. Da eine entsprechende Betriebsordnung fehle, könne allerdings aus der mangelnden Anhörung nicht die Unwirksamkeit der Kündigung hergeleitet werden[145].

Das LAG Bremen lehnte in seiner Entscheidung vom 16.4.1948 in deutlicher Abgrenzung zur obigen Entscheidung des LAG Frankfurt eine Herleitung von Mitbestimmungsrechten direkt aus der Verfassung der Hansestadt Bremen ab[146].

---

[142] ArbG Darmstadt vom 5.9.1947, WA 1948 Nr. 82. Die Entscheidung kann nicht überzeugen, daß Gericht hätte sich ausschließlich mit der Rechtsfrage beschäftigen dürfen, ob der Betriebsrat die Entlassung verlangen darf, was nach KRG Nr. 22 eindeutig nicht der Fall war. Die durchgeführte Interessenabwägung hätte ihren Platz in einem Schlichtungsverfahren gehabt, was allerdings gemäß Art. VIII KRG Nr. 22 nur mit Zustimmung beider Parteien hätte durchgeführt werden können.

[143] ArbG Darmstadt vom 5.9.1947, WA 1948 Nr. 82. Die Ausführungen des ArbG Darmstadt belegen, daß die Herleitung eines Mitbestimmungsrechts direkt aus der Verfassung im Ergebnis nicht zugestimmt werden kann. In der Verfassung fehlt es nämlich an jedem Hinweis dazu, wie weit das angenommene Mitbestimmungsrecht des Betriebsrats geht und anhand welcher Kriterien ein Gericht überprüfen soll, ob der "Einspruch" des Betriebsrats gegen eine personelle Entscheidung des Arbeitgebers berechtigt ist.

[144] LAG Frankfurt vom 3.2.1948, WA 1948 Nr. 154.

[145] LAG Frankfurt vom 3.2.1948, WA 1948 Nr. 154; mit dieser Entscheidung räumt das LAG Frankfurt dem Betriebsrat nur eine sehr schwache Position ein, der Betriebsrat muß vor einer Kündigung zwar gehört werden, ein Verstoß gegen diese Verpflichtung zieht allerdings keine Konsequenzen nach sich.

[146] LAG Bremen vom 16.4.1948, ArbR.i.St. I Ziff. 643, BB 1948, 262, WA 1948 Nr. 143.

In Art. 47 II der Bremischen Verfassung ist geregelt, daß die Betriebsvertretungen dazu berufen sind, in Benehmen mit den Gewerkschaften gleichberechtigt mit den Unternehmen in wirtschaftlichen, sozialen und personellen Fragen des Betriebes mitzubestimmen. In Art 47 III heißt es weiter, daß das hierfür geltende Recht durch das Gesetz über Betriebsvertretungen unter Beachtung des Grundsatzes geschaffen wird, daß zentrales Recht Landesrecht bricht. Nach dem LAG Bremen könne aus dieser Verfassungsbestimmung weder ein Zustimmungs- noch ein Anhörungsrecht des Betriebsrats bei Kündigungen gefolgert werden. Der Verfassungsgesetzgeber könne über den Kreis der allgemein anerkannten, übergesetzlich geltenden und unabdingbaren Menschenrechte hinaus weitere Grundrechte gewähren und diesen Grundrechten den Status von subjektiv-öffentlichen Rechten verleihen. Der Verfassungsgeber könne sich aber auch darauf beschränken lediglich Richtlinien und Regeln für die zukünftige Gesetzgebung zu schaffen[147]. In Art. 47 II der Landesverfassung sei nun ein Mitbestimmungsrecht der Betriebsräte auch in allen Fällen der Kündigung eines Arbeitsverhältnisses geschaffen worden. Aus Art. 47 III der Verfassung ergebe sich aber unmißverständlich, daß dieses Mitbestimmungsrecht erst durch ein besonderes Gesetz ausgesprochen werden solle, welches unter Berücksichtigung der Verfassungsbestimmung noch geschaffen werden müsse. Es sei dem Gericht bekannt, daß ein entsprechender Gesetzentwurf geprüft werde. Solange dieses Gesetz allerdings noch nicht verkündet worden sei, könne eine über das unabhängig von Art. 47 geltende Reichsrecht hinausgehende Befugnis der Betriebsräte nur anerkannt werden, als sie durch Betriebsvereinbarung ausdrücklich festgelegt worden sei[148].

Auf der Linie des LAG Bremen bewegt sich auch das LAG Stuttgart in seiner Entscheidung zu Art. 23 II der württemberg-badischen Landesverfassung[149]. Art. 23 II lautet: "Vertreter der Arbeitnehmer sind an der Verwaltung und Gestaltung der Betriebe zu beteiligen, auf die besonderen Verhältnisse der Klein- und Mittelbetriebe und die Erhaltung der Initiative ihrer Unternehmen ist dabei Rücksicht zu nehmen. Das Nähere regelt das Gesetz." Nach dem LAG Stuttgart bedeutet diese Bestimmung lediglich eine Anweisung und Richtschnur für den Gesetzgeber; es sei daraus kein schon gültiges Mitbestimmungsrecht für den Betriebsrat abzuleiten[150]. Zwar hätten die Arbeitnehmer ein Recht auf Erlaß eines solchen Ausführungsgesetzes. Solange aber weder dieses Gesetz noch eine entsprechende Betriebsvereinbarung vorliege, könne ein Mitbestimmungsrecht des Betriebsrats für Württemberg-Baden nicht anerkannt werden[151].

---

[147] LAG Bremen vom 16.4.1948, ArbR.i.St. I Ziff. 643.
[148] LAG Bremen vom 16.4.1948, ArbR.i.St. I Ziff. 643.
[149] LAG Stuttgart vom 24.11.1947, ArbR.i.St. I Ziff. 644.
[150] LAG Stuttgart vom 24.11.1947, ArbR.i.St. I Ziff. 644.
[151] LAG Stuttgart vom 24.11.1947, ArbR.i.St. I Ziff. 644.

Bei einem Vergleich der genannten drei Entscheidungen des LAG Frankfurt, Bremen und Stuttgart muß berücksichtigt werden, daß die Verfassungsbestimmungen deutliche Unterschiede aufweisen. So räumt die württemberg-badische Verfassung den Arbeitnehmervertretern lediglich ein Beteiligungsrecht ein, während in den Verfassungen der Länder Hessen und Bremen von einer gleichberechtigten Mitbestimmung gesprochen wird. In Hessen und Bremen unterscheiden sich wiederum die Verweise auf das zu erlassende Betriebsratsgesetz deutlich. Während die Regelung in Hessen lediglich hinsichtlich einer näheren Regelung auf das Gesetz verweist, was durchaus so verstanden werden kann, daß der Grundsatz selbst schon anwendbar sein soll, läßt sich der Wortlaut der Verfassung des Landes Bremen so auffassen, daß zur Durchsetzung des Mitbestimmungsrechts erst noch ein Gesetz geschaffen werden muß. Die im Ergebnis differierenden Entscheidungen lassen sich damit zum Teil auch über die unterschiedlichen Verfassungsbestimmungen erklären. Allerdings erscheint die Entscheidung des LAG Frankfurt trotz des Wortlauts der Hessischen Verfassung als zweifelhaft, da sich aus dem in der Verfassung festgeschriebenen Grundsatz nicht entnehmen läßt, wie die gleichberechtigte Mitbestimmung bei den einzelnen innerbetrieblichen Entscheidungsprozessen aussehen soll[152].

Das LAG Frankfurt schränkte seine Rechtsprechung zu Art. 37 II HV allerdings in seiner Entscheidung vom 29.6.1948 ein. Zunächst gebe die Verfassung dem Betriebsrat bei einer Behörde keine Mitbestimmungsrechte[153]. Nach dem LAG Frankfurt sei der Verfassungswortlaut insoweit schon eindeutig, Art. 37 II HV spreche nur davon, daß die Betriebsvertretungen gleichberechtigt mit den Unternehmern zu entscheiden hätten. Unter den Begriff Unternehmer könne man aber nicht Behördenchefs fassen. Weiterhin unterscheide Art. 37 HV auch klar zwischen Unternehmen und Behörden. In Art. 37 I HV seien die Behörden neben den Betrieben erwähnt, weshalb auch dort Betriebsvertretungen zu bilden gewesen seien. Art. 37 II beziehe im Gegenzug hierzu allerdings Behörden nicht in seinen Anwendungsbereich mit ein. Außerdem könne es ein Mitbestimmungsrecht in wirtschaftlichen Fragen in einer Behörde nicht geben[154]. Ein Mitbestimmungsrecht auch für Behördenbetriebsräte sei vom Verfassungsgeber aber auch nicht gewollt gewesen. Die Organisation des hessischen Staats- und Gemeinwesens auf demokratischer und parlamentarischer Grundlage sei es nämlich, die ein Mitbestimmungsrecht dieser Betriebsräte nicht entstehen lasse. Nach dem LAG Frankfurt würde die Anerkennung des Mitbestimmungsrechts aus Art. 37 II HV auch für Behördenbetriebsräte dazu führen, daß neben den parlamentarisch und demokratisch legitimierten Landtagen, Kreistagen und

[152] Vgl. ArbR.i.St. I Bem. zu Ziff. 49, dort wird im Bezug zu den Entscheidungen des ArbG Wiesbaden und des LAG Frankfurt a.M. von einer kühnen Auslegung gesprochen, allerdings würden die Entscheidungen mutig neue arbeitsrechtliche Probleme anpacken.

[153] LAG Frankfurt a.M. vom 29.6.1948, SAE 1948 Nr. 51.

[154] LAG Frankfurt a.M. vom 29.6.1948, SAE 1948 Nr. 51.

Stadtverordnetenversammlungen eine Neben- oder Mitregierung entstünde[155]. Dabei wäre die Grundlage aus der heraus die "Mitregierung" tätig würde nicht das Volk, sondern lediglich die Bedienstetenschaft einer Behörde. Damit würde aber die öffentliche Gewalt nicht mehr allein durch die parlamentarischen Institutionen ausgeübt, sondern auch durch ein Gremium, daß nicht der allgemeinen parlamentarischen Kontrolle unterliege. Art. 37 II HV gebe damit aber keinerlei Mitbestimmungsrechte für Behördenbetriebsräte[156]. Weiterhin führte das LAG führte aus, daß Mitbestimmungsrechte auch nicht direkt aus Art. V KRG Nr. 22 hergeleitet werden könnten. KRG Nr. 22 enthalte keine Bestimmung, die als solche den Betriebsräten überhaupt ein Mitbestimmungsrecht zusprechen würde. Aus Art. V Abs. 1 e lasse sich ein Mitbestimmungsrecht, unabhängig davon, daß der betroffene Arbeitnehmer Parteimitglied in der NSDAP gewesen sei, nicht herleiten. Die Vorschrift regele eindeutig lediglich, daß der Betriebsrat mit den Behörden bei der Denazifizierung von öffentlichen und privaten Betrieben zusammenzuarbeiten habe, und besage damit nichts anderes, als daß sich der Betriebsrat insoweit an die für die Denazifizierung zuständigen Stellen wenden könne und solle. An die Entscheidung dieser Behörden sei der Betriebsrat dann gebunden[157]. Auch aus Art. V Abs. 1 b KRG Nr. 22 ergebe sich kein Mitbestimmungsrecht dahingehend, daß der Betriebsrat die Befugnis habe, mit dem Arbeitgeber über den Abschluß einer Betriebsvereinbarung zu verhandeln. Solange eine Verhandlung nicht mit Erfolg durchgeführt worden sei, könne der Betriebsrat aus der Bestimmung keine Rechte herleiten[158].

10.2.5.2. Mitbestimmungsrechte bei Erlaß einer Betriebsordnung

Die Arbeitsgerichte gingen zum Teil davon aus, daß der Arbeitgeber nach Erlaß des KRG Nr. 22 eine Betriebsordnung nicht mehr einseitig ohne Hinzuziehung des Betriebsrats erlassen dürfe. In Art. V Abs. 1 b KRG Nr. 22 war insoweit geregelt, daß der Betriebsrat die Aufgabe habe, mit dem Arbeitgeber über Vereinbarungen für den Erlaß von Betriebsordnungen zu verhandeln.

Das LAG Kiel führte in seiner Entscheidung vom 22.6.1948 aus, daß zum Erlaß einer Betriebsordnung durch den Arbeitgeber nach Aufhebung des AOG die Rechtsgrundlage fehle[159]. Eine solche einseitig erlassene Betriebsordnung würde dem mit dem Erlaß des neuen Betriebsrätegesetzes (KRG Nr. 22) wieder hergestellten Grundsatz demokratischer Betriebsverfassung widersprechen[160].

---

[155] LAG Frankfurt a.M. vom 29.6.1948, SAE 1948 Nr. 51.
[156] LAG Frankfurt a.M. vom 29.6.1948, SAE 1948 Nr. 51.
[157] LAG Frankfurt a.M. vom 29.6.1948, SAE 1948 Nr. 51; zust. Müller, BB 1948, 106 (107).
[158] LAG Frankfurt a.M. vom 29.6.1948, SAE 1948 Nr. 51; strittig a.A. etwa ArbG Wiesbaden vom 7.2.1947, Betriebsräterecht S. 19 sowie Landesschlichtungsausschuß Freiburg vom 1.10.1947, Betriebsräterecht S. 20.
[159] LAG Kiel vom 22.6.1948, RdA 1949, 193 (195).
[160] LAG Kiel vom 22.6.1948, RdA 1949, 193 (195).

Auch das LAG Frankfurt kam in seiner Entscheidung vom 2.12.1948 zum Ergebnis, daß eine Arbeitsordnung seit dem Bestehen des Betriebsräte der Vereinbarung mit dem Betriebsrat bedürfe und nicht mehr einseitig erlassen werden kann[161]. Im Streit stand eine Betriebsbekanntmachung des Arbeitgebers vom 1.2.1946, also vor Erlaß des KRG Nr. 22, in der die Lohnzahlungstermine abweichend von einer späteren Betriebsordnung geregelt waren. Das LAG Frankfurt führte aus, daß durch die Betriebsbekanntmachung vorher festgelegte Lohnzahlungstermine nicht wirksam abbedungen worden seien. Am 1.2.1946 habe noch in ganz Deutschland das AOG gegolten, in dessen § 26 geregelt gewesen sei, daß in jedem Betrieb eine Betriebsordnung zu erlassen sei. Es sei aber fraglich, ob die Betriebsbekanntmachung den Bestimmungen des AOG entspreche. Eine Betriebsordnung habe nämlich einen ganz bestimmten Inhalt haben müssen[162]. Weiterhin habe am 1.2.1946 das KRG Nr. 22 zwar noch nicht gegolten, allerdings wären überall Betriebsräte eingesetzt gewesen, die bei dem Erlaß von Betriebsordnungen mitzuwirken gehabt hätten. Es habe somit ein Rechtszustand bestanden, der der Zeit vor dem Erlaß des AOG ähnlich gewesen sei[163]. Eine selbstverständliche Rechtsfolge der Wiedereinführung der Betriebsräte sei es aber gewesen, daß sie, wie vor 1934, beim Erlaß einer Betriebsordnung mitzuwirken gehabt hätten. Da der Betriebsrat beim Erlaß der in Frage stehenden Betriebsordnung in keiner Weise mitgewirkt habe, komme ihr keinerlei Rechtswirkung zu[164].

Auch in der Literatur wurde - soweit ersichtlich - einhellig davon ausgegangen, daß der Arbeitgeber nach Erlaß des KRG Nr. 22 nicht mehr befugt sei, Betriebsordnungen einseitig zu erlassen. Nach Loppuch könne eine Materie dann nicht durch einseitige Unternehmer-Anordnung geregelt werden, wenn das Gesetz zur Regelung bestimmter Fragen die Form der Betriebsordnung vorgesehen hat. Die Materie sei in diesem Bereich dem Direktionsrecht des Arbeitgebers entzogen[165]. Loppuch vertritt weitergehend sogar die Auffassung, daß die einseitigen Betriebsordnungen, die unter Geltung des AOG erlassen wurden, zusammen mit dem AOG durch das KRG Nr. 40 aufgehoben wurden[166]. Müller führte aus, daß

---

[161] LAG Frankfurt a.M. vom 3.12.1948, WA 1949 Nr. 81.

[162] LAG Frankfurt a.M. vom 3.12.1948, WA 1949 Nr. 81.

[163] LAG Frankfurt a.M. vom 3.12.1948, WA 1949 Nr. 81. Die Ausführungen des LAG erscheinen widersprüchlich, zunächst führt das LAG aus, daß das AOG noch wirksam gewesen wäre, zum anderen habe aber hinsichtlich der Beteiligung des Betriebsrats ein Rechtszustand wie vor Erlaß des AOG bestanden. Meines Erachtens ist die Anerkennung der Betriebsräte und die Zubilligung von Mitwirkungsrechten vor Erlaß des KRG Nr. 22 nur vertretbar, wenn man die Ansicht vertritt, daß das AOG schon gegen MRG Nr. 1 verstoßen und damit die Aufhebung durch KRG Nr. 40 rein deklaratorischen Charakter gehabt habe.

[164] LAG Frankfurt a.M. vom 3.12.1948, WA 1949 Nr. 81.

[165] Loppuch "Komm. zum BRG" S. 80.

[166] Loppuch "Komm. zum BRG" S. 79.

der Betriebsrat durch Art. V Abs. 1 b KRG Nr. 22 die Befugnis erhalten habe, in Zusammenwirken mit dem Arbeitgeber Betriebsordnungen zu erlassen. Damit sei aber auch gesagt, daß der Betriebsrat hier gleichberechtigter Partner des Arbeitgebers sei, weshalb für den Abschluß einer Betriebsordnung der übereinstimmende Wille von Arbeitgeber und Betriebsrat notwendig sei[167].

10.2.5.3. Informationsrechte des Betriebsrats

Das KRG Nr. 22 enthielt auch hinsichtlich der Informationsrechte des Betriebsrats keine detaillierte Regelung, sondern traf in Art. VI Abs. II lediglich die Regelung, daß der Arbeitgeber dem Betriebsrat in regelmäßigen Zeitabständen alle Unterlagen zu unterbreiten habe, die zur Erfüllung seiner grundsätzlichen Aufgaben erforderlich seien[168].

In bezug auf diese Regelung stand die Frage im Vordergrund, ob der Betriebsrat einen Anspruch auf Einsichtnahme der Lohn- und Gehaltslisten hat. In der Literatur war diese Frage umstritten. Nach Loppuch gehöre es gemäß Art. V Abs. 1 a KRG Nr. 22 zu den wesentlichen Aufgaben des Betriebsrats die Einhaltung der Tarifverträge zu überwachen. Der Betriebsrat habe deshalb einen Anspruch auf urkundliche Information über alle im Tarifvertrag geregelten Angelegenheiten, insbesondere habe er das Recht, die Lohn- und Gehaltslisten aller im Betrieb beschäftigten und dem Tarifvertrag unterliegenden Personen einzusehen[169]. Wollenberger hingegen lehnte aus einer Gesamtschau von Abs. 2 und Abs. 3 des Art. VI KRG Nr. 22 ein direktes Einsichtsrecht des Betriebsrats ab. Art. VI Abs. 3 laute nach wortlautgetreuen Übersetzung "Die Angelegenheiten, über die der Unternehmer dem Betriebsrat Berichte unterbreiten soll, sollen Gegenstand einer Vereinbarung zwischen Betriebsrat und Arbeitgeber sein"[170]. Daraus ergebe es sich aber, daß der Betriebsrat nur dann ein Recht auf Einsichtnahme habe, solange eine Regelung durch Betriebsvereinbarung vorliege. Art. VI Abs. 2 KRG Nr. 22 gebe damit aber lediglich einen Normierungsanspruch auf eine gegenständlich umschriebene Betriebsvereinbarung[171].

---

167 Müller BB 1948, 106 (107).

168 So die "offizielle" deutsche Übersetzung des fremdsprachlichen Originals. Wollenberger, BB 1949, 18, übersetzt die Vorschrift ausgehend vom englischen Originaltext: "Der Unternehmer soll dem Betriebsrat periodisch alle Nachrichten unterbreiten, die ihn befähigen seine grundlegenden Aufgaben zu erfüllen."

169 Loppuch, Komm. zum BRG, S. 88; vgl. auch Zigan, Betriebsvereinbarungen nach KRG Nr. 22, S. 38, der von einem allgemeinen, wenn auch auslegungsbedürftigem Auskunftsrecht ausgeht.

170 Wollenberger BB 1949, 18 (19).

171 Wollenberger BB 1949, 18 (19); zust. Losacker BB 1949, 710 (711) unter Verweis auf LAG Hamm vom 16.10.1947; a.A. Engler, BRG Hessen, S. 242.

Das LAG Frankfurt hatte dann in seiner Entscheidung vom 26.10.1949 darüber zu befinden, ob der Betriebsrat ein Recht auf Einsichtnahme der Gehaltslisten hatte[172]. Im von ihm zu entscheidenden Fall hatte der Arbeitgeber dem Betriebsrat anläßlich einer Erhöhung von Tarifgehältern eine Liste von Angestellten vorgelegt, die nach seiner Auffassung zu hoch eingruppiert worden seien, so daß ihnen die Leistungszulage nicht in dieser Form gewährt werden könne. Der Betriebsrat erklärte sich mit einer Überprüfung einverstanden, forderte aber, um eine Vergleichsmöglichkeit zu haben, die Überprüfung aller Angestelltengehälter und verlangte die Vorlage der Lohn- und Gehaltslisten[173]. Das LAG Frankfurt bejahte den Anspruch des Betriebsrats auf Vorlage der Gehaltslisten und begründete seine Ansicht sowohl mit dem BRG Hessen, als auch mit dem KRG Nr. 22. Ein Mitbestimmungsrecht des Betriebsrats bei der Umgruppierung ergebe sich aus § 37 BRG Hessen, es handele sich um ein Mitbestimmungsrecht in personellen Fragen. § 37 II S.2 BRG Hessen regele zwar nur das Recht der Einsichtnahme in Unterlagen von Neueinstellungen. Diese Regelung sei aber nicht abschließend. Der Anspruch des Betriebsrats auf Einsichtnahme sei hier vielmehr aus dem gesamten Inhalt des Mitbestimmungsrechts herzuleiten[174]. Auf Grund seines Mitbestimmungsrechts in personellen Fragen habe sich der Betriebsrat zur Umgruppierung von bestimmten Angestellten zu äußern; dieses könne er allerdings nur dann sachgemäß tun, wenn er auf Grund einer allgemeinen Gehaltsübersicht gewisse Grundsätze aufstellen könne. Soweit es sich dabei um eine Neugruppierung handele, stehe die Einsichtnahme in die gesamten Gehaltslisten im engsten Zusammenhang mit dem Mitbestimmungsrecht in sozialen Fragen[175]. Die Pflicht des Arbeitgebers zur Geheimhaltung der Gehälter gegenüber den Angestellten stehe dem Einsichtsrecht nicht entgegen, da der Betriebsrat selbst zur Geheimhaltung verpflichtet sei. Dieses Recht des Betriebsrats lasse sich aber auch aus § 3 des Gesetzes über die Lohnstatistik vom 22.8.1949 folgern[176]. Das Einsichtsrecht resultiere aber auch aus Art. VI Abs. 2

---

[172] LAG Frankfurt a.M. vom 26.10.1949, BB 1949, 664.

[173] LAG Frankfurt a.M. vom 26.10.1949, BB 1949, 664.

[174] LAG Frankfurt a.M. vom 26.10.1949, BB 1949, 664; das LAG Frankfurt verläßt damit den Rahmen der normierten Mitbestimmungsrechte und leitet so erweiterte Mitbestimmungsrechte her. Losacker, BB 1949, 710 (711), spricht insoweit zu Recht von einer bedenklichen Verwischung der Mitbestimmungsrechte.

[175] LAG Frankfurt a.M. vom 26.10.1949, BB 1949, 664; die Bezugnahme des LAG Frankfurt auf die Mitbestimmungsrechte in sozialen Angelegenheiten überrascht, da sich auch aus den §§ 34, 35 BRG Hessen ein Mitbestimmungsrecht nicht herleiten läßt. § 53 BRG Hessen gewährte ein Einsichtsrecht in gewisse Unterlagen, das LAG Frankfurt konnte sich allerdings nicht auf diese Vorschrift stützen, da sie als Teil des wirtschaftlichen Mitbestimmungsrechts von der Militärregierung suspendiert war.

[176] LAG Frankfurt a.M. vom 26.10.1949, BB 1949, 664. § 3 des Gesetzes regelte, daß zu Zwecken der Lohnstatistik die Erhebungspapiere auf Verlangen dem Betriebsrat einzureichen waren. Aus diesem Gesetz ergibt sich damit lediglich ein Einsichtsrecht in einem speziellen Fall, womit aber die geäußerten Geheimhaltungsbedenken relativiert werden; vgl zu diesen Bedenken Losacker BB 1949, 710 (711).

KRG Nr. 22, aus dem es sich ergebe, daß der Arbeitgeber zur Ausübung des gesetzlichen Mitbestimmungsrechts alle Unterlagen, also auch die Gehaltslisten dem Betriebsrat in regelmäßigen Zeitabständen vorzulegen habe[177].

Das LAG Frankfurt billigte in seiner Entscheidung dem Betriebsrat ein unbeschränktes Recht auf Einsichtnahme in die Gehaltslisten zu und ging insoweit über die Rechtsprechung des RAG und einem Großteil der Literatur zum BRG 1920 hinaus[178]. Dieses überrascht insbesondere deshalb, weil in § 71 BRG 1920 ein sehr weitgehendes Einsichtsrecht normiert war, daß von der Rechtsprechung restriktiv ausgelegt wurde, während sich aus dem Wortlaut des BRG Hessen ein Einsichtsrecht nur schwer ableiten ließ. Bei einer Zusammenschau der Entscheidungen des LAG Hessen zum Betriebsräterecht läßt sich damit aber durchaus eine Tendenz zu einer Ausweitung der Mitbestimmungsrechte des Betriebsrats feststellen. Allerdings muß bemerkt werden, daß diese "mitbestimmungsfreundlichen" Entscheidungen in der juristischen Herleitung häufig kaum überzeugen konnten.

10.2.6. Schutz und Stellung des Betriebsratsmitglieds[179]

10.2.6.1. Recht bzw. Pflicht des Betriebsratsmitglieds zur Amtsniederlegung

Im KRG Nr. 22 war eine Amtsenthebung oder eine Absetzung des Betriebsrats oder eines einzelnen Betriebsratsmitglieds nicht geregelt. Art. III Abs. 2 KRG Nr. 22 beließ es lediglich bei der Regelung, daß der Betriebsrat sein Amt höchstens ein Jahr ausübe, wobei die Wiederwahl zulässig sei. In der Literatur wurde

---

[177] LAG Frankfurt a.M. vom 26.10.1949, BB 1949, 664; a.A. Wollenberger BB 1949, 18 (19) sowie Losacker BB 1949, 710 (711). A.A. LAG Hamm vom 16.10.1947, zit. in Betriebsräterecht S. 24 f, wo die Zuständigkeit des ArbG für einen solchen Rechtsstreit verneint, da die Liste des Art. II KRG Nr. 21 abschließend sei, Art. II Nr. 5 KRG Nr. 21 knüpfe lediglich an eine bestehende Betriebsvereinbarung an (zust.Oehmann RdA 1950, 140). Hinsichtlich der Zuständigkeit der Arbeitsgerichtsbarkeit wurde vom LAG Frankfurt in ständiger Rechtsprechung eine weitgehende Zuständigkeit angenommen (LAG Frankfurt vom 11.3.1947, insoweit zit. in Betriebsräterecht S. 36; vom 2.4.1948, WA 1948 Nr.201; vom 29.6.1948, WA 1948 Nr. 228); während das LAG Hamm durchgehend eine beschränkte Zuständigkeit annahm (vgl. LAG Hamm vom 13.3.1947, ArbR. Entscheidungen 1947 Nr. 6).

[178] Vgl. RAG vom 28.2.1930, zit bei Zigan "Betriebsvereinbarungen nach KRG Nr. 22" Fn. 146, wonach der Arbeitgeber nicht zu einer beliebigen, sondern nur zu einer begrenzten Auskunft verpflichtet sei; RAG vom 31.5.1930, zit. bei Losacker BB 1949, 710, wonach der Betriebsrat darlegen müsse, daß und inwiefern die Vorlegung der von ihm geforderten Unterlagen zur Durchführung des Tarifvertrages erforderlich sei. Siehe auch Mansfeld, BRG § 71 Anm. 3 b, nach dem der Arbeitgeber berechtigt sei zu überprüfen, ob Gründe für das Auskunftsverlangen des Betriebsrats vorliegen.; a.A. Flatow, BRG § 71 Anm. 8, nach dem die Lohnbücher ohne Einschränkung jederzeit vorzulegen sind.

[179] Die umstrittene Problematik, ob aus Art IX KRG Nr. 22 ein Kündigungsschutz hergeleitet werden kann, wurde bereits im Kapitel Kündigung und Kündigungsschutz behandelt.

die Frage, ob ein Betriebsratsmitglied seines Amtes enthoben werden kann, unterschiedlich beurteilt. Loppuch folgerte gerade daraus, daß ein Amtsenthebungsverfahren nicht vorgesehen ist, daß die Belegschaft die Möglichkeit haben müsse, einen ungeeigneten Betriebsrat durch einen neuen zu ersetzen[180]. Sie könne daher den Betriebsrat abberufen und einen neuen wählen. Die Abberufung und Neuwahl könne sich dabei auf ein Betriebsratsmitglied oder den gesamten Betriebsrat beziehen[181]. Ein Betriebsratsmitglied könne allerdings nicht durch einen Beschluß des Betriebsrats seines Amtes enthoben werden. Auch Regelungen in der Geschäftsordnung des Betriebsrates seien nichtig, da Wahl und Abberufung nicht Sache des Betriebsrats, sondern der Belegschaft seien[182]. Engler hingegen lehnte die Möglichkeit einer Amtsenthebung ab, soweit diese Möglichkeit und das Verfahren nicht gesetzlich festgelegt seien. Ein Mißtrauensvotum wirke sich deshalb nur insoweit auf das Betriebsratsmitglied ein, als es ihm nahegelegt werde, "freiwillig" zurückzutreten[183]

Im Bereich der Rechtsprechung ist im für diese Arbeit relevanten Zeitraum - soweit ersichtlich - lediglich eine Entscheidung des LAG München veröffentlicht, die sich mit diesen Fragenkomplex beschäftigt. Das LAG München hatte sich in seiner Entscheidung vom 12.1.1949 mit der Absetzung eines Betriebsratsmitglieds durch die Betriebsversammlung zu beschäftigen[184]. Es führte aus, daß es im KRG Nr. 22 keine Bestimmung gebe, die die Absetzung eines Betriebsratsmitglieds erlaube. Insbesondere würde es keine Bestimmung geben, die dem § 39 BRG 1920 entspreche und eine Abberufung oder Absetzung im arbeitsgerichtlichen Beschlußverfahren ermögliche. Die einzige Regelung für ein vorzeitiges Ende des Betriebsratsamtes gebe es in Art. X KRG Nr. 22, wonach die Behörden der Militärregierungen Betriebsräte entlassen könne, wenn ihre Tätigkeit den Zielen der Besatzungsmacht entgegen gerichtet ist und oder gegen die Bestimmungen des KRG Nr. 22 verstößt. Die einjährige Wahlperiode des Betriebsrats sei an sich schon kurz, während dieser Wahlperiode müsse für das Betriebsratsmitglied aber nicht nur Schutz gegenüber dem Arbeitgeber, sondern auch Stetigkeit und Kontinuität in seiner Arbeit gegeben sein. Mit der Wahl habe aber ein Betriebsratsmitglied die Vertrauensgrundlage für die gesamte Amtszeit[185]. Den Belegschaftsmitgliedern sei allerdings dadurch keineswegs die Möglichkeit genommen, an Betriebsratsmaßnahmen oder Betriebsratsmitgliedern Kritik zu üben. Das Aufgabengebiet der Betriebsversammlungen unter Mitwirkung der Gewerkschaften und unter grundsätzlichem Ausschluß des Arbeitgebers gebe das Feld dafür. In solchen Versammlungen könnten auch Vertrauensfragen aufgeworfen werden, wobei es einem Betriebsrats-

[180] Loppuch, Komm. zum BRG, S. 57.
[181] Loppuch, Komm. zum BRG, S. 57.
[182] Loppuch, Komm. zum BRG, S. 58.
[183] Engler, BRG Hessen, S. 98 f.
[184] LAG München vom 12.1.1949, AP 50 Nr. 39.
[185] LAG München vom 12.1.1949, AP 50 Nr. 39.

mitglied unbenommen sei, aus einer solchen Vertrauensfrage die Konsequenzen zu ziehen. Vielleicht bestehe sogar eine betriebsverfassungsrechtliche, gewerkschaftliche und demokratische Pflicht, bei völligem Verlust des Vertrauens von sich aus das Amt niederzulegen. Jedoch liege diese Entscheidung im alleinigen Ermessen des betroffenen Betriebsratsmitgliedes[186]. Für eine Vertrauensfrage müsse aber mindestens verlangt werden, daß Betriebsversammlungen völlig außerhalb des Einflusses des Arbeitgebers bleiben und daß das Betriebsratsmitglied gegebenenfalls unter Belehrung der Gewerkschaft von sich aus zur Vertrauensfrage Stellung nimmt und, seine Handlungen begründet und um den Fortbestand des Vertrauens ringt. Jede andere Betrachtung der Rechtslage würde die Gefahr einer Störung langfristiger Betriebsratsarbeit aus Einflüssen des Augenblicks heraus in sich bergen[187]. Die Absetzung des Klägers in dieser Betriebsversammlung sei also schon dem Rechtsgrunde nach ungesetzlich, so daß es einer Untersuchung der Vorbereitung zu dieser Versammlung und der Vorgänge selbst, namentlich unter dem Gesichtspunkt einer unzulässigen Einflußnahme durch den Arbeitgeber nicht bedürfe[188].

Während die Frage, ob ein Betriebsratsmitglied nach dem KRG Nr. 22 verpflichtet werden kann, sein Amt niederzulegen, unterschiedlich beurteilt wurde, wurde die Möglichkeit der freiwilligen Amtsaufgabe in Literatur und Rechtsprechung einhellig vertreten. Genannt sei insoweit lediglich die Entscheidung des LAG Frankfurt vom 9.2.1949, in der ein freiwilliger Amtsverzicht für möglich gehalten wurde[189]. Die Annahme des Betriebsratsamtes sei ein Akt freiwilliger Entschließung, weshalb das Betriebsratsmitglied auch freiwillig vor Ablauf der Wahlperiode auf sein Amt verzichten könne. Die Amtsniederlegung sei schon im BRG 1920 als einer der Gründe der Beendigung des Amtes als Betriebsratsmitglied angegeben und sei ebenso in § 24 BRG Hessen als ein Erlöschensgrund aufgeführt. Dieser Amtsverzicht sei auch an keinerlei Form gebunden[190]. Allerdings müsse der Amtsniederlegung eine genügend deutliche Erklärung zugrunde liegen, um unzweifelhaft den Willen zur Abgabe des Amtes erkennen zu lassen. Die Beweislast für die Amtsniederlegung liege bei der Ar-

[186] LAG München vom 12.1.1949, AP 50 Nr. 39; das LAG München stellt die Entscheidung über die Aufgabe des Betriebsratsamtes damit zwar in das Ermessens des Mitglieds, räumt allerdings der Betriebsversammlung die Möglichkeit ein, auf das Mitglied Druck auszuüben.

[187] LAG München vom 12.1.1949, AP 50 Nr. 39; nach dem LAG München hat die Ablehnung des Vertrauens durch die Belegschaft keinerlei Rechtswirkung, gleichwohl stellt das LAG dann aber förmliche Voraussetzungen an den Beschluß der Betriebsversammlung, wobei wohl nur bei Einhaltung dieser Voraussetzungen die nicht durchsetzbare "Pflicht" zur Amtsniederlegung bestehen soll.

[188] LAG München vom 12.1.1949, AP 50 Nr. 39.

[189] LAG Frankfurt a.M. vom 9.2.1949, BB 1949, 600.

[190] LAG Frankfurt a.M. vom 9.2.1949, BB 1949, 600; ebenso LAG Hamburg vom 11.5.1949, SAE 1950 Nr. 4; zust. auch Loppuch "Komm. zum BRG" S. 56.

beitgeberin, die damit also zu beweisen habe, daß eine solche unzweifelhafte Erklärung vorliege[191].

10.2.6.2. Bezahlung und Freistellung des Betriebsratsmitglieds

Die Arbeitsgerichte hatten sich mehrfach mit der Frage der Arbeitsfreistellung des Betriebsratsmitglieds zur Durchführung der Betriebsratstätigkeit und mit Fragen der Bezahlung des Betriebsratsmitglieds zu beschäftigen. Von den Gerichten wurde mehrheitlich dem einzelnen Betriebsratsmitglied ein Freistellungsanspruch gegenüber dem Arbeitgeber insoweit zugebilligt, als seine Betriebsratstätigkeit die Freistellung erfordere. In den meisten Entscheidungen wurde allerdings lediglich von einem solchen Anspruch ausgegangen, ohne diesen zu begründen.

Das LAG Frankfurt versuchte hingegen in seiner Entscheidung vom 25.5.1948 diesen Anspruch auf Arbeitsfreistellung zu begründen[192]. Das LAG erläutert, daß durch das KRG Nr. 22 dem Betriebsrat die Aufgabe übertragen worden sei, die wirtschaftlichen und sozialen Interessen der Arbeitnehmer wahrzunehmen. In der Wahrnehmung dieser Interessen dürfe der Betriebsrat nach Art. IX KRG Nr. 22 nicht gehindert werden, wobei es Sinn dieses Schutzgesetzes sei, dem Betriebsrat eine unabhängige Stellung zu verschaffen, die es ihm ermögliche, die Interessen der Arbeitnehmer gegenüber dem Arbeitgeber mit Nachdruck zu vertreten. Daraus ergebe es sich aber, daß der Betriebsrat von seiner Verpflichtung zur Arbeitsleistung insoweit freizustellen sei, als es seine Tätigkeit als Betriebsrat erfordere[193].

Auch das LAG Düsseldorf ging in seiner frühen Entscheidung vom 26.11.1947 im Grundsatz von einem Freistellungsanspruch aus[194]. Das LAG Düsseldorf lehnte allerdings einen Anspruch auf vollständige Freistellung von der Arbeit ab. Es bestehe keine gesetzliche Grundlage einen Betriebsratsvorsitzenden von der ihm aus dem Arbeitsvertrag obliegenden Arbeit völlig zu befreien. Im Gegenteil solle ein Betriebsratsvorsitzender seinen Stolz darein setzen, Arbeiter zu sein und als solcher seine Obliegenheiten im Interesse der übrigen Betriebsangehörigen zu erfüllen[195]. Im Ergebnis sah das LAG Düsseldorf die fristlose Kündigung des Betriebsratsvorsitzenden als berechtigt an, obwohl der Betriebsratsvorsitzende am Anfang im Einvernehmen mit seinem Arbeitgeber von der

---

[191] LAG Frankfurt a.M. vom 9.2.1949, BB 1949, 600.
[192] LAG Frankfurt a.M. vom 25.5.1948, ArbR.i.St. I Ziff. 264.
[193] LAG Frankfurt a.M. vom 25.5.1948, ArbR.i.St. I Ziff. 264.
[194] LAG Düsseldorf vom 26.11.1947, WA 1948 Nr. 90.
[195] LAG Düsseldorf vom 26.11.1947, WA 1948 Nr. 90.

Arbeit freigestellt war und sich die Betriebsratsmehrheit für eine völlige Freistellung von der Arbeit eingesetzt hatte[196].

Die Gerichte billigten im Ergebnis durchgängig einen Anspruch des Betriebsratsmitglieds auf Freistellung, soweit dies im Rahmen der Betriebsratstätigkeit erforderlich ist. Die oben genannte Entscheidung des LAG Düsseldorf zeigt aber, daß eine Überschreitung dieser Grenzen dazu führen konnte, daß der Arbeitgeber zu einer Kündigung berechtigt ist. Die Frage der Erforderlichkeit der Freistellung beschäftigte in der Folge die Gerichte immer wieder.

Das LAG Düsseldorf hatte sich etwa mit einer Lohnzahlungsklage eines Betriebsratsvorsitzenden zu befassen, der Lohn für die Zeit verlangte, in der eine Betriebsversammlung auf seine Festsetzung hin während der Arbeitszeit stattgefunden hatte, und für die Zeit, in der er während der üblichen Arbeitszeit auswärtige Baustellen besuchte[197]. Das LAG Düsseldorf bejahte jeweils den Lohnanspruch für die Ausfallzeiten. Zu der Betriebsversammlung führte das Gericht aus, daß der Betriebsrat gemäß Art. VIII KRG Nr. 22 verpflichtet sei, eine Generalversammlung aller Arbeitnehmer des Betriebes einzuberufen. Im Gesetz fehle eine Regelung darüber, wann eine solche Versammlung stattzufinden habe. Der Zweck einer solchen Versammlung sei es, möglichst viele Arbeitnehmer zu erreichen, weshalb der Vorsitzende zu prüfen habe, für welchen Termin er mit einer möglichst großen Teilnehmerzahl rechnen könne[198]. Hierbei müsse der Betriebsratsvorsitzende allerdings auch die Interessen des Betriebes berücksichtigen, weshalb er den Termin möglichst so zu legen habe, daß der Betrieb keinen oder nur einen geringen Arbeitsausfall erleide. Es bestehe aber keine Pflicht die Betriebsversammlung außerhalb der Arbeitszeit stattfinden zu lassen. Die Regelung des § 46 a BRG 1920 sei nicht mehr in Kraft und könne auch nicht heran gezogen werden, da die Stellung des Betriebsrats eine andere sei als nach dem früheren Betriebsräterecht. Der Betriebsratsvorsitzende könne deshalb als gleichberechtigter Partner im Arbeitsleben nach pflichtgemäßen Ermessen entscheiden, wann er eine Betriebsversammlung ansetze, um ihr eine möglichst großen Erfolg zu sichern[199]. Aus diesen Gründen könne auch eine Betriebsversammlung während der Arbeitszeit angesetzt werden, wenn nur zu dieser Zeit eine möglichst große Teilnehmerzahl gesichert sei. In diesem Fall habe sich der Kläger an diese Grundsätze gehalten, weshalb er gemäß §§ 611, 616

---

[196] LAG Düsseldorf vom 26.11.1947, insoweit zit. ArbR.i.St I Ziff. 531; zust. ArbG Mannheim vom 28.7.1949, ArbR.i.St. III Ziff. 443.

[197] LAG Düsseldorf vom 1.7.1949, SAE 1950 Nr. 3.

[198] LAG Düsseldorf vom 1.7.1949, SAE 1950 Nr. 3..

[199] LAG Düsseldorf vom 1.7.1949, SAE 1950 Nr. 3; vgl. LAG Hannover vom 3.5.1948, WA 1948 Nr. 249, dort wird allerdings für eine Versammlung während der Arbeitszeit die Zustimmung des Arbeitgebers gefordert.

BGB einen Anspruch auf Lohn habe[200]. Auch für die Ausfallzeiten wegen der Baustellenbesuche billigte das LAG Düsseldorf den Lohnanspruch zu. Gemäß Art. V KRG Nr. 22 sei es die Aufgabe der Betriebsräte, mit den Arbeitnehmern über die Arbeitsbedingungen zu verhandeln und insbesondere dafür zu sorgen, daß alle Schutzvorrichtungen getroffen werden, um Unfälle zu verhindern[201]. Um diesen Aufgaben gerecht zu werden, müsse der Kläger als Betriebsratsvorsitzender die einzelnen Baustellen besuchen. Es reiche nicht aus, daß er sich von anderen Betriebsratsmitgliedern über die Zustände auf den auswärtigen Baustellen unterrichten lasse, sondern er müsse selbst an Ort und Stelle alle notwendigen Feststellungen durch Inaugenscheinnahme treffen, da er letzten Endes dafür verantwortlich sei, etwaige Mängel abzustellen[202]. Der Betriebsratsvorsitzende könne aber für diese Besuche nicht beliebig viel Zeit in Anspruch nehmen, sondern es müsse gefordert werden, daß dem Betrieb durch das weitere Freistellen von der Arbeit kein zu großer Arbeitsausfall entstehe. Hier habe der Arbeitsausfall aber noch nicht einmal 10 % der zu leistenden Arbeitszeit ausgemacht, so daß kein so schwerwiegender Arbeitsausfall entstanden sei, als daß dem Arbeitgeber die Tragung nicht zugemutet werden könne. Der Arbeitgeber müsse den Kläger damit die Ausfallzeiten vergüten, wobei sich der Lohnanspruch aus KRG Nr. 22 iVm. den §§ 611, 616 BGB ergebe[203].

Auch das LAG Baden billigte es dem Betriebsratsvorsitzenden zu, auswärtige Baustellen zu besuchen und im Sinne der ihm übertragenen Aufgaben zu überwachen[204]. In diesem Fall trug der Kläger nicht im einzelnen vor, welche Baustellen er wann und aus welchem Grund besucht hatte, woraufhin das LAG Baden lediglich die vom Arbeitgeber gewährte Freistellung als ausreichend ansah. Das LAG führte aus, daß sich der Betriebsratsvorsitzende nicht nach Gutdünken oder nach seiner persönlichen Auffassung soviel Freizeit zur Erledigung seiner Betriebsratstätigkeit nehmen könne, als es ihm beliebe. Seine Freistellung bestimme sich vielmehr nach objektiven Gesichtspunkten, die aus dem dem Be-

---

[200] LAG Düsseldorf vom 1.7.1949, SAE 1950 Nr. 3; so auch LAG Hannover vom 3.5.1948, WA 1948 Nr. 249, unter Verweis darauf, daß jede im Interesse des Betriebes verwertete Arbeitskraft den Lohnanspruch auslöse, wobei die Teilnahme an einer Generalversammlung im Interesse des Betriebes liege.

[201] LAG Düsseldorf vom 1.7.1949, SAE 1950 Nr. 3.

[202] LAG Düsseldorf vom 1.7.1949, SAE 1950 Nr. 3; das LAG nimmt hier offensichtlich besondere Befugnisse und Verpflichtungen des Betriebsratsvorsitzenden an, ohne diese Sonderstellung, die im KRG Nr. 22 offensichtlich nicht vorgesehen ist, näher zu begründen; vgl. hierzu Marwedel Anm. zu LAG Düsseldorf SAE 1950 Nr. 3.

[203] LAG Düsseldorf vom 1.7.1949, SAE 1950 Nr. 3; krit. Marwedel, Anm. zu LAG Düsseldorf SAE 1950 Nr. 3, der die Problematik der Beweislastverteilung anspricht und konkreten Sachvortrag des Klägers zu den Ausfallzeiten verlangt. Weiterhin sei die Problematik der Versagung der Freistellung über Art. IX KRG Nr. 22 zu entscheiden.

[204] LAG Baden vom 4.11.1949, SAE 1950 Nr. 12; zu beachten ist, daß die Entscheidung unter Geltung des BRG Württ.- Baden (Gesetz Nr. 726) erlassen wurde und das Gericht die Aufgaben des Betriebsrates diesem Gesetz entnommen hat.

triebsrat übertragenen Aufgabenkreis zu entnehmen seien. Auch der gesamte Betriebsrat könne für den Betriebsrat nicht bindend die Dauer der Freistellung des Vorsitzenden von der Arbeit beschließen[205]. An einer anderen Stelle der Entscheidung hatte das LAG schon betont, daß eine Freistellung des Betriebsratsvorsitzenden für eine sogenannte überbetriebliche Tätigkeit von vornherein nicht in Betracht komme[206].

Das LAG Frankfurt hatte sich in seiner Entscheidung vom 11.5.1949 mit der fristlosen Kündigung eines Betriebsratsmitglieds wegen beharrlicher Arbeitsverweigerung zu befassen[207]. Dem beklagten Unternehmen war aufgefallen, daß der Kläger mehr als viermal soviel Arbeitszeit für seine Betriebsratstätigkeit aufwandte als die anderen Betriebsratsmitglieder. Nach einer Rücksprache mit dem betroffenen Betriebsratsmitglied, bei der, nach Ansicht der Beklagten, der Zeitaufwand nicht ausreichend erklärt werden konnte, erklärte die Beklagte nach Einholung der Zustimmung des Betriebsrats die fristlose Kündigung[208]. In § 21 II BRG Hessen war insoweit geregelt, daß Mitglieder des Betriebsrats von ihrer Tätigkeit freizustellen sind, soweit ihre Betriebsratstätigkeit es erfordert. Das LAG kam nach Durchführung der Beweisaufnahme zum Ergebnis, daß der Kläger die erforderliche Zeit nicht überschritten habe, um sich einen Vermögensvorteil zu verschaffen, sondern seinem großen Geltungsbedürfnis und übertriebenem Ehrgeiz folgend, da er der Ansicht war, die Belange der Belegschaft würden von den übrigen Betriebsratsangehörigen nicht ausreichend wahrgenommen. Dieses genüge nach Ansicht des Gerichts allerdings nicht für die Annahme einer beharrlichen Arbeitsverweigerung[209]. Die fristlose Kündigung sei allerdings zugleich als Kündigung zum nächstzulässigen Termin auszulegen, wobei der Betriebsrat dieser Kündigung zugestimmt habe. Nach Ansicht des Gerichts müsse insoweit aber berücksichtigt werden, daß der Kläger seit über 10 Jahren im Betrieb arbeite und die Kündigung ihn in der "jetzigen Zeit" besonders hart treffe, weshalb die Kündigung als unbillig hart im Sinne des § 42 BRG Hessen erscheine[210]. Allerdings sei die Fortsetzung des Arbeitsverhältnisses für den Arbeitgeber gemäß § 44 III BRG Hessen nicht zumutbar gewesen. Der Kläger habe das Vertrauen des Arbeitgebers durch sein Verhalten zerstört und auch die nötige Rücksichtnahme auf die Belange des Arbeitgebers vermissen lassen. Durch die übermäßige Inanspruchnahme von Arbeitszeit für

---

[205] LAG Düsseldorf vom 1.7.1949, SAE 1950 Nr. 3; Riedel, Anm. zu LAG Baden SAE 1950 Nr. 12, schätzt die Ausarbeitung dieser Grundsätze als besonders verdienstvoll ein.

[206] LAG Düsseldorf vom 1.7.1949, SAE 1950 Nr. 3; der Betriebsratsvorsitzende hatte hier Schuhbestellungen der Arbeiter entgegengenommen und die Schuhe bei der Gewerkschaft zu billigeren Preisen besorgt sowie die Arbeitnehmern bei der Durchsetzung von Forderungen gegen frühere Arbeitgeber unterstützt.

[207] LAG Frankfurt a.M. vom 11.5.1949, AP 50 Nr. 316.

[208] LAG Frankfurt a.M. vom 11.5.1949, AP 50 Nr. 316.

[209] LAG Frankfurt a.M. vom 11.5.1949, AP 50 Nr. 316.

[210] LAG Frankfurt a.M. vom 11.5.1949, AP 50 Nr. 316.

Betriebsratsgeschäfte habe der Kläger den Glauben an seine Zuverlässigkeit und Pflichttreue erheblich beeinträchtigt. Hinzu komme, daß es bereits im Jahre 1947 zu erheblichen Differenzen gekommen sei, als sich der Kläger durch einen Sitzstreik einem Vertragsbruch schuldig gemacht habe. Insgesamt sei damit aber eine Weiterbeschäftigung der Beklagten nicht mehr zumutbar gewesen, so daß eine Verurteilung zur Fortsetzung des Arbeitsverhältnisses nicht in Betracht komme, sondern gemäß § 45 BRG Hessen eine Entschädigung habe festgesetzt werden müssen[211].

Zusammenfassend läßt sich feststellen, daß die Gerichte den Betriebsratsmitgliedern durchgängig einen Anspruch auf Freistellung zubilligt haben, soweit diese Freistellung für die Betriebsratstätigkeit notwendig war, wobei dieser Anspruch auf Freistellung in der Folge in den entstehenden Betriebsrätegesetzen der Länder zumeist ausdrücklich festgeschrieben wurde[212]. Die genannten Entscheidungen des LAG Düsseldorf vom 26.11.1947 und des LAG Frankfurt vom 11.5.1949 belegen allerdings, daß auch eine unbeabsichtigte Überschreitung dieser Grenze der Erforderlichkeit die Gefahr des Arbeitsplatzverlustes nach sich ziehen konnte.

Von den Arbeitsgerichten war in diesem Zusammenhang weiter darüber zu befinden, ob der Arbeitgeber für Zeiten Lohn zu zahlen hat, in denen sich Betriebsratsmitglieder auf einer Schulungsveranstaltung befinden.

Das LAG Frankfurt lehnte einen Lohnanspruch des Betriebsratsmitglieds in seiner Entscheidung vom 23.2.1949 ab[213]. Dem Rechtsstreit lag zugrunde, daß der Kläger als Betriebsratsmitglied an einer gewerkschaftlichen Schulungsveranstaltung teilgenommen hatte, die sich hauptsächlich mit Fragen des Betriebsräterechts beschäftigte. Die Beklagte weigerte sich den Lohn für die 6 Stunden dauernde Schulung zu zahlen. Der Kläger stützte den von ihm geltend gemachten Anspruch auf die §§ 21, 22 BRG Hessen und Art. IX KRG Nr.22[214]. Das LAG führte aus, daß es zwar richtig sei, daß der Betriebsvertretung umfangreiche Aufgaben zukämen, die in Art. I, V, VI KRG Nr. 22, Art. 37 II der hessischen Verfassung und den §§ 2, 30-55 BRG Hessen normiert seien. Aus dem gesamten Sinn der genannten Vorschriften ergebe es sich aber, daß die Aufgaben des Betriebsrats auf den Betrieb ausgerichtet seien, weshalb die Betriebs-

---

[211] LAG Frankfurt a.M. vom 11.5.1949, AP 50 Nr. 316; das Gericht verkennt, worauf Bührig - Anm. zu AP 50 Nr. 316 - zu Recht hinweist, daß die Unzumutbarkeit ein Ausnahmefall ist und hier berücksichtigt werden muß, daß nicht davon ausgegangen werden kann, daß der Kläger sein Verhalten fortsetzt. Das LAG scheint hier, nach Wegfall der wahlweisen Verurteilung in Hessen, die Grenzen der Unzumutbarkeit eher niedrig anzusetzen.

[212] Vgl. § 13 BRG Baden; § 21 BRG Bremen; § 21 II BRG Hessen; § 33 BRG Bayern; § 13 III BRG Schleswig-Holstein.

[213] LAG Frankfurt a.M. vom 23.2.1949, SAE 1949 Nr. 25.

[214] LAG Frankfurt a.M. vom 23.2.1949, SAE 1949 Nr. 25.

räte ihre Tätigkeit auch auf diesen Bereich beschränken müßten. Scharf zu trennen davon seien überbetriebliche Aufgaben, die in die Zuständigkeit der Gewerkschaften gehörten. Zur Durchführung der Aufgaben eines Betriebsrats gehöre eine fachliche Eignung, weshalb Schulungskonferenzen der Betriebsräte durchaus wünschenswert seien und im Allgemeininteresse der Wirtschaft lägen. Hieraus könne allerdings nicht gefolgert werden, daß die Erzielung einer solchen fachlichen Eignung zu den betrieblichen Aufgaben des Betriebsrats gehöre. Die Eignung sei vielmehr eine fachliche Voraussetzung, die erst geschaffen werden müsse, um das Amt des Betriebsrats auszuüben. Hierbei handele es sich aber nicht um eine betriebliche Aufgabe, was sich schon daraus ergebe, daß die Schulungsveranstaltung keinerlei Beziehung zu dem einzelnen Betrieb habe[215]. In Art. IX KRG Nr. 22 und in § 21 BRG Hessen sei der Gedanke ausgedrückt, daß Betriebsräte durch Inanspruchnahme ihrer sonst dem Lohnerwerb dienenden Arbeitszeit mit Amtsgeschäften keinen Schaden erleiden sollen. Aus diesem Grundsatz ergebe sich allerdings gleichzeitig auch die Beschränkung, daß nur für die Erfüllung der gesetzlichen Aufgaben der Betriebsvertretung Arbeitszeit in Anspruch genommen werden dürfe. Auf die Art. IX KRG Nr.22 und § 21 BRG Hessen könne die Klageforderung damit aber nicht gestützt werden[216]. Auch aus § 22 BRG Hessen könne der Klageanspruch nicht hergeleitet werden, da nach dieser Vorschrift lediglich die durch die Geschäftsführung entstehenden Kosten vom Arbeitgeber zu tragen seien. Zu den Geschäftsbedürfnissen des Betriebsrats gehöre etwa das nötige Material an Gesetzbüchern und Erläuterungswerken sowie Lehrbücher als Handbibliothek für die praktische Betätigung im Amt. Das Gebiet der Schulungskurse sei hingegen ein so umfassendes und seiner Bedeutung nach so umfangreiches, daß es nicht zu den Geschäftsbedürfnissen der Amtstätigkeit der Betriebsräte gerechnet werden könne[217]. Auch aus der Berufung der Gewerkschaften, mit den Betriebsräten bei der Erfüllung ihrer Aufgaben zusammenzuarbeiten, könne nicht gefolgert werden, daß diese Mitwirkung auf Kosten des einzelnen Betriebes zu erfolgen haben. Hierzu fehle es an einer entsprechenden Rechtsgrundlage. Ansonsten würde den Gewerkschaften auch eine nahezu hoheitliche Stellung eingeräumt, wenn sie jederzeit Schulungskonferenzen einberufen könne und die Kosten den einzelnen Betrieben aufbürde[218]. Insgesamt zeige es sich, daß diese Frage nur durch den Gesetzgeber geregelt werden könne und nicht aus dem Inhalt des BRG und seinem Wesen begründet werden könne. Klarstellend führte das LAG Frankfurt dann noch an, daß der Anspruch aus § 22 BRG Hessen begründet sei, wenn es sich um die Unterrichtung eines Betriebsrats über konkrete seinen Betrieb im praktischen Fall angehende Bestimmungen handele, wobei dieses auch dann gelte,

---

[215] LAG Frankfurt a.M. vom 23.2.1949, SAE 1949 Nr. 25.
[216] LAG Frankfurt a.M. vom 23.2.1949, SAE 1949 Nr. 25.
[217] LAG Frankfurt a.M. vom 23.2.1949, SAE 1949 Nr. 25.
[218] LAG Frankfurt a.M. vom 23.2.1949, SAE 1949 Nr. 25.

wenn derartige Versammlungen mehrere gleichgelagerte Betriebe betreffen würden[219].

Das ArbG Plochingen kam hinsichtlich der Rechtslage im Land Württemberg-Baden zu den gleichen Ergebnissen wie das LAG Frankfurt im Bezug auf das in Hessen geltende Betriebsverfassungsrecht[220]. Das ArbG Pochingen betonte zunächst, daß ein wirkliches Bedürfnis bestehe, die Fragen der Betriebsratsschulungen zu lösen, weshalb es "das Richtigste" gewesen wäre, wenn von der im Tarifvertrag eingeräumten Möglichkeit eine Schlichtungsstelle anzurufen, Gebrauch gemacht worden wäre. Es erscheine nämlich angebrachter, diese Probleme durch kollektive Vereinbarung zu lösen, als durch gerichtliche Auslegung des geltenden Rechts zu einer befriedigenden Lösung zu gelangen. Dieses dürfe auch die Ansicht des Gesetzgebers gewesen sein, da er weder im KRG Nr. 22 noch im Gesetz Nr. 726[221] Regelungen zu diesem Bereich getroffen habe[222]. Das Gericht könne weder in Art. V Abs. 1 a, Art. VII noch in Art. IX KRG Nr. 22 eine rechtliche Entscheidung über die Frage der Lohnzahlung während eines Betriebsratsschulung finden. Auch nach dem Gesetz Nr. 726 übe zwar der Betriebsrat seine Tätigkeit im Zusammenhang mit der Gewerkschaft aus, es fehle aber jeder Hinweis zu Schulungen von Betriebsräten und zur Tragung der Kosten für solche Schulungen[223]. Es gebe auch kein Gewohnheitsrecht, auf das man die Entscheidung dieser Frage stützen könne. Zwar würde die Mehrzahl der Arbeitgeber den Lohn für Ausfallzeiten aufgrund von Betriebsratsschulungen tragen, daraus ergebe sich aber kein Rechtsanspruch. Solche Schulungen seien zwar sehr wichtig und für die Arbeit der Betriebsräte unerläßlich und ein gut geschulter Betriebsrat sei auch für den Arbeitgeber von Interesse, weshalb es erwogen werden könne, den Arbeitgeber so zu beteiligen, daß er den Arbeitsausfall vergüte. Eine solche Vergütungspflicht ergebe sich aber nicht aus dem Gesetz, wobei die Arbeitsgerichte auch nicht berechtigt seien, in dieser Frage dem Gesetzgeber vorzugreifen. Die Schaffung neuen Rechts sei ausschließlich Sache des Gesetzgebers. Der Kläger habe damit aber keinen Anspruch auf Lohnzahlung für die Zeit der Betriebsratsschulung, auch wenn dieses Ergebnis nicht befriedigen könne[224].

Das Amtsgericht Lahr bejahte hingegen in seinem Schiedsurteil vom 12.5.1949 gestützt auf § 11 III BRG Baden einen Lohnanspruch des Betriebsratsmitglieds[225]. In § 11 III BRG Baden war geregelt, daß der Vorsitzende des Betriebsrats und sein Stellvertreter Anspruch auf Lohnerstattung für die Teilnahme

---

[219] LAG Frankfurt a.M. vom 23.2.1949, SAE 1949 Nr. 25.
[220] ArbG Plochingen vom 24.11.1948, SAE 1949 Nr. 26.
[221] BRG Württemberg-Baden.
[222] ArbG Plochingen vom 24.11.1948, SAE 1949 Nr. 26.
[223] ArbG Plochingen vom 24.11.1948, SAE 1949 Nr. 26.
[224] ArbG Plochingen vom 24.11.1948, SAE 1949 Nr. 26.
[225] AG Lahr - Schiedsurteil - vom 12.5.1948, BB 1949, 512.

an den monatlichen Betriebsrätekonferenzen hätten, wobei der gesamte Betriebsrat diesen Anspruch einmal im Vierteljahr habe. Diese Bestimmung müsse nach dem AG Lahr dahingehend erweiternd ausgelegt werden, daß auch Schulungsveranstaltungen der Gewerkschaften unter diese Regelung fielen[226]

Das ArbG Bayreuth bejahte in seiner Entscheidung vom 12.7.1949 den Lohnanspruch eines Betriebsratsmitglieds für die Zeit des Besuches einer Betriebsrätevollversammlung zur Besprechung von Fragen der Berufserziehung und der Aufgaben des Betriebsrats[227]. Das ArbG Bayreuth stützt seine Auffassung auf Art. VII KRG Nr. 22, nach dieser Vorschrift führten die Betriebsräte ihre Aufgaben in Zusammenarbeit mit den Gewerkschaften aus, dieses führe zu einer engen Bindung zwischen den Betriebsräten und den Gewerkschaften und fordere eine ständige "Fühlungnahme" der Betriebsräte bei den Gewerkschaften[228]. Die Gewerkschaft trage aber auch eine große Verantwortung, da die Betriebsräte nicht berechtigt seien, sich anders als in den Gewerkschaften zusammenzuschließen. Durch die Verpflichtung zur Zusammenarbeit wolle der Gesetzgeber die Bildung von besonderen Betriebsräteorganisationen verhindern und einem Mißbrauch der Betriebsräte-Institution vorbeugen. Um diese Ziel zu erreichen, müßten von Zeit zu Zeit Besprechungen erfolgen, wobei ein Betriebsratsmitglied, daß sich der Teilnahme an solchen Besprechungen entziehe, eine erhebliche Pflichtverletzung begehe[229]. Es habe sich bei der Versammlung auch nicht um eine Schulung gehandelt, sondern um eine reine Rat- und Auskunftserteilung, der der Unterweisungscharakter einer Schulung fehle. Der Entscheidung des LAG Frankfurt habe ein gänzlich anderen Sachverhalt zugrunde gelegen, außerdem gelte in Hessen ein besonderes Betriebsrätegesetz. Die hier zugrunde liegende gemeinsame Informierung der Betriebsräte liege im Sinne des KRG Nr. 22 und gehöre zum Geschäftsbereich der Betriebsräte, weshalb das Be-

---

[226] AG Lahr - Schiedsurteil - vom 12.5.1948, BB 1949, 512; zweifelhaft, meines Erachtens spricht hier viel dafür in § 11 III BRG Baden eine Spezialvorschrift zu sehen, die einer erweiternden Auslegung nicht zugänglich ist.

[227] ArbG Bayreuth vom 12.7.1949, WA 1949 Nr. 266.

[228] ArbG Bayreuth vom 12.7.1949, WA 1949 Nr. 266; die Forderung der "Fühlungnahme" findet sich auch bei Loppuch, Komm. zu BRG, S. 90, der davor warnt, daß jede Eigenbrödelei die Einheit der Werktätigen gefährde und die Schlagkraft der Gewerkschaften lähme. Der Kampf der Werktätigen gegen Ausbeutung und soziale Entrechtung könne nur geschlossen und unter Leitung der Gewerkschaften geführt werden.

[229] ArbG Bayreuth vom 12.7.1949, WA 1949 Nr. 266; die vom ArbG aufgestellte Pflicht des Betriebsrats an solchen "Schulungen" teilzunehmen, kann aus Art. VII KRG Nr. 22 fraglos nicht entnommen werden. Den Ausführungen des Urteils scheint die Vorstellung zugrunde zu liegen, daß die Betriebsräte die Vertretung der Gewerkschaften in den Betrieben sind. Kritisch zu dieser Vorstellung Müller BB 1948, 106 (108), nach dem Sozialisierungstendenzen, die einen unmittelbaren Einbau der Gewerkschaften hinsichtlich der einzelnen Betriebe rechtfertigen würden, dem KRG Nr. 22 sicherlich nicht zugrunde liegen. Eine stärkere gewerkschaftliche Anbindung der Betriebsräte wurde allerdings von den Gewerkschaften gefordert, vgl. Schmidt, Die verhinderte Neuordnung, S. 161 f.

triebsratsmitglied einen Anspruch auf Vergütung der ausgefallenen Arbeitsstunden habe[230].

Die Entscheidungen des LAG Frankfurt und des ArbG Plochingen entsprachen zumindest im Ergebnis der Rechtsprechung zum BRG 1920. So hatte etwa das RAG in seiner Entscheidung vom 7.5.1930 den Arbeitgeber für berechtigt gehalten, ein Betriebsratsmitglied fristlos zu kündigen, weil dieses gegen seinen Willen an einer gewerkschaftlichen Betriebsratsschulung teilgenommen hatte[231]. Zur Begründung seiner Entscheidung führte das RAG aus, daß der Arbeitsvertrag die Arbeitnehmer verpflichte, die Arbeitsstunden einzuhalten. Der Arbeitsvertrag gebe kein Recht solche Kurse zu belegen, sondern die Nichteinhaltung der Arbeitsverpflichtung stelle im Gegenteil eine Vertragsverletzung dar, aus der der Arbeitgeber berechtigt sei, die Folgen zu ziehen[232]. Ein Recht des Arbeitnehmers, diese Kurse zu besuchen, ergebe sich auch aus keiner anderen gesetzlichen Grundlage. Weder aus der Weimarer Reichsverfassung noch aus dem BRG 1920 ergebe sich ein solches Recht[233].

In der Literatur war die Frage umstritten. Engler vertrat die Auffassung, daß zwar der genannten Entscheidung des RAG auf der Ebene des früheren Rechts zuzustimmen sei. Das LAG Frankfurt habe allerdings in seiner Entscheidung die eingetretenen Gesetzesänderungen unberücksichtigt gelassen[234]. Solange die Betriebsräteschulungen das Betriebsräterecht und keine partei- oder gewerkschaftspolitischen Themen zum Gegenstand hätten, seien sie notwendige Maßnahmen zur Durchführung der Aufgaben des Betriebsrats, weshalb der Besuch solcher Veranstaltungen keine Verletzung des Arbeitsvertrages darstelle und den Arbeitgeber zur Lohnzahlung verpflichte[235]. Herschel stimmte hingegen in einer Anmerkung der Entscheidung des LAG Frankfurt im Ergebnis zu und sah es als einen Grundsatz der Arbeitsverfassung an, daß die Gewerkschaften sich und ihre Einrichtungen nur aus eigenen Beiträgen der Arbeitnehmer finanzieren[236]. Dieser Grundsatz würde verletzt, wenn der Arbeitgeber einen Arbeit-

---

[230] ArbG Bayreuth vom 12.7.1949, WA 1949 Nr. 266.

[231] RAG vom 7.5.1930, JW 1931, 1262 ff mit Anm. von Sinzheimer, der der Herleitung der Entscheidung zustimmt, im Ergebnis aber ein Eingehen auf § 242 BGB vermißt und hier wohl die fristlose Kündigung als einen Verstoß gegen Treu und Glauben ansieht, da es dem Arbeitgeber zuzumuten gewesen wäre, dem Arbeitnehmer Urlaub zu gewähren.

[232] RAG vom 7.5.1930, JW 1931, 1262 (1263).

[233] RAG vom 7.5.1930, JW 1931, 1262 (1263 f); im Gegensatz zum LAG Frankfurt und dem ArbG Plochingen sieht das RAG hier allerdings keine Lücke im Gesetz, die durch den Gesetzgeber geschlossen werden müsse.

[234] Engler, BRG Hessen, S. 80; Engler erläutert allerdings nicht, worin diese von ihm behauptete entscheidende Gesetzesänderung liegen soll. Zumindest fehlt sowohl im BRG Hessen als auch im KRG Nr. 22 eine eindeutige Regelung zu dieser Frage.

[235] Engler, BRG Hessen, S. 80.

[236] Herschel RdA 1949, 191, allerdings ohne Herleitung und Beleg für diesen Grundsatz der Arbeitsverfassung.

nehmer den Lohnausfall erstatte, der durch Teilnahme an gewerkschaftlichen Versammlungen entstehe[237]. Es käme also gar nicht darauf an, ob die Teilnahme an dem Kursus vom Standpunkt einer ordnungsgemäßen Betriebsratstätigkeit notwendig gewesen wäre, da die Klage schon abzuweisen gewesen sei, um die genannten Grundsätze des Arbeitsrechts reinzuhalten[238].

10.3. Die Mitbestimmungsrechte nach den Betriebsrätegesetzen der Länder

Im Rahmen dieser Arbeit soll keine umfassende Darstellung der einzelnen Betriebsrätegesetze der Länder erfolgen[239]. Hier sei lediglich auf einige Punkte hingewiesen.

Hinsichtlich der Mitbestimmung in sozialen Angelegenheiten erweiterten die neuen Betriebsrätegesetze den Umfang der Mitbestimmung kaum, sondern orientierten sich in weitem Umfange an den Regelungen im BRG 1920[240].

Eine erhebliche Erweiterung der Mitbestimmungsrechte fand hingegen bei den personellen Angelegenheiten statt. Hier konnte der Betriebsrat nach dem BRG 1920 lediglich Richtlinien mit dem Arbeitgeber vereinbaren und gegen eine Maßnahme des Arbeitgebers Einspruch einlegen, wenn dieser gegen eine dieser Richtlinien verstieß. Hier brachten die neuen Betriebsrätegesetze eine neue Qualität der Mitbestimmung, da der Betriebsrat auch dann gegen eine personelle Maßnahme Einspruch einlegen konnte, wenn keine Richtlinie mit dem Arbeitgeber vereinbart war, wobei dieser Einspruch in den meisten Ländern nur erhoben werden konnte, wenn die Maßnahme gegen bestimmte Einspruchsgründe verstieß[241]. Noch einen Schritt weiter gingen das BRG Hessen und Schleswig-Holstein. Nach diesen Gesetzen benötigte der Arbeitgeber grundsätzlich die Zustimmung des Betriebsrats, wobei der Arbeitgeber diese gegebenenfalls gerichtlich ersetzen lassen mußte[242]. Wenn der Arbeitgeber die Maßnahme ohne Zustimmung des Betriebsrats durchführte, konnte der Betriebsrat seine Rechte durch die Erhebung des Einspruchs wahren. Das Einspruchsrecht, bzw. das Recht die Zustimmung zu verweigern war in diesen Ländern an das

---

[237] Herschel RdA 1949, 191, es erscheint zweifelhaft, ob alleine die Lohnzahlung einen Verstoß gegen diesen "Grundsatz" darstellen kann. Das Betriebsratsmitglied hat ja nicht etwa die Kosten für den Kursus eingeklagt.

[238] Herschel RdA 1949, 191.

[239] Vgl. insoweit Arnold, Die Entstehung des BetrVG 1952, S. 26 - 42, mit einer ausführlichen Darstellung.

[240] So auch Arnold, Die Entstehung des BetrVG 1952, S. 33; Schell, Das Arbeitsrecht der Westzonen, S. 175.

[241] Vgl. § 39 II BRG Hessen; § 21 III BRG Schleswig-Holstein; § 7 BRG Württemberg-Baden.

[242] §§ 21, 22 BRG Schleswig-Holstein.

Vorliegen eines generalklauselartigen Einspruchsgrundes gebunden[243]. In den Ländern Baden, Bremen und Rheinland-Pfalz wurde auf die Festsetzung gewisser Einspruchsgründe sogar gänzlich verzichtet[244].

Besonders interessant war die Entwicklung des Mitbestimmungsrecht in wirtschaftlichen Angelegenheiten. Während etwa das BRG Baden dem Betriebsrat "Mitbestimmungsrechte" auf diesem Gebiet zubilligte und diese Gesetz problemlos von der französischen Militärregierung genehmigt wurde, ließ die amerikanische Militärregierung Mitbestimmungsrechte auf wirtschaftlichem Gebiet nicht zu und suspendierte die entsprechenden Vorschriften in den Ländern. Diese Maßnahme wurde von der amerikanischen Militärregierung damit begründet, daß dem in Vorbereitung befindlichem Grundgesetz nicht vorgegriffen werden sollte[245]. Insbesondere die Entwicklung in Hessen zeigt, daß die Militärregierung Mitbestimmungsrechten des Betriebsrats auf wirtschaftlichem Gebiet und darüber hinaus auch der Betriebsratsidee als solcher zurückhaltend gegenüber stand. Das BRG Hessen wurde bereits am 26.5.1948 durch den Landtag verabschiedet, wobei die Genehmigung der Militärregierung im August 1948 noch immer nicht vorlag[246]. Zur "Erzwingung" der Genehmigung durch die Militärregierung veranstalteten die Gewerkschaften am 12.8.1948 große Protestorganisationen in ganz Hessen, an denen etwa 300.000 Arbeitnehmer teilgenommen haben sollen[247]. Am 3.9.1948 wurde dann das BRG Hessen durch die Militärregierung genehmigt, wobei die §§ 30 I, 32 I, 52 - 55 des Gesetzes, die die Mitbestimmung in wirtschaftlichen Fragen regelten, suspendiert wurden. Das lediglich eingeschränkt genehmigte Gesetz wurde dann dem Landtag zur Entscheidung darüber vorgelegt, ob der genehmigte Inhalt verkündet, oder das gesamte Gesetz zurückgestellt werden sollte, wobei sich der Landtag zur Verkündung unter Ausschluß der suspendierten Vorschriften entschloß[248]. Auch beim BRG Württemberg-Baden wurden die Vorschriften über die wirtschaftliche Mitbestimmung von der Militärregierung suspendiert[249]. In Bremen reagierte man auf diese Entwicklung und nahm Vorschriften über ein wirtschaftliches Mitbestim-

---

243 § 39 I , II BRG Hessen; vgl. auch § 21 III BRG Schleswig-Holstein.

244 Vgl. § 35 BRG Bremen; § 21 BRG Baden; §§ 37, 55 BRVO Rheinland-Pfalz. Bei Einzelentlassungen wurde allerdings das Vorliegen bestimmter Einspruchsgründe gefordert; siehe § 46 BRVO Rheinland-Pfalz sowie § 39 BRG Bremen.

245 Vgl. Engler, BRG Hessen, S. XIX; Schmidt, Die verhinderte Neuordnung, S. 163 f, wobei Schmidt die Ansicht vertritt, daß das wirkliche Motiv ein Eingriff zugunsten einer privatkapitsalistischen Wirtschaftsordnung gewesen sei.

246 Vgl. Engler, BRG Hessen, S. XIX; Schmidt, Die verhinderte Neuordnung, S. 163.

247 Vgl. Schmidt, Die verhinderte Neuordnung, S.163.

248 Vgl. Engler, BRG Hessen, S. XX.

249 Vgl. Löwisch-Müller, BRG Baden-Württemberg, S. 7 f; sowie Gros RdA 1948, 126 (129 f), der in der Regelung der wirtschaftlichen Angelegenheiten das Kernstück des Gesetzes sieht und die Entscheidung der Militärregierung kritisiert.

mungsrecht nicht in das Gesetz auf[250]. In Hessen wurden die suspendierten Normen erst nach Bildung der ersten deutschen Bundesregierung und dem Rücktritt der Militärregierung am 7.4.1950 in Kraft gesetzt[251].

Der Umfang der Mitbestimmung in wirtschaftlichen Angelegenheiten war in den Gesetzen unterschiedlich ausgestaltet. In den Ländern Württemberg-Hohnezollern, Rheinland-Pfalz und Schleswig-Holstein beschränkten sich die Beteiligungsrechte im wesentlichen auf Anhörungs- und Informationsrechte über die wirtschaftliche Lage und den Gang des Unternehmens[252]. Echte Mitbestimmungsrechte in diesen Angelegenheiten wurden den Betriebsräten nach den Gesetzen von Hessen, Baden und Württemberg-Baden verliehen. Hier hatte der Betriebsrat etwa bei wesentlichen Änderungen des Betriebszwecks oder der Einführung neuer Produktionsmethoden ein gleichberechtigtes Mitentscheidungsrecht, daß durch Einlegung des Einspruchs, über den im Nichteinigungsfall eine Schlichtungsstelle entschied, ausgeübt wurde[253].

10.4. Das Betriebsverfassungsgesetz 1952

Ein einheitliches Betriebsräterecht für die Bundesrepublik Deutschland wurde durch das Betriebsverfassungsgesetz vom 11.10.1952 geschaffen, wobei gemäß § 90 BetrVG 1952 die landesgesetzlichen Vorschriften ausdrücklich außer Kraft traten. Dem Erlaß des BetrVG 1952 waren langwierige Verhandlungen zwischen Gewerkschaften und Arbeitgeberverbänden sowie zwischen Regierung und Interessenvertretern beider Gruppen vorangegangen, wobei eine Einigung

---

[250] Müller BB 1949, 335, weist daraufhin, daß der Gesetzgeber in Bremen ursprünglich ein wirtschaftliches Mitbestimmungsrecht vorgesehen habe und von dieser Regelung abgesehen habe, um einer Suspendierung zu entgehen; vgl. zur Entwicklung in Bremen auch Galperin RdA 1949, 91.

[251] GVBl. 1950, 49; vgl. zur Entwicklung Engler, BRG Hessen, S. XXI f

[252] Siehe § 71 BRG Württemberg-Hohnezollern; § 41 LVO Rheinland-Pfalz; § 33 BRG Schleswig-Holstein. Im BRG Schleswig-Holstein war die Regelung des Rechts der Betriebsräte auf Mitbestimmung in wirtschaftlichen Angelegenheiten ausdrücklich einer Bundesregelung im Zusammenhang mit der überbetrieblichen Mitbestimmung vorbehalten geblieben (§ 41 BRG Schleswig-Holstein). Nach Schäffer, RdA 1949, 251 (252), habe der Landtag von Württemberg-Hohnezollern das Problem der wirtschaftlichen Mitbestimmung ebenfalls bewußt nicht abschließend behandelt.

[253] Siehe § 52 BRG Hessen; §§ 21, 22 BRG Baden; §§ 20, 21 BRG Württemberg-Baden. In Baden war das Mitbestimmungsrecht in diesen Angelegenheiten an sog. Fachkommissionen gebunden, deren Befugnisse im Fachkommissionengesetz geregelt war, vgl. zu diesem Gesetz Rappenecker RdA 1949, 41 (42). Gegen dieses Gesetz legte allerdings die franz. Militärregierung nachträglich ihr Veto ein, so daß das Gesetz erst am 28.3.1951 wirksam wurde und dem aufgrund der nahenden bundeseinheitlichen Regelung keine große Bedeutung mehr zukam.

an der Problematik der wirtschaftlichen Mitbestimmung[254] und wohl auch an der Frage der Bindung der Betriebsräte an die Gewerkschaften scheiterte[255]. Letztlich wurde gegen den Widerstand der Gewerkschaften lediglich ein schwaches Mitbestimmungsrecht in wirtschaftlichen Angelegenheiten durchgesetzt und die Betriebsräte sind nach der Gesetzeswortlaut des BetrVG 1952 lediglich zum Zusammenwirken mit den Gewerkschaften verpflichtet und ansonsten unabhängig von den Gewerkschaften. Eberhard Schmidt sieht in der gesamten Entwicklung eine Niederlage der Gewerkschaften[256].

Eine Hauptursache für diese "Niederlage" der Gewerkschaften darin liegen, daß die Militärregierungen die weitergehenden Mitbestimmungsrechte auf wirtschaftlichem Gebiet nicht zugelassen haben, so daß bei den Beratungen zum BetrVG 1952 noch keinerlei - möglicherweise positive - Erfahrungen mit dieser erweiterten Mitbestimmung vorlagen. Die Einführung einer echten Mitbestimmung in wirtschaftlichen Angelegenheiten hätte damit aber etwas "Neues" dargestellt, wobei die Neigung zur Durchsetzung neuer Ideen nach Überwindung der ersten Nachkriegsjahre und dem Eintritt einer gewissen Normalität deutlich nachgelassen hatte. Letztlich handelte es sich aber um eine Entwicklung, die die politischen Mehrheiten zur damaligen Zeit wiedergibt, wobei diese Mehrheiten bei der Bundestagswahl 1953 bestätigt wurden. Eine ganz andere Frage ist es aber, ob die Durchsetzung der extremen Forderungen der Gewerkschaften politisch und vor allem auch wirtschaftlich gesehen wirklich wünschenswert gewesen wäre[257].

Das BetrVG 1952 führte meines Erachtens die Idee der betrieblichen Mitbestimmung anknüpfend an das BRG 1920 konsequent weiter[258] und erweiterte die Mitbestimmungsrechte des Betriebsrats erheblich, ohne die Entscheidungsspielräume des Arbeitgebers auf wirtschaftlichem Gebiet wirklich einzuschränken.

---

[254] Siehe Schell, Das Arbeitsrecht der Westzonen, S. 194 ff.

[255] Siehe Schmidt, Die verhinderte Neuordnung, S. 206.

[256] Schmidt, Die verhinderte Neuordnung, S.193 ff; wobei er die Ursache dieses Scheiterns auch in der mangelnden Einigkeit in der Gewerkschaftsführung sieht.

[257] Hiervon scheint Schell, Das Arbeitsrecht der Westzonen, S. 200 f, allerdings auszugehen.

[258] Anders aber Ramm, KJ 1968, 108 (118), nach dem das BetrVG 1952 an das AOG anknüpfe. Unbestreitbar dürfte allerdings sein, daß das BetrVG den Betriebsrat als vom Arbeitgeber unabhängige Instanz wieder einführte und damit deutlich mit der Regelung im AOG brach.

11. Tarifvertragsrecht

11.1. Entwicklung des Tarifvertragsrechts

Eine erste gesetzliche Regelung fand das Tarifrecht in der Verordnung über Tarifverträge, Arbeiter und Angestelltenausschüsse und Schlichtung von Arbeitsstreitigkeiten vom Dezember 1918[1]. Allerdings gewann der Tarifvertrag als kollektive Regelung schon seit dem Ende des 19. Jahrhunderts wachsende Bedeutung, wobei sich basierend auf Entscheidungen des Reichsgerichts eine herrschende Tarifrechtslehre entwickelt hatte[2]. Die Tarifvertragsverordnung von 1918 brachte eine rechtliche Regelung des Tarifvertragsrechts in zwei Punkten. Eingeführt wurde zum einen die unmittelbare und zwingende Wirkung des Tarifvertrages auf die Arbeitsverhältnisse der beteiligten Arbeitgeber und Arbeitnehmer sowie die Möglichkeit der Allgemeinverbindlicherklärung der tariflichen Arbeitsbedingungen für Arbeitsverträge mit oder zwischen Außenseitern. Eine verfassungsrechtliche Absicherung fand das Tarifrecht zusätzlich in Art 165 I 2 der Weimarer Reichsverfassung, in dem die beiderseitigen Organisationen der Arbeitgeber und Arbeitnehmer und ihre Vereinbarungen anerkannt wurden. Damit wurde, was hervorzuheben ist, durch den Gesetzgeber die Tarifvertragsfreiheit und die Autonomie der Berufsverbände voll anerkannt[3].

Die Geschichte der Weimarer Republik zeigte aber, daß die Idee, die Regelung der Arbeitsbedingungen in weitem Umfange den Tarifvertragsparteien zu überlassen, auf der Arbeitgeberseite keinesfalls akzeptiert wurde[4]. Der weitere Verlauf war dadurch gekennzeichnet, daß der Staat immer größeren Einfluß auf die Tarifautonomie gewann. So brachte etwa schon die Verordnung über das Schlichtungswesen vom 30.10.1923[5] die Möglichkeit einer staatlichen Zwangsschlichtung und durch Verordnungen zur Sicherung von Wirtschaft und Finanzen konnte schließlich sogar in bestehende Tarifverträge eingegriffen werden[6].

---

[1] Verordnung des Rates der Volksbeauftragten vom 23.12.1918 über Tarifverträge, Arbeiter und Angestelltenausschüsse und Schlichtung von Arbeitsstreitigkeiten. Die Verordnung blieb auf Grund des Übergangsgesetzes vom 4.3.1919, RGBl I 1919, 285, in der Weimarer Republik in Kraft und wurde auf Grund des Art. II Abs. 2 des Gesetzes zur Abänderung der TarifvertragsVO vom 28.2.1928, RGBl I 1928, 46, neu gefaßt und in der Fassung vom 1.3.1928, RGBl I 1928, 47, mit Gesetzeskraft verkündet.

[2] Vgl. zur Entwicklung nur Hueck/Nipperdey Arbeitsrecht Bd. II/1 (7. Auflage) S. 212 ff m.w.N.

[3] Vgl. Hueck/Nipperdey Arbeitsrecht Bd. II/1 (7. Auflage) S. 217.

[4] Vgl. zur Entwicklung Hagemeier/Kempen/Zachert/Zilius TVG Einl. Rdnr. 29 – 35.

[5] Verordnung über das Schlichtungswesen vom 30.10.1923, RGBl. I 1923, 1043.

[6] Vgl. Hagemeier/Kempen/Zachert/Zilius TVG Einl. Rdnr. 35.

Das freie Tarifvertragsrecht fand unter der Herrschaft des Nationalsozialismus schnell sein Ende[7]. So wurden bereits im Jahre 1933 die Gewerkschaften und später die Arbeitgeberverbände aufgelöst. Damit waren aber die bisherigen Träger des Tarifrechts beseitigt. Die Aufgaben der Berufsverbände wurden vom sogenannten Treuhänder für Arbeit übernommen, der durch das Gesetz vom 19.5.1933 eingesetzt wurde. Durch das AOG wurden dann die Tarifverträge durch staatliche Rechtsverordnungen, die sogenannten Tarifordnungen, die vom Reichstreuhänder der Arbeit erlassen wurden, ersetzt[8]. Während des Krieges nahm der staatliche Einfluß auf die einzelnen Arbeitsverhältnisse weiter erheblich zu. Hier sei an die Einschränkungen in der freien Wahl des Arbeitsplatzes durch die ArbPlWVO erinnert, die in dieser Arbeit bereits ausführlich behandelt wurde. Als weiteres Instrument der staatlichen Kontrolle kam die KriegswirtschaftsVO vom 4.9.1939 hinzu, nach deren § 18 die Reichstreuhänder beauftragt und bevollmächtigt wurden, die Höhe der Löhne und Gehälter verbindlich festzulegen[9]. Aufgrund dieser Vorschrift wurde in der Folge die sogenannte LohnstopVO vom 12.10.1939 eingeführt, durch die die Löhne und Gehälter auf ihrem bisherigen Niveau festgeschrieben wurden[10].

Zum Zeitpunkt der Kapitulation stellte sich die Situation so dar, daß Gewerkschaften und Arbeitgeberverbände aufgelöst und die Höhe der Löhne und Gehälter durch gesetzliche Vorschrift auf dem Niveau von 1939 festgeschrieben waren. Auf dem Gebiet des Tarifvertragsrechts mußte damit ein kompletter Neuaufbau erfolgen.

11.2. Der Neuaufbau des Tarifvertragsrechts nach dem Zweiten Weltkrieg

Bei diesem Neuaufbau zeigte sich schnell, daß die Gewerkschaftsidee die Zeit des Nationalsozialismus überstanden hatte[11]. Es kam schon vor der formellen

[7] Vgl. Kahn-Freund, in Ramm (Hrsg.), Arbeitsrecht und Politik S. 211 (238) , der in dieser Entwicklung eine konsequente Fortsetzung des Weges sieht, der durch die staatliche Schlichtungspraxis vorbereitet war.

[8] Vgl. Staudinger/Nipperdey (11. Auflage) Vor. § 611 Rdnr. 342 f unter Herausarbeitung der rechtlichen Unterschiede zwischen Tarifvertrag und Tarifordnung

[9] KriegswirtschaftsVO vom 4.9.1939, RBGl. I 1939, 1609. In dieser VO war weiterhin geregelt, daß Zuschläge für Mehrarbeit und Sonntagsarbeit nicht mehr zu zahlen seien und daß sämtliche Vereinbarungen und Vorschriften über den Urlaub außer Kraft gesetzt werden. Beide Regelungen sorgten allerdings für Unruhe in der Bevölkerung und wurden kurzfristig wieder aufgehoben, vgl. VO vom 16.11.1939, RGBl. I 1939, 2254, Anordnung des RAM vom 17.11.1939, RABl. I 1939, 545, VO vom 3.9.1940, RGBl. I 1940, 1205.

[10] Zweite Durchführungsbestimmung zum Abschnitt III der KriegswirtschaftsVO (LohnstopVO) vom 12.10.1939, RGBl. I 1939, 2028; diese VO wurde näher ausgestaltet durch die Verwaltungsanordnung vom 7.11.1939, RABl. I 1939, 527.

[11] Vgl. Rosenberg, RdA 1948, 123 f, nach dem nichts verständlicher gewesen sei, als daß man an die Entwicklung vor 1933 angeknüpft habe.

Beendigung des Krieges durch die deutsche Kapitulation am 8.5.1945 nach zwölfjährigem Verbot zu den ersten Ansätzen gewerkschaftlicher Tätigkeit[12]. Die Alliierten standen dieser entstehenden Gewerkschaftsbewegung skeptisch gegenüber. Zwar wurde schon in der Kontrollratsdirektive Nr. 14 vom 12.10.1945[13] den Gewerkschaften das Recht zugebilligt, mit den Arbeitgebern oder Arbeitgeberverbänden Verhandlungen über die Änderung der Lohnsätze führen zu dürfen[14]. Durch die KRDir. Nr. 14 wurde aber auch der Lohnstop von den Alliierten übernommen, weshalb es nur in Ausnahmefällen Spielraum der Gewerkschaften für Verhandlungen gab. Außerdem bedurften geschlossene Vereinbarungen, die die Lohnsätze änderten, der Genehmigung durch die deutschen Arbeitsämter.

Trotz dieses eingeschränkten Spielraums für Tarifverträge bildet die KRDir. Nr. 14 einen ersten Schritt zu einem künftigen freien Tarifrecht. Nipperdey verweist insoweit zu Recht darauf, daß aus der KRDir. Nr. 14 in Zusammenhang mit der Aufhebung des AOG gefolgert werden müsse, daß die einzige Form der kollektiven Regelung der Löhne nun der Tarifvertrag sei, weshalb für den Erlaß von Tarifordnungen nach Aufhebung des AOG kein Raum mehr bestehe[15]. In den unter Geltung der KRDir. Nr. 14 geschlossenen Vereinbarungen wird man trotz der Notwendigkeit der staatlichen Genehmigung auch schon echte Tarifverträge sehen müssen[16].

In späteren Kontrollratsgesetzen wurde von den Alliierten schon selbstverständlich von Tarifverträgen ausgegangen, was sich etwa an den wichtigen KRG Nr. 21, 22 und 35 zeigte.

---

[12] Vgl. Schmidt, Die verhinderte Neuordnung (1994), S. 25 ff. Dieser schildert an einzelnen Beispielen, daß es direkt nach der Besetzung zur Bildung von Gewerkschaftsgruppen auf Betriebsebene kam. Vgl. auch Schell "Das Arbeitsrecht der Westzonen" S. 8.

[13] AmtsBl. KR 1946, 40.

[14] Schmidt, Die verhinderte Neuordnung (1994), S. 32 ff, betont allerdings, daß die Westmächte die Gründung der Gewerkschaften nicht unterstützten, sondern der Bewegung eher mißtrauisch gegenüberstanden. In der sowjetischen Besatzungszone wurde der Gewerkschaftsaufbau durch die Militärregierung hingegen unterstützt, wobei der dort gegründete FDGB keine freie und unabhängige Gewerkschaft war, so schon Karl RdA 1949, 123.

[15] Nipperdey BB 1948, 157 (159); problematisch war diese Frage insbesondere für die britische Zone, wo anknüpfend an die Aufhebung des Amts des Reichstreuhänders für Arbeit (MRG Nr. 77) durch VO vom 27.8.1945 das Recht, Tarifordnungen zu erlassen, den Präsidenten der Landesarbeitsämter übertragen wurde. Nipperdey verweist insoweit zu Recht darauf, daß das Recht des Reichstreuhänders, Tarifordnungen zu erlassen, auf dem AOG beruht habe und durch den Wegfall des AOG nun die rechtliche Grundlage zum Erlaß von Tarifordnungen entfallen sei; so auch Sitzler RdA 1948, 8 (9). Hessel, BB 1948, 552 vertritt hingegen die Auffassung, daß auch materielle Änderungen von bestehenden Tarifordnungen noch möglich sein müßten.

[16] Vgl. Nipperdey BB 1948, 157 (159).

In der Literatur war die Frage, auf welche Rechtsgrundlage sich der Abschluß von Tarifverträgen stützen könne, und insbesondere die Frage, ob die TarifVO von 1928 wieder in Kraft sei, umstritten[17].

Durch die Aufrechterhaltung des Lohnstops, der erst nach der Währungsreform aufgehoben wurde, und durch die zögerliche Gründung von Arbeitgeberverbänden war die Tarifvertragsentwicklung allerdings deutlich gehemmt. Erst nachdem durch Gesetz vom 3.11.1948 in der Bizone der Lohnstop aufgehoben wurde, bestand dort wieder volle Tarifvertragsfreiheit[18].

In der französischen Besatzungszone zeigten sich hier Unterschiede. So wurde in Rheinland-Pfalz der Lohnstop erst im April 1949 aufgehoben[19]. In der Bizone wurden dann mit dem Tarifvertragsgesetz vom 9.4.1949 der Abschluß und der Inhalt von Tarifverträgen auf eine einheitliche rechtliche Grundlage gestellt[20]. In der französischen Zone bestand in Rheinland-Pfalz ein eigenes Tarifvertragsgesetz[21]. In den Ländern Baden und Württemberg-Hohenzollern galt sogar ein Vetorecht des Staates hinsichtlich des Abschlusses von Tarifverträgen; der Eintragung in das Tarifregister kam hier konstitutive Wirkung zu[22].

Auch nach Gründung der Bundesrepublik blieb es bei der unterschiedlichen Rechtslage und erst durch Gesetz vom 23.4.1953 wurde das TVG auf das gesamte Bundesgebiet erstreckt[23]. Diese Entwicklung war notwendig geworden, da die unterschiedliche Rechtslage zu erheblichen Schwierigkeiten geführt hatte

---

[17] Für eine Geltung der TarifVO von 1928 etwa Nipperdey BB 1948, 157 (159); a.A etwa Bührig RdA 1948, 11.

[18] Vgl. zur Aufhebung des Lohnstops Herschel RdA 1948, 121 ff und Poelmann RdA 1949, 89 ff, jeweils unter Stellungnahme zum Problem, ob durch dieses Gesetz lohnstopwidrige Vereinbarungen geheilt wurden.

[19] Gesetz vom 13.4.1949, GVBl. Rheinland-Pfalz I 1949, 142.

[20] Tarifvertragsgesetz vom 9.4.1949, GBlVWG 1949, 55; vgl. zur Entstehung des Gesetzes und zum Inhalt Nipperdey RdA 1949, 81 ff sowie Koselke BB 1949, 83 f. Vgl. auch Storch, BB 1949, 233 f, der die geschichtliche Bedeutung des TVG zu Recht darin sieht, daß es den Tarifpartnern die größte Freiheit zuerkennt, die ihnen jemals gewährt wurde.

[21] Landesgesetz über den Tarifvertrag vom 24.2.1949, GVBl. Rheinland-Pfalz I S. 82; vgl zum Gesetz ausführlich Krageloh RdA 1949, 369 ff.

[22] Vgl. für Baden Gesetz vom 23.11.1948, GVBl. Baden 1948, 215 und vom 20.1.1949, GVBl. Baden 1949, 72 sowie für Württemberg-Hohenzollern Gesetz vom 25.2.1949, Reg.Bl. Württemberg-Hohenzollern 1949, 80. Hessel, RdA 1949, 43 (44), verteidigt den stärkeren Einfluß des Staates in der französischen Zone damit, daß die Interessen der Allgemeinheit eine solche staatliche Überwachung erforderlich machten. Nach Hessel müsse nach dem Grundsatz "Freiheit überall dort, wo sie möglich und so weitgehend als sie möglich ist; Zwang aber dort, wo er im Interesse der Gesamtheit erforderlich ist" vorgegangen werden. Kritisch hierzu Fettback, RdA 1949, 404 (405 f), der befürchtet, daß der Weg bis zur Rückkehr zur Tarifordnung nicht allzu weit sein könnte.

[23] Gesetz vom 23.4.1953, BGBl. I 1953, 156.

und durch die Ausweitung des TVG die unterschiedliche Rechtslage im neu gebildeten "Südweststaat" Baden-Württemberg beseitigt werden konnte[24].

11.3. Die Rechtsprechung zum Tarifvertragsrecht

Die geschilderte Entwicklung des Tarifrechts führte auch dazu, daß die Arbeitsgerichte sich nur selten mit grundsätzlichen Fragen des Tarifvertragsrechts beschäftigten. Im Vordergrund stand in diesem Bereich weniger die Rechtsprechung als die politische Diskussion über das zu schaffende Tarifrecht. Weiterhin beschäftigten sich viele Entscheidungen mit der Auslegung einzelner Tarifordnungen, einem Gesichtspunkt, der im Rahmen dieser Arbeit, mit Ausnahme der umstrittenen Vorschrift des § 3 TOA, nicht weiter verfolgt werden soll. Im folgenden soll nur auf einige Entscheidungen eingegangen werden, die auch aus heutiger Sicht als interessant erscheinen.

11.3.1. Weitergeltung der Tarifordnungen

Die Arbeitsgerichte mußten zunächst darüber befinden, ob die Tarifordnungen, die auf Grund des AOG erlassen wurden, nach der Kapitulation und insbesondere nach Aufhebung des AOG weiter in Wirkung verblieben sind. In diesem Punkt ging sowohl die Rechtsprechung der Landesarbeitsgerichte als auch die Literatur einheitlich von einer Weitergeltung der Tarifordnungen aus[25].

Das LAG Frankfurt begründete diese Auffassung in seiner Entscheidung vom 13.4.1948 ausführlich und führte aus, das die Auffassung des erstinstanzlichen Gerichts, das die Weitergeltung der Tarifordnungen abgelehnt hatte, da diese nicht auf Grundlage von demokratischen Grundsätzen ergangen seien, nicht haltbar sei[26]. Das Arbeitsgericht habe übersehen, daß das gesamte Tarifsystem, welches zum Zeitpunkt der Kapitulation bestanden habe, als Ganzes übernommen und nur insoweit aufgehoben worden sei, als eine ausdrückliche Aufhebung durch die Militärregierung vorliege. Die Militärregierung habe deshalb Anweisung an die deutschen Behörden erlassen, nach der die bestehenden Aufsichtsmaßregeln für Löhne weiterbestehen, wobei in KRDir. Nr. 14 ausdrücklich die Aufrechterhaltung der bestehenden Lohnsätze in ihrer gegenwärtigen

---

[24] Vgl. Schell, Das Arbeitsrecht der Westzonen (1994), S. 98 m.w.N.

[25] Vgl. LAG Bremen vom 19.5.1948, WA 1948 Nr. 191; LAG Frankfurt a.M. vom 13.4.1948, SAE 1948 Nr. 36; LAG Groß-Berlin vom 22.10.1947, ArbR.i.St. I Ziff. 453; LAG Schleswig-Holstein vom 3.3.1948, ArbR.i.St. I Ziff. 717; LAG Hamm vom 29.4.1948, ArbR.i.St. II Ziff. 181; ArbG Wuppertal vom 20.7.1948, SAE 1948 Nr. 62; Nipperdey BB 1948, 157 (159); Hessel DRZ 1947, 45 (46), BB 1948, 552; Sitzler RdA 1948, 8 (9); Bührig RdA 1948, 11.

[26] LAG Frankfurt a.M. vom 13.4.1948, SAE 1948 Nr. 36.

Höhe angeordnet worden sei[27]. Die Tatsache allein, daß die Tarifordnungen während des Hitler-Regimes einseitig vom Reichstreuhänder für Arbeit erlassen worden seien, bilde keinen Grund für deren Nichtanwendung. Für die Anwendung von Gesetzen und Verordnungen sei es belanglos, ob sie nach demokratischen Grundsätzen zustande gekommen seien, es müsse beim Erlaß nur formal ordnungsgemäß vorgegangen worden sein. Die Vorschriften seien nur dann nicht anwendbar, wenn sie entweder ausdrücklich aufgehoben oder aber nationalsozialistisches Gedankengut enthielten. In Art. III Ziff. 6 MRG Nr. 1 sei ausgesprochen, daß deutsches Recht, welches nach dem 30.1.1933 in Kraft trat, auch in Kraft bleiben dürfe, solange es nicht wegen der Kundgabe von nationalsozialistischen Grundsätzen verboten sei[28].

Das LAG Bremen ging in seiner Entscheidung vom 19.5.1948 auf die Frage ein, ob die Aufhebung des AOG an der Wirksamkeit der Tarifordnung bzw. der Unabdingbarkeit des Tarifs etwas ändern könne[29]. Nach dem LAG Bremen handelt es sich bei den Tarifordnungen, die auf Grund des AOG erlassen wurden, um staatliche Rechtsverordnungen, wobei die Aufhebung des AOG an dieser Rechtslage nichts geändert habe. Zwingende Normen einer Rechtsverordnung würden diesen Charakter auch dann behalten, wenn nachträglich die formellen Grundlagen für den Erlaß der Verordnung fortgefallen seien[30]. Im übrigen stelle die Unabdingbarkeit des Tarifrechts gemäß § 32 AOG einen allgemein anerkannten Grundsatz dar, auf dem sich das gesamte kollektive Arbeitsrecht Deutschlands aufbaue. Gesetze würden nicht im luftleeren Raum geschaffen. Nicht irgendeine abstrakte Rechtsvereinbarung solle zugelassen werden, sondern derjenige Typus der Gesamtvereinbarung, wie er bereits in Deutschland allgemeine Geltung erlangt habe[31]. So könne es auch heute nicht zweifelhaft sein, daß den Tarifbestimmungen allgemein die unmittelbare Wirkung auf alle davon betroffenen Einzelarbeitsverträge sowie die Unabdingbarkeit der normativen Bestimmungen zukomme[32].

11.3.2. Die Problematik des § 3 TOA

Von den Arbeitsgerichten wurde zwar allgemein von der Weitergeltung der Tarifordnungen ausgegangen, allerdings war die Geltung einzelner Normen umstritten, wobei hier auf die Problematik der Weitergeltung von § 3 II TOA eingegangen werden soll[33]. § 3 II TOA hat auszugsweise folgenden Wortlaut:

---

[27] LAG Frankfurt a.M. vom 13.4.1948, SAE 1948 Nr. 36.
[28] LAG Frankfurt a.M. vom 13.4.1948, SAE 1948 Nr. 36.
[29] LAG Bremen vom 19.5.1948, WA 1948 Nr. 191.
[30] LAG Bremen vom 19.5.1948, WA 1948 Nr. 191.
[31] LAG Bremen vom 19.5.1948, WA 1948 Nr. 191.
[32] LAG Bremen vom 19.5.1948, WA 1948 Nr. 191.
[33] Tarifordnung A für Gefolgschaftsmitglieder im öffentlichen Dienst vom 1.4.1938, RArbBl. 1938 VI, 475.

"Jedes Gefolgschaftsmitglied ist vom Führer der Verwaltung in die entsprechende Vergütungsgruppe einzureihen ... Die Einreihung ist bei Arbeitsstreitigkeiten ... bis zur Beendigung des Dienstverhältnisses maßgebend. Über den Aufstieg des Gefolgschaftsmitglieds in eine höhere Vergütungsgruppe während des Dienstverhältnisses entscheidet der Führer der Verwaltung ..."[34]

Das Reichsarbeitsgericht legte die Vorschrift in ständiger Rechtsprechung so aus, daß sowohl die erstmalige Einstufung als auch eine spätere Höhergruppierung grundsätzlich im pflichtmäßigen, gerichtsseitig nicht nachprüfbaren Ermessen des Führers der Verwaltung stehe[35]. Der Gehaltsunterschied zur höheren Vergütungsgruppe könne vom Angestellten, dem eine Höhergruppierung versagt wurde, lediglich über den Gesichtspunkt der unerlaubten Handlung (§ 826 BGB) oder der Fürsorgepflichtverletzung verlangt werden, wenn die vorgenommene Eingruppierung so offensichtlich unrichtig sei, daß sie sich als grober Ermessensmißbrauch darstelle[36]. Für die Gerichte stellte sich nach dem Krieg die Frage, ob die Vorschrift des § 3 II TOA weiter anwendbar war und falls dieses der Fall sein sollte, ob die Auslegung der Vorschrift durch das RAG zutreffend war.

Das LAG Hamm ließ die Frage der Anwendbarkeit der Vorschrift offen, da nach seiner Ansicht § 3 II TOA einer anderen Auslegung zugänglich sei. Zunächst sei sie weder durch eine ausdrückliche Bestimmung noch durch KRG Nr. 56 betreffend die Aufhebung des AOG in öffentlichen Betrieben unanwendbar geworden. Die Vorschrift sei aber nun gemäß Art. II MRG Nr.1 entsprechend ihrem Wortlaut auszulegen, also frei von autoritär-staatlichen Gedankengängen[37]. Das LAG vertrete deshalb die Auffassung, daß die Rechtsprechung des RAG zu dieser Vorschrift nicht mehr angewendet werden könne, da sie im wesentlichen auf Erwägungen beruhe, die mit rechtsstaatlichen Grundsätzen nicht im Einklang stünden. Die Vorschrift könne - wenn sie nicht wegen des in ihr enthaltenen Grundsatzes überhaupt als unanwendbar anzusehen sei - jedenfalls eine gerichtliche Überprüfung der Eingruppierung nicht ausschließen[38]. Das in § 3 TOA dem Behördenleiter allein gegebene Recht auf Eingruppierung sei nicht anders zu betrachten, als die jedem Arbeitgeber übertragene Pflicht zur Festsetzung der Vergütung, wobei auch der Behördenleiter die Regelung des § 315 BGB zu beachten habe. Das bedeute aber, daß die Behörden die Eingruppierung nur nach billigem Ermessen und nicht nach freiem Ermessen durchzuführen haben und daß die Eingruppierung der Nachprüfung der Arbeitsgerichte insoweit obliege, ob das Ermessen der Billigkeit entspreche und ausgeübt wor-

[34] Der Wortlaut der Vorschrift wird auch im Urteil des LAG Heidelberg vom 4.3.1949, AP 50 Nr. 254 wiedergegeben.
[35] RAG vom 23.10.1942, DR 1943, 319.
[36] RAG vom 23.10.1942, DR 1943, 319.
[37] LAG Hamm vom 29.4.1948, WA 1948 Nr. 222.
[38] LAG Hamm vom 29.4.1948, WA 1948 Nr. 222.

den sei[39]. Zudem sei schon während der Geltung des AOG von maßgebenden Kommentatoren vertreten worden, daß die falsche Eingruppierung von Angestellten des öffentlichen Dienstes nicht jeder Nachprüfung entzogen sei[40].

Das LAG Bremen schloß sich der Rechtsprechung des LAG Hamm ausdrücklich an und führte in seiner Entscheidung vom 20.10.1948 aus, daß in § 3 TOA an keiner Stelle von einem Ausschluß der Nachprüfung der Eingruppierung durch die Gerichte die Rede sei[41]. Es könne nicht angenommen werden, daß den Verfassern der TOA die Bestimmung des § 315 BGB unbekannt gewesen sei. Wenn in § 3 II S.1 TOA das Recht zur Einstufung einseitig dem Leiter der Behörde zugesprochen werde, so könne daraus keineswegs geschlossen werden, daß dadurch die Vorschrift des § 315 BGB ausgeschlossen sein solle. Wenn es in der Vorschrift weiter heiße, daß die Einreihung bis zur Beendigung des Dienstverhältnisse maßgebend sein solle, so besage dieses nichts weiter, als daß eine einmal vorgenommene Einreihung später nicht einseitig abgeändert werden könne[42]. Die Bestimmung des § 3 II S.2 TOA beziehe sich damit, was sich im übrigen auch aus Satz 3 der Vorschrift ergebe, lediglich auf die Fälle einer zukünftigen Abänderung einer vorher rechtswirksam erfolgten Eingruppierung. Wenn die Einstufung aber nicht der Billigkeit entspreche, so könne sie gemäß § 315 BGB auf eine Klage des Angestellten hin vom Arbeitsgericht nachgeprüft und gegebenenfalls korrigiert werden[43]. Sei aber eine Einstufung erfolgt und vom Angestellten ausdrücklich oder stillschweigend anerkannt worden, so sei diese Einstufung bis zum Ende des Dienstverhältnisses maßgebend[44]. Die Einstufung sei auch kein Verwaltungsakt, denn die Behörde trete hier nicht als Obrigkeit auf, sondern lediglich als Arbeitgeber und damit als Partner innerhalb einer bürgerlichen Rechtsbeziehung, so daß es für einen Verwaltungsakt an einer hoheitlichen Handlung fehle. Ein Verwaltungsgericht könne auch nicht die Billigkeit der Einstufung überprüfen, sondern lediglich beanstanden, wenn ein Ermessensmißbrauch vorliege. Eine verwaltungsgerichtliche Überprüfung

---

[39] LAG Hamm vom 29.4.1948, WA 1948 Nr. 222.

[40] LAG Hamm vom 29.4.1948, WA 1948 Nr. 222 unter Bezugnahme auf Hueck/Nipperdey/Dietz AOG § 16 Anm. 1a, wo die Rechtsprechung des RAG allerdings gestützt wird. Im Ergebnis ebenso ArbG Göttingen vom 2.3.1948, ArbR.i.St. I Ziff. 720, unter Berufung darauf, daß die Rechtsauffassung des RAG vom Führerprinzip geprägt gewesen sei. Die Frage, ob § 3 II TOA überhaupt anders ausgelegt werden kann, wird zu Unrecht offengelassen.

[41] LAG Bremen vom 20.10.1948, WA 1949 Nr. 37.

[42] LAG Bremen vom 20.10.1948, WA 1949 Nr. 37.

[43] LAG Bremen vom 20.10.1948, WA 1949 Nr. 37.

[44] LAG Bremen vom 20.10.1948, WA 1949 Nr. 37; vgl. LAG Bremen vom 23.6.1948, WA 1948 Nr. 248, wo eine Rückstufung nicht akzeptiert wurde, da diese nur bei einer Änderung der vertraglichen Grundlagen möglich sei, die hier nicht vorliege, da sich der Kläger mit der Rückstufung nicht einverstanden erklärt habe und die Unterschrift auf der Versetzungsverfügung keinesfalls so aufgefaßt werden könne.

komme deshalb nicht in Betracht, so daß die Arbeitsgerichte zuständig seien[45]. Auch wenn die Überprüfung einer Einstufung nach der TOA im Einzelfall für die Arbeitsgerichte schwierig sei, so könnten sie sich doch nicht den ihnen vom Gesetzgeber zugewiesenen Aufgaben entziehen[46].

Im Gegensatz zu den genannten Entscheidungen lehnte das LAG Heidelberg eine richterliche Nachprüfung der Eingruppierung ab[47]. Zur Begründung seiner Auffassung führte das LAG Heidelberg aus, daß der Angestellte nach § 3 TOA einen im Rechtsweg einklagbaren Rechtsanspruch nicht schon mit Erfüllung der tariflichen Tätigkeitsmerkmale erhalte, sondern erst mit der Einreihung in eine Tarifgruppe durch den dazu befugten Vorgesetzten. Nach dem Wortlaut von § 3 TOA sei diese Eingruppierung aber maßgebend. Diese Vorschrift könne aber nur so verstanden werden, daß im Regelfall eine richterliche Nachprüfung der Eingruppierung nicht gegeben sei. Diese Rechtsauffassung, die sich mit der Rechtsprechung des RAG decke, könne nicht als Rechtserscheinung des Führerprinzips oder einer autoritären Staatsauffassung angesehen werden[48]. Diese vom LAG Hamm vertretene Auffassung werde schon durch rechtsgeschichtliche, rechtsvergleichende und rein sachliche Gründe widerlegt. Bereits in § 40 des Preußischen-Angestellten-Tarifvertrags sei im wesentlichen das freie und gerichtlich nicht nachprüfbare Ermessen des Behördenvorstandes bei Einstufungsfragen verankert gewesen[49]. Bei diesem Recht der Behörde handele es sich letztlich um eine Rechtserscheinung der geschichtlichen Entwicklung des gesamten mitteleuropäischen Raum von der absoluten über die konstitutionelle

---

[45] LAG Bremen vom 20.10.1948, WA 1949 Nr. 37; so auch LVG Schleswig vom 9.1.1950, AP 50 Nr. 256; LAG Hamburg vom 21.12.1949, AP 50 Nr. 253.

[46] LAG Bremen vom 20.10.1948, WA 1949 Nr. 37. Das LAG Hamburg vom 21.12.1949, AP 50 Nr. 253, schließt sich der Rechtsprechung des LAG Hamm und des LAG Bremen ausdrücklich an und stützt seine Rechtsauffassung weiterhin darauf, daß der Arbeitnehmer auch einen einklagbaren Anspruch auf Durchführung der Eingruppierung habe, wobei das Gericht bei der Entscheidung einer solchen Frage auch über die Einreihung in eine bestimmte Gehaltsgruppe entscheiden müsse. Neumann-Duesberg, Anm. zu LAG Hamburg AP 50 Nr. 253, stimmt dieser Rechtsprechung im Ergebnis zu, lehnt aber die Begründungsansätze ab. Nach ihm ist die Vorschrift so auszulegen, daß bei Gehaltsklagen die erfolgte Einreihung bindend sei. Maßgeblich für den Gehaltsanspruch sei immer die Auslegung. Solange der Arbeitnehmer zu niedrig eingestuft sei, könne er nur diesen Lohn beanspruchen. Dieses schließe aber eine Klage auf richtige Eingruppierung keinesfalls aus. Meines Erachtens ist die Ansicht von Neumann-Duesberg mit dem Wortlaut der Vorschrift kaum zu vereinbaren, hier ist nicht etwa lediglich von Lohn- oder Gehaltsklagen die Rede, sondern allgemein von Arbeitsrechtsstreitigkeiten.

[47] LAG Heidelberg vom 4.3.1949, AP 50 Nr. 254.

[48] LAG Heidelberg vom 4.3.1949, AP 50 Nr. 254.

[49] LAG Heidelberg vom 4.3.1949, AP 50 Nr. 254; Neumann-Duesberg, Anm. zu LAG Heidelberg AP 50 Nr. 254, bemerkt hierzu zu Recht, daß diese Rechtsansicht auf einer Verkennung der Bestimmungen des PAT beruhe. Die PAT habe die Nachprüfung gestattet und sogar paritätisch besetzte Ausschüsse für Einigungsversuche zur Verfügung gestellt; vgl. auch Neumann-Duesberg Anm. zu LAG Hamburg AP 50 Nr. 253.

Monarchie bis zur Demokratie[50]. In der Sache bedeute dieses Recht der Behörde auch lediglich eine Angleichung der Rechtsstellung der Angestellten im öffentlichen Dienst an die der Beamten. Insgesamt sei eine "Veröffentlich-Rechtlichung" des Angestelltenrechts zu beobachten. Dieses habe aber nichts mit autoritärer Staatsauffassung oder Führerprinzip zu tun, wenn man nicht die Verwaltung des demokratischen Staats gegenüber der Gerichtsbarkeit und das gesamte geltende Beamtenrecht in diesen Verdacht bringen wolle. Es müsse weiter berücksichtigt werden, daß die Einstufung auf Grund der klaren Gehaltsgruppen des Tarifvertrages kaum willkürlich ausfallen dürfte. Weiterhin würden die Behördenvorgesetzten auf Grund ihrer Erfahrung mit solchen Fragen eine gewisse Gewähr für die richtige Eingruppierung bieten, weshalb keinesfalls gesagt werden könne, daß durch eine gerichtliche Entscheidung eine größere Gerechtigkeit in diesen Fragen erzielt werden könne[51]. Allein der Umstand, daß in den Entscheidungen des RAG "leis angehauchte nationalsozialistische Argumente" vorkämen, könne nicht genügen, um zu belegen, daß die Rechtsauffassung des RAG unzutreffend gewesen wäre. Der Arbeitnehmer habe im Ergebnis zwar einen Rechtsanspruch auf Eingruppierung, die Frage der richtigen Eingruppierung könne allerdings nur dann gerichtlich überprüft werden, wenn die vorgenommene Eingruppierung gegen die Fürsorgepflicht verstoße, was dann der Fall sei, wenn die vorgenommene Eingruppierung nach den gegebenen Tätigkeitsmerkmalen überhaupt nicht vorliegen könne. Die Anwendung von § 315 BGB sei damit aber durch die Vorschrift des § 3 II TOA abbedungen[52].

Auch das LAG Frankfurt schloß sich in seiner Entscheidung vom 4.5.1949 ausdrücklich der ständigen Rechtsprechung des RAG an[53]. Die Rechtsgrundsätze die das RAG zu dieser Frage aufgestellt habe, stünden weder im Widerspruch zur jetzigen Rechtsauffassung, noch seien sie Ausfluß eines nationalsozialistischen Grundsatzes[54].

In seiner Entscheidung vom 19.1.1950 beurteilte das LAG Frankfurt die Frage, ob die Vorschrift des § 3 II TOA nationalsozialistisches Gedankengut enthalte, jedoch anders und führte aus, daß es sich um eine dem Führerprinzip entsprun-

---

[50] LAG Heidelberg vom 4.3.1949, AP 50 Nr. 254; das LAG verweist insoweit auf die Österreichisch-Ungarische Monarchie und deren demokratische Nachfolgestaaten.

[51] LAG Heidelberg vom 4.3.1949, AP 50 Nr. 254.

[52] LAG Heidelberg vom 4.3.1949, AP 50 Nr. 254; im Ergebnis ebenso LAG Saarbrücken vom 20.10.1948, ArbR.i.St. II Ziff. 557, Senat für Arbeitssachen beim Oberlandesgericht Saarbrücken als Revisionsinstanz vom 5.1.1949, ArbR.iSt. II Ziff. 766 und für die Ostzone LAG Brandenburg vom 30.7.1947, ArbR.i.St. I Ziff. 718, a.A. ArbG Jena vom 21.6.1949, ArR.i.St. III Ziff. 179.

[53] LAG Frankfurt a.M. vom 4.5.1949, WA 1949 Nr. 222; das LAG Frankfurt scheint im Gegensatz zum LAG Heidelberg auch in der Argumentation des RAG kein nationalsozialistisches Gedankengut zu erblicken.

[54] LAG Frankfurt a.M. vom 4.5.1949, WA 1949 Nr. 222.

gene, typisch nationalsozialistische Vorschrift handele[55]. Es erscheine zweifelhaft, ob § 3 II TOA unter dem geltenden Recht als gültig angesehen werden könne. Das Führerprinzip gehöre der Vergangenheit an, weshalb es zweifelhaft erscheine, ob damit nicht auch der auf dem Führerprinzip beruhende § 3 II TOA weggefallen sei. Zumindest müsse eine Überprüfung der Eingruppierung aber dann möglich sein, wenn sie offensichtlich unrichtig und entgegen den Vorschriften des AOG vorgenommen wurde[56].

Die Urteile der Gerichte zur Auslegung von § 3 II TOA zeigen, welche Schwierigkeiten die Klärung der Frage, ob eine gesetzliche Vorschrift oder deren Auslegung durch das RAG nationalsozialistisch geprägt war, den Gerichten bereitete. Gerade die unterschiedlichen Entscheidungen des LAG Frankfurt belegen, daß der Einwand, eine Vorschrift enthalte nationalsozialistisches Gedankengut, zum Teil mit einer gewissen Beliebigkeit vorgebracht wurde. Allein die Wortwahl des nationalsozialistischen Gesetzgebers, wie die Begriffe "Führer" oder "Gefolgschaftsmitglied" zeigen, legte natürlich den Verdacht nahe, daß eine Vorschrift nationalsozialistisches Gedankengut enthalte. Die genannten Entscheidungen sprachen die Problematik, ob § 3 II TOA nationalsozialistisches Gedankengut enthalte, durchgängig an, wobei allerdings in keiner Entscheidung die Vorschrift selbst nicht angewandt wurde. Von den Landesarbeitsgerichten Hamm, Bremen und Hamburg wurde lediglich angenommen, daß die Auslegung der Vorschrift durch das RAG von nationalsozialistischem Gedankengut geprägt gewesen sei. Die Rechtsprechung des RAG mag zwar solche Anklänge gehabt haben, doch ging diese Rechtsprechung vom Wortlaut der Vorschrift aus, der bei unbefangenem Lesen die Auslegung des RAG durchaus nahelegte[57]. Es hätte damit aber nahegelegen die Auslegung des RAG den Erwägungen zugrunde zu legen, um davon ausgehend die Frage zu beantworten, ob die Vorschrift nach diesem Verständnis als nationalsozialistisch angesehen werden muß. Bei Bejahung dieser Frage hätte dann überprüft werden müssen, ob eine andere Auslegung mit dem Wortlaut der Vorschrift noch zu vereinbaren ist oder aber die Vorschrift auf Grund von MRG Nr. 1 als nichtig angesehen werden muß.

---

[55] LAG Frankfurt a.M. vom 19.1.1950, AP 50 Nr. 255.

[56] LAG Frankfurt a.M. vom 19.1.1950, AP 50 Nr. 255; das LAG Frankfurt ändert seine Rechtsauffassung in diesem Punkt grundlegend, ohne in seiner Entscheidung seine frühere abweichende Auffassung auch nur zu erwähnen; vgl. Neumann-Duesberg, Anm. zu LAG Frankfurt AP 50 Nr. 255, der diesen Begründungsansatz des LAG zurückweist.

[57] Vgl. LAG Groß-Berlin vom 7.11.1947, ArbR.i.St. II Ziff. 558, nach dem es vergebliches Bemühen sei, die Vorschrift anders auszulegen, denn als Verwirklichung des Führerprinzips im Sinne eines überwundenen Zeitalters. Das LAG kommt dann zum Ergebnis, daß die Vorschrift auf Grund von MRG Nr. 1 ihre Wirksamkeit verloren habe.

11.3.3. Übergang von Tarifordnungen zu Tarifverträgen

Der Übergang von den staatlich festgesetzten Tarifordnungen zu den frei ausgehandelten Tarifverträgen führte insbesondere für die nicht tarifgebundenen Arbeitnehmer zu Schwierigkeiten. Die früheren Tarifordnungen galten für alle Arbeitnehmer und Arbeitgeber, während die Tarifverträge vom Grundsatz her nur für tarifgebundene Arbeitnehmer und Arbeitgeber gelten können und sich somit beim Abschluß von neuen Tarifverträgen die Frage stellte, ob die Tarifordnungen für die Außenseiter weiter in Geltung verbleiben.

Das ArbG Hildesheim hatte darüber zu befinden, ob tarifliche Ansprüche der Arbeitnehmer bestehen können, wenn der Arbeitgeber nicht Mitglied des Arbeitgeberverbandes ist[58]. Der Kläger klagte auf Urlaubsabgeltung, da ihm der 15-tägige Urlaub nach dem Tarifvertrag nicht gewährt worden war. In seiner Entscheidung vom 9.12.1948 gab das ArbG Hildesheim der Klage statt[59]. Die Nichtbezahlung des Urlaubs würde einen Verstoß gegen § 138 BGB darstellen. Die von den ordnungsgemäß zugelassenen Organisationen der Arbeitnehmer und Arbeitgeber vereinbarten Tarifverträge müßten allseitig respektiert werden. Das in Frage stehende Urlaubsabkommen besage selbst, daß der Tarifvertrag für alle Betriebe der Metallindustrie in Niedersachsen gelte. Die Beklagte sei dadurch, daß sie nicht Mitglied im Arbeitgeberverband sei, von der ihr obliegenden Fürsorgepflicht gegenüber dem Kläger nicht entbunden[60].

Das LAG München vertrat hingegen zu Recht die Ansicht, daß ein Tarifvertrag nur dann gelten könne, wenn beide Parteien des Arbeitsvertrages tarifgebunden sind. Für Außenseiter würden deshalb, auch wenn ein Tarifvertrag abgeschlos-

---

[58] ArbG Hildesheim vom 9.12.1948, WA 1949 Nr. 51.

[59] ArbG Hildesheim vom 9.12.1948, WA 1949 Nr. 51.

[60] ArbG Hildesheim vom 9.12.1948, WA 1949 Nr. 51. Die Entscheidung ist ohne Zweifel unrichtig, da es nicht möglich ist, über § 138 BGB oder die Fürsorgepflicht des Arbeitgebers die Geltung eines Tarifvertrages auf Außenseiter herzuleiten. Damit hätte sich aber die Frage gestellt, ob der Arbeitnehmer überhaupt keinen Urlaubsanspruch hat. Eine gesetzliche Regelung für den Urlaub bestand nicht. Unter Geltung des AOG wurde vielfach ausgehend von Siebert - "Das Arbeitsverhältnis in der Ordnung der nationalen Arbeit" S. 57 f, 101 - ein Urlaubsanspruch des Arbeitnehmers direkt aus der Fürsorgepflicht des Arbeitgebers gemäß § 2 II AOG abgeleitet. In der Rechtsprechung und Lehre der Nachkriegszeit wurde die Frage unterschiedlich beurteilt, während etwa ArbG Heide vom 16.3.1948, ArbR.i.St. I Ziff. 724, ArbG Kiel vom 18.9.1948, ArbR.i.St. II Ziff. 564 sowie Monjau DB 1949, 455 einen Urlaubsanspruch über die Fürsorgepflicht bejahen, wird dieser vom LAG Hamburg vom 21.3.1949, ArbR.i.St. II Ziff. 979, 980, LAG München vom 1.2.1949, SAE 1959 Nr. 64 und Westhofen, Anm. zu LAG München SAE 1949 Nr. 64 zu Recht unter deutlicher Abgrenzung zur genannten Ansicht unter Geltung des AOG verneint. Vgl. auch Dersch, RdA 1949, 325 (327), der den Anspruch gewohnheitsrechtlich bejahen und die nähere Ausgestaltung aus der Fürsorgepflicht ableiten will.

sen wurde, die früheren Tarifordnungen weiter gelten[61]. Das LAG München führte aus, daß Tarifordnungen die Wirkung von Gesetzesnormen so lange hätten, wie sie nicht in ihrem vollen Wirkungskreis durch Tarifverträge ersetzt würden[62]. Solange im neuen Tarifrecht nicht alle Unternehmer und Arbeitnehmer eines Tarifvertragsbereichs in den jeweiligen Tarifvertragsparteien organisiert und tarifbeteiligt seien und das neue Tarifrecht noch nicht die Allgemeinverbindlichkeit kenne, könnten Tarifordnungen neben neuabgeschlossenen Tarifverträgen für die nicht tarifgebundenen Unternehmer und Arbeitnehmer noch weiter Wirkung haben, wenn sie nicht von den zuständigen Arbeitsministerien außer Kraft gesetzt worden seien. Der Abschluß eines Tarifvertrags führe damit aber nicht ohne weiteres zur Aufhebung der vorher bestehenden Tarifordnung[63].

Auf der Linie des LAG München bewegte sich auch das LAG Baden in seiner Entscheidung vom 22.3.1950[64]. Das LAG Baden führte aus, daß im Geltungsbereich des Tarifvertragsgesetzes in Auslegung von § 9 TVG allgemein die Ansicht vertreten werde, daß mit dem Abschluß eines Tarifvertrages eine frühere Tarifordnung auch für nicht tarifgebundene Arbeitnehmer außer Kraft trete[65]. Für Baden fehle allerdings eine entsprechende gesetzliche Vorschrift und damit die Gleichwertigkeit des Tarifvertrages mit einer früheren Tarifordnung. Die auf Grund des AOG erlassenen Tarifordnungen seien Rechtsverordnungen und könnten mangels besonderer gesetzlicher Bestimmungen durch einen Tarifvertrag nur im Rahmen seines örtlichen, sachlichen und persönlichen Geltungsbereichs ersetzt werden. Für Baden gehe daher der Rechtszustand dahin, daß für nicht tarifgebundene Personen die Tarifordnungen auch dann weiter gelten, wenn diese für tarifgebundene Arbeitnehmer durch Tarifverträge ersetzt wurden[66].

Das LAG Düsseldorf billigte den Tarifordnungen allerdings schon vor Erlaß des TVG für Außenseiter eine deutliche geringere Bedeutung zu, da hier nur Mindestbedingungen geregelt seien, die etwa durch die übliche Vergütung im Sinne des § 612 BGB abgelöst werden könnten[67]. Nur bei Mitgliedschaft trete gemäß § 4 TVG die Wirkung der Tarifnormen zwischen den Parteien des Arbeitsvertrages ein[68]. Im vom LAG Düsseldorf zu entscheidenden Fall war im Arbeitsvertrag kein bestimmter Lohnsatz festgelegt, sondern es wurden die Lohnsätze

[61] LAG München vom 3.12.1948, ArbR.i.St. III Ziff. 390.
[62] LAG München vom 3.12.1948, ArbR.i.St. III Ziff. 390.
[63] LAG München vom 3.12.1948, ArbR.i.St. III Ziff. 390.
[64] LAG Baden in Freiburg/Br. vom 22.3.1950, ArbR.i.St. IV Ziff. 801.
[65] LAG Baden in Freiburg/Br. vom 22.3.1950, ArbR.i.St. IV Ziff. 801.
[66] LAG Baden in Freiburg/Br. vom 22.3.1950, ArbR.i.St. IV Ziff. 801.
[67] LAG Düsseldorf vom 21.10.1949; SAE 1950 Nr. 17.
[68] LAG Düsseldorf vom 21.10.1949; SAE 1950 Nr. 17; a.A. scheinbar LAG Hessen vom 18.8.1949, SAE 1949 Nr. 6, wo Ansprüche aus einem Tarifvertrag zugebilligt werden, obwohl der Arbeitgeber nicht tarifgebunden ist.

der früheren Tarifordnung bezahlt. Nach Ansicht des LAG seien die Regelungen der Tarifordnung aber nicht mehr verbindlich. Zur Zahlung der Lohnsätze der Tarifordnung sei der Arbeitgeber verpflichtet gewesen, da die früheren Tarifordnungen als Rechtsverordnungen für Arbeitgeber und Arbeitnehmer zwingendes Recht geschaffen hätten. Da die Lohnsätze also durch Rechtsverordnung geregelt worden seien, könne die Bezahlung nach diesen Sätzen nicht dazu führen, daß sie stillschweigend arbeitsvertraglich vereinbart worden sind. Ein Vertragsschluß durch konkludente Handlung verlange nicht nur ein bloßes Tun, sondern es sei daneben erforderlich, daß aus diesem Tun der Wille der Vertragsparteien erkennbar sei, daß sie die Zahlung zum Inhalt ihres Vertrages machen wollten. Die Parteien hätten hier aber gar kein Interesse gehabt, eine Lohnvereinbarung zu treffen, da die Lohnregelung kraft staatlichen Rechts ihnen entzogen war. Die bloße Handlung könne aufgrund der besonderen Umstände hier nicht zu dem Schluß berechtigen, daß ein entsprechender Vertragswille vorgelegen habe[69]. Da eine Regelung hinsichtlich der Lohnhöhe nicht getroffen worden sei, greife § 612 BGB ein, nach dessen Regelung der ortsübliche Lohn als vereinbart gelte. Der ortsübliche Lohnsatz sei der, der den meisten Arbeitnehmern der betroffenen Gegend in diesem Wirtschaftszweig gezahlt werde. Dieses sei aber der Lohnsatz der Tarifverträge. Es könne insoweit davon ausgegangen werden, daß die meisten Arbeitgeber und Arbeitnehmer ihren jeweiligen Organisationen angehören, so daß infolge dieser Tatsache üblicherweise der Tariflohn gezahlt würde[70]. Auf die frühere Tarifordnung könne sich der Arbeitgeber nicht mehr berufen, da die Tarifordnungen nach der Lockerung des Lohnstops nur noch Mindestbedingungen enthielten, die abbedungen werden könnten[71]. Dies sei für die tarifgebundenen Arbeitnehmer mit dem Tarifvertrag dann auch geschehen, wobei sich durch diesen Tarifvertrag auch die ortsüblichen Löhne geändert hätten. Durch § 9 TVG sei die Tarifordnung dann ganz aufge-

---

[69] LAG Düsseldorf vom 21.10.1949; SAE 1950 Nr. 17.

[70] LAG Düsseldorf vom 21.10.1949; SAE 1950 Nr. 17. Über diesen Ansatzpunkt erhalten Lohnregelungen in Tarifverträge eine weitreichende Bedeutung auch für Außenseiter, wobei die Problematik einer fehlenden Vereinbarung über die Lohnhöhe aufgrund des Wegfalls der Tarifordnungen kein Einzelfall war. Vielhaber, Anm. zu LAG Düsseldorf, SAE 1950 Nr. 17 lehnt die Anspruchsbegründung über § 612 BGB ab, da der Arbeitgeber in Kenntnis des neuen Tarifvertrages den Lohn in der bisherigen Höhe weiterbezahlt habe. Dadurch habe er zu erkennen gegeben, daß er das Arbeitsverhältnis auf dieser Ebene fortsetzen wolle. Durch die einmalige "rügelose" Annahme des Lohns müsse die Zustimmung des Klägers zu diesen Vertrag gefolgert werden. Die Ansicht von Vielhaber kann nicht überzeugen, da sie aus dem Schweigen des Arbeitnehmers eine Vertragsannahme folgert. Schweigen ist aber grundsätzlich keine Willenserklärung.

[71] LAG Düsseldorf vom 21.10.1949; SAE 1950 Nr. 17. Das LAG verkennt hier die Stellung der Tarifordnungen. Diese legten als Rechtsverordnungen die Arbeitsbedingungen fest. Nach der Lockerung des Lohnstops mag die ausdrückliche Vereinbarung höherer Löhne zulässig gewesen sein, die Regelungen der Tarifordnungen könne aber nicht über § 612 BGB außer Kraft gesetzt werden.

löst worden[72]. Der Kläger habe damit Anspruch auf den eingeklagten erhöhten Lohn aufgrund seines Arbeitsvertrages. Auch der geltend gemachte Urlaubsanspruch stehe dem Kläger zu, wobei sich dieses aus der gleichen Begründung ergebe[73].

Das LAG Baden und das LAG Düsseldorf nahmen in ihren genannten Entscheidungen jeweils Bezug zu § 9 TVG. In § 9 TVG ist geregelt, daß die Tarifordnungen mit Inkrafttreten eines Tarifvertrages außer Kraft treten und zwar mit Ausnahme solcher Bestimmungen, die durch den Tarifvertrag nicht geregelt worden sind. Weiter wird in § 9 II TVG dem Direktor der Arbeit das Recht eingeräumt, Tarifordnungen aufzuheben. Die Ansicht des LAG Düsseldorf, daß durch den Erlaß eines Tarifvertrages die Tarifordnung auch für die nicht tarifgebundenen Arbeitnehmer außer Kraft treten, entsprach der ganz herrschenden Auffassung zum TVG[74].

11.3.4. Verzicht auf tarifliche Rechte

Schon unter Geltung der Tarifvertragsverordnung galt der Unabdingbarkeitsgrundsatz, d.h. Rechte aus einem Tarifvertrag konnten nicht vertraglich abgeändert werden. Jedoch wurde von der Rechtsprechung in gewissen Fällen ein Erlaß- oder Verzichtsvertrag zugelassen. Damit konnte nach der Rechtsprechung zumindest nach dem Ende des Arbeitsverhältnisses auf tarifliche Rechte verzichtet werden. Unter Geltung des AOG war die Unabdingbarkeit der Rechte aus einer Tarifordnung in § 32 AOG geregelt, wobei auch hier ein Verzicht nach dem Ende des Arbeitsverhältnisses zugelassen wurde[75].

Das LAG Bremen knüpfte an diese Auffassung an und hielt einen Verzicht auf tarifrechtliche Ansprüche für zulässig, wenn sich beide Parteien des Arbeitsvertrages über die sozial begründete Notwendigkeit der Abweichung vom Tariflohn wirklich auseinandersetzen und der Arbeitnehmer in Kenntnis seiner Rechte, im wohlverstandenen eigenen Interesse und nach dem Grundsatz der Betriebsverbundenheit den Verzicht ausspricht[76]. Auch das Amtsgericht Pirmasens hielt in seiner frühen Entscheidung vom 24.9.1946 einen Verzicht dann für

[72] LAG Düsseldorf vom 21.10.1949; SAE 1950 Nr. 17.
[73] LAG Düsseldorf vom 21.10.1949; SAE 1950 Nr. 17; das LAG scheint damit einen Urlaubsanspruch aus § 612 BGB herleiten zu wollen. Kritisch zu diesem Ansatzpunkt zu Recht Vielhaber, Anm. SAE 1950 Nr. 17, der betont, daß § 612 BGB sich nur auf die Höhe der Vergütung beziehe, wobei der Urlaubsanspruch kein Teil der Vergütung sei, sondern ein Anspruch auf Gewährung von bezahlter Freizeit. Das LAG Düsseldorf hätte damit aber näher auf die Problematik der Herleitung eines Urlaubsanspruchs eingehen müssen.
[74] Vgl. Sturn BB 1949, 423; Nipperdey RdA 1949, 81 (89); Hueck-Nipperdey TVG § 9 Anm.1.
[75] Vgl. Hueck/Nipperdey/Dietz AOG (4. Auflage) § 32 Anm. 208.
[76] LAG Bremen vom 19.5.1948, ArbR.i.St. I Ziff. 974.

möglich, wenn der Arbeitnehmer aus dem Betrieb ausgeschieden sei, da dann kein wirtschaftlicher Druck mehr bestehen könne[77].

Das LAG München knüpfte dagegen in seiner Entscheidung vom 15.6.1949 an die herrschende Auffassung zu § 32 AOG an und hielt einen Verzicht auf tarifliche Rechte während des Bestehens des Arbeitsverhältnisses sowohl für die Vergangenheit wie auch für die Zukunft für ausgeschlossen[78]. Mit diesem Grundsatz, der in § 32 AOG klar zum Ausdruck gekommen sei, hätten sich abweichende Rechtslehre und Rechtsprechung zur TarifrechtsVO erledigt[79].

Während diese Entscheidungen an die herrschende Lehre vor 1933 bzw. vor 1945 anknüpften, lehnte das LAG Düsseldorf in seiner Entscheidung vom 29.6.1949 mit Blick auf das TVG einen Verzicht auf tarifliche Rechte vollkommen ab[80]. Die Ansicht des RAG, daß ein Verzicht auf tarifliche Rechte nach dem Ende des Arbeitsverhältnisses zulässig sei, sei schon unter Geltung der Tarifvertragsverordnung heftig bekämpft worden, und es sei die Ansicht vertreten worden, daß auf tarifliche Mindestansprüche schlechthin nicht verzichtet werden könne. Dieser sich aus § 1 TarifvertragsVO ergebende Rechtsgedanke habe sich in der Rechtslehre auch nach Aufhebung der TarifvertragsVO behauptet und in § 4 IV TVG seinen Niederschlag gefunden[81]. Nach dieser Regelung sei jeder Verzicht und damit auch der nachträgliche Verzicht grundsätzlich unzulässig. Während der Dauer des Arbeitsverhältnisses sei das TVG zwar noch nicht in Kraft getreten, allerdings sei der in ihm niedergelegte Rechtsgedanke schon von namhaften Wissenschaftlern vertreten worden[82]. Mit Rücksicht auf diesen Umstand gehe das Gericht davon aus, daß der im TVG niedergelegte Gedanke schon vor seinem Erlaß im Rechtsleben soweit Verbreitung gefunden habe, daß die alte Ansicht, nach der ein nachträglicher Verzicht zulässig sei, jedenfalls Anfang 1949 überholt gewesen sei[83].

---

[77] AG Pirmasens vom 23.9.1946, ArbR.i.St. I Ziff. 452

[78] LAG München vom 15.6.1949, ArbR.i.St. III Ziff. 815. Einen Verzicht nach dem Abschluß des Arbeitsverhältnisses hielt das LAG München allerdings für zulässig.

[79] LAG München vom 15.6.1949, ArbR.i.St. III Ziff. 815. Das LAG München scheint zu übersehen, daß das AOG zum Zeitpunkt der Entscheidung schon lange nicht mehr in Geltung war, so daß das kommentarlose Abstellen auf einen Grundsatz zu § 32 AOG nicht überzeugen kann.

[80] LAG Düsseldorf vom 29.6.1949, ArbR.i.St. III Ziff. 388, WA 1949 Nr. 260

[81] LAG Düsseldorf vom 29.6.1949; ArbR.i.St. III Ziff. 388

[82] LAG Düsseldorf vom 29.6.1949; ArbR.i.St. III Ziff. 388. Das LAG nennt als solchen Wissenschaftler Nipperdey. Dieser spricht in einer Abhandlung zum TVG, RdA 1949, 83 (87)), davon, daß mit der Regelung des § 4 IV TVG sein 25-jähriger wissenschaftlicher Kampf gegen die sogenannte Verzichtstheorie endlich Erfolg gehabt habe.

[83] LAG Düsseldorf vom 29.6.1949; ArbR.i.St. III Ziff. 388; das LAG geht hier von der Vorstellung aus, daß sich eine Ansicht durch Zeitablauf erledigen könne, statt darzustellen, welche Gründe schon vor dem Erlaß des TVG gegen die "Verzichtstheorie" gesprochen haben.

Mit dem Inkrafttreten des TVG war die Frage eines Verzichts auf tarifliche Rechte dann dahingehend entschieden, daß ein solcher Verzicht nur in einem von den Tarifvertragsparteien gebilligten Vergleich zulässig ist.

12. Abschließende Betrachtungen

Eine einheitliche Beurteilung der Rechtsprechung der Arbeitsgerichte in den Westzonen erscheint nicht möglich, da die "Qualität" der Entscheidungen sowohl zu den genannten Thematiken als auch zwischen den einzelnen Arbeits- und Landesarbeitsgerichten deutlich variierten. In der Folge sollen deshalb nur einige Gesichtspunkte kurz aufgegriffen werden.

Kritisch ist zunächst anzumerken, daß die Rechtsprechung in weiten Bereichen nicht in der Lage war, einheitliche Leitlinien zu entwickeln. Genannt seien hier insbesondere die Rechtsprechung zum allgemeinen Kündigungsschutz nach Aufhebung des AOG und die Rechtsprechung zur Frage der Reichweite der Mitbestimmungsrechte der Betriebsräte. Die unterschiedliche Rechtsprechung in diesen Bereichen führte zu einer weitgehenden Rechtsunsicherheit und auch Rechtszersplitterung. Insoweit ist es im nachhinein zu bedauern, daß die Bildung eines zonenübergreifenden obersten Arbeitsgerichts nicht möglich war. Eine solche Institution hätte wohl trotz der in vielen Bereichen unklaren und schwierigen Rechtslage eine gewisse Rechtssicherheit gewährleisten können.

Die Rechtsunsicherheit wurde in einigen Bereichen besonders dadurch gefördert, daß Gerichte Rechtsbegriffe des Bürgerlichen Gesetzbuchs aus einem gewissen Gerechtigkeitsdenken heraus neu interpretierten. Auffallend war diese Tendenz insbesondere bei Entscheidungen, die versuchten über § 138 BGB einen allgemeinen Kündigungsschutz zu rechtfertigen, oder etwa in der Rechtsprechung des LAG Bremen zum Fälligkeitsbegriff der Währungsgesetze. Im Bereich der Währungsgesetze muß allerdings zugestanden werden, daß die gesetzlichen Vorgaben nur schwer zu verstehen und alleine dadurch die Arbeitsgerichte vor große Schwierigkeiten gestellt waren.

In den Bereichen der Betriebsverfassung und der Kündigungsproblematik versuchten die Gesetzgeber in den Ländern der französischen und amerikanischen Zone Rechtssicherheit durch den Erlaß neuer Gesetze zu schaffen, wobei allerdings gerade durch diese neuen Gesetze eine erhebliche Rechtszersplitterung im Arbeitsrecht der Westzonen eintrat.

In den Bereichen, in die nicht durch gesetzgeberische Maßnahmen eingegriffen wurde, stellte sich für die Gerichte insbesondere die Frage, ob sich als Rechtsquelle die Entscheidungen des Reichsarbeitsgerichts nutzen lassen, um so zu einer gewissen Kontinuität in der Rechtsentwicklung und damit zumindest in Teilbereichen zu einer gewissen Rechtssicherheit zu kommen. Die Arbeitsgerichte knüpften tatsächlich in weiten Bereichen an die Rechtsprechung des Reichsarbeitsgerichts an und führten diese fort. Hierbei wurde nur selten problematisiert, ob die Rechtsprechung zwischen 1933 und 1945 nationalsozialistisch geprägt und damit nicht anwendbar sein könnte. In der ganz überwiegenden Zahl der Entscheidungen wurde nicht einmal kenntlich gemacht, ob es sich bei der zitierten Entscheidung um eine solche aus der Zeit der Weimarer Republik oder um eine während des Dritten Reichs ergangene Entscheidung handelt. Eine solche Trennung nimmt aber das LAG Bremen in seiner Entscheidung vom 27.10.1948 vor[1].

Im Bereich der Betriebsrisikolehre finden sich einige Entscheidungen, die sich kritisch mit der Anwendbarkeit von Rechtsgrundsätzen, die vom RAG entwikkelt wurden, auseinandersetzen. So wurde die Rechtsprechung des Reichsarbeitsgerichts nach 1933 in diesem Bereich vom LAG Hamburg[2] und dem LAG Berlin[3] als nationalsozialistisch eingestuft, da sie auf dem Führerprinzip aufbaue, während das LAG Bremen zwar einräumte, daß es Versuche gegeben habe, nationalsozialistische Gedankengänge in die Betriebsrisikolehre hineinzutragen, wobei diese aber im Ergebnis erfolglos geblieben seien[4]. Unabhängig von den gefundenen Ergebnissen verdienen diese Entscheidungen der Landesarbeitsgerichte schon deshalb Lob, weil sie sich kritisch und distanziert mit der Rechtsprechung des RAG auseinandersetzten.

Diese "kritische Distanz" findet sich bedauerlicherweise nur in wenigen Entscheidungen der Arbeitsgerichte nach 1945. Eine totale Abkehr von der Rechtsprechung des Reichsarbeitsgerichts wurde lediglich vom LAG Düsseldorf in seiner Entscheidung vom 26.9.1947 zur Arbeitsplatzwechselverordnung gefordert und angenommen[5], wobei das LAG Düsseldorf in dieser Entscheidung wohl deutlich über das angesprochenen Ziel einer "kritischen Distanz" hinaus geschossen sein dürfte.

Die Frage der Anknüpfung an die Rechtsprechung des RAG zwischen 1933 und 1945 steht in engem Zusammenhang mit der Frage, ob es eine kontinuierliche Entwicklung des Arbeitsrechts von der Weimarer Republik über das Dritte Reich bis zur Bundesrepublik gibt. Dabei ist allerdings anzumerken, daß sich das RAG bei der Übernahme von nationalsozialistischen Gedankengängen im Gegensatz zu vielen Stimmen in der Literatur eher zurückhaltend verhielt. Die Frage der Kontinuität wurde immer wieder erörtert, wobei gerade die in den einleitenden Betrachtungen genannten Arbeiten von Schell und Streich die Bandbreite der vertretenen Ansichten deutlich zeigen. Während Schell eine

[1] LAG Bremen vom 27.10.1948, RdA 1949, 270.
[2] LAG Hamburg vom 16.7.1947, MDR 1948, 11 ff.
[3] LAG Berlin vom 25.2.1948, WA 1949 Nr. 124.
[4] LAG Bremen vom 30.4.1947, SJZ 1948 Sp. 32 ff.
[5] LAG Düsseldorf vom 26.9.1947; RdA 1948, 38 f.

kontinuierliche Entwicklung in weiten Teilen nicht für gegeben sieht[6], bejaht Streich eine solche Kontinuität durchgängig[7].

Bei einer Beurteilung der Entwicklung ist zunächst zu bemerken, daß die Kernstücke des nationalsozialistischen Arbeitsrechts, d.h. insbesondere das AOG, schon frühzeitig von den Alliierten aufgehoben wurden, weshalb sich ein echter Bruch zumindest auf dem Gebiete der Gesetzgebung feststellen läßt. Nach dem Zusammenbruch der nationalsozialistischen Herrschaft wurden weite Bereiche des Arbeitsrechts einer neuen gesetzlichen Regelung zugeführt, wobei hier nur der Kündigungsschutz, das Tarifvertragsrecht, die Betriebsverfassung oder auch das Urlaubsrecht genannt seien.

Allerdings fand ein Bruch auf personellem Gebiet in der Arbeitsrechtswissenschaft nicht statt. Führende Arbeitsrechtswissenschaftler aus der Zeit des Nationalsozialismus bestimmten auch über einen langen Zeitraum hinweg die Entwicklung des Arbeitsrechts in der Bundesrepublik. Genannt seien hier nur die wohl bekanntesten Arbeitsrechtswissenschaftler der damaligen Zeit Hueck, Nipperdey und Nikisch[8].

Beide Feststellungen, der Bruch auf dem Gebiet der Gesetzgebung sowie die personelle Kontinuität, belegen aber weder eine in ihrer Gesamtheit kontinuierliche Entwicklung noch das Gegenteil. Es bliebe vielmehr zunächst herauszuarbeiten, welche nationalsozialistisch bestimmten Gedankengänge im Arbeitsrecht der Westzonen bzw. der jungen Bundesrepublik weiter verwandt wurden. Im Rahmen dieser Arbeit konnte festgestellt werden, daß in der Rechtsprechung etwa die im Nationalsozialismus aufgekommene Lehre des Arbeitsverhältnis als personenrechtlichem Gemeinschaftsverhältnis fortgeführt wurde. Insoweit läßt sich rein formal gesehen eine Kontinuität feststellen. Allerdings läßt sich keine der insoweit genannten Entscheidungen als typisch nationalsozialistisch geprägt einstufen, weshalb sich aus der formalen Kontinuität in diesem Bereich noch nicht der Schluß auf die Fortführung nationalsozialistischer Lehren ziehen läßt. Die gleiche Feststellung läßt sich im übrigen auch im Bereich des Kündigungsschutzes treffen. In vielen arbeitsgerichtlichen Entscheidungen auf diesem Gebiet wurden die Treuepflichten zwischen Arbeitgeber und Arbeitnehmer besonders betont, wobei die Betonung des Treuegedankens letztlich auf die Rechtsprechung zu § 2 AOG zurückzuführen ist. Der Schutz der Arbeitsplatzes, der durch diese Rechtsprechung erzielt werden sollte, kann allerdings keinesfalls als nationalsozialistisch eingestuft werden.

---

[6] Schell, Das Arbeitsrecht der Westzonen (1994), S. 297 f.

[7] Streich, Die Entwicklung des Arbeitsrechts in der amerikanischen Besatzungszone (1973), S. 241.

[8] Vgl. ausführlich Wahsner KJ 1974, 369 ff sowie Schell, Das Arbeitsrecht der Westzonen (1994), S. 287 f.

Meines Erachtens kann man damit aber nicht davon sprechen, daß das Arbeitsrecht nach 1945 nationalsozialistisch geprägt ist. Ein solcher Nachweis ist letztlich auch weder Wahsner[9], Ramm[10] noch Kranig[11] gelungen. Auch eine kontinuierliche Entwicklung läßt in weiten Teilen nicht erkennen. Im Bereich des kollektiven Rechts liegt eine solche kontinuierliche Entwicklung schon deshalb nicht vor, weil nach der faktischen Abschaffung ein echter Neuanfang erforderlich war. In diesem Bereich wurde in weiten Teilen an die Entwicklung vor 1933 angeknüpft, wobei sich die Gewerkschaften sicherlich einen weitergehenden Bruch mit der Rechtslage vor 1933 gewünscht hätten. Im Bereich des individuellen Arbeitsrecht kann eher von einer kontinuierlichen Entwicklung gesprochen werden. Im wichtigen Bereich des Kündigungsschutzes brachte allerdings der Wegfall des AOG eine grundsätzliche Veränderung, da der Kündigungsschutz von den meisten Gerichten und in der Folge auch von der Gesetzgebung nicht mehr kollektiv, sondern individuell aufgefaßt wurde, womit die Zustimmung des Betriebsrats zur Kündigung einer Klage des Arbeitnehmers nicht entgegenstand. Weiterhin wurde von den Gerichten erstmals ein echter Kündigungsschutz geschaffen, da nach der Rechtsprechung der Arbeitgeber nicht mehr die Möglichkeit hatte, durch die Zahlung einer Entschädigung seine Kündigung auf jeden Fall durchzusetzen. Meines Erachtens läßt sich damit aber durchaus von einer Zäsur in der Arbeitsrechtsentwicklung nach 1945 sprechen.

Kritisch bleibt aber anzumerken, daß eine intensive Auseinandersetzung mit dem Arbeitsrecht während dem Nationalsozialismus weder in der Wissenschaft noch in der Rechtsprechung geführt wurde. Diese mangelnde Auseinandersetzung ist aber auch vor dem Hintergrund der schwierigen Nachkriegssituation zu sehen, in der die Verarbeitung des Nationalsozialismus ganz allgemein kaum als Aufgabe begriffen wurde. Die Arbeitsgerichte erbrachten allerdings in dieser politischen, gesellschaftlichen, wirtschaftlichen und auch rechtlichen Umbruchphase eine letztlich lobenswerte Leistung und trugen dazu bei, den Unrechtsstaat der Jahre 1933 - 1945 zu überwinden und den Rechtsstaat Bundesrepublik Deutschland zu begründen.

---

[9] Wahsner KJ 1974, 369 ff.
[10] Ramm KJ 1968, 108 ff.
[11] Kranig, Arbeitsrecht im NS-Staat 1984, S. 9 – 16.

Literaturverzeichnis

Arnold, Michael — Die Entstehung des BetrVG 1952, Freiburg 1978

Arras, Gerth — Streikrecht und Arbeitsvertrag, in: NJW 1953, 241 ff

Barz, C.-H. — Zum Kündigungsschutz nach Fortfall der §§ 56 ff AOG, in: BB 1947, 102 f

BB, Schriftenreihe (ohne Hrsg. oder Autor) — Betriebsräterecht, Rechtsfragen zum Betriebsrätegesetz des Kontrollrats, Heidelberg 1947

Becker — Der Kündigungsschutz für Betriebsräte, in: DB 1948, 411

Beitzke, Günther — Zur Rechtsstellung deutscher Arbeitnehmer bei der Besatzungsmacht, in: RdA 1948, 84 ff

Die Neuregelung der Rechtsverhältnisse von Arbeitnehmern bei der Besatzungsmacht, in: RdA 1955, 83 ff

Bogs — Das Arbeitsverhältnis bei nachträglicher Zustimmung des Arbeitsamtes zum Arbeitsplatzwechsel, in: RdA 1948, 133 ff

Buchholz — Stellungnahme zu § 27 Umstellungsgesetz, in: BB 1948, 361 f

Bührig, E. — Der Weg zum neuen Tarifrecht, in: RdA 1948, 11 ff

Bulla — Die Beschränkung des Arbeitsplatzwechsels, Kommentar zur Verordnung über die Beschränkung des Arbeitsplatz-wechsels, Berlin, Leipzig, Wien 1941

Butz, Hans	Zur Frage der Rechtsstellung des bei Besatzungsbehörden beschäftigten deutschen Personals, in: MDR 1948, 103 ff
Citron, Curt	Die heutige Betriebsvereinbarung und ihr Gegenstand, in: RdA 1949, 241 ff
Dersch, Hermann	Entwicklungslinien der Fürsorgepflicht des Arbeitgebers im Arbeitsverhältnis, in: RdA 1949. 325 ff
Dietz, Rolf	Die Stellung des Führers des Betriebes und des Vertrauensrates, in: Deutsches Arbeitsrecht 1934, 101 ff
	Die Betriebsvereinbarung im heutigen Arbeitsrecht, in: RdA 1949, 161 ff
	Die nicht durch die Verhältnisse des Betriebes bedingte Kündigung, in: ArbBl.brit.Zone 1948, 148 ff
	Das neue Kündigungsschutzgesetz, in: NJW 1951, 941 ff
Dittmar, Erwin	Das Streikrecht nach den Länderverfassungen der US -Zone, in: BB 1948, 515 f
Draeger, Kurt	Das Heimkehrergesetz, in: RdA 1950, 217 ff
Drath, M.	Über die Zulässigkeit deutscher Betriebsrätegesetze und die Gewährung eines Mitbestimmungsrechtes, in: RdA 1948, 130 ff
Endemann, Helmut	Arbeitsgerichtliche Entscheidungen zur Währungsumstellung, in: BlfStSozArbR 1949, 47 ff

Engler, Herbert	Kommentar zum Betriebsrätegesetz für das Land Hessen, Offenbach, Bad Homburg 1948
	Das hessische Betriebsrätegesetz, in: RdA 1948, 15 ff
Erdmann, Gerhard	Die schuldrechtlichen Bestimmungen der neuen Währungsgesetze (alle Besatzungszonen), in: BlfStSozArbR 1948, 149 ff
	Die währungsrechtliche Behandlung von vorausgezahlten Löhnen und Gehältern, in: RdA 1948, 172 ff
	Die vorzeitige Kündigung von Arbeitsverträgen nach dem Währungsrecht der Westzonen, in: BlfStSozArbR 1948, 225 ff
	Das Betriebsrisiko im Arbeitsrecht, in: BlfStSozArbR 1949, 97 ff
Flatow, Georg	Kommentar zum Betriebsrätegesetz, Berlin 1920
Fettback, Richard	Vertragsfreiheit und Zwang im Tarifvertragsrecht, in: RdA 1949, 404 ff
Fitting, Karl	Kontrollratsgesetz Nr. 22 und deutsche Betriebsräte-Gesetzgebung, in: RdA 1948, 89 ff
	Zum Begriff der Betriebsvereinbarung, in: RdA 1949, 374 ff
	Zur Auslegung des Kontrollratsbefehls Nr. 3, in: BB 1948, 208
Galperin, Hans	Grundlagen und Grenzen der Betriebsvereinbarung, in: BB 1949, 374 ff
	Unwirksamkeit der Kündigung und Kündigungschutz, in: BB 1948, 305 ff

Galperin, Hans — Die außerordentliche Kündigung, in: DB 1949, 610 ff

Zur Theorie von der Lehre der Betriebsgefahr, in: RdA 1949, 8 ff

Das bremische Betriebsrätegesetz, in: RdA 1949, 91 ff

Gericke — Ist die Arbeitsplatzwechselverordnung vom 1.9.1939 durch das Bonner Grundgesetz aufgehoben ?, in: BB 1949, 393

Göller, Irmgard — Die Entwicklung des Kündigungsschutzrechts in Deutschland, Freiburg, München 1974

Gramm, Hans — Die vorzeitige Kündigung von Angestellten gemäß § 27 Abs. 1 Umstellungsgesetz, in: MDR 1948, 465 ff

Gros, P. — Das württembergisch-badische Gesetz über die Beteiligung der Arbeitnehmer an der Verwaltung der Betriebe, in: RdA 1948, 126 ff

Gülde — Streik kein Entlassungsgrund; in: JW 1925, 221

Haas, Gerhard — Neuer Kündigungsschutz, in: BlfStSozArbR 1947, 185

Hagemeier, Christian/ Otto Ernst Kempen/ Zachert, Ulrich/ Zilius, Jan — Tarifvertragsgesetz, Kommentar für die Praxis, Köln 1984

Harmening, Rudolf — Die Neuordnung des Geldwesens in den westlichen Besatzungszonen, in: NJW 1947/48, 401 ff

Heimerich, Hermann	Die Beamten im Betriebsräterecht, in: BB 1947, 277 ff
	Streik und Streikrecht, in: BB 1948, 59 f
Hessel, Philipp	Neuordnung des Arbeitsrechts, in: DRZ 1947, 45 ff
	Können bestehende deutsche Tarifordnungen durch die deutschen Arbeitsbehörden abgeändert werden ?, in: BB 1948, 552
	Gebundenes Tarifrecht, in: RdA 1949, 43 f
Herschel, Wilhelm	Betriebsvereinbarung oder Betriebssatzung ?, in: RdA 1948, 47 ff
Höcker, Lorenz	Das Recht des Soldaten - Rückkehrers in: BB 1948, 129 ff
Hübner, Friedrich	Der Betriebsrat als Sperrinstanz im bayerischen Kündigungsschutzverfahren, in: RdA 1950, 52 f
Hueck, Alfred	Deutsches Arbeitsrecht, Berlin 1938
	Der Kündigungsschutz im Arbeitsrecht, in: SJZ 1947, Sp. 609 ff
	Die Württemberg – Badischen Kündigungsschutzgesetze, in: RdA 1948, 169 ff
	Das neue Kündigungsschutzgesetz des Wirtschaftsrates, in: RdA 1949, 331 ff
	Der Kündigungsschutz des Arbeitnehmers nach dem heutigen Stand von Gesetzgebung und Rechtsprechung in den Westzonen, in: BlfStSozArbR 1949, 118 ff

Hueck, Alfred	Der Hattenheimer Entwurf des Kündigungsschutzgesetzes, in: RdA 1950, 63 ff
	Das Bundeskündigungsschutzgesetz, in: RdA 1951, 281 ff
Hueck, Alfred/ Nipperdey, Hans-Carl	Tarifvertragsgesetz, Kommentar, München, Berlin 1950
	Lehrbuch des Arbeitsrechts, Zweiter Band: Kollektives Arbeitsrecht, Erster Halbband (II/1), 7. Auflage Berlin, Frankfurt a.M. 1967
Hueck/Nipperdey/Dietz	Gesetz zur Ordnung der nationalen Arbeit, Kommentar, 2. Auflage München, Berlin 1937 4. Auflage München, Berlin 1943
Ingendaay	Das Arbeitsgerichtsgesetz des Landes Rheinland Pfalz, in: RdA 1948, 60 ff
	Beitrag zum Recht des Wehrmachtheimkehrers, in: BB 1949, 230 ff
Kahn-Freund, Otto	Der Funktionswandel des Arbeitsrechts, in: Thilo Ramm (Hrsg.), Arbeitsrecht und Politik, Quellentexte 1918-1933, Neuwied 1966, S. 211 ff
Kaßmann, Fritz	Fragen zur Betriebsrätewahl, in: RdA 1948, 93 ff
Kauffmann, H.	Probleme des Kündigungsschutzes in Betrieben ohne Betriebsrat oder bei Umgehung des Betriebsrats, in: RdA 1949, 174 ff
Klempien, Wilhelm	Lehren aus den Betriebsratswahlen, in: RdA 1949, 293

König, Wilhelm — Das Problem des Betriebsrisikos, in: RdA 1948, 54 ff

Die weitere arbeitsrechtliche Gesetzgebung in der britischen Zone, in: ArbR.i.St. I, 139 f

Koselke, Bruno — Zum Kündigungsschutz der Arbeitnehmer, in: ArbBl.brit.Zone 1948, 151 ff

Das neue Tarifvertragsgesetz, in: BB 1949, 83 f

Krageloh, Walter — Das neue Tarifvertrags- und Schlichtungsrecht des Landes Rheinland-Pfalz, in: RdA 1949, 369 ff

Kranig, Andreas — Arbeitsrecht im NS-Staat, Köln 1984

Loppuch, Siegfried — Kommentar zum Betriebsrätegesetz, Düsseldorf 1948

Losacker, Ludwig — Hat der Betriebsrat ein Recht auf Einsichtnahme in die Gehaltslisten (Hessen) ?, in: BB 1949, 710 f

Lotmar, Philipp — Der Arbeitsvertrag Bd. 1, Leipzig 1902, Bd. 2, Leipzig 1908

Löwisch, Günther/ Müller, Franz — Gesetz Nr. 726 über die Beteiligung der Arbeitnehmer an der Verwaltung und Gestaltung der Betriebe der Privatwirtschaft vom 18.08.1948, Stuttgart 1948

Mansfeld, Werner — Die Neuregelung des Kündigungsschutzes, in: Deutsches Arbeitsrecht 1934, 330 ff

Betriebsrätegesetz, Kommentar, 2. Auflage Mannheim , Berlin, Leipzig 1930

Mansfeld, Pohl,
Steinmann, Krause — Die Ordnung der nationalen Arbeit, Kommentar Berlin, Leipzig, München 1934

Maus, Wilhelm — Das Deutsche Arbeits- und Sozialrecht, Band I: Das Arbeitsverhältnis, Bremerhaven 1948

Meissinger, H. — Der freie Unternehmer und das Betriebsrisiko, in: RdA 1949, 45 ff

Streik und Arbeitsvertrag, in: NJW 1955, 972 ff

Meves — Die besonderen Bestimmungen in den Betriebsrätegesetzen der westdeutschen Länder für die Betriebe und Verwaltungen des öffentlichen Dienstes, in: RdA 1949, 441 ff

Monjau, Herbert — Das Recht des Arbeitnehmers auf Urlaub, in: DB 1949, 455 f

Müller, Gerhard — Der Kündigungsschutz der Betriebsratsmitglieder in der Rechtsprechung, in: RdA 1948, 50 ff

Das Mitbestimmungsrecht der Betriebsräte nach Kontrollratgesetz Nr. 22, in: BB 1948, 106 ff

Der allgemeine Kündigungsschutz in der neuen Ländergesetzgebung unter besonderer Berücksichtigung des Hessischen Betriebsrätegesetzes, in: BB 1948, 534 ff

Das Problem des allgemeinen Kündigungsschutzes in der Rechtsprechung der Arbeitsgerichte, in: DRZ 1948, 122 ff

Die Willensbildung und die Erklärungen des Betriebsrates, in: RdA 1950, 206 ff

Müller, Gerhard	Arbeitsgerichtsbarkeit und arbeitsrechtliche Rechtsprechung von 1945/46 bis 1980, in: DB 1981, 792 ff
Neumann-Duesberg,	Deutsche Arbeitnehmer bei Dienststellen der Besatzungsmacht, in: BB 1948, 555 f
Nikisch, Arthur	Gedanken zur Wiedereinführung eines Kündigungsschutzes, in: BB 1947, 89 ff
	Die Betriebsrisikofrage im neuen Arbeitsrecht, in: SJZ 1948, Sp. 14 ff
Nipperdey, Hans - Carl	Das Recht des Tarifvertrages in: BB 1948, 157 ff
	Das Tarifvertragsgesetz des vereinigten Wirtschaftsgebietes, in: RdA 1949, 81 ff
	Grundsätzliches zum Kündigungsrecht gegenüber Betriebsratsmitgliedern nach Kontrollratsgesetz Nr. 22, in: BB 1950, 398 f
Oehmann, Werner	Tarifvertrag und Betriebsvereinbarung, in: RdA 1950, 457 ff
	Durchsetzung von Rechten aus der Betriebsverfassung, in: RdA 1950, 140 ff
Oppler, Hans	Schiedssprüche und Betriebsvereinbarungen, in: SJZ 1947, Sp. 169 ff
Palandt	Bürgerliches Gesetzbuch, 57. Auflage München 1998
Poelmann	Arbeitsrechtliche Bestimmungen der neuen Währungsgesetze; in: RdA 1948, 22 ff
Potthoff, Heinz	Vertragspflicht und Verbandspflicht, in: JW 1925, 1842 ff

Ramm, Thilo — Nationalsozialismus und Arbeitsrecht, in: KJ 1968, 108 ff

Rappenecker — Die badischen Gesetze über Betriebsräte und Fachkommissionen, in: RdA 1949, 41 ff

Reinicke, Gerhard — Die Einwirkung der Währungsreform auf Schuldverhältnisse gemäß dem dritten Gesetz zur Neuordnung des Geldwesens, in: MDR 1948, 194 ff, 321 ff

Reuscher, Fedor — Betrachtungen zum neuen Betriebsrätegesetz, in: SJZ 1947, Sp. 25 ff

Betriebsrätegesetz und Betriebsvereinbarungen, in: SJZ 1948, Sp. 249 ff

Rewolle, Hans-Dietrich — Probleme des Arbeitskampfes, in: DB 1949, 191 f

Roesch, Heinz — Zur Frage des Kündigungsschutzes, in: BlfStSozArbR 1947, 205

Rosenberg, Ludwig — Die deutschen Gewerkschaften, in: RdA 1948, 123 ff

Schäffer, C. — Das neue Betriebsrätegesetz in Württemberg-Hohenzollern, in RdA 1949, 251 ff

Schell, Veit — Das Arbeitsrecht der Westzonen und der jungen Bundesrepublik, Bayreuth 1993

Schmidt, Eberhard — Die verhinderte Neuordnung 1945 - 1952, 7. Aufl. Frankfurt a.M., Köln 1977

Siebert, Wolfgang — Das Arbeitsverhältnis in der Ordnung der nationalen Arbeit, Hamburg 1935

Sitzler — Tarifvertrag oder Tarifordnung, in: RdA 1948, 8 ff

Staudinger, J.v. — Kommentar zum Bürgerlichen Gesetzbuch, 2. Band: Recht der Schuldverhältnisse (§§ 611 - 704), 11. Auflage Berlin 1958

Storch, Anton — Auf dem Wege zum freien Tarifrecht, in: BB 1949, 233 f

Streich, Rudolf — Die Entwicklung des Arbeitsrechts in der amerikanischen Besatzungszone unter Berücksichtigung der Bizone, Gießen 1973

Sturn, H. — Tarifverträge und Tarifordnungen, in: BB 1949, 423 f

Titze, Heinrich — Die Risikofrage im Arbeitsverhältnis, in: JW 1922, 548 ff

Oertmann, Paul — Deutsches Arbeitsvertragsrecht, Berlin 1923

Weber, Robert — Neuregelung des Kündigungsschutzes, in: BB 1949, 666 ff

Weidmüller, Uve — Arbeitsrechtliche Fragen bei Demontage, in: BB 1948, 206 ff

Wigleb — Zur Rechtsstellung der Arbeitnehmer bei der US - Besatzungsmacht, in: RdA 1950, 302 ff

Wollenberger, C. — Zum Kündigungsschutz der Betriebsräte, in: Arbeitsblatt der britischen Zone 1948, 109 ff

Zum Informationsrecht der Betriebsräte nach dem Betriebsrätegesetz des Kontrollrates, in: BB 1949, 18 ff

Zeitler, Fr. — Heimkehrer und alter Arbeitsplatz, in: RdA 1949, 446 ff

Zigan, Herbert — Betriebsvereinbarungen nach Kontrollratsgesetz Nr. 22, Düsseldorf 1948

Kolibri 360 GmbH
Ferdinand-Jühlke-Straße 7
99095 Erfurt, Deutschland
produktsicherheit@kolibri360.de

Druck:
CPI Druckdienstleistungen GmbH
im Auftrag der
Kolibri 360 GmbH
Ferdinand-Jühlke-Str. 7
99095 Erfurt